Fit für die digitale Arbeitswelt

Martin-Niels Däfler

Fit für die digitale Arbeitswelt

Erfolgreich in die berufliche Zukunft mit dem Kompetenz-MUSKEL-Modell

Martin-Niels Däfler
Aschaffenburg, Deutschland

ISBN 978-3-658-36579-0   ISBN 978-3-658-36580-6 (eBook)
https://doi.org/10.1007/978-3-658-36580-6

Die Deutsche Nationalbibliothek verzeichnet diese Publikation in der Deutschen Nationalbibliografie; detaillierte bibliografische Daten sind im Internet über http://dnb.d-nb.de abrufbar.

Springer Gabler

Einbandabbildung: © Starlight-Studio/shutterstock.com

Lektorat/Planung: Ann-Kristin Wiegmann
Springer Gabler ist ein Imprint der eingetragenen Gesellschaft Springer Fachmedien Wiesbaden GmbH und ist ein Teil von Springer Nature.
Die Anschrift der Gesellschaft ist: Abraham-Lincoln-Str. 46, 65189 Wiesbaden, Germany

Für Paul

Vorwort

#gerneperdu

Ich erlaube mir, dich im Folgenden mit „du" anzusprechen. Dies ist mittlerweile in immer mehr Unternehmen und Organisationen so üblich und passt ja auch hervorragend zum Thema dieses Buches.

Liebe Leserin, lieber Leser,

als ich im Jahr 1989 meine Facharbeit am Gymnasium schrieb, tat ich das auf einer Schreibmaschine (immerhin war es bereits eine elektrische). Für meine Diplomarbeit an der Universität Würzburg – das war 1995 – recherchierte ich noch fleißig unter Zuhilfenahme von Zettelkästen in der Bibliothek. Für die jüngeren Leser unter euch: Eine Bibliothek ist ein Ort, an dem auf Papier gedruckte Bücher stehen, die man sich ausleihen kann.

Meine Promotionsschrift musste ich 1997 nicht nur in gebundener Form, sondern auch noch auf einer 3,5-Zoll-Floppy Disk abgeben, die eine sagenhafte Speicherkapazität von 1,4 MB hatte. Meine ersten Vorlesungen gestaltete ich mit Overheadfolien, die auf einen Projektor gelegt wurden. Das erste Handy, das ich besaß, hatte die Ausmaße eines Schuhkartons und wog ungefähr so viel wie eine ausgewachsene griechische Wassermelone. Na ja, vielleicht auch ein bisschen weniger.

Was ich dir sagen will: Ich bin nicht mit drahtlosen AirPods im Ohr und einem an der Hand angewachsenem Smartphone auf die Welt gekommen. Ich bin kein Digital Native, sondern ein Digital Stranger. Während ich dies tippe (übrigens auf einem MacBook, das 357.143mal mehr Speicher als eine Floppy Disk hat), bin ich 53 Jahre alt und kenne die „alte Arbeitswelt" nur zu gut. Du musst also keine Sorge haben, dass dich ein technophiler Jüngling von den Segnungen der neuen Zeit überzeugen will und dir die Vorzüge der modernen Arbeitswelt anpreist, wie es eine Tupperverkäuferin mit dem Salat-Karussell-2 tut. Nein, ich will mich differenziert und wissenschaftlich fundiert mit jenen Kompetenzen auseinandersetzen, die wir zukünftig im Berufsleben verstärkt brauchen werden. Vor allem möchte ich dir mit meinem Fitnessprogramm helfen, erfolgreich in der neuen Arbeitswelt zu werden. Und d. h. weit mehr, als nur zu wissen, wie du eine Videokonferenz aufsetzt.

Denn: Spätestens seit Corona definieren wir „arbeiten" anders als früher: Du bist viel häufiger im Homeoffice statt in der Firma. Und wenn du mal dort bist, hast du kein Einzelbüro mehr, sondern musst dir deinen Arbeitsplatz in einer „New-Work-Umgebung" suchen. Du hältst Zoom-Meetings ab, statt mit den KollegInnen an einem Besprechungstisch zu sitzen und Kekse zu schnabulieren. Ständig wirkst du in anderen Projekten mit, statt jeden Tag das Gleiche zu tun. Abteilungen gibt es schon lange nicht mehr – dafür bist du jetzt Teil eines „Tribes" oder einer „Squad". Deine Aufgaben musst du dir nun selbstständig suchen, statt unmissverständliche Order vom Chef/von der Chefin zu erhalten. Vormittags triffst du dich mit der besten Freundin/dem Kumpel zum Frühstück, dafür sitzt du bis spät abends am Laptop. Willkommen in der neuen Arbeitswelt!

Das Virus hat die Veränderung von Gesellschaft und Wirtschaft zwar beschleunigt. Doch schon längst davor haben Digitalisierung und Globalisierung dafür gesorgt, dass die Art und Weise, wie wir zusammenarbeiten, anderen Regeln gehorcht als vor 10 oder gar 20 Jahren. Und: Diese Entwicklung wird sich weiter fortsetzen, gar beschleunigen. Bereits jetzt wird unter dem Schlagwort „Multiversum" (englisch „Metaverse") über einen Nachfolger des Internets nachgedacht (vgl. Kühl, 2021). Quantencomputing, Virtual/Augmented Reality, Big/Smart Data sowie Künstliche Intelligenz stehen wohl gerade erst am Anfang ihrer Entwicklung. Wenn nur ein Bruchteil dessen eintreffen wird, was sich da abzeichnet, dann kann einem ganz schön schwindelig werden. So soll ein von Google konstruierter Quantencomputer für eine sehr schwierige (speziell für dieses Experiment entworfene Aufgabe) etwa 180 sec. benötigt haben. Der schnellste Supercomputer hätte dafür 10.000 Jahre gebraucht – das ist 1.750.000.000mal schneller (vgl. Stöcker, 2019). Dass solche Zahlen und Entwicklungen vielen Menschen Sorgen bereitet, ist nur zu verständlich. Dabei sind es keineswegs nur die Älteren, die sich vor der Zukunft fürchten. Wörwag und Cloots (2020, S. 3) meinen dazu:

Oftmals findet in der Auseinandersetzung mit dem Thema Digitalisierung eine Stereotypisierung statt, so z. B. zwischen Alt und Jung, traditionell und innovativ, Pionieren und Verweigerern. Diese Stigmatisierungen sind Teil einer digitalen Kluft. Wo bleiben die Menschen in der Digital Work im Allgemeinen, und im Besonderen jene, die sich der Digitalisierung verweigern, davon ausgeschlossen sind oder mit ihr schlicht nicht zurechtkommen? Werden neue Exklusionsrisiken aus der Arbeitswelt entstehen, oder sind wir alle bestens vorbereitet?

Ich will mich im Folgenden nicht damit beschäftigen, ob diese Befürchtungen berechtigt sind und ob die Entwicklungen positiv sind. Ich mag kein Urteil darüber fällen, wie die Digitalisierung zu bewerten ist. Ich werde nicht auf die zweifelsfrei vorhandenen negativen Begleiterscheinungen der ganzen Veränderungen eingehen. Es ist dies weder der Ort für eine (sozial-)kritische Auseinandersetzung, noch ist es einer, um den Verlust der guten alten Zeit zu beklagen. Ich werde kein Lamento anstimmen – Trauergesänge wirst du hier ebenso wenig finden, wie Loblieder auf die Segnungen der Digitalisierung. Ich werde die (Arbeits-)Welt so nehmen, wie sie ist und die Rahmenbedingungen ganz nüchtern als gegeben betrachten, wohl wissend, dass längst nicht alles Applaus verdient.

Allerdings dürfen wir uns auch nichts vormachen: Die Sorgen, die viele Menschen haben, sind nicht unbegründet. Algorithmen und Roboter sind uns schon längst bei jedweden Routinetätigen überlegen und werden ihren Abstand noch vergrößern. So bleiben uns Menschen auf Sicht gesehen folglich nur noch jene Tätigkeiten, bei denen Kompetenzen gefragt sind, die uns Computer und Maschinen auf absehbare Zeit nicht streitig machen werden, bei denen Kreativität, Empathie und intuitiv-analytisches Denken gefragt ist. Dabei ist auch klar – nicht als Einzelkämpfer werden wir diese Kompetenzen benötigen, sondern als Teil von (agilen) Teams, die sich immer wieder neu zusammensetzen. So erlangen Kommunikations- und Konfliktlösungsfähigkeiten eine noch höhere Bedeutung, als sie sie ohnedies schon besitzen.

Vor allem werden wir begreifen müssen, dass nicht mehr allein Fachkompetenzen ausreichen. Viel zu lange haben wir meines Erachtens der fachlichen Spezialisierung gehuldigt und dabei die grundlegenden Kompetenzen vernachlässigt. Wir feiern den Spezialisten und missachten den Generalisten. Shane Parrish (o. J.b, o. S.) schreibt dazu in seinem Blog:

> We live in a society that demands specialization. Being the best means being an expert in something. […] In one sense there is nothing wrong with this – specialized knowledge is required to solve problems and advance our global potential. But a byproduct of this niche focus is that it narrows the ways we think we can apply our knowledge without being called a fraud.

Eine negative Begleiterscheinung der Hyperspezialisierung bringt nach Parrish also eine Limitierung unseres Denkens bzw. der Anwendung unseres Wissens mit sich. Doch gerade in einer immer komplexeren Welt benötigen wir den Blick über den Tellerrand. Und dafür sind bestimmte Kompetenzen erforderlich. Während kein Mangel an Studien und Prognosen darüber herrscht, welche Eigenschaften und Fertigkeiten in der Arbeitswelt 4.0 gefragt sein werden, fehlte bislang ein Kompendium, das verständlich erklärt, was genau darunter zu verstehen ist und vor allem, wie man die entsprechende Einstellung sowie die erforderlichen Kompetenzen im Berufsalltag erlangt. Genau diese Lücke will ich mit meinem Fitnessprogramm schließen: Ich werde dir praxistaugliche, direkt anwendbare, Methoden, Werkzeuge und Tipps erläutern.

Auf Basis einer umfassenden Recherche habe ich all jene Kompetenzen identifiziert, auf die es zukünftig ankommt. Natürlich werden nicht alle für dich von gleich hoher Bedeutung sein. Die Branche, in der du tätig bist, dein Job natürlich, die Unternehmenskultur, dein direkter Vorgesetzter, deine Vorkenntnisse und nicht zuletzt deine Persönlichkeit beeinflussen, welche Kompetenzen für dich letztendlich wichtig sind.

Was erwartet dich konkret? Im **Teil I** werde ich dir erläutern, warum sich gerade jetzt – zu Beginn des 21. Jahrhunderts – so viel ändert und was dies fürs Berufsleben bedeutet. **Teil II** fällt vergleichsweise kurz aus und ist vor allem für jene gedacht, die noch nicht so viel Erfahrung mit dem Arbeiten im Homeoffice haben – hier werde ich erläutern, welche Ausstattung erforderlich ist, um Zuhause produktiv und professionell zu arbeiten. Auch der **Teil III** ist nicht sonderlich lang. Darin werde ich die Ergebnisse meiner Recherchen mit dir teilen und aufzeigen, welche Fertigkeiten zukünftig an Bedeutung gewinnen werden. Auf dieser Basis habe ich mein Kompetenz-MUSKEL-Modell entwickelt, das ich dir im Anschluss vorstellen werde. Schließlich kommt **Teil IV** – der umfangreichste Part: Dein Fitnessprogramm für die 6 + 1 wichtigsten Kompetenzen. Mein Ziel ist es, dich damit fit für die Herausforderungen der neuen Arbeitswelt zu machen und dir das Wissen zu vermitteln, das du zukünftig brauchen wirst, um erfolgreich zu sein. Erfolgreich bedeutet dabei für mich nicht nur, „Karriere" im klassischen Sinn zu machen – es heißt, mehr Erfüllung in seiner Arbeit zu finden, selbstbestimmter zu handeln, entspannter zu werden und kein Ar***loch sein zu müssen, um seine Interessen sowie Ideen durch- bzw. umzusetzen.

Worauf ich nicht eingehen werde, ist die Frage, ob uns die Digitalisierung zu einer humaneren Art des Zusammenarbeitens verhelfen wird, ob wir die Chancen, die sich uns jetzt bieten, auch nutzen werden. Nur so viel sei gesagt: Ich würde mir sehr wünschen, dass der Erwerb neuer Kompetenzen dazu beiträgt, respektvoller miteinander umzugehen, effektiver sowie effizienter zu arbeiten und auf diese Weise mehr Freude an der Arbeit zu erleben.

Als Bonusmaterial habe ich für dich ein paar Videos mit ergänzenden Inhalten produziert sowie einige der genannten Formulare (pdfs) zum Download bereit-gestellt – diese stehen dir als Leser exklusiv unter www.digitale.fitness zur Ver-fügung. Dein Passwort lautet: **FDA1407**

So, genug der Vorrede. Nun wünsche ich dir zahlreiche Anregungen und vor allem gutes Gelingen bei der Umsetzung der gewonnenen Erkenntnisse, auf dass du erfolgreich in der neuen Arbeitswelt wirst!

Aschaffenburg, Deutschland   Martin-Niels Däfler
Frühjahr 2022

Inhaltsverzeichnis

Über den Autor

Prof. Dr. Martin-Niels Däfler Prof. Däfler wurde 1969 in Mainz geboren. Er hat in Würzburg und Adelaide (Australien) BWL studiert. Danach hat er für die Boston Consulting Group sowie den Deutschen Sparkassen- und Giroverband gearbeitet. Seit 2010 lehrt er als hauptamtlicher Professor an der FOM Hochschule in Frankfurt/Main. Däfler ist Autor von 21 Büchern sowie über 170 Fachartikeln.

Über 25 Jahre Bühnenerfahrung, sein Esel „Pedro", erstklassige Referenzen und eine Top-Empfehlungsrate machen Däfler zu einem deutschlandweit gefragten Redner, Trainer und Coach. Als Experte für die Themen Digitalisierung, Umgang mit Veränderungen und Stress sowie Kommunikation ist er für DAX-Konzerne genauso tätig wie für Mittelständler und öffentliche Arbeitgeber.

Däfler ist verheiratet, hat 3 Kinder und lebt mit seiner Familie in Aschaffenburg.

Prof. Dr. Martin-Niels Däfler

prof@daefler.de | 0173 3000123 | Rossmarkt 38 | 63739 Aschaffenburg

www.profdaefler.de

Teil I

Willkommen in der neuen Arbeitswelt

Bevor wir uns mit den Kompetenzen beschäftigen, die in der neuen Arbeitswelt wichtig sind, sollten wir uns die Mühe machen zu verstehen, was genau sich geändert hat und warum gerade jetzt kein Stein auf dem anderen zu sitzen bleibt. Ich denke, es ist wichtig, diese Zusammenhänge zu kennen. Denn: Wenn wir wissen, warum etwas passiert, tun wir uns viel leichter damit, die entsprechenden Konsequenzen zu akzeptieren bzw. uns auf die damit einhergehenden Änderungen einzustellen.

Vergangenheit: Warum ändert sich gerade jetzt so viel?

Dass sich das Veränderungstempo in den letzten Jahren deutlich erhöht hat, kann wohl nur von jemandem angezweifelt werden, der seit dem Jahr 1990 ununterbrochen auf den Äußeren Hebriden lebt und keinen Kontakt zur Außenwelt hatte. Ansonsten merken wir es in unserem Privat- und Berufsleben täglich, wie sehr sich unsere Umwelt geändert hat. Führe dir doch nur mal vor Augen, wie du etwa im Jahr 2000 deinen Abend verbracht hast und wie heute. Da konntest du nicht bei Netflix unter Tausenden von Filmen wählen und hast während des Zuschauens nicht immer mal wieder auf dein Smartphone gestarrt („Second-Screen-Phänomen"). Erst recht im Job! Wer heute noch exakt so arbeitet, wie vor 10 Jahren, der muss entweder Steinmetz sein oder in einem extrem rückständigen Unternehmen arbeiten.

Selbst eher konservative, traditionsbehaftete Wirtschaftszweige, wie die Landwirtschaft oder das Handwerk, ändern sich in einer atemberaubenden Geschwindigkeit. Nur 2 Beispiele: Inzwischen überwachen Drohnen den Gesundheitszustand von Pflanzen aus der Luft („Agrarcopter"). Oder Virtual-Reality-Brillen werden zur Ausbildung von Schreinern eingesetzt.

Free-Fall-Economics nenne ich das. Du weißt schon – das sind diese Attraktionen auf Volksfesten und in Vergnügungsparks, bei denen man in einem Korb sitzend zunächst ganz langsam in schwindelerregende Höhen gezogen wird, um dann schlagartig nach unten zu sausen. Um die Merkmale unserer so beschleunigten und immer undurchschaubareren Umwelt zu beschreiben, hat sich das Akronym „VUCA" durchgesetzt. Ursprünglich vom US-amerikanischen Militär verwendet, stehen diese 4 Buchstaben heute generell für die Rahmenbedingungen von Gesellschaft und Wirtschaft:

© Der/die Autor(en), exklusiv lizenziert durch Springer Fachmedien Wiesbaden GmbH, ein Teil von Springer Nature 2022
M.-N. Däfler, *Fit für die digitale Arbeitswelt*, https://doi.org/10.1007/978-3-658-36580-6_1

Volatilität ("volatility") beschreibt die Schwankungsintensität über die Zeit. Was ist damit gemeint? Stelle dir bitte mal Aktienkurse vor, wie sie in den Börsen an gigantischen Displays abgebildet werden und abends in den Finanznachrichten zu sehen sind. Je stärker der Kurs innerhalb kurzer Zeit schwankt, desto schärfere Zacken hat der Kursverlauf. Je höher die Volatilität, desto stärker und "zackiger" sind die Ausschläge.

Unsicherheit ("uncertainty") beschreibt die Unvorhersagbarkeit von Ereignissen. Auf gut Deutsch heißt das: Es gibt immer mehr "Überraschungen", also Ereignisse, mit denen kaum jemand gerechnet hat, so wie Corona oder der im März 2021 im Suezkanal stecken gebliebene Frachter "Ever Given", was die Weltwirtschaft massiv beeinflusste.

Komplexität ("complexity") beschreibt die Anzahl von Einflussfaktoren und deren gegenseitige Abhängigkeit. Je mehr Faktoren ein System beeinflussen, desto komplexer ist es. Das bezieht sich nicht nur auf materielle Systeme (wie etwa einen PKW oder eine Druckmaschine), sondern auch auf nicht-physische Systeme, wie etwa Unternehmen.

Ambiguität ("ambiguity") schließlich beschreibt die Mehrdeutigkeit einer Situation oder Information. Das heißt: Wir wissen nicht wirklich, was die Informationen bedeutet. Ist Corona gut oder schlecht für die Wirtschaft gewesen? Objektiv betrachtet sicherlich beides – die Pandemie hat (zumindest in zahlreichen Branchen) für etliche Verwerfungen gesorgt, andererseits auch erfinderisch gemacht und zahlreiche neue Geschäftsmodelle hervorgebracht.

All das lässt sich gut in einem Bild zusammenfassen, nämlich dem eines Hockeyschlägers. Dieses Sportgerät ist Namensgeber für ein Phänomen, das "Hockeystick-Effekt" genannt wird. Gemeint ist damit ein bestimmter Kurvenverlauf, der an die Form eines Hockeyschlägers erinnert. Am Anfang ist die Kurve flach und verweist kurzfristig sogar nach unten, aber bald zeigt sie steil nach oben. Ursprünglich stammt der Begriff aus der Meteorologie und wurde/wird verwendet, um den steilen Anstieg der Temperatur in Folge der Klimakatastrophe zu visualisieren. Auch technologische Entwicklungen verlaufen oft ähnlich (deshalb spricht man auch von der "Technologiekurve"): Änderungen vollziehen sich nicht (mehr) linear, sondern exponentiell. Das Veränderungstempo erhöht sich also permanent.

Da drängt sich förmlich die Frage auf: Wie kommt es, dass wir heute in einer VUCA-Welt leben? Wieso haben sich die Dinge früher nur wenig oder sehr langsam geändert? Warum hat sich in der Menschheitsgeschichte Zehntausende von Jahren so gut wie nichts getan? Weshalb hat heute so wenig Bestand? Warum sind wir in Warp-Geschwindigkeit unterwegs (außer der deutschen Verwaltung)? Nun, das sind nicht leicht zu beantwortende Fragen. Dennoch will ich es wagen, eine einfache, aber nicht simplifizierende, Erklärung zu geben. Aus meiner Sicht sind es vor allem 6 Gründe, die dafür verantwortlich sind.

Grund 1: Bevölkerungsentwicklung

Der wohl wichtigste Punkt zuerst: Es gibt schlichtweg mehr Menschen. Noch nie in der Menschheitsgeschichte haben so viele Menschen unseren Heimat-planeten bevölkert wie heute. Und mehr Menschen haben halt mehr Ideen. Klingt banal, hat aber weitreichende Auswirkungen, siehe Abb. 1.

Grund 2: Zunehmende Urbanisierung

Wo leben wir? Immer häufiger in Städten, also in unmittelbarer räumlicher Nähe. Das Verhältnis zwischen Land- und Stadtbevölkerung hat sich kontinuierlich verschoben. Im Jahr 1950 wohnte nicht einmal ein Drittel der Weltbevölkerung in Städten. Seit dem Jahr 2007 ist es schon mehr als die Hälfte. Nach Prognosen der Vereinten Nationen werden es im Jahr 2050 zwei Drittel sein. Der Anteil der Stadtbevölkerung in den Industrienationen wird demnach 2050 bei 85 % liegen und in den ökonomisch sich entwickelnden Staaten 63 % betragen (vgl. BPB, 2017). Was hat das mit dem beschleunigten Veränderungstempo zu tun? Sehr viel! Denn der Wissensaustausch und die

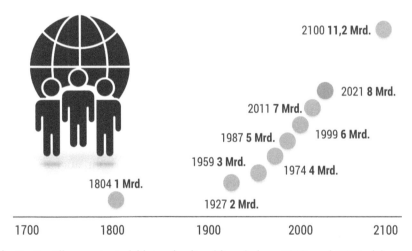

Abb. 1 Bevölkerungsentwicklung (weltweit) zwischen 1800 und 2100. (Eigene Er-stellung; Daten: United Nations, 2019)

Zusammenarbeit wird leichter, wenn keine physischen Distanzen zu über-winden sind. Kooperation wiederum befördert Innovationen.

Grund 3: Zunehmende Bildung

Es leben nicht nur mehr Menschen (in Städten), sondern sie sind auch ge-bildeter als jemals zuvor. Und Bildung ist die wichtigste Voraussetzung für Innovationen, also Veränderungen. Überall auf der Welt – insb. in den Natio-nen, die man früher als „Entwicklungsländer" bezeichnete – ist der Bildungs-grad enorm gestiegen (vgl. Pinker, 2018, S. 299 ff.). Allein in China gibt es mehr als 40.000.000 Studierende – das entspricht ungefähr der Einwohner-zahl von Polen (vgl. Brokate & Günther, 2017).

Grund 4: Zunehmende Internetnutzung/ Vernetzung

Okay, also: Mehr Menschen, die sich leichter physisch austauschen können, weil sie enger beieinander leben und gebildeter sind. Das sind schon mal ge-wichtige Ursachen für die Zunahme des Veränderungstempos. Aber, es kommt noch mehr! Denn: Wir sind heute besser denn je vernetzt und kön-nen auch kooperieren, wenn wir nicht im gleichen Raum sitzen – das Internet hat dafür gesorgt, dass der Mitarbeiter aus Ludwigshafen mit seinen KollegIn-nen aus Ansan (Südkorea) und Beaumont (USA) zeitgleich in einer Video-konferenz über ein neues Produkt hirnen kann.

Werfen wir mal einen nüchternen Blick auf die Zahlen (vgl. Kemp, 2019): Weltweit gibt es

- 5,1 Mrd. Handynutzer,
- 4,4 Mrd. Internetnutzer und
- 3,5 Mrd. Social-Media-Nutzer.

Nicht nur die Anzahl der Nutzer hat sich signifikant erhöht, auch die Metho-den, mit denen wir kommunizieren können, haben sich vervielfältigt. Durch moderne Kollaborationslösungen (wie Zoom, WebEx, MS Teams …) können wir uns über Bild und Ton austauschen sowie simultan Dokumente (Folien, Tabellen …) betrachten. Solche Tools sind in Kombination mit einem leistungsfähigen Internet wahre Zusammenarbeitsbooster.

Grund 5: Leichterer Zugang zu Wissen

Durch das Internet können wir nicht nur einfacher zusammenarbeiten. Auch sind Informationen viel schneller abrufbar und deutlich leichter aufzufinden. Ich denke da mal zurück an meine Studienzeit. Wenn ich ein bestimmtes Fachbuch für meine Doktorarbeit brauchte, musste ich es mir über die Fernleihe bestellen, was durchaus ein paar Wochen dauern konnte. Heute gehe ich am heimischen Schreibtisch in eine Datenbank, gebe den gewünschten Titel ein und habe Sekunden später das pdf auf meinen Rechner heruntergeladen. Und wenn ich nicht weiß, welche Bücher, Artikel oder Studien es zu einem Thema gibt, dann befrage ich eine Suchmaschine und erhalte nach 3mal mit den Augen blinzeln eine recht brauchbare Trefferliste.

Die nahezu kostenlose, sofortige, globale Verfügbarkeit von Wissen hat damit wesentlich zu einer explosionsartigen Zunahme des Veränderungstempos geführt. Spiegelbildlich ist es ebenso. Denn heute kannst du genauso schnell, problemlos und (nahezu) kostenfrei deine Einsichten publizieren. Per Social Media, in Foren, Blogs oder auf eigenen Internetseiten kannst du die Welt jederzeit an deinen Erkenntnissen teilhaben lassen. Gut, nicht alles von dem, was da so auf Facebook, LinkedIn & Co. veröffentlicht wird, hat das Zeugs dazu, die Welt zu retten. Zudem verleitet das Internet auch zum Konsum von Informationen, deren Relevanz für die eigene Arbeit überschaubar ist. Oder meinst du, dass das Betrachten von Kätzchenvideos würde zu Geistesblitzen führen? Wie auch immer: Es ist klar zu konstatieren: Das Internet ist ein echter Veränderungsturbo.

Grund 6: Leistungsfähigere Maschinen

In unserer Arbeit und Forschung werden wir inzwischen von einer für den Laien nicht mehr ansatzweise zu verstehenden „Maschinerie" unterstützt. Längst nicht mehr nur stupide Routinearbeiten werden uns von Computern, Robotern und hoch spezialisierten Maschinen abgenommen. Auch anspruchsvollste Aufgaben werden heute wie von Zauberhand in Kürze erledigt. Die Entwicklung der Corona-Impfstoffe wäre bspw. ohne maschinelle Unterstützung vermutlich erst Mitte des Jahrtausends geglückt.

Fazit: Demografie + Internet = Veränderung

Dies waren nur die 6 bedeutsamsten Gründe, warum sich in den letzten Jahren das Veränderungstempo derartig beschleunigt hat. Zentral sind die demografische Entwicklung und die Existenz des (schnellen) Internets. Natürlich darf dabei ein bedeutsamer Aspekt nicht übersehen werden: Jede Generation baut auf dem bereits vorhandenen Wissen auf. Und je mehr Wissen bereits existiert, desto leichter tut man sich damit, neues zu schaffen. Überlassen wir dem Wissenschaftsautor Stefan Klein (2010, S. 260) das Schlusswort dieses Abschnitts:

> Inzwischen verbreiten sich solche Formen der Kooperation dermaßen rasant, dass wir kaum absehen können, wohin diese Entwicklung führen wird. Vielleicht vergleichen sie künftige Historiker einmal mit dem Übergang zur gemeinsamen Jagd in der frühen Steinzeit, als unsere Ahnen erkannten, wie viel sicherer sie sich ernähren konnten, wenn nicht mehr jede Familie allein ums Überleben kämpfte.

Gegenwart: Was tut sich gerade da draußen?

Du weißt nun, warum sich das Veränderungstempo so rasant beschleunigt hat. Aber: Was genau ist denn anders? Kaspar Villiger, ein Schweizer Unternehmer und Politiker, gab seinem Buch über die großen Krisen der Moderne den Titel „Die Durcheinanderwelt" (vgl. Villiger, 2017). Ich finde diese Wortneuschöpfung hervorragend gewählt, um in kürzest möglicher Form den Eindruck zu beschreiben, den gerade sehr viele Menschen über den Zustand unserer Gesellschaft und Wirtschaft haben. Getreu dem Motto „Was gestern galt, ist heute alt" scheint es kaum noch Konstanten zu geben – weder im Beruf, noch im Privatleben. So vieles, was uns jahrzehntelang umgab, so viele eingespielte Prozesse und so viele bewährte Methoden werden plötzlich entsorgt wie ausgelöffelte Joghurtbecher. Ab in den Müll! Warum darf ich auf einmal nicht mehr in meinem Einzelbüro sitzen? Warum musste diese neue Software eingeführt werden? Mit der alten hat es doch prima geklappt! Warum soll ich jetzt im Supermarkt mit meinem Handy zahlen und nicht mehr in bar? Warum muss ich bei IKEA meine Teelichter selbst scannen? Warum ernte ich bemitleidende Blicke, wenn ich mir „nur" einen Kaffee und keinen Chocolate Coffee Crunch Frappuccino bestelle?

Etwas seriöser: Woran merken wir, dass sich die Art, wie wir (zusammen) arbeiten fundamental von der des 20. Jahrhunderts unterscheidet? Nun, es sind 3 Ebenen, die wir auseinanderhalten müssen:

1. Das ist zunächst mal die **technisch-produktive Ebene:** Automatisierung, unternehmensübergreifende Vernetzung von Produktionsanlagen, der Vormarsch von Robotern, Big Data, immer leistungsfähigere KI-Anwendungen (Künstliche Intelligenz) und manches mehr entlasten und ersetzen den Menschen in der Fertigung und in der Verwaltung. Angestammte Berufsbilder verschwinden oder verändern sich bis zur Unkenntlichkeit. Was hat der Automechaniker von heute noch mit dem aus dem Jahr 2000 zu tun?

2. Dann wäre da die **kommunikative Ebene:** Interaktions- und Kollaborationstools eröffnen neue Möglichkeiten, um ortsunabhängig zusammenzuarbeiten – über Unternehmens- und Landesgrenzen hinweg. Immer mehr wird in Projekten statt in starren Abteilungen gearbeitet. Die Projekte folgen nicht mehr einem starr definierten „Masterplan", sondern werden in vielen kleinen Schritten kontinuierlich angepasst, um so flexibel auf Kundenwünsche reagieren zu können. Zusehends löst sich die Bindung an den Arbeitgeber auf. Statt (berufs-)lebenslanger Beschäftigung bei einem Arbeitgeber wechselt manch einer heute öfters den Job als Lothar Matthäus seine Freundinnen.

3. Schließlich haben wir noch die dritte, die **kulturell-persönliche Ebene,** die unmittelbar mit der zweiten Ebene zusammenhängt. Je mehr in Projekten gearbeitet wird, je zahlreicher die Vertreter der Generationen Y, Z und alpha in der (sich ohnedies immer häufiger wechselnden) Belegschaft wiederfinden, desto weniger kann Führung klassischer Art etwas bewirken. Ein patriarchalisches Es-wird-gemacht-wie-ich-es-sage-Verhalten und hierarchische Strukturen werden ersetzt durch die vorübergehende Zusammenarbeit auf Augenhöhe. Die Unternehmenskultur folgt neuen Paradigmen: Die Projektteams sind für sich selbst verantwortlich und brauchen keine Häuptlinge mehr, die ohnedies von nichts eine Ahnung haben und nur alles durcheinanderbringen. Für den Einzelnen bedeutet das, dass wir wesentlich autonomer werden, mehr selbstverantwortlich arbeiten und uns (berufs-)lebenslang weiterbilden müssen, wenn wir den Anschluss nicht verlieren wollen.

Es tut sich also gerade eine Menge da draußen und wir alle werden uns – wahrscheinlich schneller, als das manch einem klar ist – an neue Formen des (Zusammen-)Arbeitens gewöhnen müssen. Das ist an sich nicht neu. Seit jeher ändern sich Rahmenbedingungen, machen Menschen Erfindungen und Entdeckungen, die sich dann auf unsere Arbeitsweise auswirken. Gerade das zeichnet ja die Gattung „Mensch" aus – unsere unglaubliche Kreativität und Anpassungsfähigkeit. Was allerdings neu ist, ist das Ausmaß und die Rasanz der Veränderungen.

Immer schwerer tun wir uns damit, dieses Tempo mitzugehen. Das Karussell dreht sich zusehends rascher – da kann einem schon mal schwindelig werden. Doch Vorsicht! Was manch' einem als sinnloses und unbegründetes Aussortieren doch eigentlich noch völlig intakter Produkte, Vorgehensweisen oder Ideen erscheinen mag, hat nachvollziehbare Ursachen. Wenn man sie kennt. Darum geht es mir hier. Ich will versuchen aufzuzeigen, wie diverse Tendenzen – man könnte auch von Megatrends sprechen – zusammenhängen und vor allem, was sie zur Konsequenz haben. Damit möchte ich kein Werturteil fällen. Keineswegs will ich behaupten, dass alles Neue gut und alles Alte schlecht ist. Ich mag nicht sagen, dass alle Neuerungen sinnvoll sind oder notwendig wären. Worauf es mir ankommt: Du sollst verstehen, dass die Umwälzungen, die wir gerade erleben, in aller Regel die Antwort auf Entwicklungen sind, die sich schon länger abzeichnen.

Wer weiß, warum etwas passiert, tut sich sehr viel leichter damit, die dadurch verursachte(n) Veränderung(en) zu akzeptieren, sie vielleicht sogar gut zu heißen. Insofern ist es nicht nur von akademischem Wert, wenn du dir die Zeit nimmst, die folgenden Ausführungen zu genießen (siehe Abb. 1).

(1) **Demografische Entwicklung**

In den DACH-Staaten und in den Industrieländern generell ist die Geburtenquote seit Jahren rückläufig bzw. nur moderat steigend. Gleichzeitig ist die durchschnittliche Lebenserwartung angestiegen. Am Arbeitsmarkt führt diese

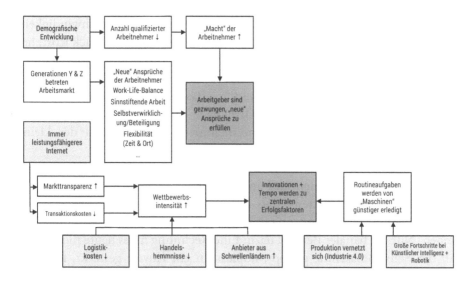

Abb. 1 Megatrends und ihre Auswirkungen (Eigene Erstellung)

Entwicklung dazu, dass die Anzahl an Arbeitskräften sinkt, wodurch die Arbeitnehmer mehr „Macht" erhalten. Während die Babyboomer allmählich in Rente gehen, rücken die Vertreter der Generation Y, Z und alpha nach. Die Jüngeren stellen andere Anforderungen an ihre Arbeitgeber als ihre Vorgänger. So werden u. a. wichtiger:

- Work-Life-Balance
- Sinnstiftende Arbeit
- Selbstverwirklichung/Beteiligung
- Flexible Arbeitsbedingungen (Zeit und Ort)
- Veganes Speisenangebot in der Kantine

Wenn die Angebotsseite – also die Arbeitnehmer – gestärkt wird, verbessert sich deren Verhandlungsposition. Im Klartext: Wenn Unternehmen im „War for Talents" bestehen wollen, sind sie gezwungen, den Ansprüchen der (potenziellen) Arbeitnehmer Rechnung zu tragen, ihnen also das zu bieten, was sie verlangen, wie etwa Vertrauensarbeitszeit, freie Wahl des Arbeitsplatzes (daheim, im Café oder auch mal im Büro), spannende Tätigkeiten und einiges mehr.

(2) Immer leistungsfähigeres Internet

Erinnerst du dich noch an die 1990er-Jahre? Wie lange dauerte es da, bis sich selbst eine primitive Webseite aufgebaut hatte. Da konnte man zwischen drinnen schon mal einen ganzen Roman schreiben oder ein 7-Gang-Menu kochen. Und heute? Geht dank Glasfaser alles in Gigabitgeschwindigkeit. Nun gut – nicht überall. Wenn du im Spessart oder dem Hunsrück lebst, hat sich in den letzten 30 Jahren nichts geändert.

Nicht nur in Mitteleuropa, nahezu überall auf der Welt gibt es heute eine hochleistungsfähige Internetinfrastruktur – Basis für den globalen Austausch von Informationen und zugleich Grundlage zahlloser digitaler Geschäftsmodelle. Nicht nur das: Kein Unternehmen – nicht einmal der kleine Spenglerbetrieb – kommt heute ohne Internet aus.

Was bedeutet ein ubiquitäres, hoch performantes Internet mit immer ausgefeilteren Suchalgorithmen und automatisierten Bestell-/Kaufabwicklungsprozessen? Zweierlei! Erstens, dass die Transaktionskosten sinken, also alle Kosten, die im Zusammenhang mit der Abwicklung von Geschäftätigkeiten stehen. Nur ein banales Beispiel dazu: Eine Rechnung muss heute nicht mehr auf der Schreibmaschine getippt, kopiert, in ein Kuvert gesteckt, frankiert und zur Post gebracht werden. Sie wird vom System automatisiert generiert und als pdf über das Internet dem Kunden in Sekundenschnelle zu Grenzkosten von 0 zugestellt.

Zweitens steigt die Markttransparenz. Sowohl im B2B-, als auch im B2C-Geschäft können Anbieter/Partner über Google und spezialisierte Datenbank im Formel-1-Tempo gefunden werden. Preisvergleichsportale zeigen auf Knopfdruck, bei welchem Händler die neuen Sportschuhe am günstigsten zu erstehen sind.

(3) Gesunkene Logistik- und Kommunikationskosten

Die „HMM Algeciras" ist mit einer Länge von 399,90 m und einer Breite von 61 m das aktuell größte Containerschiff der Welt. Seit dem Jahr 2020 im Einsatz, kann sie fast 24.000 Zwanzig-Fuß-Standardcontainer laden (vgl. DISPO, 2021). Damit du dir das besser vorstellen kannst: Mit einer Schiffsladung könnte man 84.000.000 Paar Schuhe transportieren – das wären sogar ein paar mehr, als meine Frau in ihrem Schrank hat. Rate mal, wie viele Leute es braucht, um solch einen Koloss über die Weltmeere zu schippern? Gerade mal 2 Fußballmannschaften! Man muss kein BWL-Studium besitzen, um zu erahnen, was diese Fakten für die Transportstückkosten bedeuten. So wundert es nicht, wenn heute der Versand eines Fernsehers oder Kühlschranks von Shenzen (China) nach Schorndorf lediglich ein Bruchteil dessen kostet, was vor 20 oder gar 30 Jahren dafür aufzuwenden gewesen wäre.

Auch beim Transport am Himmel sind die Kosten rapide gesunken. Ganze Geschäftsmodelle – wie etwa das des chinesischen E-Commerce-Unternehmens Wish – basieren auf niedrigen Luftfrachtraten. Auch wenn diese während der Pandemie zeitweise deutlich gestiegen waren, so gab es langfristig nur eine Tendenz: nach unten.

Um das Bild komplett zu machen, wollen wir uns noch die Telekommunikationskosten anschauen. Als ich 1987 in Australien studierte und alle 2 Wochen daheim anrief, kostete mich ein 3-Minuten-Telefonat 9 Australische Dollar. Als ich 2017 erneut in Sydney war und mich Zuhause meldete, zahlte ich dafür: nichts. Ich habe meinen Bruder per WhatsApp-Videocall völlig kostenlos erreicht. Das Hotel-WLAN war schließlich umsonst. Die etwas Älteren unter meinen Lesern werden sich noch an die Frühzeit des Internets erinnern, als es noch keine Flatrates gab, wie geizig wir da mit dem Surfen waren und peinlichst darauf achteten, nicht zu viele Bits und Bytes zu „verbrauchen". Das ist nun lange vorbei.

Gesunkene Kommunikationskosten erlauben es Unternehmen sowohl auf Beschaffungs-, wie auch auf Absatzseite mit Lieferanten/Kunden in aller Welt in Beziehung zu treten – kostenmäßig spielt es keinerlei Rolle, auf welchem Kontinent unsere Geschäftspartner daheim sind.

(4) Gesunkene Handelshemmnisse

Auch wenn Donald Trump temporär für ein wenig Störfeuer gesorgt hatte, so konnte seine Handelspolitik (wenn man diese überhaupt so nennen darf) einen langfristigen Trend nicht stoppen, nämlich dass Handelsbarrieren sukzessive abgebaut wurden, und zwar sowohl in technischer Hinsicht, als auch was Zölle betrifft. Freilich: Die Entwicklung bei diesem Thema ist höchst volatil. Während ich dies schreibe, könnte China oder ein anderes Land schon wieder über neue Strafzölle oder Ähnliches nachdenken, sodass bei Erscheinen diese Aussagen wie Hohn wirken würden. Nichtsdestotrotz lässt sich bei Betrachtung der zurückliegenden Jahrzehnte zweifelsfrei feststellen, dass überall auf der Welt Freihandelsabkommen beschlossen und Zölle gesenkt, wenn nicht gar eliminiert wurden.

(5) Zunehmende Konkurrenz durch Anbieter aus (ehemaligen) Schwellenländern

Längst sind Unternehmen aus Ländern, die lange Zeit als „Schwellenländer" bezeichnet wurden, zu ernsthaften Konkurrenten für Anbieter aus klassischen Industrienationen geworden. Sicherlich nicht in allen Branchen, so doch in vielen, sind chinesische, indische, südkoreanische oder brasilianische Firmen heute in puncto Qualität deutschen oder US-amerikanischen Betrieben ebenbürtig. Ein Indiz dafür sind die Patentanmeldungen. Die Betrachtung nach Ländern im Jahr 2020 (Top 30) zeigt, dass etwa Saudi Arabien und die Türkei die höchsten Zuwächse verzeichnen konnten (vgl. EPO, 2021). Beim Preis sind die ehemaligen „Exoten" sogar deutlich überlegen, was größtenteils (noch) an geringeren Lohnkosten liegt, aber auch an oftmals signifikant niedrigeren Umwelt- und Arbeitsschutzauflagen.

(6) Zunehmende Vernetzung der Produktion („Industrie 4.0")

Kaum ein Schlagwort hat die Fertigung in den letzten Jahren so elektrisiert wie „Industrie 4.0". In der Literatur und in der Praxis herrscht zwar keine Einigkeit darüber, was darunter genau zu verstehen ist. Einig ist man sich allerdings weitestgehend darin, dass damit eine sich selbstorganisierende Produktion angestrebt wird. Das bedeutet: Maschinen, Anlagen, Logistik und Produkte kommunizieren direkt miteinander, ohne dass es dafür ein Eingreifen durch Mitarbeiter braucht. Bis sich ein Auto einmal völlig ohne menschliche Beteiligung – quasi von allein – zusammenbaut, dürfte es wohl noch ein bisschen dauern, aber auf dem Weg dorthin gibt es schon große Fortschritte, wie man etwa in Mercedes Benz' „Factory 56" in Sindelfingen begutachten kann.

(7) **Große Fortschritte bei „Künstlicher Intelligenz" und Robotik**

„Künstliche Intelligenz" (KI oder „Artificial Intelligence", AI) ist ein Reizwort. Während einige – zumeist technikaffine – Menschen von den Möglichkeiten schwärmen, die mit Hilfe von Supercomputern, Algorithmen und etwas WD40 denkbar sind, graust es anderen bei der Vorstellung, dass wir eines Tages von autonom denkenden und handelnden Maschinen regiert werden. Nun, allein der Begriff KI wäre zunächst einmal zu hinterfragen – was macht Intelligenz aus und ab wann kann man ein Programm oder einen Roboter als intelligent bezeichnen? Wollen wir diese Debatte hier nicht führen, sondern ganz sachlich und wertneutral feststellen, dass das, was Computer und Roboter heute schon können, erstaunlich ist. Schauen wir uns dazu nur mal die Entwicklung bei der Bilderkennung an. Wenn es darum geht zu unterscheiden, ob auf einem Foto ein Welpe oder ein Muffin abgebildet ist (siehe Abb. 2), irren sich Menschen mit einer Quote von 5 %. Bilderkennungssysteme lagen im Jahr 2010 in 30 % der Fälle falsch. Nur 6 Jahre später waren

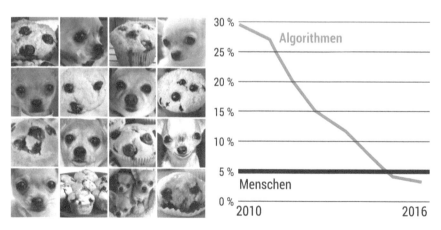

Abb. 2 Fortschritte bei der Bilderkennung. (Eigene Erstellung; Daten: Low, 2017; Bild: Karen Zack/@teenybiscuit)

sie mit 4 % schon besser als Menschen (vgl. Low, 2017) und sind uns heute haushoch überlegen.

Fazit und Konsequenzen

Fügen wir all' diese Puzzleteile zusammen. Die „neuen" Ansprüche und die gestiegene „Macht" der Arbeitnehmer führen dazu, dass die Arbeitgeber zunehmend neue Arbeitsformen und -zeitmodelle einführen. Um den Anforderungen der Generation Y, Z und alpha gerecht zu werden, wird vielfach versucht, die Unternehmenskultur zu „verjüngen": Mehr Entscheidungen werden delegiert, mehr Autonomie wird zugestanden, aber auch mehr Eigenverantwortlichkeit eingefordert.

Ein immer leistungsfähigeres Internet lässt die Transaktionskosten sinken und die Markttransparenz steigen. Dies führt konsequenterweise zu einer Erhöhung der Wettbewerbsintensität. Befeuert wird diese Entwicklung noch durch die Tatsachen, dass die Logistik- sowie Kommunikationskosten im Sinkflug sind, tarifäre und technische Handelshemmnisse abgebaut werden und immer mehr Anbieter aus Schwellenländern zu Konkurrenten werden.

Eine sich vernetzende Produktion und große Fortschritte bei Künstlicher Intelligenz sowie Robotik führen zum vermehrten Einsatz von Maschinen, die Menschen überflüssig machen. Dadurch sinken die Personalkosten in ihrer Bedeutung für die Gesamtkalkulation und globale Lohnkostenunterschiede, wie sie es derzeit noch gibt, spielen als Wettbewerbsfaktor keine allzu große Rolle mehr.

Wenn die Wettbewerbsintensität steigt und zugleich die Personalkosten nicht mehr entscheidende Vorteile am Markt liefern, dann sind es letztlich nur 2 Vorteile, die Unternehmen bleiben: Innovationen und Tempo. Also: Schneller als andere neue (bessere) Produkte/Lösungen anzubieten.

Wenn nun Kreativität und Geschwindigkeit die bestimmenden Faktoren sind, stellt sich konsequenterweise die Frage, was Organisationen tun können, um mehr/bessere Ideen zu haben und schneller zu werden. Dazu muss man wiederum wissen, wie Ideen entstehen. Verkürzt und vereinfacht ausgedrückt lautet die Antwort: Neue Ideen gedeihen hauptsächlich durch die (temporäre) Zusammenarbeit von motivierten und kompetenten Menschen mit unterschiedlichen Hintergründen in einem kreativen Umfeld. Wie es der Zufall will, ist dies genau das, was die – vor allem jüngeren – Mitarbeiter von ihrem Arbeitgeber verlangen: Ein motivierendes Arbeitsklima. Also gleich aus 2 Gründen (Wettbewerbsfaktor und Mitarbeiteransprüche) sind Unternehmen gefordert, die Art und Weise, wie sie arbeiten, auf den Prüfstand zu stellen, wenn sie wettbewerbsfähig bleiben wollen.

Du hast es geschafft! Du kennst nun die (groben) Zusammenhänge und weißt, weshalb du dich auf einmal in Daily-Stand-ups wiederfindest, keine Stechkarte mehr besitzt und eure Firma einen Feel-Good-Manager eingestellt hat. So bleibt nur noch, die Frage zu beantworten: Bleibt das jetzt alles so bzw. was bedeutet das für die Art, wie wir in Zukunft arbeiten werden?

Zukunft: Was bedeutet das alles für die Art, wie wir (zusammen-)arbeiten?

Vielleicht denkst du dir: Okay, ich verstehe nun so einigermaßen, warum sich so viel geändert hat, aber ab wann wird denn alles wieder normal? Wann wird sich das Veränderungstempo verlangsamen? Die ernüchternde Antwort: Gar nicht! Denn wir stehen gerade erst am Anfang einer Entwicklung, deren Ende wir nicht absehen können. Den Hockeystick-Effekt kennst du ja schon. Dort befinden wir uns erst im unteren Abschnitt. Warum? Weil sich alle genannten Entwicklungen fortsetzen werden. Die „guten alten Zeiten" wird es also nicht mehr geben. Ralf Kleber, Chef von Amazon Deutschland, drückt dies metaphorisch so aus: „Wenn die Digitalisierung ein Restaurantbesuch wäre, dann wären wir gerade beim Gruß aus der Küche" (zitiert nach Salden et al., 2017).

Hatten die Globalisierung und Digitalisierung schon zu erheblichen Neuerungen geführt, wurden durch Corona Veränderungstempo und -intensität noch gesteigert. Das Virus hat unsere Arbeitswelt stärker verändert als jede andere technische, methodische, politische oder ökonomische „Errungenschaft" zuvor. Warum wird diese besondere Phase der Menschheitsgeschichte unsere Unternehmen, Behörden, Kanzleien, Praxen, Werkstätten und Labore so nachhaltig ändern?

- Weil man neue Arbeitsmodelle (Homeoffice, Remote-Work, Teilzeit …) im Realbetrieb testen konnte und erkannte, dass sie weitestgehend funktionieren. So wird man sie auch zukünftig praktizieren und ständig optimieren.
- Weil bedingt durch die gesamtwirtschaftliche Abschwächung der Nachfrage in einigen Branchen (manchmal sogar der komplette Einbruch) neue

M.-N. Däfler, *Fit für die digitale Arbeitswelt*, https://doi.org/10.1007/978-3-658-36580-6_3

Erlösmodelle gefunden werden mussten, was wiederum (weitreichende) innerbetriebliche Veränderungen zur Folge hatte.

- Weil die Krise manche Schwachpunkte in der Organisation aufgedeckt hat, die beseitigt wurden oder noch werden. So wurde vielfach überdacht, ob die lagerlose Fabrik zukünftig noch Sinn ergibt. Nicht wenige Unternehmen dachten und denken zudem darüber nach, für die Produktion wichtige Teile wieder selbst herzustellen.
- Weil Roboter und Algorithmen nicht von Viren befallen werden, wird die Digitalisierung noch schneller voranschreiten. Vorausgesagt hat dies schon Dennis Snower (2018), Präsident des Instituts für Weltwirtschaft in Kiel, vor Corona: „In absehbarer Zeit – viel schneller, als die meisten sich das vorstellen – wird das Gros der Routinearbeit von Maschinen übernommen werden." Noch klarer ausgedrückt: Alles, was automatisiert werden kann, wird automatisiert. Da brauchen wir uns keinen Illusionen hinzugeben!

Es wird also weder ein Zurück, noch eine Verlangsamung des Veränderungstempos geben. Markus Väth (2016, S. 122) hat bereits vor Jahren erkannt:

Wir sind wie eine Ameise, die vor einem Berg steht: Wir erkennen nicht einmal, dass es ein Berg ist. Weil er so groß ist und wir so klein. Wir erkennen heute noch nicht einmal im Ansatz, wie sich unser berufliches und privates Leben durch die Digitalisierung ändern wird.

Insofern brauchen wir uns nicht länger mit der Erörterung der Frage aufhalten, ob es eine Wiederkehr der alten Arbeitswelt geben wird. Werfen wir lieber einen Blick nach vorne und untersuchen, welche Konsequenzen die aufgezeigten Entwicklungen haben bzw. wodurch die neue Arbeitswelt konkret gekennzeichnet ist.

Exkurs: So neu ist die neue Arbeitswelt gar nicht – über die Ursprünge von New Work

Der Begriff „New Work" geht auf den US-amerikanischen Professor Frithjof Bergmann (1930–2021) zurück. In Sachsen geboren und in Österreich aufgewachsen, ging Bergmann 1949 in die USA und schlug sich dort mit verschiedensten Jobs durch, bevor er 1958 einen Lehrstuhl für Philosophie an der University of Michigan in Ann Arbor übernahm. Mitte der 1970er-Jahre entwickelte er sein Theoriekonzept der neuen Arbeit und setze seine Erkenntnisse auch praktisch in Projekten um, etwa in der Stadt Flint in Michigan, USA (vgl. Bergmann, 1990).

*In seinem kurz vor seinem Tod erschienen Buch „New work. New culture"
(Bergmann, 2019, S. 3) fasst er zusammen, was er unter New Work versteht:*

New Work is an effort that has gone on for over 20 years to reverse this: we
should not be serving work, but work should serve us. The work we do should
not drain and exhaust us, it should give us more strength and more energy, it
should develop us into fuller human beings.

*Bergmann sieht New Work als Gegenentwurf zum traditionellen Lohnarbeits-
system. Seine These lautet: Die Art, wie wir bislang gearbeitet haben, ist überholt
und wir können uns von der „Knechtschaft der Lohnarbeit" befreien. Die zentralen Prinzipien von New Work lauten nach Bergmann: Selbstständigkeit, Freiheit
und Teilhabe. In kürzest möglicher Form heißt New Work für Bergmann: Die
Arbeit, die ein Mensch wirklich wirklich will. Und nein: Das ist kein Tippfehler –
„wirklich" wird bewusst doppelt verwendet, um klar zu machen, dass es sich um
echte, sinnstiftende Arbeit handeln sollte, die Freude bereitet, sich gut mit dem
Privatleben vereinbaren lässt und mit den individuellen Interessen, Werten und
Überzeugungen in Einklang gebracht werden kann.*

*Auch wenn der Urheber von New Work und seine Vorstellungen bekannt sind, so
wird doch heute alles Mögliche darunter verstanden – neue Arbeitsmodelle und -for-
men, Organisationsstrukturen, Diversity-Ansätze, Gestaltung von (Großraum-)Büros,
betriebliche Social-Media-Anwendungen und einiges mehr. Wie auch immer New
Work interpretiert wird – entscheidend ist die Erkenntnis, das vieles von dem, was wir
heute als „neu" oder „modern" bezeichnen auf die über 40 Jahre alten Ausführungen
von Frithjof Bergmann zurückgeht und dass wir mit den heutigen technischen
Möglichkeiten die Chance haben, seine Vision selbstbestimmter und sinnvoll erlebter
Arbeit wahr werden zu lassen.*

Weder Praktiker, noch Wissenschaftler sind sich darüber einig, welche
Merkmale die neue Arbeitswelt charakterisieren. So möchte ich die am häufigsten genannten Punkte mal zusammenfassen (siehe Abb. 1):

- Wir können weitestgehend selbstständig entscheiden, wo wir arbeiten – ob
  klassisch im Büro oder Zuhause, im Café, im ICE, auf der Parkbank oder
  auf der grünen Wiese. Folglich gibt es kaum noch verordnete Präsenz-
  zeiten im Büro.
- Wir können ebenso eigenständig festlegen, wann wir arbeiten und Pausen
  machen. Selbstverständlich ausgenommen davon ist die Verpflichtung, an
  gemeinsamen Terminen (on- oder offline) teilzunehmen. Das traditionelle
  9-to-5-Arbeitszeitmodell steht in einer verstaubten Vitrine und modert
  dort vor sich hin.

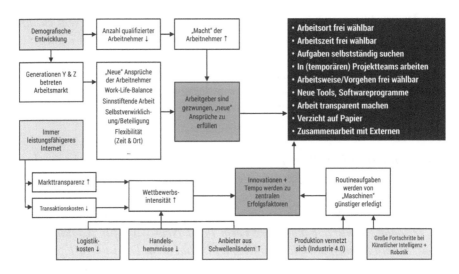

Abb. 1 Auswirkungen der Megatrends auf die Art und Weise der (Zusammen-)arbeit. (Eigene Erstellung)

- Wir müssen uns häufig unsere Aufgaben selbst suchen und bekommen sie nicht mehr zugeteilt.
- Wir arbeiten nicht mehr dauerhaft in Abteilungen mit den gleichen KollegInnen zusammen, sondern sind Teil mehrerer Projektteams mit ständig wechselnder Zusammensetzung.
- Wir bekommen viel seltener vorgeschrieben, wie wir etwas zu erledigen haben. Entscheidend allein sind die Endergebnisse, die wir abliefern.
- Wir können uns nicht mehr darauf verlassen, dass die Methoden und Verfahren, die wir mal gelernt haben, ausreichen, um unsere Aufgaben ausführen zu können. Immer häufiger müssen wir uns mit neuen Tools vertraut machen und lernen, neue Softwareprogramme zu beherrschen.
- Wir müssen unsere Arbeit viel transparenter machen (wie etwa bei „Daily Stand-ups" oder in selbstorganisierten Gruppen wie bei „Working Out Loud" und wir müssen unsere Arbeitsergebnisse virtuell teilen („Cloud-Working"). www.workingoutloud.de
- Wir arbeiten kaum noch mit Papier, sondern erfassen und speichern alle Daten digital. So sind ein Laptop (oder ein anderes mobiles Endgerät) sowie eine gute Internetverbindung die beiden wichtigsten Werkzeuge des Digitalarbeiters.
- Wir arbeiten zunehmend nicht mehr nur mit KollegInnen zusammen, sondern auch mit externen Dienstleistern, Selbstständigen, Zeitarbeitern,

Beratern …, die wir vielleicht noch nie persönlich zu Gesicht bekommen haben und sie nur aus dem Netz oder vom Telefon kennen.

Die wesentlichen Unterschiede zwischen alter und neuer Arbeitsweise habe ich in Tab. 1 zusammengefasst.

In einer solchen Arbeitswelt sind neue Fertigkeiten erforderlich. Oft spricht man in diesem Zusammenhang auch von „Digitalkompetenzen". Doch was genau diese Kompetenzen umfasst, ist ebenso umstritten, wie der Terminus selbst. Sicherlich bedeutet es mehr, als nur zu wissen, wo am PC der Einschaltknopf ist. So werden wir uns im Teil III damit beschäftigen, welche Fähigkeiten es konkret sind, die von Berufstätigen zunehmend gefordert sein werden. Zuvor wollen wir uns allerdings mit einem sehr profanen Thema beschäftigen, nämlich der Hardware, die erforderlich ist, wenn du (überwiegend) im Homeoffice arbeitest.

Tab. 1 Der Mitarbeiter gestern und morgen. (Eigene Erstellung)

Der Mitarbeiter von gestern …	Der Mitarbeiter von morgen …
arbeitet von 09:00 bis 17:00	arbeitet, wann es ihm passt
arbeitet in der Firma	arbeitet von überall
nutzt Geräte/Ausstattung des Arbeitgebers	nutzt eigene Geräte/Ausstattung
arbeitet überwiegend allein	arbeitet überwiegend in (temporären) Teams
will die Karriereleiter aufsteigen	möchte eine ausgeglichene Work-Life-Balance
erhält klar definierte Aufgaben	sucht sich seine Aufgaben
hortet Informationen und Wissen	teilt Informationen und Wissen
kommuniziert überwiegend per E-Mail	kommuniziert überwieg. per Kollaborations-SW
nutzt v. a. sein vorhandenes Wissen	lernt ständig dazu
lernt, was der Arbeitgeber will/ anbietet	lernt, was ihn weiterbringt; lernt selbstständig

Teil II

Hardware für die neue Arbeitswelt

Digitales Arbeiten – das hört sich ziemlich wichtig und ganz zeitgemäß an. Na ja, spätestens seit Covid 19 ist es das auch. Das Thema ist nun für die Mehrheit der Büroarbeiter mehr als eine Worthülse. Millionen von Arbeitnehmern waren quasi über Nacht gezwungen, völlig anders zu arbeiten als bis dahin üblich. Statt des wöchentlichen Teammeetings im Konferenzraum mit einem Latte macchiato aus der Jura-Kaffeemaschine gab's WebEx-Konferenzen aus dem Wohnzimmer mit tobenden Kindern und dösenden Perserkatzen im Hintergrund. Statt Zweierbüro mit höhenverstellbarem Schreibtisch, wurde auf dem Esszimmerstuhl am rotweinfleckengetränkten Holztisch malocht. Wer Glück hatte, erfreute sich einer guten Internetverbindung mit scharfen Bildern sowie glasklarem Sound. Doch viele mussten mit einer Bild-/Tonqualität vorliebnehmen, gegen die sich das Testbild des öffentlichen Fernsehens Anfang der 1960er wie eine 4k-High-Definition-Auflösung ausnimmt.

Kurzum: Digital zu arbeiten ist für viele kein Neuland mehr. Viele Berufstätige schätzen diese „neue" Form der Arbeit. Laut einer Studie der Hans-Böckler-Stiftung (vgl. Ahlers et al. 2021, S. 14) haben 77 % der Befragten positive Erfahrungen mit der Arbeit im Homeoffice gemacht und fast die Hälfte (49 %) wünschte sich, auch nach der Krise von Zuhause aus zu arbeiten. Also alles bestens? Nicht ganz! Eine Studie der TU Darmstadt (vgl. Pfnür 2021) zeigte auch, dass es v. a. die Wohnsituation ist, die Einfluss auf die Zufriedenheit und Produktivität hat. Andreas Pfnür, Leiter des Fachgebiets Immobilienwirtschaft und Baubetriebswirtschaftslehre an der TU Darmstadt, meint dazu: „Wie Leute wohnen, sagt viel darüber aus, ob sie erfolgreich von zu Hause aus arbeiten können" (Kohlmann 2021, o. S.). Natürlich kann man die Wohnsituation – zumindest kurzfristig – nicht ändern. Dennoch lassen

sich mit ein paar vergleichsweise einfachen Maßnahmen die Rahmenbedingungen deutlich verbessern. So wollen wir uns nun anschauen, welche
Ausrüstung du dir anschaffen solltest und welche Einrichtungsgegenstände
sinnvoll sind.

Ausrüstung: Welche technischen Geräte benötige ich?

Wer digital arbeiten will (oder muss), braucht vor allem Eines: Geld! Oder einen Arbeitgeber, der bereit ist, in eine vernünftige technische Grundausstattung zu investieren. Machen wir uns nichts vor: Selbst bei einer positiven Einstellung – also, wenn du dem Arbeiten von zu Hause aus positiv gegenüberstehst – wird es sehr schnell frustrierend, wenn dich die Technik ausbremst. Das wäre ebenso, wenn Lewis Hamilton in einem Fiat 500 beim Großen Preis von Deutschland am Hockenheimring antreten würde. In der gerade zitierten Studie der TU Darmstadt gaben immerhin 21 % der Befragten an, dass ihre technische Ausstattung im Homeoffice (vgl. Pfnür et al., 2021, S. 24 f.) nicht ausreichend sei.

Als Grundregel gilt: Es muss kein Luxus sein, es braucht weder High-End-Geräte, noch topaktuelle Gadgets, wohl aber solltest über ein professionelles Equipment verfügen. Wer an der Technik spart, nimmt deutliche Produktivitätsverluste in Kauf – diese Rechnung geht nicht auf! Dies gesagt habend, wollen wir uns nun anschauen, was du alles benötigst, um anständig im Homeoffice werkeln zu können.

§ 1 Internetverbindung

Völlig klar und unbestritten auf dem ersten Platz der benötigten Ausstattung landet eine gute und stabile Internetverbindung zu Hause. Um nahtlos mit den KollegenInnen und Geschäftspartnern zusammenarbeiten zu können, ist eine Bandbreite von mindestens 16 mbps (Megabits per Second) erforderlich; alles darunter macht die Videokonferenz zur Qual. Das ist leichter geschrieben, als umgesetzt, wenn der örtliche Provider keine höhere Kapazität

M.-N. Däfler, *Fit für die digitale Arbeitswelt*, https://doi.org/10.1007/978-3-658-36580-6_4

zur Verfügung stellt, wie es leider im Digitalentwicklungsland Deutschland immer noch viel zu oft der Fall ist. Sollte das bei dir der Fall sein, lohnt es sich mal zu recherchieren, ob drahtlose Angebote in Frage kommen. Wenn dies auch nicht gehen sollte, bleibt dir nur, deine Familienmitglieder/MitbewohnerInnen inständig darum zu bitten, während deiner Arbeitszeit auf das (datenfressende) Streamen von Trash-Serien auf Netflix zu verzichten.

In der Regel gehen wir heute per WLAN (und nicht über Kabel) ins Internet – das birgt ein hohes Sicherheitsrisiko! Achte daher unbedingt darauf, dass bei deinem Router eine WPA/WPA2-Verschlüsselung eingestellt ist. Höchstwahrscheinlich wird dir die IT-Abteilung deines Arbeitgebers diese Info schon gegeben haben, ebenso, wie sie dir ein virtuelles privates Netzwerk (VPN) eingerichtet haben wird.

§ 2 (Mobil-)Telefonverbindung

Gleich auf dem zweiten Platz folgt eine gute Telefonleitung. Die meisten Homeoffice-Worker sind vom Arbeitgeber mit einem Diensthandy ausgestattet. Dumm nur, wenn du auf dem platten Land lebst und der Telefonanbieter deiner Firma genau da ein Funkloch hat, wo du lebst. Das mag in Sachen Digital Detox sehr förderlich und deiner psychischen Gesundheit zuträglich sein, in puncto Kommunikation mit den KollegInnen (oder KundInnen) ist das allerdings nicht gerade von Vorteil. Was hilft? Eigentlich nur, dem betreffenden Telefonanbieter anonyme Drohbriefe zu schreiben und ihn unmissverständlich dazu aufzufordern, pronto eine Glasfaser in deine Wohnung zu legen. Ein dezenter Hinweis auf deine Freunde bei der bulgarischen Mafia ist da sicherlich der Sache dienlich. Andererseits wird dir das mit der Anonymität dann eventuell zum Verhängnis. Alternativ kannst du deine Handynummer auf den (hoffentlich vorhandenen) Festnetzanschluss umstellen und hoffen, dass nicht deine 5-jährige Tochter abhebt, wenn dein wichtigster Kunde anruft.

§ 3 Desktop-/Laptop-Computer

Dass du einen Computer für das Homeoffice brauchst, überrascht dich nicht wirklich, oder? Da du vermutlich nicht zu 100 % von daheim aus arbeiten wirst, sondern auch mal im Büro, beim Kunden, auf der Baustelle, im Eurocity …, kommt eigentlich nur ein Laptop in Frage. Der hat den unschätzbaren Vorteil, mobil zu sein, aber leider auch den gravierenden Nachteil, meist über einen (viel zu) kleinen Bildschirm zu verfügen. Wer dauerhaft vor einem 13-Zoll-Bildschirm sitzt, darf schon mal einen Termin beim Augenarzt vereinbaren. Das ständige Arbeiten an einem zu kleinen Bildschirm ist nicht nur schlecht für die Augen, sondern führt auch zu einer schnelleren Ermüdung und kann Kopfschmerzen verursachen. Also muss zusätzlich ein externer Bildschirm her – der sollte mindestens eine Bildschirmdiagonale von 21 Zoll haben. Dazu noch 3 Bonustipps:

- Positioniere den Monitor so, dass sich kein Licht darin spiegelt oder du ins Gegenlicht schauen musst. Perfekt wäre, wenn er im 90-Grad-Winkel zum Fenster stehen würde.
- Der ideale Abstand zwischen dir und dem Monitor beträgt etwa 50 bis 75 cm. Stelle die Höhe des Bildschirms so ein, dass die oberste Bildschirmzeile knapp unterhalb der waagerechten Sehachse liegt.
- Reduziere die Bildschirmhelligkeit von 100 auf 90 % – das spart Strom und ist gut für die Äuglein.

Da es umständlich und zeitraubend ist, den Bildschirm immer wieder an den Laptop anzuschließen, empfiehlt sich die Anschaffung einer Dockingstation. Daran kannst du alle weiteren Geräte (meist per USB 3.0) verbinden. Welche weiteren Geräte sind das? Eine externe Maus (statt des integrierten Touchpads) ist sehr nützlich. Deine Ellenbogengelenke werden es dir danken, auch wenn sie dies dir vielleicht nie so direkt sagen würden. Auch eine externe Tastatur ist anzuraten, damit du dir mit deinen Metzgerhänden leichter tust, die richtigen Tasten zu erwischen. Außerdem kannst du dir überlegen, ein Mousepad zuzulegen, denn insb. auf glatten Schreibtischoberflächen verweigern verwöhnte Computermäuse häufig ihren Dienst.

Ein Letztes zum Thema „Computer": Stelle sicher, dass deine Festplatten und externen Datenträger verschlüsselt sind und dass der Zugang zu deinem PC nur mit einem Passwort möglich ist – nicht, dass dein scheidungswilliger Partner aus Rachsucht heimlich sensible Firmendaten löscht oder irgendwelchen Viren aufspielt.

§ 4 Handy/Smartphone

Weiteres unverzichtbares Utensil ist ein Handy bzw. Smartphone, sodass du telefonisch erreichbar bist und von unterwegs ins Internet kannst. Sollte dir dein Arbeitgeber kein Handy stellen und du musst dein eigenes Gerät nutzen (und vielleicht auch wollen), dann sollte dies arbeitsvertraglich geregelt sein. Bei der Verwendung privater Geräte („Bring Your Own Device", BYOD) sind erhöhte Sicherheits- und Datenschutzanforderungen zu erfüllen. Darüber brauchst du dir aber meistens keine Gedanken zu machen, denn dies wird in aller Regel durch die IT-Abteilung deines Arbeitgebers schon gewährleistet.

§ 5 Drucker

In unserer (zunehmend) digitalisierten Arbeitswelt sollte man meinen, dass Drucker obsolet sind. Weit gefehlt! Es wird noch immer in einem Ausmaß gedruckt und kopiert, dass sich der Amazonasregenwald keine Hoffnung auf eine baldige Regeneration zu machen braucht. Tatsächlich musst auch heute noch das ein oder andere Dokument ausgedruckt oder eingescannt werden. Auf Drucker bzw. kombinierte Geräte, die auch Scannen können, kann daher (leider) oft noch nicht verzichtet werden. Im Homeoffice brauchst du natürlich nicht die Hochleistungsmaschine wie im (Großraum-)Büro, doch es sollte schon mehr sein als ein Nadeldrucker. Wenn du zu jung bist, um zu wissen, was das ist, dann gib doch mal in der Google-Bildersuche „Nadeldrucker" ein. Ja, mit so etwas habe ich wirklich noch meine Seminararbeiten an der Uni ausgedruckt.

Extra Tipp: Stelle den Drucker nicht auf dem Schreibtisch. Erstens sieht das hässlich aus und zweitens lenken dich die beim Drucken unweigerlich auftretenden Geräusche und Vibrationen vom Arbeiten ab.

§ 6 Kopfhörer/Headset

Vor Corona wussten nur Insider, was sich hinter WebEx, Zoom und Gotomeeting verbirgt. Inzwischen sind diese Anwendungen so bekannt wie Word und Excel – und bei manchen so beliebt wie Michael Wendler unter den Freunden klassischer Musik. Ob man Videokonferenzen als ein zeitgemäßes Medium schätzt oder sie verteufelt: Wir können uns ihnen nicht entziehen. Während die Software kein Problem darstellt (der Zugang erfolgt über den Browser), hapert es oft an der Hardware. Abhilfe schafft hier ein hochwertiges Headset (früher sagte man Kopfhörer dazu) mit integriertem Mikrofon. Das hat gleich 2 Vorteile: Die Sprachqualität eigener Wortbeiträge ist ein Vielfaches besser und eventuell vorhandene Mitbewohner – wie etwa andere Zelleninsassen – können nicht mithören.

Kopfhörer lassen sich noch zu einem ganz anderen Zweck missbrauchen: Um Störgeräusche aus der Umgebung (Stichwort „hyperaktive, unterzuckerte, gelangweilte Kinder") auszublenden. Einfach das Headset überstülpen, auf YouTube gehen und sich dort in Endlosschleife „Waldgeräusche mit Vögeln und röhrenden Hirschen" reinziehen. Am Ende des Tages glaubst du dann zwar, dass du ein Reh bist, aber immerhin konntest du ungestört arbeiten und hast nicht mitbekommen, wie sich dein Nachwuchs gegenseitig umgebracht hat.

Und schließlich dient ein Headset noch einer dritten Aufgabe, nämlich (internetbasierte) Telefonanrufe über den Computer zu führen. Solltest du das öfters nutzen, dann lohnt es sich, ein paar Rubel mehr auszugeben und ein drahtloses Modell zu kaufen – dann bist du nämlich ortsungebunden und kannst während deiner Telefonate fröhlich um den Esszimmertisch joggen.

§ 7 Videokamera/Webcam

Bleiben wir noch einen Augenblick beim Thema „Videokonferenz". Wie der Name schon vermuten lässt, wird dabei nicht nur Ton, sondern auch Bild übertragen – und zwar in beide Richtungen. Das scheinen viele noch gar nicht bemerkt zu haben, wie der Fall eines spanischen Politikers dokumentiert, der während einer Videoschalte in aller Seelenruhe für alle deutlich sichtbar duschte.

Die meisten Laptops/Notebooks verfügen bereits über eine integrierte Webcam. Deren Bildqualität und -schärfe ist jedoch oft bedauernswert. In diesem Fall lohnt es sich, über den Erwerb einer externen Kamera nachzudenken. Diese ist technisch signifikant besser und kann außerdem an beliebiger Stelle positioniert werden. Dann benötigst du allerdings zusätzlich noch ein (Tisch-)Stativ.

§ 8 Handyständer

Das vorletzte Gadget, das ich dir vorstellen möchte, braucht eigentlich kein Mensch, macht sich aber irgendwie gut auf dem Schreibtisch: ein Handyständer bzw. eine Handyhalterung. Die gibt es in verschiedensten Ausführungen – mit Schwanenhals, Multi-Winkel-Einstellung und sogar als höhenverstellbare Variante. Was bringen solche Teile? Mir erleichtert ein (übrigens weniger als 10 € teurer) Handyständer das Telefonieren mit der Freisprecheinrichtung enorm. Zudem ist es bequemer, Apps zu bedienen, Texte zu lesen und Videos anzuschauen, weil man das Handy nicht ständig selbst halten muss, sondern das diesem praktischen Sklaven aufbürdet.

§ 9 Ohrstöpsel

Das letzte von mir empfohlene Utensil erfordert die geringste Investition, kann dich aber vor einem Nervenzusammenbruch bewahren: Ohrstöpsel bekommst du in jedem Drogeriemarkt. Aus eigener Erfahrung weiß ich, dass man sich diese Dinger nicht den ganzen Tag in die Lauscher stopfen kann. Irgendwann fangen sie an zu stören und jucken. Aber zumindest kann man sie mal phasenweise einschieben und die herrliche Ruhe genießen, die sie einem verschaffen.

Homeoffice: Welche Einrichtungsgegenstände brauche ich?

Nachdem du nun weißt, was du an technischer Grundausstattung benötigst, nehmen wir uns jetzt dein Homeoffice, also den Raum selbst, vor. Allerdings legen wir noch nicht gleich los, ich möchte vorher noch einen Gedanken mit dir teilen. Der deutsche Autor und Managementberater Reinhard Sprenger schreibt (noch vor Corona) in seinem Buch „Magie des Konflikts" (2020, S. 289):

> Kommunikation und Kooperation verlagern sich zunehmend in den virtuellen Raum. Büros verlieren ihre Bedeutung beziehungsweise konvertieren zu Enter-tainment-Zentralen, wie es das Silicon Valley vormacht. Das definiert das Unternehmen als Kooperationsarena völlig neu. Aber wir werden unser bio-logisches Gepäck nicht ignorieren können – und das ist auf Orte angewiesen. Für eine wirklich produktive Zusammenarbeit ist die physische Begegnung un-ersetzlich.

Tja, das „biologische Gepäck" lässt sich halt nicht so einfach abstreifen. Wir sind nun mal soziale Wesen und brauchen die reale Begegnung mit anderen. Erst die Gemeinschaft macht uns zu Menschen. Insofern möchte ich meine folgenden Ausführungen nicht als ein flammendes Plädoyer für das Homeof-fice missverstanden wissen. Es steht außer Frage, dass für viele Arbeitnehme-rInnen das Homeoffice erhebliche Vorteile bietet – oftmals lange und nervige An- und Abfahrten entfallen. Man muss sich nicht jeden Tag aufbrezeln, als ginge es zum Wiener Opernball. Man ist in seiner vertrauten Umgebung und vor allem lässt sich manch' Privates nebenbei erledigen. Oder hast du niemals

© Der/die Autor(en), exklusiv lizenziert durch Springer Fachmedien Wiesbaden GmbH, ein Teil von Springer Nature 2022
M.-N. Däfler, *Fit für die digitale Arbeitswelt*, https://doi.org/10.1007/978-3-658-36580-6_5

während der offiziellen Arbeitszeit die Waschmaschine mit Buntwäsche beladen oder einen Topf mit Kartoffeln für das Mittagessen aufgesetzt?

Auch die Umwelt und die Volkswirtschaft profitieren, wenn ein großer Teil der Arbeitnehmer in den eigenen Wänden arbeitet, statt täglich 55 km ins Büro zu pendeln, wie es etwa recht viele Menschen in meiner Heimatstadt Aschaffenburg tun, wenn sie sich über die A3 nach Frankfurt/Main quälen. Autobahnen ohne Staus senken nicht nur die Transportkosten von Speditionen und Logistikunternehmen – sie schonen auch das Nervenkostüm derjenigen, die noch auf der Straße unterwegs sind.

Zurück zum eigentlichen Thema. So positiv das Homeoffice aus mancher Perspektive zu bewerten ist, so kritisch sollten wir die andere Seite sehen. Erhebliche Nachteile sind zu Vortrag zu bringen, vor allem die Gefahr der Selbstausbeutung, weil man auch außerhalb der eigentlich vereinbarten Arbeitszeit an den Rechner geht, um „nur noch mal schnell" die Mails zu checken oder die Präsentation für die Videokonferenz am nächsten Tag fertig zu erstellen. Vor allem, wenn kein eigener Raum für das Homeoffice zur Verfügung steht, können die Nachteile schnell die Vorteile aufwiegen. Alle, die nicht als glückliche Singles in einer 140 qm großen Altbauwohnung leben, wissen, was ich meine.

Gar nicht weiter sprechen möchte ich von den langfristigen negativen Konsequenzen, die ein überwiegendes Arbeiten von Zuhause für die Mitarbeiterbindung, die Loyalität und den Teamspirit hat. Je seltener sich die KollegInnen sehen, desto weniger Zusammenhalt ist da, desto weniger kommt es zu den so wertvollen zufälligen Begegnungen auf dem Flur oder in der Teeküche, die für die Kommunikation so wichtig sind und zudem als „sozialer Klebstoff" dienen.

Halten wir fest: Das Homeoffice ist differenziert zu betrachten. Gleichwohl sind dies freilich nur wertlose Gedanken eines alternden Autors. Was zählt ist die Tatsache, dass das Homeoffice für viele von euch gelebte Realität und nicht zu diskutieren ist. Wobei: Wir müssen unterscheiden zwischen temporär (nur vorübergehend oder gelegentlich genutztem) und dem permanent (oder zumindest sehr häufig) in Anspruch genommenen Homeoffice. Im letzteren Fall führt (fast) kein Weg daran vorbei, dir dafür einen eigenen Raum einzurichten. Darum soll es uns nun gehen.

Im Folgenden schildere ich, wie das Homeoffice-Schlaraffenland aussehen würde, wohlwissend, dass leider vieles wohl nicht möglich oder zumindest nicht kurzfristig umsetzbar ist. Dennoch beschreibe ich den Idealzustand, damit du eine gute Orientierung hast.

§ 10 Raum

Die meisten Ratgeber empfehlen, sich einen festen Ort für das Homeoffice einzurichten. Und es stimmt – wir brauchen eine klar abgegrenzte „Heimat" zum Arbeiten. Dennoch folge ich diesem Rat nur bedingt. Vielmehr bin ich der Ansicht, dass gelegentliche Ortswechsel durchaus sinnvoll und manchmal auch gar nicht zu vermeiden sind. Vom Homeoffice im Keller mal für 2 h an den Esszimmertisch, von dort weiter auf den Balkon und dann wieder zurück an den eigentlichen Heimarbeitsplatz – das schützt vor Eintönigkeit, sorgt für Bewegung und macht erwiesenermaßen kreativer, denn neue Reize stimulieren unser Gehirn und regen die Kreativität an. Später mehr dazu, wenn es um das effektive und effiziente Arbeiten geht.

Also, suchen wir uns mal einen Raum in deiner Wohnung oder in deinem Haus aus. Wie ich einschränkend gerade sagte, dürfte es in den seltensten Fällen so sein, dass du zufälligerweise ein helles, geräumiges und vor allem leeres Zimmer zur Verfügung hast. Aber vielleicht magst du ja deinen Sohn zur Adoption freigeben und dann sein Kinderzimmer als Homeoffice nutzen? Solltest du (oder dein Sohn) das nicht wollen, dann bleibt nur, nach Alternativen Ausschau zu halten. Eventuell hast du ja ein Gästezimmer, einen Wasch-/Bügelraum oder einen Vorrats-/Lagerraum, der sich umfunktionieren lässt oder sich zumindest für eine Doppelnutzung eignet?

Wichtigste Bedingung ist, dass das Zimmer mit Tageslicht erhellt wird. Ist das nicht der Fall, hast du a) bald den Tierschutzbund wegen nicht artgerechter Haltung vor der Türe stehen und b) wirst über kurz oder lang in die geschlossene Abteilung einer psychotherapeutischen Einrichtung eingewiesen. Sollte es dir überhaupt nicht möglich sein, ein eigenes Zimmer zum Homeoffice umzufunktionieren, dann hast du nur noch eine Option: Dein Wohn- oder Esszimmer mit einem Raumteiler zumindest optisch etwas abzugrenzen, um halbwegs eine Art Arbeitsatmosphäre herzustellen und um Störquellen ein klein wenig zu minimieren. Bewährt haben sich für solche Fälle zusammenklappbare Paravents, die sich nach Feierabend relativ einfach in die Ecke stellen lassen.

Außer Tageslicht sollte der Raum noch mit künstlichem Licht erhellt werden können. Achte darauf, dass das Zimmer relativ gleichmäßig ausgeleuchtet ist, d. h., dass es keine punktuellen Lichtquellen (wie etwa Strahler) gibt. Insb., wenn du häufig/regelmäßig an Videokonferenzen teilnehmen solltest, ist es ratsam, darauf zu achten, dass du im Hellen sitzt, sodass man dich gut sieht. Vermeide es bei Onlinegesprächen unbedingt, dass du ein Fenster im Hintergrund hast, weil du dann wegen der Kontrastwirkung kaum zu erkennen bist.

Bei dieser Gelegenheit: Webmeetings gestatten den anderen Teilnehmern stets einen Blick in deinen Privatbereich. Überlege also sorgfältig, wie du den Hintergrund gestalten bzw. welche Einblicke du anderen in dein Homeoffice gewähren willst. Bedenke, dass du mit deiner Einrichtung eine Visitenkarte ab- und viel von deiner Persönlichkeit preisgibst. Am neutralsten wäre eine unifarbene Wand als Kulisse. Kannst oder willst du das nicht bieten, gibt es eine preisgünstige und zudem schöne sowie gesunde Alternative: Stelle Zimmerpflanzen auf! Pflanzen reinigen nicht nur die Luft – sie sorgen auch für eine gute Akustik. Vielleicht hast du ja ohnedies daheim schon einen Ficus oder Gummibaum rumstehen, ansonsten geht's ab in den Bau-/Gartenmarkt.

Das wären die „hard facts", beschäftigen wir uns jetzt mit den „weichen Faktoren", konkret mit dem Ambiente. Bereits im Jahr 1936 stellte der Psychologe Kurt Lewin (1890–1947) eine simple Gleichung mit einer enorm wichtigen Aussage auf: $V = f(P, U)$. Auf gut Deutsch heißt das: Das Verhalten (V) eines Menschen ist eine Funktion (f) der Person (P) in seiner Umwelt (U). Anders formuliert: Die physische Umwelt hat einen nicht zu unterschätzenden Einfluss darauf, wie wir uns verhalten und wie wir uns fühlen. James Clear (2020, S. 107) drückt das blumig so aus: „Die Umgebung ist die unsichtbare Hand, die das menschliche Verhalten gestaltet". Diese Erkenntnis wird sehr häufig übersehen bzw. in ihrer wahren Bedeutung nicht erkannt. Die praktische Konsequenz daraus lautet: Achte darauf, dass du dich in einer Umgebung (also Büro oder Arbeitsort) aufhältst, in der du dich wohlfühlst.

» Gestalt' dein Homeoffice fein, dann wirst du gern' drinnen sein.

Wenn man bedenkt, dass man (sofern man einen Vollzeitjob hat) mehr Zeit in seinem Homeoffice verbringt, als an jedem anderen Ort, dann ist es also mehr als naheliegend, sich eine Wohlfühlatmosphäre zu schaffen und nicht in einem Raum zu arbeiten, der den Charme eines Operationssaals versprüht. Anders als im Firmenbüro sind deiner Fantasie keine Grenzen gesetzt und du kannst dich gestalterisch so richtig austoben. Allerdings solltest du es auch nicht übertreiben – es gilt, eine Mischung aus persönlich-inspirierenden Elementen, aber auch aus solchen, die dich daran erinnern, dass hier ernsthaft gearbeitet werden soll, zu schaffen. Zu viel an Deko und Krusch lenken dann doch zu sehr ab.

§ 11 Schreibtisch

Die Standardempfehlung für die Schreibtischgröße lautet: Es kann nicht groß genug sein, damit ausreichend Platz zum Ablegen von Unterlagen zur Verfügung steht. Oft wird ein Mindestmaß von 160 x 80 cm genannt. Mit Verlaub: Ich halte diesen Ratschlag für kontraproduktiv. Zum einen sollten wir ja gerade den Papieranteil an unserer Arbeit reduzieren – und ein zu viel an Fläche lädt ja förmlich zum Ausdrucken und Archivieren ein. Zum anderen lenken zu viele Stapel auf der Arbeitsoberfläche ab. Man muss nicht so weit gehen, wie ich das tue und an einem absolut papierlosen Schreibtisch sein Tagwerk verrichten, aber grundsätzlich rate ich dir schon dazu, möglichst wenig rumstehen zu haben.

Klarheit auf der Tischplatte sorgt für Klarheit im Kopf. Ein weiterer Vorteil kommt hinzu, wenn du an einem kleineren Tisch arbeitest: Du musst nach Feierabend nicht so viel wegräumen. Wichtiger als die Größe ist die Beinfreiheit. Achte darauf, dass zwischen den Tischbeinen mindestens 1 m Abstand ist und dass in der Tiefe mindestens 70 cm Platz zur Verfügung stehen. Perfekt wäre natürlich ein höhenverstellbarer Schreibtisch, der dir die Möglichkeit eröffnet, auch mal im Stehen zu arbeiten.

Was das Material der Schreibtischplatte betrifft, solltest du dich für eine „warme" Oberfläche entscheiden, am besten für Holz. Kunststoff und Glas mögen vielleicht schick aussehen, sind jedoch nicht so gut für die Gelenke und produzieren mitunter unangenehme Spiegelungen.

Und wo bzw. wie sollte der Schreibtisch aufgestellt werden? Wie bereits erwähnt, solltest du ihn nicht direkt/parallel vor einem Fenster platzieren (obwohl viele Ratgeber das empfehlen), sondern (wenn irgendwie möglich) in einem 90-Grad-Winkel dazu. Um den Schreibtisch herum solltest du ein Minimum von 80 cm Platz lassen, damit deine 3-jährige Tochter bequem mit dem Bobbycar ihre Runden drehen kann. Solltest du keine Tochter in diesem Alter besitzen, ist es dennoch empfehlenswert, einen solchen „Verkehrsweg" zu beachten, damit sich eventuelle Schranktüren, Schubläden und Auszüge problemlos öffnen lassen.

§ 12 Bürostuhl

Kommen wir zu einem vielfach stiefmütterlich behandelten Einrichtungsgegenstand: dem Bürostuhl. Fürs Homeoffice wird dazu häufig ein Esszimmerstuhl umfunktioniert. Das spart zwar Geld, ist jedoch Gift für den Rücken! Langfristig rächt es sich, wenn du dich mit einer solch provisorischen Lösung zufriedengibst. Die Investition in einen höhenverstellbaren Bürostuhl mit flexibel ausrichtbaren Rücken- und Armlehnen lohnt sich auf jeden Fall.

In diesem Zusammenhang: Bis vor Kurzem wurde als „richtige" Sitzposition empfohlen, dass Ober- und Unterarme sowie Ober- und Unterschenkel einen Winkel von etwa 90° bis 100° bilden und dass die Oberschenkel voll auf der Sitzfläche aufliegen sollten. Inzwischen vertreten immer mehr Orthopäden die Ansicht, dass es gar nicht die eine richtige Sitzposition gibt. Vielmehr sei ein häufiger Wechsel anzuraten. Flapsig ausgedrückt lautet die Devise: Die beste Sitzhaltung ist immer die nächste.

§ 13 Aktenschrank, Rollcontainer

Last but not least benötigst du noch einen Platz für jene Dinge, die trotz aller Digitalisierung immer noch physisch benötigt werden. Je nach deinem Job können das mehr oder weniger umfangreiche Akten, Pläne, Verträge, Kataloge, Muster … sein. Zudem wirst du (zumindest hin und wieder) den klassischen Bürobedarf, wie Locher, Kulis, Textmarker, Post-Its oder Notizblöcke benutzen. Was dir also noch fehlt ist ein Regal, Sideboard und/oder Rollcontainer. Sollten die Papierunterlagen, die du verwendest, vertraulichen Inhaltes sein, solltest du darauf achten, dass der Aktenschrank abschließbar ist.

Teil III

Softskills für die neue Arbeitswelt

Nach Teil I und II weißt du, warum sich gerade so viel ändert, was zu diesen Änderungen geführt hat und welche Konsequenzen diese Änderungen haben. Dir ist klar, welche Ausrüstung du für das Arbeiten im Homeoffice benötigst und welche Einrichtungsgegenstände erforderlich sind. Wenden wir uns nun dem eigentlichen Thema dieses Buches zu, nämlich den Kompetenzen, die zukünftig von Berufstätigen verstärkt eingefordert werden. Dazu möchte ich dir zunächst zeigen, was andere ForscherInnen, AutorInnen und Institutionen dazu herausgefunden haben, um dir dann mein Kompetenz-MUSKEL-Modell zu präsentieren. Dieses dient dann als Basis für einen Selbsttest, mit dem du herausfinden kannst, wie fit du schon für die digitale Arbeitswelt bist.

Meta-Analyse: Welche Kompetenzen brauchen wir in der neuen Arbeitswelt?

Die Frage, welche Fertigkeiten in der digitalisierten Wirtschaft erforderlich sind, lässt sich in dieser Pauschalität eigentlich nicht seriös beantworten. Es ist ja schließlich ein Unterschied, ob man als Sachbearbeiter im Controlling arbeitet oder sein Geld im Marketing verdient. In der Elektroindustrie werden andere Anforderungen gestellt, als in der Hotellerie. Als Führungskraft benötigt man andere Eigenschaften, als ein/e MitarbeiterIn ohne Personalverantwortung. Wer Kundenkontakt (persönlich oder telefonisch) hat, wird andere Skills benötigen, als jemand, der nie einen Kunden zu Gesicht bekommt. Weitere Faktoren ließen sich anführen, dir ist längst klar, worauf ich hinauswill: Den allein gültigen Kompetenz-Kanon gibt es nicht und kann es auch gar nicht geben.

Wenn ich also im Folgenden eine Übersicht der in Zukunft wichtigen Kompetenzen liefere, dann lass' dich davon bitte nicht abschrecken – nicht alle werden für dich von gleich hoher Bedeutung sein. Sicherlich gibt es ein paar – wie etwa Veränderungsbereitschaft oder Kommunikationsfähigkeit –, die wohl für jeden von Relevanz sind. Allerdings sind eben nicht alle gleichermaßen wichtig.

Um eine fundierte, auf einer breiten Basis beruhende, Aussage darüber treffen zu können, welche Eigenschaften und Fertigkeiten generell an Gewicht gewinnen werden, habe ich verschiedene Studien, Befragungen und Untersuchungen analysiert. In Tab. 1 findest du sämtliche Kompetenzen in alpha-

M.-N. Däfler, *Fit für die digitale Arbeitswelt*, https://doi.org/10.1007/978-3-658-36580-6_6

Tab. 1 Meta-Analyse: Kompetenzen für die Arbeitswelt 4.0. (Eigene Erstellung)

Kompetenz	1	2	3	4	5	6	7	8	9
Agilität					X		X		X
Ambiguitätstoleranz	X								
Digitalkompetenzen (Software, „Digital Literacy" …)		X					X	X	
Durchhaltevermögen							X		
Eigeninitiative, Selbstständigkeit, unternehmerisches Denken	X	X	X				X		X
Emotionale/soziale/kulturelle Kompetenz						X	X		
Fähigkeit, in größeren Zusammenhängen zu denken			X						
Frustrationstoleranz						X			
Kommunikationsfähigkeit	X	X							
Konflikt- und Kritikfähigkeit	X	X							
Kooperations- und Teamfähigkeit	X	X				X	X		X
Kreativität							X	X	
Lernkompetenz/-bereitschaft	X	X					X		X
Planungs- und Organisationsfähigkeit, Informationsbeschaffung		X						X	
Problemlösungs-, Abstraktions- und Analysefähigkeit	X	X					X	X	X
Reflexionsfähigkeit		X							
Resilienz, Belastungsfähigkeit	X				X	X			X
Selbstmanagement	X					X			
Selbstorganisation					X				
Überzeugungskraft							X		
Veränderungsbereitschaft, Anpassungsfähigkeit, Flexibilität		X		X	X	X	X	X	X
Verantwortungsbewusstsein			X						

[1] Vorpahl, A. (2020). Kompetenzen für die Arbeitswelt 4.0. https://faktor-a. arbeitsagentur.de/zukunft-der-arbeit/kompetenzen-fuer-die-arbeitswelt-4-0/
[2] Risius, P. (2020). Digitalisierung der Ausbildung – Neue Kompetenzen für eine Arbeitswelt im Wandel. https://www.iwkoeln.de/studien/gutachten/beitrag/paula-risius-neue-kompetenzen-fuer-eine-arbeitswelt-im-wandel.html
[3] Kauffeld, S. & Albrecht, A. (2021). Kompetenzen und ihre Entwicklung in der Arbeitswelt von Morgen: branchenunabhängig, individualisiert, verbunden, digitalisiert? Zeitschrift für Angewandte Organisationspsychologie 52, 1–6 (2021). https://doi.org/10.1007/s11612-021-00564-y
[4] Smonik, C. (2021). Kompetenzen der Zukunft: Fähigkeiten und Strategien zur Bewältigung der Bedingungen einer digitalisierten Arbeitswelt. in: Filipič, U. & Schönauer, A. Ein Jahr Corona: Ausblick Zukunft der Arbeit. 47–55. ÖGB-Verlag. https://nbn-resolving.org/urn:nbn:de:0168-ssoar-72644-7
[5] Hays (2020). HR-Report 2020. Eine empirische Studie des Instituts für Beschäftigung und Employability IBE und Hays. https://www.hays.de/documents/10192/118775/hays-hr-report-2020-lebenslanges-lernen-de-de.pdf
[6] LinkedIn (2020). Die wichtigsten Kompetenzen, die Unternehmen 2020 brauchen. https://de.linkedin.com/pulse/die-wichtigsten-kompetenzen-unternehmen-2020-brauchen-cornelia-wedler
[7] Kirchherr, J., Klier, J., Lehmann-Brauns, C. & Winde, M. (2018). Future Skills: Welche

(Fortsetzung)

Tab. 1 (Fortsetzung)

Kompetenzen in Deutschland fehlen. Hrsg.: Stifterverband & McKinsey. http://future-skills.net/analysen/future-skills-welche-kompetenzen-in-deutschland-fehlen
[8] Cloots, A. (2020). Weiter so ist out – Neugierde und Menschlichkeit sind in. In: Wörwag, S., & Cloots, A. (2020). Human Digital Work – Eine Utopie. Erkenntnisse aus Forschung und Praxis zur digitalen Transformation der Arbeit. Springer Gabler. 99–112.
[9] Püttjer, C. & Schnierda, U. (2020). Definition: Was ist digitale Kompetenz? https://www.karriereakademie.de/definition-was-ist-digitale-kompetenz

betischer Reihenfolge. Bewusst habe ich darauf verzichtet, die Kompetenzen der klassischen Systematik (persönliche, fachliche, methodische … Kompetenzen) zuzuordnen. Einerseits, weil es oft Überschneidungen gibt, andererseits auch deswegen, weil nicht immer klar war, was die AutorInnen unter dem jeweiligen Schlagwort genau verstehen.

Kompetenz-MUSKEL-Modell: Welche Basis-Fähigkeiten sind in der neuen Arbeitswelt wirklich wichtig?

Auf Grundlage dieser Meta-Analyse habe ich mein Kompetenz-MUSKEL-Modell erstellt, wobei jeder Buchstabe (also M-U-S-K-E-L), für eine eigene Kompetenzkategorie steht. Warum habe ich das Akronym „Muskel" gewählt? Nun, die Erklärung ist leicht nachzuvollziehen: Genauso, wie wir alle mit einem Bizeps auf die Welt kommen, genauso haben wir alle einen bzw. viele verschiedene Kompetenzmuskeln. Einige von uns trainieren diese Muskeln. Sie sind entsprechend fit und damit erfolgreich im Job. Andere hingegen tun nichts dafür und verfügen deshalb nur über wenige oder schwach ausgeprägte Kompetenzen. Die gute Nachricht: Die Kompetenzmuskeln lassen sich aufbauen! Genau dies habe ich mit dir vor.

Trotz aller Bemühungen um Objektivität ist ein gewisses Maß an Subjektivität nicht zu vermeiden. Bei der Entscheidung, welche Kompetenzen es in das Modell geschafft haben und welche nicht, habe ich mich nachvollziehbarerweise zunächst an der Anzahl der Nennungen orientiert. Zudem habe ich verschiedene Kompetenzen zusammengefasst. So gehören etwa die Eigenschaften Verantwortungsbewusstsein, Reflexionsfähigkeit, Durchhaltevermögen und Frustrationstoleranz eng zusammen. Es ist dies letztlich meine persönliche Hitliste erforderlicher Kompetenzen und erhebt nicht den Anspruch, auf einem wissenschaftlichen Auswahlverfahren zu basieren. Wie lauten nun diese Kompetenzen?

Im Zentrum des Kompetenz-MUSKEL-Modells (siehe Abb. 1) stehen die von mir so bezeichneten **„Ich-Kompetenzen"**. Damit meine ich vor allem die Fähigkeit, sich objektiv und im besten Sinne kritisch mit sich selbst zu beschäftigen sowie sich selbst einigermaßen zu kennen. Diese Fertigkeit hat

© Der/die Autor(en), exklusiv lizenziert durch Springer Fachmedien Wiesbaden GmbH, ein Teil von Springer Nature 2022
M.-N. Däfler, *Fit für die digitale Arbeitswelt*, https://doi.org/10.1007/978-3-658-36580-6_7

Abb. 1 Das Kompetenz-MUSKEL-Modell nach Däfler. (Eigene Erstellung)

einen so hohen Stellenwert, weil ein großer Teil der anderen Kompetenzen schlichtweg nicht oder nur kaum zu erlangen ist, wenn man nicht bereit ist, sich mit sich selbst auseinanderzusetzen und ggf. Aspekte seiner Persönlichkeit zu ändern.

Lass' mich dir dazu ein Beispiel geben: Bei der Kompetenz „S" (Stressresistenz & Gelassenheit) ist es von überragender Bedeutung, sich und anderen Grenzen zu setzen, wenn man nicht irgendwann in einer Burn-out-Klinik am Tegernsee landen will. Um jedoch entschlossen „nein" zu sagen, auf sich selbst zu achten und zu wissen, wann genug wirklich genug ist, braucht man ein gerüttelt' Maß an Selbstbewusstsein. Einige Menschen haben dies, andere nicht. So würde der Tipp „lehne Aufgaben ab, wenn deine Kapazität bereits erschöpft ist" bei jenen nichts fruchten, deren Selbstbild so weich wie Wackelpudding ist.

Das ist also die Grundlage aller Kompetenzen: Sich einzugestehen, dass viele Fertigkeiten nur dann erworben werden können, wenn man ernsthaft den Willen mitbringt, sich weiterzuentwickeln. Das lässt sich leicht in die Tastatur hacken, aber ist so unendlich schwer umzusetzen. Ich will dir in aller Offenheit sagen, dass mein Fitnessprogramm für die neue Arbeitswelt alles andere als einfach ist. Klar, etliche meiner Tipps funktionieren völlig unabhängig davon, welcher Persönlichkeitstyp man ist. Aber: Die wirklich substanziellen Empfehlungen, diejenigen, die dich dauerhaft erfolgreich und entspannt machen, funktionieren nur, wenn du dich darauf einlässt, ehrlich in den Spiegel zu schauen. Da ich weiß, wie mühsam das ist, werde ich dir im

Kapitel „Ich-Kompetenzen" zahlreiche konkrete Anregungen liefern, die dir helfen, dich zu öffnen, dich zu erkennen und das in Angriff zu nehmen, was du an deiner Persönlichkeit ändern möchtest.

Im Kapitel **„M" (Medien- & Digitalkompetenz)** gehe ich auf das „Handwerkszeugs" in der neuen Arbeitswelt ein, also auf die wichtigsten Tools, wie etwa Videokonferenzen, E-Mails, Kollaborationssoftware, Chat und (Social) Intranet.

Das Kapitel **„U" (Umgangsformen & Teamfähigkeit)** beschäftigt sich mit der immer wichtiger werdenden Teamarbeit. Neben Umgangsformen werde ich auf Techniken zur Konfliktlösung sowie auf die Geheimnisse erfolgreicher Teams eingehen.

Von sehr hoher Bedeutung für mich ist das Kapitel **„S" (Stressresistenz & Gelassenheit),** denn der Anteil chronisch überlasteter Mitarbeiter ist in den letzten Jahren signifikant gestiegen. So werde ich Wege aufzeigen, wie du der Stressfalle entrinnen kannst sowie achtsamer und resilienter wirst.

Schwerpunkt des Kapitels **„K" (Kommunikationskompetenz)** sind Methoden, mit denen du dich verständlicher machen kannst. Ich werde u. a. erklären, warum Körpersprache so wichtig ist und welche allgemeinen Gesprächsregeln du beachten solltest. Zudem werde ich dir meine besten Tipps verraten, wie es dir gelingt, gut zuzuhören.

Im Kapitel **„E" (Eigenständigkeit & Selbstorganisation)** werde ich erläutern, was du tun kannst, um dich selbst besser zu organisieren, dir eigene Ziele zu setzen, kritisch(er) zu denken und deine Zeitdiebe zu verhaften.

Spannende Themen erwarten dich im abschließenden **Kapitel „L" (Lernbereitschaft & Kreativität),** nämlich: Analyse- und Entscheidungstechniken, Kreativitätsmethoden sowie erprobte Tipps, wie du einfacher lernst. So werde ich dir u. a. zeigen, wie du dir Inhalte leichter merken und schneller lesen kannst.

Selbsttest: Wie fit bist du für die neue Arbeitswelt?

Du kennst nun die wichtigsten Fähigkeiten, auf die es in Zukunft ankommt. Wenn du dir diesen Überblick der 1 + 6 Kompetenzen gerade angesehen hast, dann hast du dich vielleicht unbewusst gefragt, inwieweit du diese „Anforderungen" bereits erfüllst, wie gut vorbereitet du also für das digitalisierte Berufsleben bist. Hast du Lust, das mal systematisch zu ermitteln? Dann kannst du es jetzt mit meinem Selbsttest herausfinden. Lass' uns deinen „Digital Fitness-Score" ermitteln!

Im Folgenden findest du zu jeder Kompetenz-Kategorie (Tab. 1, 2, 3, 4, 5, 6 und 7) jeweils 10 Behauptungen, die sich ausschließlich auf das Berufsleben beziehen. Bitte überlege möglichst rasch und ehrlich – du willst dich ja nicht selbst täuschen, sondern eine realistische Einschätzung erlangen –, in wie weit du den Aussagen zustimmst bzw. wie häufig sie zutreffen. Bitte vergebe dabei folgende Punkte:

- 0 = nein/nie oder sehr selten/stimme nicht zu
- 1 = ein bisschen/manchmal/stimme teilweise zu
- 2 = ja/häufig/stimme zu

Du kannst dir ein pdf des Tests hier herunterladen: www.digitale.fitness

M.-N. Däfler, *Fit für die digitale Arbeitswelt*, https://doi.org/10.1007/978-3-658-36580-6_8

Tab. 1 Ich-Kompetenzen. (Eigene Erstellung)

Aussage	Punkte
1. Ich kenne meine Lebensziele und versuche, sie bestmöglich zu erreichen	
2. Ich kenne meine Stärken und Ressourcen	
3. Ich kenne meine Schwächen und „wunden Punkte"	
4. Ich weiß, was mich im Leben antreibt, also, warum ich etwas mache	
5. Ich lasse mich nicht von meinen Zielen abbringen	
6. Grundsätzlich stehe ich Neuem aufgeschlossen gegenüber	
7. Ich denke, dass ich als Mensch wandlungsfähig bin und mich entwickeln kann	
8. Ich denke, dass Veränderungen stets eine Chance für persönliches Wachstum sind	
9. Ich bin grundsätzlich ein neugieriger (im Sinne von „aufgeschlossener") Typ	
10. Wenn ich von Veränderungen erfahre, versuche ich immer, auch die darin liegenden Chancen zu erkennen	
SUMME	

Tab. 2 Medien- & Digitalkompetenz. (Eigene Erstellung)

Aussage	Punkte
1. Ich habe keine „Berührungsängste" vor neuen Technologien/Programmen	
2. Wenn ich mit neuen Technologien/Programmen konfrontiert werde, versuche ich, mir die dafür erforderlichen Kenntnisse selbst anzuzeigen	
3. Ich beherrsche die wichtigsten Funktionen der Software-Tools und Programme, mit denen ich arbeite	
4. Ich kann gut mit anderen zusammenarbeiten, auch wenn dies nur online möglich ist	
5. Ich habe kein Problem damit, an unterschiedlichen Orten (Zuhause, Großraumbüro, unterwegs …) zu arbeiten	
6. Ich kann mich auch in Videokonferenzen gut mit anderen austauschen	
7. Ich kenne die wichtigsten Regeln, die ich als Moderator von Videokonferenzen beachten sollte	
8. Ich habe mein E-Mail-Postfach gut strukturiert	
9. Ich kenne die wichtigsten Regeln, die ich beim Schreiben und beim Beantworten von E-Mails beachten sollte	
10. Ich kenne die wichtigsten Regeln, die ich im unternehmensinternen Kollaborationstool/Chat beachten sollte	
SUMME	

Tab. 3 Umgangsformen & Teamfähigkeit. (Eigene Erstellung)

Aussage	Punkte
1. Ich arbeite gern in wechselnden (Projekt-)Teams mit unterschiedlichen KollegInnen zusammen	
2. Ich bin ein toleranter Mensch und respektiere andere, unabhängig von Herkunft, Geschlecht, Status …	
3. Ich nehme Rücksicht auf die Bedürfnisse anderer	
4. Ich versuche stets, die Perspektive anderer zu verstehen (was nicht heißt, dass ich sie teilen muss)	
5. Ich bin höflich und freundlich im Umgang mit anderen	
6. Ich bin zuverlässig und halte Zusagen ein	
7. Es macht mir nichts aus, wenn meine Ideen von anderen aufgegriffen werden	
8. Es macht mir nicht aus, andere wissen zu lassen, woran ich gerade arbeite	
9. Kritische Themen, die zu Konflikten führen könnten, spreche ich frühzeitig auf eine wertschätzende Art an	
10. Ich beherrsche Methoden, mit denen ich Konflikte konstruktiv lösen kann	
SUMME	

Tab. 4 Stressresistenz & Gelassenheit. (Eigene Erstellung)

Aussage	Punkte
1. Ich kenne meine persönlichen Stressauslöser	
2. Mir gelingt es gut, auch mal „nein" zu sagen, wenn ich keine Kapazitäten mehr habe	
3. Ich versuche Stress vorzubeugen, indem ich mich ausreichend bewege	
4. Ich versuche Stress vorzubeugen, indem ich versuche, ausreichend zu schlafen	
5. Ich achte darauf, dass ich ausreichend Pausen mache	
6. Ich kann die Verhältnismäßigkeit von belastenden Situationen gut einschätzen	
7. Wenn ich mich in einer stressigen Situation befinde, schaffe ich es gut, mich selbst schnell zu beruhigen	
8. Ich lebe überwiegend in der Gegenwart und denke nicht so oft an Vergangenes oder Kommendes	
9. In schwierigen/belastenden Situationen denke ich, dass ich es schon irgendwie schaffen werde	
10. Ich weiß, dass es wichtig ist, auf mich selbst zu achten und versuche, meine Bedürfnisse bestmöglich zu erfüllen	
SUMME	

Tab. 5 Kommunikationskompetenz. (Eigene Erstellung)

Aussage	Punkte
1. Ich weiß, dass es mein Gesprächspartner anders gemeint habe könnte, als ich es verstanden habe und frage im Zweifelsfall nach	
2. Ich weiß, dass Kommunikation eine Sach- und eine Beziehungsebene hat und wie wichtig letztere für das Verständnis ist. Deshalb bemühe ich mich darum, freundlich zu sein	
3. Ich versuche, mich bei Gesprächen in mein(e) Gegenüber zu versetzen	
4. Vor (wichtigen) Gesprächen überlege ich mir, was mein eigentliches Ziel ist	
5. Ich lasse andere ausreden	
6. Ich höre aufmerksam zu und unterlasse sämtliche Nebentätigkeiten	
7. In sinnvollen Abständen fasse ich die Aussagen meines Gesprächspartners mit meinen Worten zusammen, um Missverständnisse zu vermeiden	
8. Mir gelingt es, meine Ideen/Aussagen so klar zu formulieren, dass ich gut verstanden werde	
9. Mir ist bewusst, wie wichtig Körpersprache für das gegenseitige Verständnis ist und setze meine Körpersprache bewusst ein	
10. Ich achte auf die Körpersprache meines Gegenübers und versuche, sie zu interpretieren	
SUMME	

Tab. 6 Eigenständigkeit & Selbstorganisation. (Eigene Erstellung)

Aussage	Punkte
1. Ich kenne meine persönlichen „Zeitdiebe" (= persönliche Eigenschaften, die mir Zeit „stehlen") und versuche, aktiv gegen sie vorzugehen	
2. Es macht mir nichts aus, wenn ich keinen starren „Stundenplan" habe, sondern zu wechselnden Zeiten arbeite	
3. Ich kann mich selbst gut organisieren	
4. Ich plane meinen (Arbeits-)Tag und setze mir (realistische) Tagesziele	
5. Ich kann auf der Arbeit Wichtiges von Unwichtigem unterscheiden	
6. Ich habe keine Schwierigkeiten damit, wenn ich mir Aufgaben selbst suchen muss	
7. Ich beherrsche die wichtigsten Zeitmanagementtechniken und wende sie an	
8. Ich glaube nicht alles, was ich lese/höre und frage, woher die Information stammt	
9. Ich bilde mir meine eigene Meinung und versuche dabei, möglichst viele Perspektiven einzunehmen	
10. Ich informiere mich aus verschiedenen Quellen, um mir eine möglichst objektive Meinung bilden zu können	
SUMME	

Tab. 7 Lernbereitschaft & Kreativität. (Eigene Erstellung)

Aussage	Punkte
1. Mir ist bewusst, dass ich mich heute ständig weiterbilden muss, um den Anschluss nicht zu verlieren	
2. Ich lerne gern Neues	
3. Mir fällt es leicht, mich beim Lernen zu konzentrieren	
4. Ich bin ein kreativer Mensch und finde oft gute, neue Lösungen für Probleme	
5. Es fällt mir leicht, mit anderen zusammen Ideen zu entwickeln	
6. Wenn ich auf „Ideensuche" bin, gehe ich systematisch vor	
7. Ich kenne einige Kreativitätstechniken und wende diese an	
8. Wenn Probleme auftauchen, sehe ich das eher als Chance, etwas besser zu machen, denn als Belastung	
9. Grundsätzlich denke ich, dass mir Probleme helfen, mich weiter zu entwickeln	
10. Wenn ich Probleme löse, gebe ich mich nicht mit oberflächlichen Antworten zufrieden	
SUMME	

Auswertung: Dein „Digital Fitness-Score" beträgt ...

Zähle jetzt deine Punkte in jeder Kategorie zusammen und trage sie in Abb. 1 ein. Teile die Summe durch 7 und multipliziere das Ergebnis mit 5. Dieser Wert ist dein „Digital Fitness-Score". Je höher er ist, desto fitter bist du für die neue Arbeitswelt.

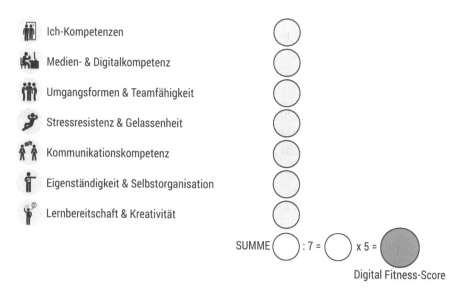

Abb. 1 Auswertung Selbsttest „Digital Fitness Score". (Eigene Erstellung)

100 bis 85 Punkte

Spitze! Herzlichen Glückwunsch. Du scheinst perfekt vorbereitet zu sein für die neue Arbeitswelt. Inspiriere andere mit deiner Einstellung und gebe dein Wissen weiter.

84 bis 70 Punkte

Prima! Du bringst schon sehr viele Voraussetzungen mit, die in der neuen Arbeitswelt wichtig sind. Für die Bereiche/Kompetenzfelder, bei denen du noch nicht ganz fit bist, findest du in diesem Buch bestimmt viele Anregungen.

69 bis 55 Punkte

Gut! Offensichtlich bist du bei einigen Kompetenzen schon weit vorne. Das sollte dich anspornen, dich dort weiter zu qualifizieren, wo du noch Lücken hast. Sicherlich werden dir die folgenden Impulse dabei helfen.

54 bis 40 Punkte

Okay! Auf dem Weg in die neue Arbeitswelt bist du bereits einige Schritte gegangen. Das macht dich hoffentlich zuversichtlich, auch den Rest zu bewältigen. Als Marschverpflegung habe ich dir in deinen Rucksack etliche konkrete Werkzeuge und Tipps gepackt.

39 bis 25 Punkte

Hmmm! Sehe es positiv: Du hast noch viel Potenzial! Wir müssen ehrlich sein – für dich ist noch einiges zu tun, um gut mit den Herausforderungen der neuen Arbeitswelt zurecht zu kommen. Aber keine Sorge – dafür hältst du ja dieses Buch in den Händen.

unter 24 Punkte

Das wird schon! Sei nicht deprimiert wegen deines niedrigen Ergebnisses. Seien wir allerdings auch ehrlich: Ein gutes Stück Arbeit liegt vor dir. Die gute Nachricht: Mit meinem Fitnessprogramm kannst du – wenn du es diszipliniert absolvierst – schon innerhalb kurzer Zeit große Fortschritte erzielen.

Nun weißt du, wo du stehst, bei welchen Kompetenzen du „Nachholbedarf" hast und bei welchen du schon gut aufgestellt bist. Damit haben wir alles Erforderliche an Vorarbeiten erledigt. Nun geht es zur Sache und wir machen dich fit für die digitale Arbeitswelt. Beginnen wir mit den zentralen „Ich-Kompetenzen".

Teil IV

Fitnessprogramm für die neue Arbeitswelt

Teil IV ist das Herzstück dieses Buches und damit am umfangreichsten – im Folgenden werde ich dir eine Fülle von Werkzeugen, Methoden und Tipps präsentieren, die dich fit für die digitale Arbeitswelt machen.

Ich-Kompetenzen

Wenn du diese Kompetenz erlangst, dann …

- verfügst du über ein objektives Selbstbild und kennst deine Stärken sowie Schwächen.
- hast du eine klare Orientierung, was dir im Leben wichtig ist – dir sind deine Lebensziele, Werte und Bedürfnisse bewusst.
- bist du offen für Neues und kommst mit (beruflichen) Veränderungen leichter zurecht.

Im Mittelpunkt des Kompetenz-MUSKEL-Modells stehen die von mir so getauften „Ich-Kompetenzen". Rein grafisch will ich damit ausdrücken, dass es von zentraler Bedeutung ist, sich selbst (besser) zu kennen. Denn: Wer sich systematisch mit seiner Persönlichkeit beschäftigt hat, wer sich realistisch einschätzen kann, wem bewusst ist, wie er/sie auf andere wirkt und vor allem wem klar ist, was er/sie vom Leben wirklich möchte, der tut sich wesentlich leichter damit, den Weg in die neue Arbeitswelt zu gehen, die anderen 6 Kompetenzen zu erlernen und die damit verbundenen Herausforderungen zu bewältigen.

In diesem Kapitel habe ich dir eine Reihe wissenschaftlich fundierter Selbsttests und Methoden zusammengestellt, die dir helfen werden, mehr über dich zu erfahren. Machen wir uns an die Arbeit!

© Der/die Autor(en), exklusiv lizenziert durch Springer Fachmedien Wiesbaden GmbH, ein Teil von Springer Nature 2022
M.-N. Däfler, *Fit für die digitale Arbeitswelt*, https://doi.org/10.1007/978-3-658-36580-6_9

So erlangst du ein objektives Selbstbild

§ 14 Absolviere den Big 5-Persönlichkeitstest

An Persönlichkeitstests mangelt es wahrlich nicht. Das Angebot reicht von banalen – und in der Regel nicht wirklich seriösen – Fragebögen in Zeitschriften, die üblicherweise in Friseursalons auslegen, bis hin zu hochkomplexen, validierten Tests, die schon mal mehrere Stunden Zeit in Anspruch nehmen. Zuerst möchte ich dir den „Klassiker" unter den Persönlichkeitstests vorstellen – den „Big 5-Test" (auch Fünf-Faktoren-Modell, FFM, genannt. Vgl. Costa & McCrae, 1992).

Die Big 5 entstammen der Persönlichkeitspsychologie. Im Englischen spricht man auch vom OCEAN-Modell (nach den Anfangsbuchstaben der 5 Dimensionen der Persönlichkeit: Openness, Conscientiousness, Extraversion, Agreeableness, Neuroticism). Die Big 5 wurden durch zahlreiche Studien belegt und gelten daher weltweit als das universelle Standardmodell in der Persönlichkeitsforschung.

Was besagen diese Persönlichkeitsdimensionen genau?

1. **Neurotizismus (N):** Wer hier hohe Werte erzielt, ist oft angespannt, ängstlich und nervös. Solche Menschen grübeln viel, zweifeln, können schlecht mit Stress umgehen und haben oft ein erhöhtes Risiko für depressive Erkrankungen sowie für einen Burn-Out.
2. **Extraversion (E):** Wer hier hoch punktet ist gesellig, kommunikativ und abenteuerlustig. Niedrige Werte deuten auf nachdenkliche, in sich gekehrte und manchmal sogar verschlossene Typen hin.
3. **Gewissenhaftigkeit (C):** Personen mit hohen Werten bei diesem Faktor gelten als pflichtbewusst und ordnungsliebend; sie gehen systematisch und genau vor.
4. **Verträglichkeit (A):** Hohe Punktzahlen in dieser Dimension lassen auf einen freundlichen, höflichen sowie zuvorkommenden Menschen schließen, der sich um andere bemüht und bei vielen beliebt ist.
5. **Offenheit (O):** Hohe Werte in dieser Kategorie findet man bei Menschen, die sehr tolerant sowie (im besten Sinne) neugierig sind und sich für unterschiedlichste Themen interessieren. Oft haben sie ein starkes Interesse an Kunst, Literatur und Musik.

Du kannst den Big 5-Test kostenlos und online hier absolvieren: www.bigfive-test.com

§ 15 Absolviere den Riemann-Thomann-Test

Der deutsche Psychoanalytiker Fritz Riemann entwickelte 1961 einen Test, den der Schweizer Psychologe Christoph Thomann im Jahr 1975 zu einem Persönlichkeitstypentest erweiterte, der heute oft in der Psychotherapie, im Coaching und in der Beratung eingesetzt wird. Grundgedanke des Modells bzw. Tests ist, dass sich der Mensch in 2 Spannungsfeldern bewegt (vgl. Riemann, 2019; Thomann & von Thun, 2013):

- wie er sich anderen Menschen gegenüber verhält und
- wie er sich in einer sich verändernden Welt positioniert.

Laut Riemann-Thomann haben wir stets 4 Grundbedürfnisse bzw. Grundbestrebungen (vgl. Mai, 2021):

- **Nähe:** Menschen, die hier hohe Werte erreichen, wünschen sich Bindung, Harmonie, ein glückliches Miteinander und Vertrauen. Sie sind in aller Regel teamfähig, empathisch, rücksichtsvoll, hilfsbereit, kontaktfreudig und kommunikativ.
- **Distanz:** Wer hohe Distanzwerte hat, strebt nach Individualität und Unabhängigkeit; man will sich von anderen abgrenzen und schätzt kaum etwas mehr als die Freiheit. Diese Menschen denken meist sehr sachlich und logisch. Sie können gut alleine sein. Mitunter wirken sie auch abweisend oder kühl.
- **Dauer:** Wer klare Strukturen, Routinen und wiederkehrende Muster liebt, wird in dieser Kategorie hohe Werte erzielen. Zuverlässigkeit, Pünktlichkeit und Beständigkeit stehen bei „Dauer-Menschen" hoch im Kurs. Sie gelten als treu, können gut organisieren und gehen systematisch vor. Die Schattenseite: Auf manche wirken sie wie Schlaftabletten auf 2 Beinen und so flexibel wie ein Stahlträger.
- **Wechsel:** Menschen mit hohen Werten in dieser Dimension sind wie Schmetterlinge – man bekommt sie nur schwer zu fassen. Sie lieben Neues und sehnen sich nach Abwechslung. Ihnen fällt es leicht, sich auf unbekanntes Terrain vorzuwagen. Kreativität, Spaß und Genuss sind ihnen sehr wichtig. Sie gelten als spontan, innovativ, risikofreudig sowie temperamentvoll. Allerdings werden sie häufig auch als chaotisch und unzuverlässig wahrgenommen.

Diese Bedürfnisse sind unterschiedlich bei uns ausgeprägt und bestimmen unsere Entscheidungen sowie Verhaltensweisen. Meistens sind 2 (manchmal auch nur eine dieser Ausrichtungen) dominant. Es kann auch vorkommen, dass scheinbar gegensätzliche Ausrichtungen gleich hohe Ausprägungen haben, etwa, dass wir bspw. im Familienkreis eine starke Näheausrichtung aufweisen, im Job hingegen eher auf Distanz gehen. Die Dimensionen müssen sich also nicht widersprechen.

Im Internet findest du einige kostenlose Fragebögen zum Riemann-Thomann-Modell. Gebe dazu einfach folgende Suchbegriffe ein: **Fragebogen Riemann Thomann**

§ 16 Absolviere den Charakterstärken-Test

Sich auf Neues einzulassen, fällt manchen Menschen leichter als anderen. So werden sich veränderungsoffene Typen optimistisch in das Abenteuer „Arbeitswelt 4.0" begeben, während jene, die eine ausgeprägte Scheu vor Neuem haben, eher sorgenvoll Richtung Zukunft schauen. Wie wir grundsätzlich mit Veränderungen umgehen, hat sehr viel mit unserer Persönlichkeit zu tun, insb. mit der Art, wie wir uns sehen bzw. wie stark unser Selbstvertrauen ausgeprägt ist. Selbstvertrauen wiederum entsteht u. a. dann, wenn man seine Stärken kennt.

Je klarer man seine Stärken sieht, desto ausgeprägter ist das Selbstwertgefühl. Wer sich seiner Stärken bewusst ist, verfügt über innere Stabilität. Das ist wie bei Bambus: Bambus ist einerseits sehr flexibel (er knickt bei Sturm nicht um), andererseits unglaublich stabil, weil jeder Stängel aus einem netzartigen Wurzelsystem herauswächst (deshalb wird er z. B. in Asien zum Bau von Gerüsten eingesetzt).

Doch selten beschäftigen wir uns systematisch mit unseren Stärken. Vielleicht haben wir das mal gemacht, als wir uns beworben oder für das jährliche Mitarbeitergespräch vorbereitet haben. Ansonsten kommt es eher selten vor, dass wir uns unsere Stärken vor Augen führen. Genau das kann jedoch enorm helfen, wenn es gilt, sich für die neue Arbeitswelt fit zu machen.

Seit vielen Jahren empfehle ich meinen Studierenden, Coachees und Seminarteilnehmern einen von der Universität Zürich entwickelten Selbsttest, der kostenlos im Internet absolviert werden kann. Es dauert ca. eine ½ h, den „Values in Action-Fragebogen (VIA)" auszufüllen. Das ist wirklich sehr gut investierte Zeit, zumal du gleich eine umfassende Auswertung erhältst.

https://charakterstaerken.org

§ 17 Absolviere den Innere-Antreiber-Test

Das Konzept der „inneren Antreiber" stammt aus der Transaktionsanalyse und wurde in den 1970er-Jahren entwickelt; es ist ein Modell, mit dem du herausfinden kannst, was dich im Leben motiviert bzw. warum du so handelst, wie du handelst. Maßgeblich an der Entstehung dieses Ansatzes war der US-amerikanische Psychologe Taibi Kahler (vgl. Kahler & Capers, 1974) beteiligt.

Kahlers zentrale These lautet: Als (kleine) Kinder sind wir völlig auf die Liebe und Zuwendung unserer Eltern angewiesen. Wir entwickeln daher ein sensibles Gespür dafür, für welches Verhalten wir Anerkennung bekommen und für welches nicht. Da wir es unseren Eltern in der Regel recht machen wollen, verhalten wir uns meist so, wie es von uns verlangt wird (mal von der Trotzphase und der Pubertät abgesehen, die bei Männern nahtlos in die Wechseljahre übergeht). Aus den elterlichen Anforderungen entstehen über die Zeit unsere ganz persönlichen „inneren Antreiber", die zum festen Bestandteil unseres Selbst werden. Solange uns unsere „inneren Antreiber" nicht bekannt sind, haben wir allerdings keine Chance, sie zu hinterfragen oder gar abzustellen. Denn das ist das Problem: Oft richten wir uns als Erwachsene völlig unbewusst noch immer nach den „Eltern-Botschaften". Das ist zwar vielfach gut so, weil uns die inneren Antreiber anspornen und uns nutzen. Aber: In vielen Fällen sind sie nicht (mehr) hilfreich oder limitieren uns.

Die „inneren Antreiber" sind also nichts anderes als die Stimme „äußerer Autoritäten", vor allem unserer Eltern und Erzieher. Durch sie lernen wir, was (angeblich) richtig und falsch ist. So wird unser Verhalten durch die inneren Antreiber geprägt. Sie fräsen sich so tief in unser Denken ein, dass wir gar keine alternativen Denk- und Handlungsmöglichkeiten mehr in Betracht ziehen.

Kahler hat 5 Antreiber identifiziert:

* Der „Sei-stark!"-Antreiber
* Der „Sei-perfekt!"-Antreiber
* Der „Mach-es-allen-recht!"-Antreiber
* Der „Beeil-dich!"-Antreiber
* Der „Streng-dich-an!"-Antreiber

In Tab: 1 siehst du die Antreiber mit ihren zugehörigen Glaubenssätzen – diese sind nur beispielhaft zu verstehen; selbstverständlich gibt es jeweils etli-

Tab. 1 Innere Antreiber und ihre Stärken sowie Schwächen. (Eigene Erstellung; vgl. Eberts, 2018)

Antreiber	Typische Glaubenssätze	Stärken	Schwächen
Sei stark!	• Ich komme sehr gut allein zurecht • Ich darf meine Gefühle nicht zeigen • So, wie es in mir aussieht, geht niemanden etwas an • Nach außen lasse ich mir nichts anmerken • Da muss man halt mal die Zähne zusammenbeißen • Mich bringt nichts so leicht aus der Ruhe	• Hat Durchhaltevermögen • Steht Dinge durch • Kann Abstand wahren • Bleibt auch unter Stress recht ruhig	• Bittet nicht um Hilfe • Versucht, Gefühle zu unterdrücken • Macht Dinge mit sich selbst aus • Oft pessimistische Grundstimmung
Sei perfekt!	• Was ich mache, tue ich gründlich • Schlamperei ist schrecklich • Zu Verbessern gibt's immer was • Fehler muss man vermeiden • Ich muss immer noch ein bisschen besser werden	• Drang nach Perfektion • Ordnungsliebend • Möchte immer alles geben • Sorgfältige und genaue Arbeitsweise • Wunsch nach kontinuierlicher Verbesserung	• Nimmt Kritik persönlich • Eigene Fehler machen ihm/ihr sehr zu schaffen • Ständig unzufrieden • Fühlt sich nie gut genug • Hat hohe Ansprüche an seine Mitmenschen • Kann Unzulänglichkeiten nicht ertragen
Beeil dich!	• Wer nicht dauernd beschäftigt ist, ist faul • Zeit darf man nicht verschwenden • Je mehr ich tue, desto mehr werde ich gemocht • Ich bringe die Dinge voran • Ich muss schnell machen	• Sehr effizient • Braucht wenig Zeit für Aufgaben • Treibt Ideen und Projekte voran • Nutzt jede Minute	• Kann schwer entspannen • Fühlt sich ständig „unter Strom" • Ist immer gehetzt • Hat kaum Geduld • Macht oft Flüchtigkeitsfehler

(Fortsetzung)

Tab. 1 (Fortsetzung)

Antreiber	Typische Glaubenssätze	Stärken	Schwächen
Mach es allen recht!	• Ich darf nicht „nein" sagen • Es ist wichtig, dass mich alle mögen • Meine eigenen Interessen sind nicht so wichtig • Harmonie ist mir sehr wichtig • Ich muss lieb und freundlich sein • Streit sollte man vermeiden	• Wirkt ausgleichend • Anpassungsfähig • Sehr empathisch • Hilfsbereit • Hat Interessen anderer im Blick • Bescheiden	• „Verbiegt" sich • Kann eigenen Standpunkt nicht durchsetzen • Vermeidet Konflikte • Ignoriert oder vernachlässigt eigene Bedürfnisse • Anfällig für Manipulationen
Streng dich an!	• Erfolge fallen nicht vom Himmel • Ohne Fleiß kein Preis • Ich muss immer alles geben • Das kann ich noch besser • Aufgeben ist nur was für Schwächlinge • Hilfe brauche ich nicht	• Hohe Einsatzbereitschaft • Hohes Durchhaltevermögen • Sehr engagiert • Diszipliniert • Übernimmt Verantwortung	• Kann Erfolge nur schätzen, wenn sie hart erarbeitet wurden • Schwer zufrieden zu stellen • Verzettelt sich mit zu vielen Aufgaben • Kann nicht abschalten • Übertrieben hohe Leistungsansprüche an sich und andere

che weitere Glaubenssätze, die einen Antreiber charakterisieren. Zudem sind pro Antreiber die typischen Stärken und Schwächen aufgelistet.

> Mit einem Selbsttest kannst du herausfinden, welche inneren Antreiber bei dir besonders stark ausgeprägt sind. Im Internet gibt es etliche Angebote dazu, wie etwa: http://lerncoaching-berlin.com/antreibertest.html

Wenn du den Test absolviert hast, fragst du dich wahrscheinlich, was du mit den Ergebnissen anfangen kannst. Nun, das Wissen um die Ausprägung der inneren Antreiber zeigt dir zunächst einmal, wer bei dir die Zügel in der Hand hält: deine Eltern/Erzieher oder du selbst? Allein diese Einsicht kann dir helfen, jene Überzeugungen infrage zu stellen, von denen du bislang vielleicht gar nicht wusstest, wie sehr sie dein Denken und Handeln beeinflussen.

Die Beschäftigung mit den inneren Antreibern sollte jedoch vor allem dem Zweck dienen, sich von ihnen zu befreien, wenn du sie als limitierend erlebst. Dies tust du, indem du ihnen entsprechende „Erlauber" gegenüberstellst. Das sind Aussagen, die du dir vorsagen solltest, wenn du dich mal wieder dabei ertappst, wie du (ungewollt) einem „inneren Antreiber" folgst. Dazu ein paar Beispiele:

Der „Sei-stark!"-Antreiber

- „Es ist in Ordnung zu vertrauen."
- „Ich muss nicht immer stark sein."
- „Ich darf mir Hilfe holen. Dadurch verliere ich nicht mein Gesicht."

Der „Sei-perfekt!"-Antreiber

- „Ich gebe mein Bestes und das reicht."
- „Ich bin liebenswert so wie ich bin."
- „Ich darf auch Fehler machen."
- „Ohne Fehler lernt man nichts."
- „Meistens sind auch 80 % vollkommen ausreichend."

Der „Mach-es-allen-recht!"-Antreiber

- „Ich bin auch wichtig."
- „Meine Bedürfnisse/Wünsche sind genauso wichtig (wie die der anderen)."
- „Ich bin nicht immer schuld."
- „Ich darf meine Bedürfnisse aussprechen."
- „Ich bin okay, auch wenn jemand unzufrieden mit mir ist."
- „Ich darf es auch mir selbst recht machen."

Der „Beeil-dich!"-Antreiber

- „Ich darf mir Zeit nehmen."
- „Meine Zeit gehört mir."
- „Ich darf mir Zeit nehmen und auch Pausen einlegen."
- „Nicht alles muss sofort fertig sein."

Der „Streng-dich-an!"-Antreiber

- „Meine Kraft gehört mir."
- „Ich tue es nicht für dich, ich tue es nicht gegen dich – ich tue es für mich."
- „Erfolge dürfen gefeiert werden."
- „Auch Arbeit darf leicht sein."

So bekommst du Orientierung im Leben

Durch die im vorangegangenen Kapitel vorgestellten Übungen bzw. Tests solltest du dich selbst ein wenig besser kennengelernt haben und dir deiner Stärken bewusst geworden sein. Allein das ist schon mal ein wichtiger Schritt, um sich optimistisch auf den Weg in die neue Arbeitswelt zu begeben. Das hat bereits Blaise Pascal vor einigen Jahrhunderten (natürlich in einem anderen Zusammenhang) erkannt:

> Der Mensch sollte sich nach Möglichkeit selber kennenzulernen versuchen. Wenn Selbsterkenntnis auch nicht ohne weiteres zur Wahrheit führt, so dient sie doch wenigstens dazu, das Leben zu ordnen.
> Blaise Pascal (1623–1662) Französischer Philosoph

Sein „Leben zu ordnen" ist das eine – das andere ist es, es selbstbestimmter zu führen, es mehr zu dem Leben zu machen, das wir wirklich führen wollen, kurzum: versuchen, glücklich zu werden. Weil: Wenn es uns schlecht geht, wenn wir mit dem Leben – aus welchen Gründen auch immer – unzufrieden sind, dann empfinden wir naturgemäß jede Herausforderung als Ballast oder Bedrohung. Dann haben wir schlichtweg keine Lust, uns mit der blöden neuen Software zu befassen; als ob wir nicht schon genug Probleme hätten! Der US-amerikanische Psychologe Dan Gilbert (2008, S. 211) stellt sehr treffend fest: „Wir können uns nicht vorstellen, uns in der Zukunft wohl zu fühlen, wenn es uns in der Gegenwart schlecht geht." Entscheidend ist daher, dass es uns in der Gegenwart gut geht – dann blicken wir auch optimistisch in die Zukunft. Dies ist eine in ihrer Bedeutung nicht zu unterschätzende Einsicht, weshalb ich sie nochmals mit anderen Worten wiederholen darf:

»Wenn du mit deinem Leben im Großen und Ganzen zufrieden bist, wenn es dir meistens gut geht und du deinen „inneren Frieden" gefunden hast, dann packst du private wie berufliche Herausforderungen viel zuversichtlicher an.

Um dich also entspannt mit den Aufgaben zu beschäftigen, die in der neuen Arbeitswelt auf dich warten, wäre die erste (und wichtigste) Aufgabe, dein Leben in Ordnung zu bringen. Deine Einstellung – neudeutsch würde man von „Mindset" sprechen – ist von überragender Bedeutung! Allerdings beschäftigen sich die meisten Menschen höchst selten mit ihrem Leben. Außer zu bestimmten Anlässen, wie etwa einem (runden) Geburtstag, Silvester/Neujahr oder dem Tod einer lieben Person, betrachten wir unser Leben höchst selten. Thorsten Havener (2010, S. 76) drückt das metaphorisch sehr schön aus:

> Jeder Maler, der das Werk seines Lebens malt, steigt auf die Leiter, um an seinem Bild zu arbeiten. Danach steigt er wieder herunter und betrachtet das Werk als Ganzes, bevor er weitermalt. Wir dagegen stehen nur noch auf der Leiter, ohne uns zwischendurch zurückzulehnen und unser Gesamtkunstwerk ‚Leben' als Ganzes zu betrachten.

Nun ist dies kein Ratgeber zum Thema „wie werde ich glücklich?" oder „wie gestalte ich mein Leben?" und es wäre auch reichlich anmaßend von mir, würde ich behaupten, ich hätte das Rezept fürs große Lebensglück gefunden. Gleichwohl kann ich mit ein paar seriösen Hinweisen und Werkzeugen dienen, die dir helfen werden, deinem „Idealleben" etwas näher zu kommen, nämlich indem du …

a) dir mal Gedanken über deine Lebensziele machst,
b) dir verdeutlichst, was dein Lebenssinn ist und
c) dir klar machst, welche Bedürfnisse du hast.

Solltest du kein Freund einer (langfristigen) Lebensplanung sein oder dem Ermitteln deines Lebenssinnes skeptisch gegenüberstehen, dann kannst du natürlich die folgenden Ausführungen überspringen. Bevor du dies tust, möchte ich dir aber noch einen schönen Impuls von Richard David Precht (2007, S. 377) mitgeben:

> Die Einzigen, die je tatsächlich wussten, was der Sinn des Lebens ist, sind Monty Python in ihrem gleichnamigen Film: „Also, nun kommt der Sinn des Lebens. Nun es ist wirklich nichts Besonderes. Versuch einfach nett zu den Leuten zu sein, vermeide fettes Essen, lese ab und zu ein gutes Buch, lass dich mal besuchen, und versuch mit allen Rassen und Nationen in Frieden und Harmonie zu leben." […] Füllen Sie Ihre Tage mit Leben und nicht Ihr Leben mit Tagen.

§ 18 Formuliere deine Lebensziele

Zu wissen, wohin man will und wie man dorthin gelangt, bildet die Grundlage dafür, die richtigen Entscheidungen zu treffen. Wenn du von Frankfurt nach München fahren willst, die A3 aber in Richtung Köln unterwegs bist, dann wirst du vermutlich nie in der bayerischen Landeshauptstadt ankommen, außer du umkreist einmal den Globus. Und selbst wenn du die richtige Auffahrt in Richtung Süden genommen hast, wirst du – ohne Wegweiser – nicht wissen, ob du am Offenbacher Kreuz geradeaus oder links fahren musst. Aus diesem Grund ist es so wichtig, a) das Reiseziel zu kennen und b) zu wissen, wo man sich gerade befindet.

Ähnlich ist es im (Arbeits-)Leben. Erst recht in einem chaotischen Leben. Und wer wollte bestreiten, dass zumindest die Rahmenbedingungen für unser Leben derzeit alles andere als stabil, überschau- und vorhersagbar sind? Wer sich in der hochkomplexen (Arbeits-)Welt zu Beginn des 21. Jahrhunderts zurechtfinden will, benötigt Orientierung. Genau die verschaffen Lebensziele.

Wenn dir z. B. deine Familie das Wichtigste überhaupt ist und du möglichst viel Zeit mit ihr verbringen willst, dann wirst du sicherlich nicht jeden Tag Überstunden machen, nur um dem/r ChefIn zu zeigen, dass du für Höheres – mit noch längeren Arbeitszeiten – berufen bist. Dann wird dir ein pünktlicher Feierabend und ein gemeinsames Abendessen mit deinen Kindern und deinem/r PartnerIn wichtiger sein. Das setzt aber voraus, dass dir dieses Ziel („die Familie zuerst") auch in aller Deutlichkeit bewusst ist.

Genau das ist die Krux: Wir wissen oft nicht, was wir wollen. Oder: Wir wollen tatsächlich alles gleichzeitig erreichen – wir können einfach zu nichts Nein sagen und tanzen folglich auf jeder Hochzeit. Das Fatale dabei: Wir leiden darunter und die anderen auch, denn kaum etwas machen wir mit ganzem Herzen (und voller Aufmerksamkeit).

Lebensziele zu verfolgen bedeutet auch, Probleme zu lösen, Hürden und Niederlagen zu überwinden, immer einmal öfter aufzustehen, als man hingefallen ist, um letztlich das Leben zu führen, was man sich aus tiefstem Herzen wünscht. Wenn du dich durchs Leben treiben lässt und keine eigenen Entscheidungen triffst, gibst du die Verantwortung für dein Leben an andere ab – du delegierst es an deine/n PartnerIn, an deine Eltern, an deine Vorgesetzten, an deine KollegInnen …

Wer hingegen über Lebensziele verfügt, der muss sich nicht immer wieder mit den gleichen (Gewissens-)Fragen beschäftigen – für den ist einfach klar, wie er/sie sich in welcher Situation zu entscheiden hat. Simon Sinek (2021, S. 155) meint dazu: „Wenn wir unsere Entscheidungen durch unser WARUM filtern, dann […] sind wir effizienter." Außerdem besitzt man eine höhere Motivation, auch unangenehme Dinge in Angriff zu nehmen. Ziele wirken inspirierend und anspornend, sie lassen einen morgens leichter aufstehen, weil man ja etwas hat, wofür es sich lohnt, die wärmenden Federn zu verlassen. Nicht zuletzt zwingen Ziele zur Konzentration – man kann seine Energie auf das fokussieren, was einem erstrebenswert erscheint.

Also: Wenn du selbstbestimmt leben und souverän das Abenteuer Arbeitswelt 4.0 durchstehen willst, solltest du deine (Lebens-)Ziele kennen, denn diese sind der Maßstab für die Festlegung, was dir wichtig ist und was nicht. Dabei muss allerdings auch klar sein:

- Ziele ändern sich im Zeitablauf. Was uns im zarten Alter von 18 Jahren wichtig war, erscheint uns wahrscheinlich als 48jährigem kaum noch erstrebenswert.
- Ziele können durch unvorhergesehene Ereignisse (wie etwa den Tod eines nahen Angehörigen, die Trennung von einem/r LebenspartnerIn, eine schwere Erkrankung oder eine Kündigung) beeinträchtigt, wenn nicht gar unerreichbar werden.
- Es gibt keine objektiv richtigen Lebensziele – es ist genauso okay, wenn man Beruf/Karriere an erste Stelle setzt oder genau das Gegenteil tut und das Leben primär als Chance zur Lustmaximierung sieht.
- Lebensziele sollten halbwegs realistisch formuliert sein, und es sollte in der eigenen Macht stehen, sie erreichen zu können, sonst haben sie keinen alltagspraktischen Wert.
- Lebensziele haben auch eine Schattenseite: Wenn man ein Ziel erreicht hat, kann sich danach die große Leere einstellen – die Motivation fällt dann schlagartig auf den Boden. Insofern sollte man es mit der Planung nicht übertreiben.

Genug der Vorrede – es dürfte klar geworden sein, wie bedeutsam Lebensziele für die persönliche Zufriedenheit und für das „Überleben" in der neuen Arbeitswelt sind. Wie gelangt man nun zu seinen Lebenszielen? Einleuchtend ist, dass man dazu mehr als eine ¼ h Zeit benötigt und Google nicht zwingend die passende Antwort liefert. Es ist ein längerer Prozess, bis man herausgefunden hat, was man wirklich vom Leben möchte. Die folgenden Fragen/Tipps können dir dabei helfen, deine „Leitsterne" zu identifizieren.

§ 19 Stelle dir die „Begräbnis-Frage"
Male dir den Moment aus, an dem dein/e PartnerIn, deine Kinder, enge FreundInnen und andere WegbegleiterInnen an deinem offenen Grab stehen. Was glaubst du, welche Trauerreden gehalten werden oder was beim Leichenschmaus über dich erzählt wird? Wird es etwa heißen: „Er war ein gewissenhafter Buchhalter und fleißiger Mitarbeiter" oder „Er war ein liebevoller Vater, der immer für uns da war"? Auch, wenn die Vorstellung der eigenen Be-

erdigung nicht wirklich erbaulich ist, so kann sie dir doch helfen, dein Leben zu verändern. Du wirst herausfinden, was bzw. wen du vernachlässigt hast und was dir wirklich wichtig ist. Und: Du wirst es JETZT ändern können, indem du die entsprechenden Lebensziele formulierst und sie verfolgst.

In eine ähnliche Richtung geht der Vorschlag des Philosophen Andreas Urs Sommer (2005, S. 137):

> Unternehmen Sie einen Spaziergang auf einem örtlichen, möglichst sterilen und gut gepflegten Friedhof. Betrachten Sie die Symbole auf den glatt polierten, in Reih und Glied stehenden Grabsteinen. […] Vergegenwärtigen Sie sich, wie Sie selber so in Reih und Glied liegen werden, mit ein paar Primeln auf der Höhe Ihrer Nase oder mit einer Zwergzypresse […]. Erwägen Sie, was von Ihnen bleiben soll außer dem Granitklotz, Kornähren und dem Namenszug.

Bleiben wir noch ganz kurz bei solch' gruseligen Gedanken. Wenn du in einer emotional stabilen Verfassung bist, aber nicht auf einen Friedhof gehen möchtest, dann kannst du dich auch fragen: Was würde ich tun, wenn ich nur noch ein Jahr zu leben hätte?

§ 20 Erinnere dich an erfüllende Momente in deinem Leben

Verlassen wir den Deprimodus und denken an etwas Schönes! In den Augenblicken, in denen man Glück, Lust (nicht in einem zu engen Sinn verstanden) oder das Gefühl des „Völlig-bei-sich-Seins" empfindet, hat man etwas getan, was ganz zu einem gehört. Dieses einfache Anzeichen ist ein wunderbarer Wegweiser dafür, um unseren Lebenszielen auf die Spur zu kommen. Rufe dir daher bewusst solche Situationen ins Gedächtnis, die dir dieses tiefe Gefühl von Erfüllung verschafft haben. Vielleicht hast du von diesem Gefühl schon einmal gehört – der ungarisch-US-amerikanische Psychologe Mihaly Csikszentmihalyi (2020) hat sich intensiv damit beschäftigt und dieses Phänomen „Flow" genannt.

Hier noch ein paar weitere, positive Anregungen – frage dich:

- Was wollte ich schon immer machen?
- Was erfüllt mich in meiner Arbeit?
- Womit würde ich meine Zeit verbringen, wenn ich genügend Geld hätte und nicht arbeiten müsste?
- Bei welcher Aktivität kann ich gut abschalten und alles vergessen?

Nicht nur schöne Augenblicke weisen auf Lebensziele hin, auch (oder gerade) die leidvollen tun es. Die wichtigsten Lektionen stammen aus unseren Verletzungen und Schmerzen, denn dann waren wir unseren Lebenszielen sehr fern. Lasse diese Erfahrungen Revue passieren. Frage dich: „Warum habe ich das damals als so negativ empfunden?", „Was habe ich daraus gelernt?", „Welche meiner Werte/Vorstellungen wurden nicht erfüllt?"

§ 21 Formuliere deine Lebensziele möglichst konkret

Wenn du mit Hilfe dieser Fragen (oder anderer Methoden) ermittelt hast, was dir im Leben wirklich wichtig ist, solltest du nun deine Lebensziele formulieren. Achte dabei darauf, dass du dies möglichst konkret tust. Die meisten Menschen haben nur vage Vorstellungen von ihrem „Wunschleben". Viele wünschen sich einfach nur, dass es ihnen irgendwie besser geht. Wie will man ein solch nebulöses Lebensziel erreichen? „Irgendwie besser" ist kein greifbares Lebensziel, sondern nichts anderes als der Versuch, einen Pudding an die Wand zu nageln.

Deshalb: Überlege dir, wie dein Leben in einem, in 3 und in 5 Jahren aussehen soll. Je deutlicher das Bild deiner Lebensziele ist, je mehr Einzelheiten du findest, desto höher die Chance, dass du dich diesem Lebensziel annäherst. Allein durch die Intensität, mit der du beim „Ausmalen" deiner Lebensziele vorgehst, kannst du erkennen, wie ernsthaft du diese Lebensziele erreichen willst.

Bei all dem, was du bislang gelesen hast, könnte vielleicht der Eindruck entstanden sein, dass du dich mal an einem Sonntagnachmittag mit einer Tasse Rooibos-Tee oder einem Glas Barbera hinsetzt, deine Lebensziele möglichst präzise formulierst und diese dann ab Montagmorgen strikt verfolgst. So ist es natürlich nicht. Selbstverständlich weißt du ganz genau, dass es im Leben oft anders kommt, als man denkt. Da passieren plötzlich Dinge, mit denen man nicht gerechnet hat. Positive wie negative Zwischenfälle können die perfektesten Pläne über den Haufen werfen.

Die Botschaft liegt auf der Hand: Sei nicht zu dogmatisch beim Aufstellen und Verfolgen deiner Lebensziele. Entscheidend ist, die grobe Richtung im Auge zu behalten. Nehmen wir uns die mittelalterlichen Seeleute zum Vorbild. Die sagten nämlich: „Wir segeln gen (gegen) XY." Sie vermieden die (exakte) Formulierung: „Wir segeln nach XY." Auf den Wind und die Strömung hat man halt keinen Einfluss. Und manchmal entdeckt man auf dem Weg neue, lohnende Ziele. Mitunter entpuppt sich auch ein Ziel als völlig unrealistisch, weil die Voraussetzungen, von denen man ausging, nicht eingetroffen sind.

»Formulier' deine Lebensziele schön konkret, aber zeig' dabei auch Flexibilität

Zieländerungen sind deshalb kein Tabu. Wenn bspw. der Arbeitgeber mit einem Konkurrenten fusioniert und die eigene Stelle wegrationalisiert wird oder wenn man ernsthaft erkrankt, dann rechtfertigen solche außergewöhnlichen Vorkommnisse eine Neudefinition von Zielen. Und selbstverständlich ist es auch völlig in Ordnung, wenn man hin und wieder seine Ziele neu bewertet und anpasst. Flexibilität im Denken kann hier vor Frustrationen schützen.

§ 22 Ermittle dein Ikigai

Wenn du dir schwer damit tust, (konkrete) Lebensziele zu formulieren, dann habe ich da eine sehr gute Alternative für dich; natürlich auch als Ergänzung zu deinen eventuell schon vorhandenen Zielen, nämlich das Ikigai-Modell. Der Begriff „Ikigai" kommt aus dem Japanischen (生き甲斐) und bedeutet ungefähr so viel wie: „das, wofür es sich zu leben lohnt". So neu ist das Konzept gar nicht – Ikigai tauchte erstmals im 14. Jahrhundert auf, wurde allerdings erst ab der Mitte der 1960er-Jahre im Westen bekannt. Ikigai ist eine Art Denkgerüst – mit ihm kannst du herausfinden, was dir wirklich wichtig ist bzw. was dich in deinem Leben erfüllt (vgl. Steffen, 2019, S. 283 ff.).

Die vier Hauptelemente von Ikigai sind:

- Etwas, das du liebst, das du gerne tust.
- Etwas, das die Welt von dir braucht.
- Etwas, womit du Geld verdienen kannst.
- Etwas, worin du gut und talentiert bist.

Aus den Schnittmengen dieser vier Bereiche ergeben sich die übergeordneten Grundbedürfnisse:

- Aus 1 und 2 resultiert deine persönliche „Mission": Was erfüllt dich mit Leidenschaft und was davon kann die Welt gut gebrauchen?
- Aus 2 und 3 resultiert deine „Berufung": Was liegt dir persönlich am Herzen, wovon andere Menschen profitieren könnten?
- Aus 3 und 4 resultiert dein idealer Beruf („Profession"): Worin bist du so richtig gut und könnest dafür (wenn du selbstständig wärest) mit gutem Gewissen Geld verlangen?

- Aus 4 und 1 resultiert deine große Leidenschaft („Passion"): Welche Tätigkeiten beherrschst du wirklich gut und was davon tust du von Herzen gern?

Im Mittelpunkt der vier Bereiche liegt dein Ikigai, also dein Lebenssinn. Deutlich wird dies, wenn du dir Abb. 1 anschaust.

Wie findest du deinen ganz persönlichen Ikigai? Suche dir einen ruhigen, angenehmen Ort, an dem du ungestört bist. Nimm dir Zeit und beantworte die folgenden Fragen. Schreibe deine Antworten auf.

1. **Etwas, das du liebst**
   - Gibt es etwas, was hast du bereits als Kind gerne getan hast und heute immer noch machst?
   - Welche Hobbys übst du schon seit vielen Jahren aus?
   - Was machst du in deiner Freizeit am liebsten?
   - Worüber sprichst du häufig?
   - Welche Themen begeistern dich?
   - Welche Tätigkeit(en) kannst du lange ausführen, ohne dabei zu ermüden?
   - Was könntest du dir vorstellen, von morgens bis abends zu tun? (Nein: Netflix schauen wäre keine zielführende Antwort)

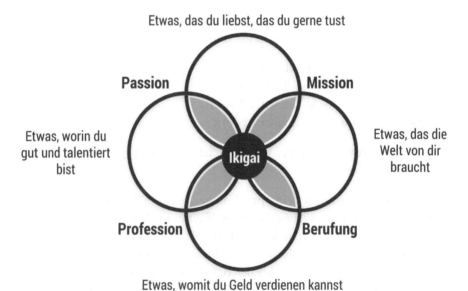

Abb. 1   Das Ikigai-Modell. (Eigene Erstellung)

2. **Etwas, das die Welt von dir braucht**
   * Gibt es etwas, was du in der Welt verändern möchtest?
   * Welche Werte sind dir besonders wichtig?
   * Wofür würdest du auf die Straße gehen, um zu demonstrieren?
   * Welche Probleme würdest du gern lösen, wenn du KönigIn von Deutschland wärst?
   * Wenn es dich mal nicht mehr gibt: Was sollte von dir in Erinnerung bleiben?
   * Was würde fehlen, wenn du 2 Jahre auf einer Arktisexpedition wärst?
   * Wem würdest du ganz konkret fehlen?
3. **Etwas, womit du Geld verdienen kannst**
   * Welche Tätigkeiten/Aufgaben fallen dir leicht?
   * Was glaubst du, schätzt dein Arbeitgeber besonders an dir?
   * Welche besonderen Kompetenzen und Fähigkeiten besitzt du?
   * Welche Eigenschaften/Fertigkeiten bewundern andere an dir?
   * Wenn du dich auf eine neue Stelle bewerben würdest: Welche 3 deiner Fähigkeiten würdest du auf jeden Fall erwähnen?
   * Gibt es noch etwas, womit du außer deinem Beruf Geld verdienst?
4. **Etwas, worin du gut und talentiert bist (was nicht heißen muss, dass du schon perfekt darin bist)**
   * Gibt es etwas, worin du besonders talentiert bist (auch im Privatleben)?
   * Bei welchen Tätigkeiten bist du überdurchschnittlich gut?
   * In welchen Schulfächern hast du immer besonders gut abgeschnitten?
   * Für welche Leistungen zollen dir andere Respekt und Anerkennung?
   * Existieren weitere, vielleicht auch ungewöhnliche Fähigkeiten, die du hast?

Wenn du diese Fragen beantwortest, wird sich dein Ikigai allmählich offenbaren. Sei dabei bitte geduldig. Manchmal muss man die Liste auch mehrfach durchgehen, am besten mit etwas zeitlichem Abstand dazwischen. Vielleicht möchtest du auch dein/e PartnerIn oder ein/e gute/n FreundIn einbeziehen. Meinen Seminar- und Coaching-Teilnehmern gebe ich zudem den Tipp, die Frageliste an unterschiedlichen Orten zu beantworten, etwa mal im Büro, dann im Wohnzimmer und schließlich bei einem Spaziergang. Entscheidend ist, dass du deiner Intuition vertraust und dir Zeit gibst. Andreas Steffen (2019, S. 287) schreibt dazu:

> Woran Sie diese Schnittpunkte erkennen? Vertrauen Sie Ihrem Bauchgefühl. Nichts davon muss auf den ersten Blick logisch oder vernünftig klingen. Die für genau Sie selbst passenden Punkte werden Sie anlächeln und Ihnen deutlich sagen, wenn sie von Ihnen bemerkt und gefunden werden wollen.

§ 23 Erstelle deine Bedürfnis-Pyramide

Möglichst selbstbestimmt zu leben (und übrigens auch glücklich zu werden) bedeutet vor allem, sich bewusst zu machen, welche Bedürfnisse man hat und diese dann konsequent zu befriedigen. Natürlich ist damit nicht der Wunsch nach tonnenweise Nussschokolade oder Mariacron gemeint, sondern das, was deine Seele braucht, um happy zu sein. Lass' mich mal einen Vergleich ziehen: Wir erwarten ja nicht von einem Auto, dass es Höchstleistungen erbringt, wenn wir zu wenig oder nicht tanken. Was für das Auto das Benzin, das sind für uns Menschen erfüllte Bedürfnisse.

Doch vielen Menschen sind ihre Bedürfnisse nicht bewusst. Sie wissen gar nicht, was sie eigentlich benötigen, um zufrieden zu sein und Autonomie zu verspüren. Wobei: Wir müssen unterscheiden zwischen akuten (wie etwa „Hunger" oder „Schlaf") und dauerhaften Bedürfnissen. Um letztere soll es uns gehen. Es ist gar nicht so leicht, seine grundlegenden Bedürfnisse zu ermitteln, zumal diese ja auch je nach Lebensbereich variieren. So sind uns im Job andere Dinge wichtig sind, als im Privatleben. Für meine Coachings habe ich eine Methode entwickelt, mit der du deine Bedürfnisse herausfinden kannst – die Bedürfnispyramide. Schauen wir uns an, wie es geht!

Ich habe ein Video gedreht, in dem ich erkläre, wie du deine Bedürfnispyramide bastelst: www.digitale.fitness

Schritt #1

Wähle zunächst einen der 3 Lebensbereich aus: „Immer", „Beruf" und „Privat" für den du deine wichtigsten Bedürfnisse ermitteln willst.

Schritt #2

Lese dir die Übersicht an Bedürfnissen (siehe Tab. 2) durch. Bedenke bitte dabei: Die genannten Begriffe sind natürlich sehr auslegungsfähig; jeder wird wohl etwas anderes darunter verstehen. Aber: Das ist nicht schlimm – Hauptsache, du interpretierst die Begriffe so, wie sie für dich passen.

Schritt #3

Schreibe nun maximal 10 Bedürfnisse, die dir in diesem Lebensbereich besonders wichtig sind, auf einzelne Karteikarten oder Zettel.

Tab. 2 Übersicht Bedürfnisse. (Eigene Erstellung)

Abgrenzung	Absicherung	Abwechslung	Achtsamkeit	Aktivität
Akzeptanz	Alleinsein	Analysieren	Anerkennung	Anregung
Ästhetik	Aufmerksamkeit	Ausgeglichenheit	Austausch	Authentizität
Autonomie	Bedeutung	Begeisterung	Bei mir sein	Beitrag
Beschäftigung	Bewegung	Beziehung	Bildung	Distanz
Ehrlichkeit	Eindeutigkeit	Einklang	Emotionen	Engagement
Erholung	Experimentieren	Familie	Feiern	Freiheit
Freizeit	Freude	Freundschaft	Fürsorge	Geborgenheit
Gemeinschaft	Genuss	Gesundheit	Gleichberechtigung	Gleichgewicht
Harmonie	Hilfe	Humor	Ich sein können	Innerer Frieden
Inspiration	Klarheit	Kompetenz	Kontakt	Kooperation
Kraft	Kreativität	Kultur	Lachen	Leichtigkeit
Leidenschaft	Leistung	Lernen	Liebe	Mitbestimmung
Muße	Mut	Nähe	Natur erleben	Neugier
Nostalgie	Offenheit	Ordnung	Partnerschaft	Pflichtbewusstsein
Privatsphäre	Produktivität	Respekt	Risiko	Rückmeldung
Ruhe	Sauberkeit	Schlaf	Schönheit	Schutz
Selbstachtung	Selbstständigkeit	Selbstbestimmung	Selbsterkenntnis	Selbstvertrauen
Selbstverwirklichung	Sexualität	Sicherheit	Sinn	Sorglosigkeit
Spaß	Spiel	Spiritualität	Spontaneität	Struktur
Teilhabe	Toleranz	Trauern	Träumen	Umweltschutz
Unterhaltung	Verantwortung	Vernunft	Verständnis	Vertrauen
Vorsorge	Wachstum	Weiterentwicklung	Wertschätzung	Zugehörigkeit
Zusammenarbeit				

Schritt #4
Lege die Karteikarten/Zettel auf einen Tisch und betrachte sie eine Weile. Bringe die Karten dann in eine Reihenfolge; ganz oben steht das Bedürfnis, das dir am allerwichtigsten ist – danach folgen die anderen Bedürfnisse mit abnehmender Wichtigkeit.

Schritt #5
Übertrage die obersten 5 Bedürfnisse in die Tab. 3:

Schritt #6
Wiederhole die Schritte 1 bis 5 für die Bedürfnisse der anderen beiden Lebensbereiche.

Schritt #7
Jetzt wird gebastelt! Kopiere zunächst den Ausschneidebogen (siehe Abb. 2) – am besten du vergrößerst ihn und nimmst extra festes Papier (160 g).

Schritt #8
Trage in jedes der 3 Dreiecke deine 5 wichtigsten Bedürfnisse aus Tab. 4 ein.

Schritt #9
Schneide dann die Figur (incl. der schraffierten Flächen) aus und bücke die drei äußeren Dreiecke an der Grundfläche nach außen und die schraffierten Flächen nach innen um.

Schritt #10
Versehe die schraffierten Flächen mit Klebstoff (am besten mit Klebestift) und verbinde

Tab. 3 Bedürfnisse in den Lebensbereichen. (Eigene Erstellung)

Immer	Beruf	Privat

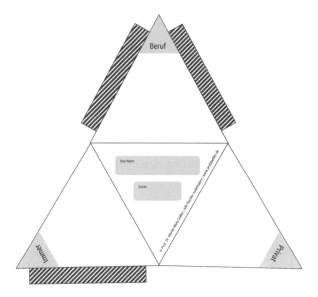

Abb. 2 Vorlage „Bedürfnispyramide". (Eigene Erstellung)

- das „Privat-Dreieck" mit dem „Beruf-Dreieck",
- das „Immer-Dreieck" mit dem „Beruf-Dreieck" sowie
- das „Privat-Dreieck" mit dem „Immer-Dreieck".

Schritt #11
Stelle deine Bedürfnis-Pyramide an einen Ort deiner Wahl, sodass du deine Bedürfnisse immer im Blick hast.

Schritt #12
Der letzte Schritt ist zugleich der schwierigste, nämlich jeden Tag aufs Neue dafür zu sorgen, dass deine Bedürfnisse erfüllt werden.

»Achte auf deine Bedürfnisse,
   das ist die wichtigste Prämisse.

§ 24 Lege dir ein Lebensmotto zu
Zum Abschluss dieses Abschnitts habe ich noch einen Tipp für all jene, die mit den vorhergegangenen Empfehlungen und Methoden nicht so viel anfangen können. Um mehr Orientierung im Leben zu erhalten und um zu wissen, was einen antreibt, kann es vielleicht schon ausreichend sein, sich ein Lebensmotto

Mein Lebensmotto

Abb. 3   Vorlage „Mein Lebensmotto". (Eigene Erstellung)

zuzulegen. Das muss nichts Philosophisches oder Hochgestochenes sein, einfach ein Leitsatz, der dich motiviert und von dem du zu 100 % überzeugt bist, wie etwa „ein Leben ohne Schokolade ist möglich. Aber sinnlos."

Wenn du dir schwer damit tust, dein Lebensmotto zu finden, dann versuche es doch mal mit diesem Gedankenexperiment: Angenommen, du dürftest eine riesige Anzeigentafel mit einem Text deiner Wahl an einem beliebigen Ort aufstellen – was stünde darauf? Trage dein Lebensmotto in Abb. 3 ein.

So wirst du offen für Neues

„Jede Veränderung ist eine Chance."
    „Veränderungen bieten die Gelegenheit zur Weiterentwicklung."
    „Ohne Veränderung kein Fortschritt."
    Kennst du solche und ähnliche Sprüche? Berater, Trainer, Coaches, Manager und Selbsthilfeautoren werden nicht müde, die positiven Seiten von Veränderungen zu betonen. Im Prinzip haben sie ja nicht unrecht. Doch was nützt dir das, wenn du erfährst, dass du ab nächstem Monat kein gemütliches Einzelbüro mehr hast, sondern nur noch einen Rollcontainer dein Eigen nennst und du dir jeden Tag einen neuen Schreibtisch im Großraumbüro suchen musst? Wenn du Pech hast, sitzt dir dann vielleicht sogar dein Erzfeind Manfred gegenüber. Selbst wenn dir nicht dein gehasster Kollege ins Gesicht starrt: Wie sollst du denn bei so viel Öffentlichkeit unbeobachtet deinen morgendlichen Wodka zu dir nehmen? Nur zu verständlich, wenn du dich auf die Einführung des „New-Work-Konzepts" genauso sehr freust wie auf eine Darmspiegelung. Da helfen dir die flotten Parolen der Veränderungsgurus genauso viel wie ein Stadtplan von Paris in London.

Nicht nur dir geht es so, sondern ganz vielen Menschen, die von betrieblichen Veränderungen betroffen sind. Ob das jetzt die Umstellung auf eine „Open-Office-Landschaft", die Implementierung einer völlig neuen Software, der Zusammenschluss mit einer anderen Abteilung oder die Umstellung auf „Agile Leadership" ist – Veränderungsanlässe gibt es mehr als Armbänder an Wolfgang Petrys Arm. In unseren Firmen, Behörden und Kanzleien wird restrukturiert und reorganisiert, als ob wirtschaftlicher Erfolg daran gemessen würde, wie häufig man es innerhalb eines Jahres schafft, die Kästchen im Organigramm zu verschieben.

Mitunter drängt sich dem unbeteiligten Beobachter der Eindruck auf, dass manche Betriebe mehr mit sich selbst und ihrer Selbstoptimierung, als mit ihrer eigentlichen Aufgabe – dem Erfüllen von Kundenwünschen – beschäftigt sind. Ist das jetzt ökonomischer Inzest oder das unternehmerische Locked-In-Syndrom? Wir wissen es nicht. Wohl aber wissen wir, dass immer mehr Mitarbeitende dieses Tempo nicht mehr mithalten können. Der eklatante Anstieg an berufsbedingten psychischen Erkrankungen in den letzten Jahren ist dabei nur die Spitze des Eisbergs. Es sind nämlich nicht nur die Fälle, die von den Statistiken der Krankenkassen erfasst werden, sondern vor allem jene, die sich in die innere Emigration zurückgezogen haben. Jene, die sich zutiefst frustriert jeden Morgen zur Arbeit schleppen und nur hoffen, dass in ihrem E-Mail-Postfach nicht schon wieder eine Nachricht lauert, die ein neuerliches Change-Programm verkündet.

Veränderung hat – zumindest in unserem Kulturkreis – keinen guten Ruf. Bestseller wie „Change mich am Arsch" (Koch, 2018) und „Ich bleib' so scheiße wie ich bin" (Niazi-Shahabi, 2013) bedienen das Bedürfnis vieler Berufstätiger, einfach in Ruhe gelassen zu werden und ihre Arbeit wie gewohnt zu erledigen. Das ist in vielen Fällen auch gut nachvollziehbar, haben wir doch schon so viele undurchdachte, mitunter unsinnige, Changeprojekte in Firmen und Ämtern gesehen. Da heißt es: Ab sofort gehen wir rechts herum, nur um 4 Monate später zu sagen: So, jetzt marschieren wir nach links. Ein ½ Jahr später kommt dann die profane Mitteilung, dass man zukünftig wieder geradeaus laufen wird. Kein Wunder, dass die Belegschaft nur noch gequält lächelt, wenn die Geschäftsführung bzw. Amtsleitung mal wieder eine Reorganisation verkündet. Wer da nicht ins Hyperventilieren kommt, muss ein Gemüt wie ein tibetischer Bettelmönch haben.

Doch seien wir realistisch: Wer in den 2020ern-Jahren denkt, man könne noch im gleichen gemütlichen Tempo arbeiten wie im letzten Jahrtausend, der glaubt wahrscheinlich auch noch an die Zahnfee. Ja, die Zeiten haben sich geändert. Darüber habe ich bereits in der Einleitung geschrieben. Kurz zur Erinnerung: In der Summe führen die in den letzten Jahrzehnten erzielten rasanten Fortschritte in der Elektronik, Computer- und Kommunikationstechnik, Robotik und Genetik dazu, dass nahezu jeder Bereich unseres Lebens – ob privater Alltag, Arbeit, Freizeit und Kultur – heute völlig anders aussieht und anderen Regeln gehorcht als früher. Als Kind konnte mir meine Mutter nicht damit drohen, das WLAN abzustellen, wenn ich mal wieder die Hausaufgaben nicht machen wollte. Für meine Kinder hingegen war das schon ein probates Erziehungsinstrument.

Es ist ja beileibe nicht alles schlechter geworden. Wenn wir unsere alte Wildleder-Eckcouch verkaufen wollen, müssen wir nicht mehr eine Kleinanzeige im örtlichen Wochenblättchen schalten, sondern laden ein paar Bilder in eBay hoch und zahlen einen Bruchteil der Gebühren dafür. Das Telefonat mit unserer Tochter, die zum Auslandssemester in Auckland weilt, kostet uns keinen Cent und zudem sehen wir uns über Skype noch live. Nachrichten rufen wir zu jeder beliebigen Zeit kostenlos auf unserem Smartphone ab, statt auf das morgendliche Erscheinen der Zeitung zu warten. Klar, all das hat auch seine Schattenseiten und befeuert die 24-7-Mentalität, aber es lässt sich nicht leugnen, dass vieles in unserem Alltag leichter, einfacher und günstiger geworden ist.

Was ich sagen will: Es hat sich viel verändert in letzter Zeit, wobei längst nicht alles negativ zu bewerten ist. Gleichwohl tun sich viele von uns schwer damit, mit Änderungen umzugehen, insb., wenn sie den Job betreffen. Während einige den Wandel freudig begrüßen und darin tatsächlich Chancen erkennen, verzweifeln andere an den permanenten Neuerungen bei ihrem Arbeitgeber.

Die Psychologie unterscheidet Menschen u. a. danach, welche Bedeutung sie dem Zufall beimessen, also, ob sie glauben, in ihrem Leben passieren Dinge einfach zufällig oder alles folgt einem (verborgenen) Plan. Zufallsgläubige werden als „Schafe" und Schicksalsgläubige als „Böcke" bezeichnet. Diese wenig schmeichelhaften Begriffe gehen auf die Bibel zurück, wonach der Evangelist Matthäus prophezeite, Christus werde am Jüngsten Tag die Gläubigen von den Ungläubigen scheiden, „wie ein Schäfer die Schafe von den Böcken trennt". Selten sind wir jedoch in Reinform Schaf oder Bock, sondern bewegen uns zwischen diesen Polen (vgl. Klein, 2004, S. 214 ff.). Jedenfalls hat unser Umgang mit Veränderungen viel damit zu tun, ob wir (überwiegend) Schaf oder Bock sind – als jemand, der davon überzeugt ist, alles sei vorherbestimmt, fügt man sich leichter seinem Schicksal.

Ich möchte noch eine weitere Unterscheidung einführen, nämlich nach dem Ausmaß, indem wir Veränderungen brauchen, um glücklich zu sein. Aus meiner Sicht gibt es grundsätzlich 2 unterschiedliche Veränderungstypen. Ich bezeichne sie als „A-Typen" und „R-Typen": Die „A-Typen" lieben Abenteuer und Abwechslung, während die „R-Typen" Routinen sowie Regeln bevorzugen und dementsprechend eine große Scheu vor Veränderungen haben. Ein typischer Vertreter des „A-Typs" ist Ernie aus der Sesamstraße – ein Spring-ins-Feld, ein unternehmungslustiger, verspielter, weltoffener Charakter. Vermutlich kannst du dir schon denken, wen ich für den „R-Typen" ausgewählt habe: Bert, der ewige Zauderer, der Penible, der sehr auf Ordnung und Anstand bedachte.

Im traditionellen Modell des „Zugs der Veränderungstypen" sitzen ausgesprochene „Ernies" direkt hinter der Lokomotive, wohingegen waschechte „Berts" im letzten Zugabteil Platz nehmen (siehe Abb. 4).

Warum reagieren die Berts so abweisend? Weil Veränderungen für sie immer eine Gefahr bedeuten. Menschen dieses Typs schauen zunächst vor allem auf das, was schlecht oder potenziell gefährlich ist. Dies ist evolutionsbiologisch auch durchaus begründet, war es doch früher ein Überlebensvorteil, Veränderungen kritisch gegenüberzustehen und sich mit möglichen Bedrohungen zu beschäftigen. So konnte man sich vorbereiten und war gegebenenfalls schnell handlungsfähig. Eigentlich ist das „Bert-Verhalten" sogar die Werkseinstellung von uns Menschen, wie Stefan Klein (2004, S. 26 f.) erklärt:

> Ohnehin beschäftigen uns Risiken mehr als Chancen. Die Evolution hat Angst als Signal hervorgebracht, um uns vor Gefahren zu schützen; wenn wir gleich viel Anlass zu Furcht und Hoffnung haben, überwiegt daher immer das negative Gefühl.

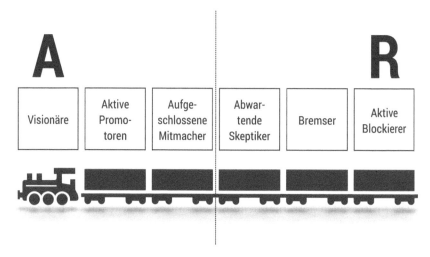

Abb. 4 Zug der Veränderungstypen. (Eigene Erstellung)

Hinzu kommt ein weiterer – tief in unserer Biologie verwurzelter – Aspekt: Unser Gehirn ist darauf programmiert, Energie zu sparen. Unser Denkorgan ist sozusagen der Tesla unter allen Körperteilen. Warum sparen Routinen Energie? Wenn wir etwas Gewohntes tun, etwas, was kein aufwendiges Nachdenken erfordert und wofür keine Entscheidung zu treffen sind, dann werden unsere Ressourcen geschont. Hingegen ist es energiezehrend, eine Veränderung vorzunehmen und Neues zu wagen. Das ist anstrengend und deshalb wollen wir solche Situationen möglichst vermeiden. Berts haben also gute Gründe, nicht jeder Veränderung genauso erwartungsfroh entgegenzusehen wie einem 4wöchigen All-inclusive-Karibikurlaub. Allerdings leben wir nicht mehr im Neolithikum!

Bedenklich wird es dann, wenn Veränderungen reale Ängste auslösen und das Wohlbefinden (massiv) beeinträchtigen. Wenn die angekündigte Einführung des papierlosen Büros zu Schlafstörungen, Verdauungsbeschwerden, Herzrasen und chronisch schlechter Stimmung führt, dann heißt es: handeln! Dann ist es dringend angeraten, ernsthaft etwas gegen diese Veränderungsphobie zu unternehmen. Genau darum soll es im Folgenden gehen. Ich will dir helfen, leichter mit Veränderungen klarzukommen, ohne dabei die eingangs erwähnte Tschakka-Rhetorik zu bemühen und mich in Allgemeinplätzen zu ergehen. Konkret werde ich

a) dich einladen, den Ernie-Bert-Test zu machen, mit dem du herausfindest, welcher Veränderungstyp du bist und
b) dir einige Tipps geben, mit denen du deine Veränderungsfähigkeit trainieren kannst.

§ 25 Mache den Ernie-Bert-Test
Bitte kreuze die Aussage an, die am ehesten auf dich zutrifft und addiere am Schluss, wie oft du „E" und „B" angekreuzt hast.

1. Im Urlaub fahre ich …
   (B) seit 23 Jahren in die gleiche Pension am Gardasee und bin stinksauer, wenn ich da nicht das gleiche Zimmer bekomme wie immer.
   (E) jedes Jahr woanders hin – am liebst trampe ich mit dem Rucksack durch das Innere Afrikas.
2. Beim Einkaufen …
   (E) probiere ich gern mal neue Lebensmittel aus, die ich vorher noch nie gekauft habe.
   (B) landen nur die Artikel in meinem Wagen, die ich kenne und die ich brauche.

3. Das Mittagessen in der Kantine ...
  - (B) nehme ich immer um exakt die gleiche Uhrzeit ein und sitze stets an meinem Stammplatz. Wehe, es gibt freitags keinen Seelachs mit Kartoffelsalat!
  - (E) ist ein Highlight des Tages für mich, denn dann habe ich die Chance, neue KollegInnen kennenzulernen – ich suche mir dann immer einen Tisch, an dem noch ein Platz frei ist.
4. Auf dem Weg zur Arbeit ...
  - (E) probiere ich ab und zu mal eine andere Strecke aus – ich mag die Abwechslung und sehe dann vielleicht auch mal was Neues.
  - (B) mache ich keine Experimente und wähle stets die gleiche Strecke.
5. Wenn ich bei meinem Lieblingsitaliener bin, ...
  - (E) dann wähle ich jedes Mal ein anderes Gericht – bei „Da Silva" gibt es so viel Köstlichkeiten auf der Karte zu entdecken.
  - (B) bestelle ich mir immer Pizza „Quattro stagione" – die schmeckt so lecker, warum soll ich da das Risiko eingehen, mit einem anderen Gericht reinzufallen?
6. In der Tageszeitung (in meiner Nachrichten-App) ...
  - (B) lese ich natürlich nur Artikel über Themen, die mich interessieren.
  - (E) lese ich gern auch mal aus Neugierde etwas über Themen, von denen ich bislang noch nichts wusste.
7. Auf einer Party ...
  - (B) versuche ich, Kontakt mit möglichst vielen neuen Leuten zu bekommen und mehr von ihnen zu erfahren.
  - (E) suche ich die Nähe von Menschen, die ich kenne und bleibe dann auch den ganzen Abend bei ihnen.
8. Ein Ausflug ins Grüne ...
  - (B) gibt es bei mir nicht. Wenn ich einen Ausflug mache, dann lege ich vorher genau die Route fest und reserviere einen Tisch im Lokal.
  - (E) bedeutet für mich, dass ich mich treiben lasse und dort verweile, wo es mir gerade gefällt.
9. Wenn mir meine Chefin anbietet, bei einem Projekt die Leitung zu übernehmen, dann ...
  - (E) fühle ich mich nicht nur geehrt, sondern sage sofort zu – wer weiß, was für spannende Aufgaben da auf mich warten?
  - (B) lehne ich dankend ab – da sind so viele Ungewissheiten mit verbunden, das ist nichts für mich.
10. Der Abteilungsleiter erwähnt in der Teambesprechung, dass er für 3 Monate eine Aushilfe für unsere Niederlassung in Frankreich sucht ...
  - (B) Ich schaue auf den Boden und bete, dass er mich nicht direkt anspricht.
  - (E) Ich bin der erste, der sich meldet.

Wahrnehmung		**Werte**		**Wissen**		**Weltbild**
(realistische Erfassung der Situation)	+	(materielle + immaterielle Ressourcen)	+	(verstehen, wie Veränderungen wirken)	+	(Selbstverständnis, Selbstwertgefühl, grds. Einstellung)

Abb. 5   Das 4W-Modell. (Eigene Erstellung)

Die Testauswertung ist denkbar einfach: Je mehr (B) du angekreuzt hast, desto eher werden dir die folgenden Tipps helfen, die Angst vor Veränderungen abzulegen. Solltest du weniger als 3mal (B) gewählt haben, dann überspringe diesen Abschnitt – du brauchst ihn definitiv nicht zu lesen.

§ 26 Verstehe, was den Umgang mit Veränderungen beeinflusst

Wie wir mit Veränderungen umgehen, hängt von 4 Faktoren ab – ich habe sie in meinem 4W-Modell zusammengefasst (siehe Abb. 5).

Wahrnehmung

Menschen nehmen ihre Umwelt nie objektiv war. Dazu gibt es unzählige Studien. Ich möchte nur eine herausgreifen. In einem Experiment sollten sich die Teilnehmenden entweder an eine Zeit erinnern, in der sie sich einsam bzw. ausgegrenzt fühlten oder in der sie sich als Teil der Gemeinschaft empfanden. Anschließend sollten sie die Raumtemperatur im Labor schätzen. Wenig überraschend vermuteten die Ausgegrenzten die Temperatur niedriger als jene, die an die positive Lebensphase gedacht hatten (vgl. Zhong & Leonardelli, 2008).

Unsere Empfindungen/Gedanken haben also viel mit unserer Wahrnehmung zu tun. In Veränderungssituationen befinden wir uns in einem emotionalen Ausnahmezustand und nehmen daher die Veränderung zunächst stark verzerrt wahr. Wir sehen v. a. das potenziell Bedrohliche. Man ist in dem Moment, in dem man von einer Veränderung erfährt, also kaum fähig, rational zu urteilen. Egal wie kultiviert man sonst auch ist: Wir schalten in den „Überlebensmodus" und empfinden einen Kontrollverlust.

Wir nehmen die Umwelt nicht mehr so wahr, wie sie wirklich ist, sondern erkennen nur die (negativen) Informationen, die unsere Meinung bestätigen. Man spricht dann vom „Bestätigungsirrtum" („confirmation bias"). Unser Gehirn ist in dieser Hinsicht etwas zurückgeblieben. Es kann nicht unterscheiden, ob es sich nur um eine (fiktive) Vorstellung oder eine (reale) Wahrnehmung handelt. In dem Maße, in dem es uns jedoch gelingt, unsere Großhirnrinde zu aktivieren und die Lage sachlich zu beurteilen, verliert vieles von dem angeblich so Gefährlichen seinen Schrecken.

Werte

Mit „Werte" sind materielle und immaterielle Ressourcen gemeint. Letztere Kategorie umfasst unser Know-how, insb. die im Berufsleben gefragten Kompetenzen. Offensichtlich ist, dass die Chancen am Arbeitsmarkt umso höher liegen, je umfassender die eigenen Fertigkeiten sind. Nichts schützt vor Arbeitslosigkeit so sehr, wie berufsrelevantes Wissen. Und: Je besser man qualifiziert ist, desto leichter tut man sich auch damit, Neues zu erlernen bzw. den Kontext zu verstehen, was wiederum den Umgang mit Veränderungen erleichtert.

Die erste Kategorie – die materiellen Werte – werden oft beschämt weggelassen, wenn es um das Thema Veränderungskompetenz geht. Gerade so, als müsste man ein Mäntelchen des Schweigens darum hüllen. Was für ein Quatsch! Es mag vielleicht stimmen, dass Geld nicht glücklich macht, aber ein prall gefülltes Nummernkonto in der Schweiz lässt einen nahezu jede Veränderung recht gelassen sehen. George Bonanno (2014, o. S.), US-amerikanischer Psychologe an der Columbia University meint dazu:

Haben wir gute Freunde? Menschen, auf die wir uns verlassen können? Die uns in schlimmen Momenten zuhören und uns zur Seite stehen? Haben wir einen Bekanntenkreis, der in Notfällen einspringt? Und sei es nur, um die Kinder von der Schule abzuholen. Diese und zahlreiche andere soziale Aspekte spielen eine Rolle, aber auch: Haben wir die nötigen finanziellen Mittel? Oder die angelernten Fähigkeiten, die es in bestimmten Krisen braucht? Und wie sehen unsere demografischen Hintergründe aus? Erschwert unser Alter die Situation – oder erleichtert es sie? Auf das alles kommt es an, wenn es um Krisenbewältigung geht.

Wissen

Mit „Wissen" ist in diesem Zusammenhang gemeint, wie viel man über Veränderungen weiß bzw. wie reflektiert man ist. Wer in seinem Leben schon viele Veränderungen erlebt hat, wer aus diesen Erfahrungen gelernt hat und wer etwas kritische Distanz zu sich hat, der wird feststellen: Den Großteil der Situationen hat man in der Rückschau doch recht gut gemeistert. Und man wird zugeben müssen: Vieles (nicht alles), was zunächst den Stempel „schlecht" aufgedrückt bekam, stellte sich nach einiger Zeit sogar positiv dar.

Weltbild

Ob wir eine Veränderung eher als positiv oder als negativ beurteilen, hat viel mit unserem Weltbild zu tun. Eigentlich sollte ich eher von „Selbstbild" sprechen, aber dann hätte der Begriff nicht mit „W" angefangen. Wie auch immer: So wie wir uns betrachten, so blicken wir ja in aller Regel auch auf die Welt. Entscheidend ist die Erkenntnis, dass die Art und Weise, wie man sich sieht, maßgeblichen Einfluss darauf hat, wie man Veränderungen gegenüber eingestellt ist. In der Psychologie (vgl. Dweck, 2016) unterscheidet man grundsätzlich zwischen 2 Extremausprägungen:

- Menschen mit einem statischen Selbstbild glauben, dass ihre Eigenschaften unveränderlich sind.
- Menschen mit einem dynamischen Selbstbild glauben, dass ihre Eigenschaften entwickelbar sind.

> Ob du denkst, du kannst es, oder du kannst es nicht: Du wirst auf jeden Fall recht behalten.
> Henry Ford (1863–1947) US-amerikanischer Unternehmer

Unser Welt-/Selbstbild wiederum hängt von vielen Faktoren ab (siehe Abb. 6), die wir nur bedingt ändern können. Schließlich können wir weder unsere Gene austauschen, noch Erlebnisse, die wir hatten, ungeschehen machen. Gleichwohl können wir (in bestimmten Grenzen) unsere Einstellung zu uns selbst in die Richtung ändern, die wir uns wünschen. Einige Ansatzpunkte dafür habe ich im vorangegangenen Kapitel beschrieben.

Nach dieser eher etwas theoretischen Einführung möchte ich dir nun einige konkrete Impulse zum Umgang mit Veränderungen liefern – ich werde dabei immer wieder auf das 4W-Modell zurückkommen.

Gene

...

Erziehung

Tagesverfassung

Soziales Umfeld
(erweiterte Familie, Freunde,
Nachbarn ...)

Referenzerlebnisse
(und wie sie verarbeitet wurden)

Vorbilder
(Lehrer, Ausbilder, Peer Group,
Mentoren, ...)

Eigene Erfolge

Abb. 6   Einflussfaktoren auf das Welt-/Selbstbild. (Eigene Erstellung)

§ 27 Führe dir die generellen Nach- und Vorteile von Veränderungen vor Augen

Spätestens seit Charles Darwin wissen wir: Es ist nicht die stärkste Spezies, die überlebt; auch nicht die intelligenteste, sondern diejenige, die am ehesten bereit ist, sich zu verändern. So sind Menschen grundsätzlich offen für Veränderungen. Wären wir das nicht, würde es uns nicht in dieser Form geben und wir säßen wohl noch immer in Höhlen. Das trifft auch für jeden Einzelnen zu: Hätten wir nicht laufen gelernt, würden wir heute immer noch auf dem Boden krabbeln.

Veränderungen sind grundsätzlich weder gut noch schlecht – es kommt maßgeblich auf die Perspektive an, die man einnimmt. So ist es hilfreich, sich mal allgemein vor Augen zu führen, welche Nach- und Vorteile Veränderungen haben.

Nachteile von Veränderungen

- Veränderungen gefährden unsere Ordnung
- Veränderungen bedrohen unsere Komfortzone
- Veränderungen nagen an unserem Selbstbild
- Veränderungen kosten Energie

Vorteile von Veränderungen

- Wir können uns nicht nicht verändern (oder: Wirst du nicht älter? Wohnst du mit 52 noch bei Mutti? Liest du immer noch die Bravo?)

- Es geht uns (dank Veränderungen) heute viel besser als jemals zuvor
- Veränderungen fördern das Wohlbefinden
- Veränderungen bieten eine Wachstumschance
- Veränderungen sichern das Überleben
- Veränderungen fördern die Kreativität
- Veränderungen steigern das Selbstwertgefühl
- Veränderungen helfen, sich selbst besser kennenzulernen
- Veränderungen helfen, andere besser kennenzulernen
- Veränderungen helfen, verständnisvoller zu werden
- Veränderungen helfen, (Zukunfts-)Vertrauen zu entwickeln
- Veränderungen abzulehnen ist wie gegen das Wetter zu protestieren
- Veränderungen sind spannend
- Veränderungsoffenheit erhöht die Chancen auf dem Arbeitsmarkt 4.0

Ich hoffe, dass dir diese Übersicht hilft, Veränderungen künftig etwas neutraler zu sehen und zu erkennen, dass sie trotz unbestrittener Nachteile auch einige positive Aspekte aufweisen.

§ 28 Erinnere dich an Situationen, die du früher erfolgreich bewältigt hast
Die meisten Menschen sind wahre Helden. So viele von uns haben in ihrem Leben schon so viele Situationen bravourös gemeistert und sind gestählt aus Krisen hervorgegangen. Wir sind deutlich widerstandsfähiger (resilienter), als wir glauben. Doch gerade in Veränderungssituationen erinnern wir uns nicht mehr daran. Wir haben eine völlig verzerrte (Selbst-)Wahrnehmung (siehe oben) und erleben uns als schwach oder gar handlungsunfähig. Hier hilft es, sich ganz bewusst vor Augen zu führen, was man in seinem Leben schon alles bewältigt hat. Das stärkt das Vertrauen in sich und die Zukunft:

- An welche (Lebens-)Krisen kannst du dich erinnern?
- Welche „Strategien" haben sich damals als erfolgreich erwiesen?
- Wenn dir spontan keine Veränderungssituationen einfallen, dann mache mal eine Zeitreise: Gehe an deinen Kleiderschrank und suche das älteste Teil heraus, das du finden kannst. Vielleicht einen 15 Jahre alten Pullover, den du schon an der Uni getragen hast. Versetze dich in die Zeit zurück, als du dieses Teil gekauft oder geschenkt bekommen hast. Vergleiche dich damals mit heute: Was an deinem Umfeld, deinem Job und an deiner Persönlichkeit hat sich geändert?

§ 29 Nutze die Sherlock-Checkliste

Wenn wir von (weitreichenden) Veränderungen erfahren, verhalten wir uns so oft wie das Kaninchen vor der Schlange: paralysiert, schockgefroren, angewurzelt. Wir können nicht mehr klar denken. Dann heißt es: Den Verstand wieder einzuschalten! Ist übrigens auch sonst im Leben oft eine gute Idee.

Mache es bei konkreten Veränderungsanlässen wie der berühmte Roman-Detektiv Sherlock Holmes und untersuche die Situation auf eine rational-systematische Art. Dabei kann dir meine Sherlock-Checkliste (siehe Tab. 4) helfen:

§ 30 Setze dir Annäherungsziele

Die meisten Menschen wissen in Veränderungssituation sehr genau, was sie nicht wollen. In der Psychologie spricht man von „Vermeidungszielen", wie

Tab. 4 Die Sherlock-Holmes-Checkliste. (Eigene Erstellung)

- Was genau weiß ich über die (angekündigte) Veränderung?
- Was vermute ich nur, weiß es aber nicht genau?
- Was weiß ich nicht? Wer könnte mir hierzu verlässliche Informationen geben?
- Was sind wohl die Hintergründe der Veränderung? Was wird damit angestrebt? Hilft mir ein Perspektivenwechsel, die Gründe besser nachvollziehen zu können?
- Was sagen (neutrale) Dritte zu der Veränderung?
- Was konkret soll sich für mich ändern?
- Welche Nachteile würden mir dadurch entstehen?
- Was genau ist es, wovor ich Angst habe bzw. befürchte? Sind diese Sorgen wirklich rational begründet?
- Kann es sein, dass meine (negative) Einstellung gegenüber der Veränderung vielleicht auf der Einschätzung meines Umfeldes beruht und ich mich von der Sichtweise anderer „anstecken" lasse?
- Was ist das Schlimmste, was mir passieren könnte?
- Hatte ich schon einmal in meinem Leben eine ähnliche Situation? Was habe ich damals getan, was mir geholfen hat?
- Welche Vorteile/Chancen könnten sich für mich daraus ergeben? Was kann ich tun, um diese Vorteile/Chancen bestmöglich zu nutzen?
- Was kann ich tun, um die Nachteile so gering wie möglich zu halten?
- Was würde wohl eintreten, wenn ich nichts unternehme?
- Welche Ressourcen, Kompetenzen, Stärken … stehen mir zur Verfügung, um die Veränderung (leichter) bewältigen zu können?
- Was würde meine beste Freundin/mein bester Freund an meiner Stelle tun? Kann ich sie/ihn dazu tatsächlich mal befragen?
- Was müsste ich lernen/ändern, um besser mit der Veränderung zurecht zu kommen?
- Wie kann ich das Erforderliche erlernen? Wer kann mich dabei unterstützen?
- Wer ist in einer ähnlichen Situation wie ich? Kann ich mich mit ihr/ihm einmal austauschen?

Tab. 5 Vermeidungs-und Annäherungsziele – Beispiele. (Eigene Erstellung)

Vermeidungsziele	Annäherungsziel
Ich will weniger Stress haben.	Ich möchte mehr Sport machen – ich werde jeden Montag- und Donnerstagmorgen Joggen gehen.
Ich möchte nicht in eine andere Abteilung wechseln.	Ich möchte im Marketing arbeiten und dort für die Kampagnen verantwortlich sein – ich werde mit dem zuständigen Abteilungsleiter sprechen, welche Qualifikationen ich dafür brauche.
Ich will meine Kundendienstberichte weiterhin auf Papier schreiben, statt sie in das iPad einzugeben.	Ich weiß, dass wir ab nächsten Monat unsere Kundendienstberichte ins iPad eingeben müssen – ich werde meinen Neffen bitten, mir am Wochenende mal Unterricht auf seinem iPad zu geben.

etwa „Ich möchte nicht in eine andere Abteilung wechseln" oder „Ich will meine Kundendienstberichte nicht in das iPad eingeben". Das Problem dabei ist, dass sich unser Gehirn sehr schwer damit tut, das Entfernen oder Vermeiden von etwas zu begreifen. Daher lautet der naheliegende Tipp: Fokussiere dich nicht auf das, wovon du weg möchtest, sondern auf das, wo du hinwillst.

Finde für Vermeidungsziele so genannte „Annäherungsziele". Stelle dir dazu die Frage: „Was soll anstelle dessen sein?" Auf diese Weise kommst du in ein positives Denkschema und wirst gezwungen, dich detailliert mit deinen tatsächlichen Zielen auseinandersetzen. Dabei solltest du so genau und konkret sein, wie es dir möglich ist, damit du deine Ziele auch wirklich erreichst. Ein paar Beispiele findest du in Tab. 5.

> **》Statt zu sagen: Das will ich aber nicht, such' dir ein Ziel, das dich anspricht.**

§ 31 Mache dir bewusst, dass Veränderungen viel mit deiner Identität zu tun haben
Du kennst es aus eigener Erfahrung: Du weißt selbst nur zu gut, dass dir mehr Sport guttäte, aber es will dir einfach nicht gelingen, regelmäßig ins Studio zu gehen. „Sport" ist dabei nur ein Stellvertreter – du kannst jede beliebige Tätigkeit oder Eigenschaft einsetzen, die du gern ändern würdest. Rational haben wir also wohl verstanden, was wir tun sollten, aber an der Umsetzung hapert es. James Clear (2020, S. 51) weiß, woran das liegt:

Eine echte Verhaltensänderung ist eine Änderung der Identität. Sie können eine Gewohnheit aus einer Motivation heraus anfangen, aber dauerhaft beibehalten werden Sie sie nur dann, wenn sie Teil Ihrer Identität wird. Jeder kann sich dazu aufraffen, ein- oder zweimal ins Fitnessstudio zu gehen oder etwas Gesundes zu essen, aber wenn man die Überzeugung, die hinter dem Verhalten steckt, nicht ändert, lassen sich langfristige Veränderungen nur sehr schwer durchhalten. Verbesserungen bleiben so lange vorübergehend, bis sie Teil Ihres Selbst werden. Das Ziel besteht nicht darin, ein Buch zu lesen, sondern Leser zu werden.

Was folgt aus dieser Erkenntnis? Was auch immer du anstrebst zu verändern: Prüfe, ob die hinter dem neuen Verhalten stehende Eigenschaft zu deiner Identität passt. Da solltest du dir nichts vormachen. Es wäre verlorene Zeit, würdest du etwas ändern wollen, was nicht zu deinem Selbstverständnis passt.

§ 32 Gebe der Zeit einfach eine faire Chance

Erinnerst du dich an deinen letzten Umzug? Waren die ersten Tage und Wochen in der neuen Wohnung nicht sehr ungewohnt? Bist du morgens aufgewacht und wusstest nicht, wo du bist? Ähnlich ist es bei Veränderungen; sie werden vorübergehend als belastend empfunden, langfristig ändern sie jedoch kaum etwas am Ausmaß unserer generellen Lebenszufriedenheit. Psychologen nennen das Habituation, womit gemeint ist, dass wir uns sehr viel schneller an neue Situationen gewöhnen, als uns bewusst ist. Und oft lachen wir sogar über unseren anfänglichen Sorgen.

> Tragödie + Zeit = Komödie
> Woody Allen (*1935) US-amerikanischer Filmregisseur

Manchmal stellen sich Veränderungen später sogar als Verbesserung heraus. Wir wissen nie, welche Rolle die Veränderung noch in unserem Leben spielen wird. Das, was wir zunächst als negativ bewerten, erweist sich nach einiger Zeit vielleicht als Vorteil.

> Ein Mensch schaut in der Zeit zurück und sieht, sein Unglück war sein Glück.
> Eugen Roth (1895–1976) Deutscher Lyriker

Lass' mich dir 3 Beispiele nennen, die zeigen, dass diese so salbungsvoll präsentierten theoretischen Erkenntnisse absolut von der Praxis bestätigt werden.

Beispiel 1: Ein Jahr nach Gründung wollten Larry Page und Sergey Brin ihre Firma für 1 Mio. US-$ verkaufen, aber dem Käufer war der Preis zu hoch, also behielten sie ihre Anteile. Stand 2021 ist Google mit 1,38 Billionen € eines der teuersten Unternehmen der Welt (für alle Schlaubi-Schlümpfe: Ja, ich weiß, dass der Mutterkonzern heute nicht mehr Google, sondern Alphabet heißt) und die beiden Gründer sind Multimilliardäre. Die anfängliche Enttäuschung („wir sind damit gescheitert, unseren Laden zu verhökern") hat sich im Nachhinein als gigantischer Glücksfall erwiesen.

Beispiel 2: Wie viele Menschen erleben es (zunächst) als leidvoll, wenn sich ihr/e PartnerIn von ihnen trennt. Liebes- und Scheidungskummer werden hinsichtlich des empfundenen Schmerzes nur noch von Beatrice Eglis Songs übertroffen. Doch was passiert in aller Regel nach ein paar Monaten, spätestens Jahren? Man findet einen neuen Schatz und ist glücklicher denn jemals zuvor. „Gott sei Dank hat der Drecksack Schluss gemacht, sonst hätte ich nie den Jan-Hendrick kennengelernt."

Beispiel 3: Bei der U-Bahn London wurde am 5. und 6. Februar 2014 gestreikt. Daraufhin waren die Pendler gezwungen, sich neue Wege zu suchen. Ein erheblicher Anteil behielt die neue Route auch nach dem Streik bei, weil sie gezwungenermaßen festgestellt haben, dass es ja noch schnellere/bessere Wege gibt, zur Arbeit zu gelangen (vgl. Larcom et al., 2017). Manchmal braucht es ein „unschönes" Ereignis, damit sich etwas zum Positiven ändert.

§ 33 Lege dir „Micro Habbits" zu

Um sich neue Gewohnheiten zuzulegen bzw. eine Veränderung in seinem Leben zu verwirklichen ist es nach Ansicht von James Clear (2020) gar nicht erforderlich – sogar eher hinderlich –, große Ziele anzuvisieren. In seinem Buch „Die 1 % Methode" erläutert und begründet er ausführlich seinen Ansatz. Im Kern geht es darum, jeden Tag nur eine minimale Änderung vorzunehmen und darauf aufbauend am nächsten Tag eine ebenso kleine Steigerung umzusetzen und so weiter. Auf diese Weise fällt es uns sehr viel leichter, ein neues Verhalten zu etablieren. Clear (2020, S. 204) liefert zahlreiche Beispiele, u. a. für das Ziel, mehr zu trainieren:

- „Phase 1: Trainingskleidung anziehen.
- Phase 2: Aus dem Haus gehen (z. B. einen Spaziergang machen).
- Phase 3: Zum Fitnessstudio fahren, fünf Minuten lang trainieren und wieder gehen.
- Phase 4: Mindestens einmal pro Woche 15 Minuten lang trainieren.
- Phase 5: 3mal pro Woche trainieren."

Ich halte diesen Ansatz für sehr vielversprechend und kann aus eigener Erfahrung bestätigen, dass er bestens funktioniert, und zwar unabhängig von dem, was man ändern möchte.

§ 34 Arbeite mit „Wenn-dann-Aussagen"

Du möchtest ein bestimmtes Verhalten ändern, doch irgendwie gelingt dir dies trotz bester Absichten nicht? Dann versuche es doch mal mit s. g. „Implementation Intentions" – der Begriff wurde von dem deutschen Psychologen Peter M. Gollwitzer (1999) geprägt und funktioniert ganz einfach: Du musst lediglich für bestimmte Auslösereize ein bestimmtes Verhalten definieren und das Ganze in einer Wenn-Dann-Aussage formulieren. Dazu ein Beispiel: „Wenn ich im Homeoffice bin und morgens meinen Rechner einschalte, dann nutze ich die Wartezeit, bis der Laptop hochgefahren ist, dafür, zu überlegen, was meine heutigen Tagesziele sind." Zahlreiche Studien haben den Nutzen solcher Formulierungen bei der Änderung eines Verhaltens nachgewiesen.

§ 35 Trainiere deine Veränderungsfähigkeit im Alltag

Ein begnadeter Tennisspieler sein, fließend Vietnamesisch sprechen, virtuos Geige spielen – all' das kann nur klappen, wenn man fleißig dafür übt. Nicht anders ist es mit der Veränderungsfähigkeit. Je häufiger wir Neues ausprobieren, alte Pfade verlassen und uns auf Unbekanntes Terrain vorwagen, desto offener werden wir als Mensch, desto mehr verlieren Veränderungen ihren Schrecken. Konkret bedeutet das, wir unsere Veränderungsfähigkeit im Alltag trainieren können, wenn wir hin und wieder etwas tun, was von unserer Routine abweicht. Dazu habe ich hier ein paar Tipps für dich zusammengestellt.

- Unternehme öfters mal etwas Neues, egal ob es sich um den Besuch einer Ausstellung, eines Konzerts, Festivals, einer Theateraufführung, eines Seminars, Vortrags, Workshops oder Kurses handelt.
- Mache einen Spaziergang durch einen dir unbekannten Stadtteil.
- Koche ein Gericht, das du noch nie zubereitet hast.
- Gehe in ein Restaurant zum Essen, das du noch nie besucht hast.
- Für JoggerInnen: Laufe deine Stammstrecke mal in der entgegengesetzten Richtung.
- Für emotionale Dampfwalzen: Probiere es mal mit Freundlichkeit.
- Durchbreche Routinen: Tausche z. B. deinen Essens-Stammplatz mit deinem Partner oder putze dir die Zähne mit der „falschen" Hand.

» Willst du dein Verändern trainieren,
solltest du öfters mal 'was Neues ausprobieren.

Viele weitere Anregungen kannst du meinem „Fit4Change-Kartenspiel" ent-
nehmen, das du dir hier herunterladen kannst: www.digitale.fitness

M: Medien- & Digitalkompetenz

Wenn du diese Kompetenz erlangst, dann …

- wirst du wissen, wie du effizient und effektiv von zu Hause, unterwegs und in einer New-Work-Umgebung arbeitest.
- kannst du die E-Mail-Flut eindämmen und dein E-Mail-Programm gut organisieren.
- schreibst du verständliche E-Mails und beantwortest sie professionell.
- leitest du als Moderator Online-Meetings souverän.
- nimmst du entspannt an Online-Meetings teil.
- kommunizierst du gekonnt im Chat.
- arbeitest du professionell in der Cloud.

So arbeitest du von zu Hause

Du bist nun, nachdem du Teil 2 gelesen hast, perfekt eingerichtet, verfügst über alle Utensilien, die du in einem funktionsfähigen Homeoffice benötigst und könntest theoretisch loslegen. Doch die wichtigsten Tipps fehlen dir noch! Denn: Um wirklich effektiv, effizient, erfolgreich und entspannt in der digitalen Arbeitswelt zu werden, ist mehr erforderlich als ein ergonomischer Drehstuhl und ein Hochleistungs-PC mit Glasfaseranschluss. Du solltest darüber hinaus auch einige wichtige Grundsätze sowie Regeln kennen, um souverän mit den neuen Technologien umzugehen und dich professionell in der Geschäftswelt des 21. Jahrhunderts zu bewegen. Et voilà …

© Der/die Autor(en), exklusiv lizenziert durch Springer Fachmedien Wiesbaden GmbH, ein Teil von Springer Nature 2022
M.-N. Däfler, *Fit für die digitale Arbeitswelt*, https://doi.org/10.1007/978-3-658-36580-6_10

§ 36 Beachte die gesetzlichen Arbeitszeiten

Es mag spießig sein, mit einer so strengen Empfehlung zu starten. Vielleicht ist der Hinweis auf das Befolgen von (starren) Arbeitszeitregelungen sogar anachronistisch, verschwimmen doch die Grenzen zwischen Job und Privatem zusehends. Ich bin mir voll der Tatsache bewusst, dass wir in unserer digitalisiert-globalisierten Arbeitswelt kaum mehr mit Arbeitszeitmodellen aus dem 19. Jahrhundert operieren können. Flexibilität ist erforderlich und meist auch im Interesse von Arbeitgeber und -nehmer. Doch nicht jeder kann Grenzen setzen und oft besteht die Gefahr, dass die Freiheit des Homeoffice schnell zum selbst gewählten Zeitgefängnis wird.

Der Gesetzgeber hat unmissverständlich klargestellt, dass für das Homeoffice dieselben arbeitsrechtlichen Rahmenbedingungen wie für das Arbeiten im Firmenbüro gelten. Die meisten Arbeitgeber sind sich dessen natürlich bewusst und haben die Arbeitsverträge um entsprechende Zusatzvereinbarungen ergänzt, in denen die Erreichbarkeit des Arbeitnehmers festgehalten ist. Das Eine ist jedoch, was vertraglich dokumentiert ist, und das Andere, wie die Realität aussieht!

Für das Arbeiten im Homeoffice gilt der § 5 des Arbeitszeitgesetzes. Und der legt fest, dass zwischen Feierabend und dem nächsten Arbeitstag eine Ruhezeit von mindestens 11 h einzuhalten ist. Seien wir ehrlich: Das wird nicht immer möglich sein. Und es ist ja auch absolut okay, wenn du mal weniger als 11 h Pause hast. Aber: Lass' das bitte nicht zur Regel werden!

Mit einem einfachen Trick kannst du sicherstellen, dass du deine Regelarbeitszeit einhältst: Wenn du morgens anfängst zu arbeiten, stelle den Countdowntimer deines Smartphones auf die Uhrzeit, zu der du deine vertraglich vereinbarte Sollzeit erreicht haben wirst und drücke auf Start. 8, 9 oder 10 h später (je nachdem, wie lange du Pausen gemacht hast) erinnert dich dann ein aufdringliches Piepen daran, dass du nun mit bestem Gewissen den Laptop zuklappen kannst.

§ 37 Halte dich im Homeoffice an eine (selbst gewählte) Struktur

Ich arbeite seit über 25 Jahren im Homeoffice, nimmt man die Studien- und Promotionszeit hinzu, sind es sogar mehr als 30 Jahre. So spreche ich aus eigener Erfahrung, wenn ich dir zurufe: Lege dir Routinen zu, strukturiere deinen (Arbeits-)Tag und halte dich dann daran. Trotz aller Freiheiten, die du vielleicht bei der Zeiteinteilung haben magst, rate ich dir dazu, einen relativ gleichmäßigen Tagesablauf beizubehalten. Klar, es gibt Menschen, die von Natur aus höchst diszipliniert sind und sich von rein gar nichts irritieren lassen. Wie auf Autopilot sitzen die vor ihren Monitoren und verrichten ihr

Tagwerk. Herzlichen Glückwunsch, wenn du zu dieser Spezies zählst. Die große Mehrheit gehört jedoch meinen Beobachtungen nach einer anderen Kategorie an – jener, die sich nur zu gern und bereitwillig von der eigentlichen Arbeit ablenken lässt. Da werden die Fenster wöchentlich geputzt und sogar die Taschentücher gebügelt, nur um nicht den Laptop aufklappen zu müssen. All jenen können geregelte Arbeitszeiten helfen.

» Gib deinem Arbeitstag 'ne feste Struktur, dann musst du nicht zur Burn-out-Kur.

> Versuche also, deine gewohnten Aufstehzeiten beizubehalten. Da die Anreise zum Büro ja entfällt, wirst du früher als üblich beginnen können. Nutze den Zeitgewinn aber nicht dazu, mehr deiner „normalen" Arbeit zu erledigen, sondern investiere die gewonnenen Minuten in deine Weiterbildung. Lese Fachartikel, absolviere Onlinekurse oder schaue dir TED-Talks an. www.ted.com

Natürlich kannst du die zusätzliche Zeit auch zur körperlichen Ertüchtigung verwenden und damit in deine Gesundheit investieren – gehe Joggen, drehe eine Runde mit dem Rad, meditiere ein wenig, praktiziere Yoga ...

§ 38 Trage Kleidung, in der du dich wohlfühlst
Oft wird dazu geraten, auch im Homeoffice die übliche Berufskleidung zu tragen. Hmm, ich bin mir da nicht sicher. Ich denke, dass man das nicht so pauschal behaupten kann. Vielleicht fühlst du dich in deinem Lieblings-Sweater und in Jogginghosen wohler als mit Hemd bzw. Bluse? Der einfachste Weg herauszufinden, welche Kleidung deiner Produktivität und deinem Wohlgefühl zuträglicher ist, ist, es einfach mal auszuprobieren: Ziehe dir eine Woche lang legere Freizeitklamotten an und eine andere dein normales Business-Outfit. Nach diesen 2 Wochen hast du herausgefunden, welcher Kleidungsstil besser zu dir passt. Ich handhabe das übrigens ganz flexibel: Ich wechsle zwischen bequemer Freizeitkleidung und (gehobener) Geschäftsgarderobe – gerade so, wonach mir an diesem Tag zumute ist.

§ 39 Mache ausreichend Pausen
Unmittelbar im Zusammenhang mit einem strukturierten Tagesablauf steht die Empfehlung, ausreichend Pausen einzulegen. Wobei: Auch hier müssen

wir wieder differenzieren zwischen 2 grundlegend verschiedenen Typen: solchen, die eher zu viele Pausen machen, weil sie sich zu leicht ablenken lassen und solchen, die wie in einem Tunnel sind und so in der Arbeit versinken, dass sie gar nicht merken, wie die Zeit verrinnt. Für Letztere ist dieser Rat gedacht.

Weit verbreitet ist der Mythos, dass Pausen nur etwas für Schwächlinge seien – „Lunch is for losers!" Doch das Gegenteil ist der Fall. Pausen helfen uns zu regenerieren, um anschließend wieder effektiv und fokussiert weiter arbeiten zu können. Grundsätzlich solltest du etwa alle 1 ½ bis 2 h eine mindestens 10minütige Pause einlegen. Verbringe diese nicht an deinem Arbeitsplatz. Am besten ist es, wenn du dich in dieser Zeit bewegst – gehe auf den Balkon oder die Terrasse, schnappe frische Luft und mache dabei einige Lockerungsübungen.

» Mach' alle zwei Stund' 'ne Pause, vor allem, wenn du bist Zuhause.

Versuche bitte – auch wenn die Verlockung groß ist –, nicht dein Handy zu nutzen. Du verbringst ohnedies schon so viel Zeit am Bildschirm, dann solltest du das nicht auch noch in den Pausen tun.

§ 40 Beseitige potenzielle Störquellen

Wie du schon gelesen hast, lauern Zuhause eine Menge Ablenkungen. Und viele Menschen geben ihnen bereitwillig nach. Du solltest also konsequent solche möglichen Störquellen eliminieren. Kette deine Kinder an die Heizung, gib deinen Haustieren Schlafmittel, schicke deinen Partner zu den Schwiegereltern, kündige dein Netflixabo und lösche alle Social-Media-Accounts von deinem Handy – das wären eigentlich die Maßnahmen, die wirklich helfen würden. Aber so was darf man ja nicht empfehlen. Und schwierig umzusetzen wäre es obendrein. Begnügen wir uns also mit Lösungen, die sozial verträglicher und etwas leichter zu verwirklichen sind:

- Plane deinen Tag: Erstelle am Vorabend oder direkt als erstes zu Beginn des Arbeitstages eine Liste der Aufgaben, die du erledigen möchtest/musst. Aber pass' auf: Sei realistisch – kaum etwas ist frustrierender, als abends festzustellen, dass von den 17 geplanten To-Dos nur 6 erledigt wurden, dafür aber 14 neue dazugekommen sind.

- Vereinbare jeden Tag mit deinen KollegInnen einen (kurzen) Video-/ Telefontermin zum gegenseitigen Austausch. Da muss wirklich nicht lange sein und sollte primär dem Zweck dienen, sich über die jeweiligen Arbeitsfortschritte zu informieren. Dies stellt einen Anreiz dar, seine To-Dos auch diszipliniert anzugehen.
- Dokumentiere deine Arbeitszeiten, d. h.: Führe einen Stundenzettel. Das wirkt oftmals Wunder, wenn du in einer Kladde oder in Excel festhältst, was du wann gemacht hast. Durch den (selbst auferlegten) Zwang, relativ genau aufzuschreiben, womit du den Tag gefüllt hast, wird dir wahrscheinlich erst mal so richtig bewusst, wie viel Zeit du mit Nebensächlichem oder Privatem ver(sch)wendet hast.
- Vielleicht hilft es dir auch, an den Orten, an denen du üblicherweise verlockt wirst, mit Post-Its zu markieren. Klebe einen neongelben Notizzettel an die Türe des Schranks, in dem du deine Putzsachen aufbewahrst und beschrifte ihn mit „Sche*ß' auf's Fenster putzen! Was draußen abgeht, kann ich googlen".

§ 41 Stelle die Raumtemperatur richtig ein und lüfte regelmäßig

Während im Firmen(großraum)büro die Temperatur und Lüftung oft nicht von dir zu regulieren sind oder ein Kleinkrieg mit den KollegInnen auszutragen ist, bis man seine Vorstellungen durchgesetzt hat, besitzt du in deinem Homeoffice alle Freiheiten. Nutze sie und mache es dir so bequem wie möglich! Ich halte wenig von dem viel zu pauschalen Ratschlag, die Temperatur zwischen 19 °C und 21 °C einzustellen. Sicherlich mag dies für die meisten Menschen eine angenehme Temperatur sein, aber es gibt auch eher verfrorene Menschen oder solche, die so viel Hitze in sich haben, dass es ihnen nicht kalt genug sein kann. Also vergiss alle generellen Temperaturempfehlungen und stelle die Heizung so ein, wie du es gernhast.

Was sich jedoch tatsächlich verallgemeinernd empfehlen lässt, ist, regelmäßig zu lüften. Wenn du nicht gerade direkt an der A2 lebst und fürchten musst, durch das Öffnen des Fensters eine Schwefeldioxidvergiftung zu bekommen, solltest du dir angewöhnen, während deiner Pausen das Fenster zu kippen oder in der warmen Jahreszeit gänzlich zu öffnen. Der einströmende Sauerstoff wird deinem Gehirn zu ungeahnten Höhenflügen verhelfen!

§ 42 Bewege dich (noch öfters als sonst)

Bei der Kompetenz „S" wirst du lesen, dass es eine gute Idee ist, sich öfters zu bewegen, wenn man Stress reduzieren will. Dass ausreichend Bewegung einem langen und gesunden Leben durchaus zuträglich ist, hat sich wohl inzwischen herumgesprochen. Bundesligaspiele auf Sky zu klotzen ist übrigens kein Sport. Ich will hier nicht die leidlich bekannten Argumente für mehr körperliche Ertüchtigung aufzählen und mich auch nicht mit den medizinisch-biologischen Hintergründen aufhalten, sondern dir nur (nochmals) vor Augen führen, dass es gerade bei einer überwiegenden Tätigkeit im Homeoffice mehr als sinnvoll ist, sich viel – möglichst im Freien – zu bewegen.

Durch das lange Sitzen, den eingeschränkten persönlichen Kontakt zu KollegInnen und KundInnen sowie die vermehrte Arbeit am Monitor leiden Physis und Psyche mehr als sonst. Dem wirkt Bewegung entgegen, und zwar egal welcher Art. Ob das tatsächlich Sport, Spazieren, Gartenarbeit oder Gummistiefelweitwurf (gibt es wirklich als Wettbewerb) ist – dem Körper ist alles recht. Also, raff' dich auf und schieb' deine faulen Knochen in die Natur.

§ 43 Ernähre dich gesund

Der Kühlschrank ist prall gefüllt mit zuckerhaltigen Joghurts, Salami Hausmacher Art und Softdrinks jeglicher Geschmacksrichtung. Die Süßigkeitenschublade quillt über mit den leckersten Riegeln und den feinsten Schokoladen. Tja, Zuhause ist es doch am Schönsten, vor allem, wenn der Schatz (oder du selbst) dafür sorg(s)t, dass es nie an Spezereien mangelt. So verlockend all die genannten und weitere Snacks sein mögen, so sehr sind sie deiner Gesundheit abträglich, zumindest, wenn du sie dir täglich kiloweise einverleibst. Die Versuchung ist natürlich groß, mal schnell vom Arbeitszimmer in die Küche zu schlawinern und sich einen Suppenlöffel Nutella in den Mund zu schmieren. Im Firmenbüro würdest du das wohl eher nicht machen.

Gern gebe ich zu, dass ich auch ein Leckermäulchen bin und für ein Snickers morden würde. Allerdings habe ich es mir angewöhnt, tagsüber nicht zu naschen. Generell versuche ich, mich einigermaßen gesund zu ernähren, indem ich während der normalen Arbeitszeiten meine Gelüste überwiegend mit Obst, Rohkost und (zuckerarmem) Joghurt stille. Seitdem ich dies tue, fühle ich mich nicht nur besser, sondern habe auch das Gefühl, mich besser konzentrieren zu können. Also: Verzichte auf hochkalorische Dickmacher! Am einfachsten geht das, wenn du sie gar nicht im Haus hast, also im Supermarkt deines Vertrauens einen großen Bogen um die entsprechenden Abteilungen machst.

§ 44 Halte Kontakt zu den KollegInnen

Je nachdem wie viel Zeit du im Homeoffice verbringst – ich kenne nicht wenige Menschen, die fast ausschließlich von Zuhause arbeiten und sich nur einmal im Quartal mit dem Team treffen –, kann es recht schnell passieren, dass du den persönlichen Kontakt zu den KollegInnen verlierst. All die spontanen und geplanten Zusammenkünfte am Arbeitsplatz fallen weg. Darüber wird manch einer froh sein. Wer sich fühlt wie eine Kuh (nur von Pfosten umzingelt), der schätzt die Einsamkeit des Homeoffice. Für die meisten dürfte jedoch gelten, dass ihnen die lieben KollegInnen, der Tratsch und Klatsch in der Teeküche sowie die Lästereien in der Raucherecke fehlen. Ist ja auch kein Wunder: Der Mensch als soziales Wesen braucht halt eine gewisse physische Nähe.

Wie lässt sich dem abhelfen? Nun, du könntest z. B. hin und wieder mal eine/n LieblingskollegIn zu dir ins Homeoffice einladen und ihr arbeitet gemeinsam. Oder man trifft sich als Team gelegentlich abends zum Kegeln. Vergleichsweise unkompliziert lässt sich eine Zoomkonferenz nach Feierabend arrangieren, bei der es nicht um Berufliches geht, sondern bei der man sich etwa über Urlaubspläne oder Kochrezepte austauscht. Ansonsten ist es natürlich vor allem die Aufgabe der Führungskraft, dafür zu sorgen, dass sich die Abteilung oder das (Projekt-)Team in nicht zu großen zeitlichen Abständen trifft, damit der persönliche Kontakt nicht auf der Strecke bleibt.

So arbeitest du von unterwegs

Digitales Arbeiten bedeutet nicht nur, den Schreibtisch im heimischen Wohnzimmer aufzuschlagen, sondern heißt auch, öfters mal an anderen Orten tätig zu sein, etwa im Coworking-Space, im Park, im Café oder im ICE. Für einige Berufe war das schon immer normal: Vorwerk-Vertreter, Journalisten, Kreative und Vertriebler sind seit jeher gewöhnt, an wechselnden Orten fern der Zentrale zu arbeiten. Doch für dich ist es vielleicht eine neue Erfahrung. Damit diese positiv wird und du auch in einem ungewohnten Umfeld gleichermaßen produktiv wie entspannt malochen kannst, habe ich dir die besten Tipps für das digitale Nomadentum zusammengestellt.

§ 45 Wähle deinen mobilen Arbeitsplatz weise

Okay, du hast es natürlich nicht immer in der Hand, wo du arbeitest. Wenn du etwa mit der Bahn von Freiburg nach Schwerin fahren musst, dann ist eben in dieser Zeit der Zug dein Arbeitsplatz. Aber es wird genügend Gelegenheiten geben, in denen du frei entscheiden kannst, wo du deinen Laptop aufschlägst. Entscheide dich dann nicht für den erstbesten Ort, der dir in den Sinn kommt, sondern stelle ein paar Überlegungen an:

- Ist das Setting so, dass du halbwegs ungestört deiner Tätigkeit nachgehen kannst oder wirst du permanent abgelenkt, etwa in einem Café am Vormittag, wenn sich junge Mamis zum Erfahrungsaustausch über die beste Rückbildungsgymnastik in der Stadt treffen und derweil der mitgebrachte Nachwuchs fröhlich quietschend auf allen Vieren das Interieur der Lokalität auf den Kopf stellt?
- Fühlst du dich wohl? Sagt dir das Ambiente zu? Inspiriert dich die Umgebung?
- Gibt es in der Nähe einen Stromanschluss für all' deine Geräte?
- Wenn es sich um ein Café, eine Bar, eine Lounge … handelt: Wie ist das Preisniveau? Kann man dort mehrere Stunden verweilen, ohne für Speisen und Getränke den Gegenwert eines Mittelklassewagens ausgeben zu müssen?
- Wenn du viel/öfters telefonieren musst, dann gibt es 3 Grundvoraussetzungen, nämlich, dass du a) einen guten Empfang hast (der Hochsitz mitten im Wald dürfte wohl eher ungeeignet sein), dich b) möglichst wenig Störgeräusche beeinträchtigen und du c) anderen mit deinem Gelaber nicht auf die Nerven gehst.
- Wenn du viel/öfters am Rechner arbeiten musst, dann gibt es ebenfalls 3 Bedingungen, nämlich, dass du a) eine stabile sowie gute Internetanbindung hast, b) eine Sitzposition einnehmen kannst, in der man bequem tippen kann und es c) nicht zu hell ist, sodass du noch erkennst, was da auf dem Monitor steht (die Liege am Strand scheidet damit leider aus, auch wenn dies so manches Foto suggerieren mag).

§ 46 Sei rücksichtsvoll gegenüber deinen Mitmenschen

Kennst du auch solche Menschen, die zum Autisten mutieren, sobald sie zu arbeiten anfangen? Kaum ist das Notebook geöffnet, entschwinden sie in ein Parallel-Universum und sind dann nicht mehr ansprechbar. Das wäre für sich ja kein Problem, nur ist es so, dass wir uns in aller Regel an einem öffentlichen Ort aufhalten und somit Teil des Ensembles werden. Wir sind dann von Menschen umgeben, die eventuell anderen Beschäftigungen als wir nachgehen und dabei Geräusche verursachen. Die wollen sich unterhalten, Spaß haben oder gar Party machen. Bedenke, dass diese Interessen legitim sind und spiele dich nicht zum Erzieher auf, indem du andere zur Ruhe ermahnst. Wenn du einen wirklich stillen Ort suchst, dann gehe auf den Friedhof oder in eine

Bibliothek. Andernfalls akzeptiere bitte, dass deine Mitmenschen nicht zum Schweigen verpflichtet sind, nur weil du genau diesen Ort zu deiner Arbeitsstätte erkoren hast.

§ 47 Sei nett zum Personal

Sich rücksichtsvoll zu verhalten heißt auch, dem Personal, das seinen Dienst verrichtet und dich mit lebensnotwendigem Koffein, Gletscherwasser aus Nordnorwegen und mit exakt auf 70 °C temperiertem grünem Tee versorgt, mit Respekt und Wertschätzung zu begegnen. Gleiches gilt für Zugbegleiter, Reinigungskräfte und andere dienstbare Geister. Klar, du bist vielleicht völlig in deine Arbeit versunken, verfolgst gerade konzentriert einen Geistesblitz oder wühlst dich gedankenverloren durch ein Excel-Sheet – da wird jeder „Eindringling" als nervig wahrgenommen. „Die Fahrscheine bitte!" wird da schnell mit einem ostentativen Augenrollen quittiert. Lediglich weil du konzentriert arbeitest, hast du nicht das Recht, dein Gegenüber zu ignorieren. Wenigstens ein halbwegs freundliches Lächeln, ein Nicken zum Gruß und ein nicht ganz so süffisant dahingehauchtes „bitte" sollten Bestandteil deiner Reaktion sein.

§ 48 Arrangiere dich mit deinen Mitreisenden

Ob im Flieger, in der Bahn oder im (Fern-)Reisebus: Meistens haben wir Sitznachbarn. Da kann man Glück haben und es handelt sich um ein Pubertier, das den Rausch der vorabendlichen Party nahezu geräuschlos ausschläft oder noch derart zugekifft ist, dass es an keinerlei Kontaktaufnahme interessiert ist. Du kannst aber auch so richtig ins Klo langen und eine redselige Oma sitzt zu deiner Rechten. Zwischen Hanau und Hannover holt sie nicht einmal Luft und bei Ankunft kennst du nicht nur ihre Lebensgeschichte („das waren harte Jahre nach dem Krieg, das könnt ihr Jungen euch gar nicht mehr vorstellen"). Nein! Du weißt auch, was alle 6 Enkel so treiben und wie ihre Position zu dem „ganzen neumodischen Gram wie Facebook (gesprochen „Fadsebok")" ausfällt. Wenn du solcherlei persönlichen Begegnungen liebst und es mit der um 17:00 Uhr ablaufenden Deadline für die Projektskizze, die du eigentlich während der Fahrt erstellen wolltest, nicht so eng siehst, dann freue dich über diese hoch spannenden Erzählungen. Andernfalls hast du ein Problem.

Es sind nicht nur mitteilungsbedürftige Senioren, die uns die Reisezeit zur Hölle machen können. Es ließe sich ein ganzes Brevier an unliebsamen Reisegenossen erstellen. Etwa der zottelhaarige Mitvierziger, dessen Look an einen Hippie aus den 1980er-Jahren erinnert. Er will dich mit allem Nachdruck von den Vorteilen einer veganen Lebensweise überzeugen und verströmt dabei Dünste, als hätte er gerade die Jahresernte sämtlichen in der Türkei angebauten Knoblauchs verzehrt. Oder dein Spiegelbild: andere Digitalnomaden, die zwischen Dortmund und Leipzig kein einziges Mal das Handy aus der Hand legen und in einer Lautstärke telefonieren, gegen die sich ein startender Düsenjäger wie das Schnurren eines neugeborenen Kätzchens ausnimmt. Oder ein kaum den Windeln entwachsener Jugendlicher, der die einzige Steckdose am Platz nutzt, um sein Smartphone (auf dem er unentwegt GTA zockt) zu speisen.

Ach, unendlich lang ist die Horrorliste der unerwünschten Mitreisenden. Allein das Gebot der Gewaltfreiheit verbietet es, über Alternativen zu einem gezielten Faustschlag nachzudenken. Letztlich hast du nur 3 Möglichkeiten:

1. Sprich das störende Verhalten auf eine höfliche Art an. Verzichte also auf ein „Halt doch mal dein Maul!" und bitte stattdessen so um Ruhe: „Entschuldigen Sie bitte. Ich verstehe, dass Sie außerordentlich wichtigen Amtsgeschäften nachgehen und nun telefonieren müssen/dringend Strom benötigen/mich mit Ihren höchst amüsanten Erzählungen unterhalten wollen. Allerdings bin ich gerade in einer hochbrisanten Mission für den ugandischen Geheimdienst unterwegs und müsste mich voll auf meine Arbeit konzentrieren. Es wäre ganz arg furchtbar lieb von Ihnen, nun nicht mehr zu telefonieren/die Steckdose frei zu machen/Ihren Monolog zu beenden. Klasse wäre es zudem, wenn Sie ab nun Ihre Atmung einstellen würden."
2. Fruchtet der erste Versuch nicht, solltest du dich nicht auf weitere Diskussionen einlassen und das Feld räumen. Suche dir einen anderen Platz, an dem du hoffentlich ungestörter arbeiten kannst.
3. Sollte 2. mangels freier Plätze nicht gehen, dann beuge dich dem so unerbittlichen Schicksal und akzeptiere, dass du auf deiner heutigen Reise nicht das große Los gezogen hast. Klappe deinen Laptop zu, schaue aus dem Fenster und genieße die vorüberziehende Einöde des norddeutschen Tieflandes.

§ 49 Befolge die „Goldene Regel"

„Was du nicht willst, das man dir tu', dies füge auch keinem anderen zu!" Sicherlich hast du dieses (schrecklich gereimte) Sprichwort schon mal gehört. Halte dich an diesen Grundsatz, wenn du unterwegs bist oder dich in einem Coworking-Space, Café, einer Bar … aufhältst. Werde selbst nicht zu einem der gerade beschriebenen Typen. Dränge anderen kein Gespräch auf, wenn du erkennst, dass er/sie nicht an einer Kontaktaufnahme interessiert ist. Beschränke deine Telefonate auf das Nötigste und sprich so leise es geht. Blockiere die Steckdose nicht die gesamte Zeit, sondern biete sie freiwillig deinem Nachbarn an.

Dort, wo es freies WLAN gibt, solltest du davon absehen, hochaufgelöste Videos zu streamen oder gigabytegroße Dateien herunterzuladen, denn damit reduzierst du die allen anderen Reisenden zur Verfügung stehende Bandbreite. Idealerweise verzichtest du auch darauf, Videokonferenzen im Zug oder (Fern-)Bus abzuhalten (mal abgesehen davon, dass vielleicht vertrauliche Inhalte in nicht dafür bestimmte Ohren gelangen). Ohnedies solltest du – auch wenn es gerade nicht um die hochgeheime Zutat für euren neuen probiotischen Joghurt mit linksdrehenden Bakterien geht – dir Kopfhörer aufziehen.

So arbeitest du in einer New-Work-Umgebung

Du bist nun bestens gerüstet, um von Zuhause und unterwegs zu arbeiten. Doch, es gibt noch einen dritten Ort, an dem du deinem Tagwerk nachgehen kannst. Früher, gefühlt war das im vorletzten Jahrhundert, war dieser „third place" sogar der erste, wenn nicht gar der einzige, Platz, an dem du gearbeitet hast. Wir sprechen von deinem Firmenbüro. Ich weiß nicht, wie häufig du noch zu deinem Arbeitgeber kommst, um dich dort an den Schreibtisch zu setzen. Vielleicht schuftest du alternierend daheim und in der Firma. Eventuell bist du gar mehrheitlich im Unternehmen. Wie auch immer: Solltest du noch dein angestammtes Einzel- oder Zweierbüro besitzen, dann kannst du dieses Kapitel getrost überspringen. Sofern du jedoch in einer hippen „New-Work-Umgebung" arbeiten darfst, dann erbitte ich deine Aufmerksamkeit.

„New-Work-Umgebung" – klingt reichlich beeindruckend und deutlich zeitgemäßer als „Großraumbüro". Na ja, ganz deckungsgleich sind die Begriffe auch nicht, dennoch ist es im Prinzip dasselbe. Kurz zum Hintergrund: Wenn immer mehr Mitarbeiter im Homeoffice ihrer Arbeit nachgehen, dann stehen die entsprechenden Büros in der Firma leer. Das ist Verschwendung und so ist es aus unternehmerischer Sicht absolut nachvollziehbar, wenn über neue Büro- bzw. Raumnutzungskonzepte nachgedacht wird. Zunehmend mehr Firmen tun dies. Und nicht nur um die Kosten zu senken, sondern auch, um durch die Innenarchitektur bestmögliche Voraussetzungen für neue Formen der Zusammenarbeit zu schaffen.

„Agile Working" heißt eben viel mehr Teamarbeit, statt einsames Tüfteln im abgelegenen Einzelbüro. Folglich werden (nicht nur sprichwörtlich) Mau-

ern eingerissen. Klassische Einzel-, Zweier- oder Dreierbüros weichen Großraumbüros, bösartig auch als „Legebatterien" bezeichnet. Vielfach werden
„Ruhearbeitszonen" eingerichtet, in die man sich zurückziehen kann, wenn
man konzentriert arbeiten oder vertrauliche Telefonate führen muss. Klar,
dürfen Besprechungsräume, großzügige Teeküchen und Relaxzonen nicht
fehlen. Außerdem muss der obligatorische Kickertisch irgendwo untergebracht werden. Abgerundet wird die New-Work-Umgebung durch einen
„Parkplatz" für die Rollcontainer, in denen jeder Mitarbeiter sein Hab und
Gut aufbewahrt.

Fühlst du dich wohl in solch einer Atmosphäre? Aus Berichten von zahlreichen meiner Seminarteilnehmer und Coachees weiß ich, dass das nicht
jedermanns Sache ist. Muss man doch auf sein gewohntes und oft lieb gewordenes eigenes Reich verzichten, das man sich so schön eingerichtet hatte
mit Familienfotos, verdorrten Feigenbäumen und vergilbten Urlaubspostkarten der KollegInnen an der Wand. Und nun muss man sich jeden Morgen
erneut einen Platz erkämpfen, sitzt ständig woanders und hat täglich wechselnde Nasen gegenübersitzen – meistens die, die man ohnedies nicht ausstehen kann. Vor allem geht einem der Lärmpegel auf den Geist oder besser:
auf die Ohren. Allein: Beklagen hilft da wenig, wenn sich der Arbeitgeber
dazu entschlossen hat, eine New-Work-Umgebung zu schaffen. Mehr oder
weniger bewusst nehmen die Verantwortlichen in Kauf, dass sich das Gewohnheitstier Mensch schwer damit tut, in permanent wechselnden Konstellationen zu arbeiten, will man doch gerade dies befördern – den Austausch
über Team- und Abteilungsgrenzen hinweg. Wie also machst du das Beste aus
der Situation, an welche Regeln solltest du dich halten, damit das Arbeiten im
Großraumbüro 2.0 weder für dich, noch für deine KollegInnen zur Qual
wird? Dazu meine besten Tipps …

§ 50 Halte dich an die Goldene Regel

So leidvoll es sein mag, so wahr ist: Wer im Großraumbüro arbeitet, muss
lernen, die eigenen Bedürfnisse zurückzustellen, zumindest in Teilen. Die Zusammenarbeit mit 30, 40 oder gar mehr KollegInnen auf einer Etage kann
nur funktionieren, wenn sich jeder zurücknimmt und man respektvoll miteinander umgeht. Ist das nicht der Fall, ist es nur eine Frage der Zeit, bis sich
die Belegschaft gegenseitig niedergemetzelt hat.

Nun ist es ein leichtes, auf die anderen zu zeigen und von ihnen Zurückhaltung sowie Respekt einzufordern. Schwieriger ist es schon, dies selbst zu
praktizieren. So steht an erster Stelle der wohl wichtigste Tipp: Befolge die
(dir bereits bekannte) Goldene Regel, die besagt, dass man genau das Ver-

halten an den Tag legen sollte, das man von seinen Mitmenschen erwartet. Also: Gehe mit gutem Beispiel voran! Wenn sich jeder daranhält, dann ist zumindest gesichert, dass es keine heimtückischen Morde im Büro gibt.

§ 51 Vereinbart gemeinsam Spielregeln
Um die Goldene Regel mit Leben zu füllen, ist es sehr ratsam, mit allen Betroffenen gemeinsam Spielregeln zu erarbeiten, die jederzeit gelten und auf die bei Nichtbeachtung mit einem besserwisserischen Fingerzeig ins Gedächtnis gerufen werden können. Hier ein paar Vorschläge für solche Regeln:

- Wir respektieren die Privatsphäre unserer KollegInnen.
- Wir stören unsere KollegInnen nur, wenn es einen guten Grund dafür gibt. Deshalb verschonen wir sie auch mit der detailgetreuen Berichterstattung unseres gestrigen Kinderarztbesuchs mit unserer 4-jährigen Tochter.
- Wir versuchen, Lärm zu vermeiden, wo und wann es geht. Wir telefonieren (sofern möglich) nicht am Platz, vor allem dann, wenn es sich um Anrufe unseres/r Geliebte/n handelt.
- Wir führen Einzelgespräche mit KollegInnen in Besprechungsräumen oder in einem anderen ungestörten Bereich.
- Wir räumen auch mal die Spülmaschine in der Teeküche aus.
- Wir stimmen das Öffnen/Schließen der Fenster bzw. die Klimaanlagentemperatur zusammen ab und suchen Kompromisse.
- Wir ziehen Kopfhörer als Signal für die anderen auf, wenn wir ungestört bleiben wollen.
- Wir stellen unsere Handys auf Vibrationsalarm.

§ 52 Wähle deine Arbeitszeit geschickt
Die Einführung einer New-Work-Umgebung geht oft einher mit der Flexibilisierung der Arbeitszeiten. Doch längst nicht alle Mitarbeiter machen von dieser Freiheit Gebrauch und erscheinen zu den allseits beliebten Kernarbeitszeiten. Doch gerade dann ist es am lautesten und trubeligsten. Probiere es daher doch mal aus, 1 Stunde früher oder später anzufangen als gewohnt. In den meisten Branchen ist es morgens um 07:30 Uhr noch himmlisch ruhig und nach 17:00 Uhr hängt auch kaum noch jemand am Telefon.

§ 53 Respektiere die Privatsphäre deiner Kolleg Innen und achte auf deine
Bei den Spielregeln haben wir bereits über die Privatsphäre gesprochen. Diese ist im Großraumbüro nur sehr eingeschränkt vorhanden. Trotz Arbeitsstättenverordnung fühlt man sich in manchen Großraumbüros eher wie am Baller-

mann zur Hauptsaison. Dicht an dicht stehen die Tische beieinander – ob man will oder nicht, bekommt man selbst leiseste Atemgeräusche des Gegenübers mit.

Vermutlich wirst du an der Beengtheit kurzfristig nichts ändern können (einen freundlichen Hinweis an den/die Vorgesetzte/n darfst, ja solltest, du dennoch geben und dabei auf die Existenz entsprechender gesetzlicher Vorgaben erinnern), sodass dir nur bleibt, deine Privatsphäre zu schützen und die deiner KollegInnen zu achten, etwa indem du sie nicht ständig kontrollierst („Sag' mal, was machst du denn gerade auf Youporn?" oder „Was, du willst jetzt schon gehen, du bist doch erst 11 h 27 min. und 43 sec. im Büro!"). Nein, es ist nicht deine Aufgabe, das Surfverhalten deines Gegenübers zu überwachen oder Stechuhr zu spielen!

§ 54 Spreche deine KollegInnen bei Problemen direkt an

Trotz aller Appelle, die Privatsphäre zu achten, wird es wohl vorkommen, dass der ein oder andere Kollege ein Verhalten an den Tag legt, das einen stört. Anstatt den Übertäter vor versammelter Mannschaft klein zu falten, solltest du dies in einem abgetrennten Bereich tun. Als Konfliktcoach weiß ich, dass es hilfreich sein kann, dabei nicht mit den Worten „du Vollhorst, wie bekloppt kann man denn sein, jetzt hast du schon wieder meinen Locher genommen" beginnst. Meistens verlaufen die Gespräche erfolgreicher, wenn du dein Anliegen mit etwas wertschätzenderen Formulierungen hervorbringst. Zudem solltest du die Dinge, die dir auf den Zeiger gehen, möglichst bald thematisieren und nicht zu lange damit warten. Sonst staut sich zu viel auf und der Ton wird schnell sehr aggressiv.

»Wenn du könnt'st dich über and're aufregen, sollst du's ihm sofort offenlegen.

Selbstverständlich gilt spiegelbildlich auch: Wenn KollegInnen dich auf Verhaltensweisen ansprechen, die sie an dir stören, dann solltest du nicht zurückblaffen: „Dann such' dir halt einen anderen Platz, du blöde Kuh!" Versuche lieber, gemeinsam Lösungen zu finden, die euer beider Bedürfnisse befriedigen.

§ 55 Suche dir bewusst wechselnde Arbeitsplätze

Wie bereits erwähnt, sind die meisten Menschen Gewohnheitstiere. Wir lieben Routinen und vertraute Umgebungen. So kommt es, dass auch bei grundsätzlich freier Wahl die meisten Mitarbeitenden stets auf den gleichen Platz zustreben. So verständlich das ist, so hinderlich kann dieses Verhalten sein. Etwa, wenn sich ein nichts ahnende/r Kollege/in „aus Versehen" auf „deinen" Stuhl gesetzt hat. Entfache in einem solchen Fall keinen Territorialkampf: „Das ist aber mein Platz!", sondern suche dir ein anderes Fleckchen. So lernst du vielleicht neue Menschen kennen und bekommst die heißesten Gerüchte mit, die dir sonst nicht zu Ohr gekommen wären. Selbst wenn sich niemand anderes auf deinen Stammplatz gesetzt hast, könntest du ja hin und wieder mal einen anderen Arbeitsort wählen, einfach um deine Veränderungsfähigkeit zu trainieren und neue Erfahrungen zu sammeln.

§ 56 Beachte die Sicherheitsvorgaben deines Arbeitgebers

Je höher die Anzahl der Mitarbeiter ist, die in einem Großraumbüro tätig sind und je weniger man sich untereinander kennt, desto mehr ist (leider) Vorsicht geboten. Das Böse ist immer und überall! Ich selbst bin oftmals viel zu gutgläubig, mitunter sogar naiv, doch habe ich schon so viele Negativberichte hören/lesen müssen, sodass ich dir diese Ratschläge gebe:

* Beachte die Sicherheitsvorgaben, die in deiner Firma gelten, wie etwa den Bildschirm zu sperren, wenn du den Arbeitsplatz verlässt (und sei es nur, um dir einen Kaffee zu holen), um einem unbefugten Datenzugriff vorzubeugen.
* Verschließe deinen Rollcontainer oder mobilen Aktenschrank, wenn du dich entfernst.
* Halte deine persönlichen Wertsachen und Gegenstände unter Verschluss.
* Sichere dein in den Teamkühlschrank gelegtes Salamibrot mit einem Zahlenschloss, damit es dir nicht wieder dein gefräßiger Kollege Wolfram wegfuttert.

§ 57 Sei kein Stinker

Du liebst koreanisches Essen? Döner ist deine Hauptnahrungsquelle? Mit Hingabe isst du Handkäs' mit Musik und Zwiebelmett-Brötchen? Wie schön für dich! Wie unerträglich für deine KollegInnen! Versuche, den Konsum von Speisen, die man auch am nächsten Tag aus 50 m noch erschnüffeln kann auf das Wochenende zu legen, damit du nicht zu einer olfaktorischen Streubombe mutierst und der Bürofrieden gewahrt bleibt. Analoges gilt für das Auftragen von Parfum. Wenn du dich gern mit Rosenwasser besprenkelst, dann solltest du dies bitte nicht in einer Dosis tun, die noch 2 Etagen oberhalb deines Arbeitsplatzes deutlich zu riechen ist.

§ 58 Esse nicht am Platz

Dein am Morgen Zuhause liebevoll vorbereitetes Mittagessen packst du voller Freude an deinem Arbeitsplatz aus und beginnst, es genüsslich zu vertilgen. Abgesehen von den mehr oder weniger angenehmen Düften (von denen wir ja gerade sprachen) belästigst du deine unmittelbare Nachbarschaft mit der Nahrungsaufnahme. Nicht nur, dass die reine Aktivität die anderen ablenkt. Auch die unweigerlich entstehenden Essgeräusche können irritieren. Sei also so nett und suche dir einen Platz im Aufenthaltsraum oder (bei passendem Wetter) im Freien, wo du dir den Bauch vollstopfst.

》Sei ein lieber Schatz und esse nicht an deinem Platz.

---

§ 59 Blockiere „Ruheräume"/„Stillarbeitsplätze" nicht zu lange

In den meisten Großraumbüros gibt es abgegrenzte Bereiche bzw. Räume, die für Tätigkeiten vorgesehen sind, die ein hohes Maß an Konzentration erfordern. Ein paar besonders schlaue KollegInnen wittern darin ihre Chance auf ein stilles Einzelbüro. Das ist hässlich. Sei nicht so jemand und gib diese Enklaven der Ruhe frei, sobald du sie nicht mehr benötigst.

§ 60 Buche Meetingräume bzw. trage dich im Kalender ein

In der agilen Arbeitswelt finden mehr Besprechungen denn je statt. Mitunter hat man den Eindruck, dass gar nicht mehr gearbeitet, sondern nur noch gemeetet wird. In den meisten Firmen existieren daher entsprechende Räume, oft allerdings nicht in ausreichender Anzahl. Die Knappheit muss also verwaltet werden. Dies geschieht in der Regel mit einem geteilten Kalender oder einem speziellen Buchungstool. Bitte nutze dieses auch. Zum einen schützt dich das vor unliebsamen Überraschungen („Huch, alle Meetingräume sind ja besetzt") und zum anderen erleichterst du so deinen KollegInnen ihre Planung.

§ 61 Halte dich an die Clean-Desk-Vorgabe

New-Work-Konzepte haben als charakteristisches Merkmal, dass kein Mitarbeiter einen festen Arbeitsplatz hat, sondern sich diesen jeden Tag selbst erneut sucht. Damit dies möglich ist, muss jede/r bei Arbeitsende sämtliche benutzten Utensilien und persönlichen Gegenstände wieder in seinem/ihrem

Rollcontainer verstauen. Das ist manch einem zu viel. Da denkt man sich: „Morgen bin ich doch ohnedies wieder da, da kann ich mein Zeugs doch gleich stehenlassen." Das mag aus individueller Sicht nachvollziehbar sein. Aber vielleicht bist du morgen krank und kommst deshalb nicht ins Büro? Oder du musst unerwartet zu einem kurzfristig anberaumten Kundentermin? Oder du gewinnst im Lotto und kündigst fristlos? Verlasse also deinen Schreibtisch täglich so, als ob nie jemand daran gearbeitet hätte. Nett wäre es, wenn du eventuell vorhandene Kaffeeflecken und Wurstbrötchenkrümel beseitigen würdest.

> **Am Ende des Tages, verlass' dein Tisch immer leer und schön reinlich.**

§ 62 Gestalte deinen Arbeitsplatz individuell

Wenn du schon kein eigenes Büro (mehr) hast, welches du dir so einrichten kannst, wie du magst, dann mache es dir wenigstens an deinem Arbeitsplatz schön und individualisiere ihn ein wenig. Rein praktisch scheitern jedoch größere Designoffensiven an der Tatsache, dass du jeden Abend deinen Schreibtisch wieder leer hinterlassen musst, wie du gerade gelesen hast. Vermutlich wirst du auch keine Zeit haben, bei Arbeitsbeginn eine ½ h zu dekorieren und dann weitere 30 min. mit dem abendlichen Wegräumen zu verbringen. Immerhin könntest du aber in deinem Rollcontainer ein gerahmtes Familienbild, eine (Kunst-)Pflanze oder eine kleine Skulptur aufbewahren, die du mit wenigen Handgriffen aufstellen kannst. Auch die selbstgetöpferte Kaffeetasse deiner Tochter und das Borussia-Dortmund-Mousepad können helfen, deine 2 qm Arbeitsfläche ein wenig persönlicher zu machen.

So dämmst du die E-Mail-Flut ein

E-Mails sind – trotz Chat-Programmen und anderen Kollaborationstools – nach wie vor das Kommunikationsmittel Nummer 1 in der digitalen Arbeitswelt. Doch vielfach werden E-Mails geliebt wie eine gastroenterologische Vorsorgeuntersuchung. Kaum eine andere Aussage findet unter Berufstätigen – egal welcher Hierarchieebene – mehr Zustimmung als die Behauptung, dass E-Mails einer der Hauptgründe für Stress und Überlastung sind. Doch, stimmt das wirklich? Nein! Denn: Ursache und Symptom werden hier verwechselt. E-Mails sind nämlich nur ein Instrument. Das wäre so, als wenn

eine Ärztin das Skalpell oder ein Bauarbeiter die Schaufel für seine Überlastung verantwortlich machen würde. Die wahren Gründe für die (schein-
bare) E-Mail-Flut müssen frei gelegt werden, um wirksame Gegenmaßnahmen ergreifen zu können.

Nicht nur die schiere Menge an E-Mails belastet ManagerInnen und MitarbeiterInnen, sondern vielfach auch die schlechte Qualität der elektronischen
Post. Da wird entweder ausschweifend oder viel zu knapp formuliert. Da fehlt
jedwede Gliederung. Die Betreffzeile bleibt leer oder ist nichtssagend. Wichtige Informationen werden verschwiegen, dafür irrelevante Details in epischer
Breite geschildert. Kurzum: Nicht jeder hat gelernt, wie man strukturierte
und verständliche E-Mails schreibt. Doch das ist nur eine, vordergründige,
Erklärung für die E-Mail-Depression, unter der so viele Büroarbeiter leiden.
Ein anderer – noch wichtigerer – Grund liegt bei den Menschen selbst, die
über die E-Mail-Flut klagen: Oftmals ist ein hoher Posteingang nämlich ein
Zeichen mangelnder Führungs- und Organisationsfähigkeit bzw. fehlenden
Vertrauens. Im Folgenden will ich dir daher erläutern, was du tun kannst, um
professionell mit dem Instrument „E-Mail" umzugehen.

§ 63 Erkenne Dauerthemen und -absender

Der wohl wichtigste Schritt, um langfristig weniger E-Mails zu bekommen,
ist, die häufigsten „Störenfriede" zu entlarven. Zunächst legst du einen Zeit-
raum fest, für den du deinen E-Mail-Eingang analysieren willst. Erfahrungs-
gemäß ist es ausreichend, wenn du die Mails der zurückliegenden 4 bis 6
Wochen betrachtest. Es geht um die Frage: Wer schreibt dir? Erstelle eine
Liste und schreibe die Namen der Personen bzw. Abteilungen auf, die dir
E-Mails geschickt haben. Mache für jede Mail, die du von einer bestimmten
Person/Abteilung erhalten hast, einen Strich hinter dessen/deren Namen.
Wahrscheinlich wirst du – gemäß des Pareto-Prinzips – feststellen, dass un-
gefähr 20 bis 30 % der Absender etwa 70 bis 80 % deines E-Mail-Aufkommens
verursachen, wie in meinem fiktiven Beispiel (siehe Tab. 1) die beiden Ab-
sender „Dr. Vogler" und die Abteilung Personal.

Tab. 1 Beispiel für eine Auswertungsliste. (Eigene Erstellung)

Name	Erhaltene Mails im KW 38	Summe	Anteil
Grün, Caroline	‖‖‖ ‖‖‖ ‖‖‖ ‖‖‖ ‖‖‖ ‖‖	28	13,3 %
Dr. Vogler	‖‖‖ ‖‖‖ ‖‖‖ ‖‖‖ ‖‖‖ ‖‖‖ ‖‖‖	34	16,1 %
Krause, Marcus	‖‖‖ ‖‖‖ ‖‖‖ ‖	16	7,6 %
Englert, Simone	‖‖‖ ‖‖‖ ‖‖‖ ‖‖‖ ‖‖	22	10,4 %
Abteilung Personal	‖‖‖ ‖‖‖ ‖‖‖ ‖‖‖ ‖‖‖ ‖‖‖ ‖‖‖ ‖‖‖ ‖‖‖ ‖‖‖ ‖‖	48	22,7 %
Andere	‖‖‖ ‖‖‖ ‖‖‖ ‖‖‖ ‖‖‖ ‖‖‖ ‖‖‖ ‖‖‖ ‖‖‖ ‖‖‖ ‖‖‖ ‖‖‖ ‖‖‖ ‖‖	63	29,8 %
Summe		**211**	**100,0 %**

Manchmal – das hängt von deiner Position oder Aufgabe ab – sind es nicht einzelne Absender, sondern bestimmte Themen, die einen überdurchschnittlichen E-Mail-Verkehr erzeugen. Hier kannst du mit der gleichen Methode die „Top-Themen" einkreisen. Eventuell kann es für dich auch sinnvoll sein, 2 Listen zu erstellen – eine Absender- und eine Themenliste. Der parallele Blick auf beide Listen zeigt dir dann, wer oder was deine „Sorgenkinder" sind.

Diese Problemfälle solltest du im nächsten Schritt genauer analysieren. Warum schreibt man dir? Welcher Art sind die E-Mails? Sind es eher E-Mails nach dem Motto „ich habe dem Kunden ABC unser Modell ‚XYZ' verkauft und wollte Ihnen das nur mitteilen, damit Sie wissen, wie erfolgreich ich bin"? Oder handelt es sich um (nach)fragende Mails, die eine konkrete Aktion/Antwort von dir erfordern, z. B.: „Welche Kunden sollen wir zu unseren Innovationstagen einladen?" Eine dritte Kategorie bilden erinnernde Mails, also etwa „Hatten Sie schon Gelegenheit, sich den Vertriebsplan für die Region Süd anzusehen?"

Hinter jedem der genannten Typen von E-Mails stehen meistens Versäumnisse auf deiner Seite. Konkret können das sein:

- Die KollegInnen/MitarbeiterInnen haben zu wenige Kompetenzen.
- Die KollegInnen/MitarbeiterInnen wurden nur unzureichend über ihre Aufgaben informiert.
- Den KollegInnen/MitarbeiterInnen wurden Prozesse oder Verantwortlichkeiten nicht klar genug beschrieben.
- Die KollegInnen/MitarbeiterInnen erhalten zu wenig Anerkennung.
- Die KollegInnen/MitarbeiterInnen sind dazu angehalten, permanent über ihre Aktivitäten Bericht zu erstatten.
- Die KollegInnen/MitarbeiterInnen bekommen kein Feedback, wann sie mit einer Antwort von dir rechnen können.

Auf den Punkt gebracht: Bevor man andere für den Dauerstau im Posteingang verantwortlich macht, sollte man kritisch in den Spiegel blicken und sich selbst fragen:

- Sind die Briefings, die ich gebe, ausführlich genug und aussagekräftig?
- Habe ich die Abläufe in meinem Bereich verständlich und detailliert beschrieben?
- Bin ich selbst so gut organisiert, dass sich meine KollegInnen/MitarbeiterInnen darauf verlassen können, dass ich ihre Anfragen zuverlässig beantworte – auch, wenn es einmal länger dauern sollte?

- Als Führungskraft:
  - Gewähre ich meinen MitarbeiterInnen die Freiräume und Kompetenzen, die sie brauchen, um ihre Aufgaben selbstständig ausführen zu können?
  - Spreche ich gelegentlich konkrete Anerkennung aus?

Ein Praxisbeispiel

Lass' mich dir ein kurzes Beispiel aus meiner eigenen Arbeit erläutern. Ich habe eine Liste mit Absendern eines Zeitraums von 7 Wochen erstellt und dabei herausgefunden, dass die überwiegende Zahl der Mails, die ich erhielt, von meinen Studierenden stammte. Hier wiederum gab es vor allem ein Thema, das die angehenden AkademikerInnen bewegte, nämlich formale Fragen zu den Seminararbeiten, die zu erstellen waren. Was habe ich gemacht? Ich habe die Informationen, die ich üblicherweise zu Semesterbeginn verteile, wesentlich ausführlicher gestaltet und dabei alle Fragen berücksichtigt, die mir in der Zeit davor per Mail gestellt wurden. Die angenehme Folge: Mails mit Fragen zur Gestaltung von Seminararbeiten gingen deutlich zurück. Das also war ein wichtiger Teil der Lösung, um mein persönliches E-Mail-Aufkommen zu reduzieren.

---

§ 64 Legt Kommunikationsregeln im Team fest

In vielen (Projekt-)Teams und Abteilungen werden derart viele E-Mails versendet, als ob es für jede davon einen Euro Bonus gäbe. Völlig undiszipliniert wird jede noch so triviale Info in den Äther geblasen. Und damit auch noch die studentische Aushilfskraft und die Reinigungsleute Bescheid wissen, werden die gleich mit in Kopie genommen. Höchste Zeit, Einhalt zu gebieten! Am besten, ihr setzt euch als Team mal zusammen und legt gemeinsam ein Regelbuch fürs E-Mailen fest. Darin sollte u. a. festgehalten werden, wer bei welchen Themen in Kopie („cc") zu nehmen ist und welche Themen der Teambesprechung vorbehalten bleiben sollten.

§ 65 Schreibe weniger E-Mails

Du hast es – zumindest zum Teil – in der Hand, wie viele E-Mails den Weg in deine Inbox finden. Was vielen nicht bewusst ist: Die Menge des E-Mail-Eingangs korreliert stark mit der Menge der versendeten E-Mails. Mache dir bewusst: Je mehr E-Mails du verschickst, desto häufiger bekommst du eine Antwort. Überlege dir also genau, ob du tatsächlich eine E-Mail verfassen musst.

So organisierst du dein E-Mail-Programm

§ 66 Mache dir Gedanken über dein Ablagesystem

Lege deine E-Mails nur dann in entsprechenden Verzeichnissen/Ordnern ab, wenn der Inhalt später noch von Bedeutung ist. Überhaupt: Mache dir grundsätzlich Gedanken zum Thema Archivierung. Viele Menschen entwerfen und pflegen ein ausgeklügeltes Ablagesystem, was sehr viel Zeit kostet. Doch häufig ist es so, dass gerade die „Ordnungsfetischisten" nur selten auf archivierte Mails zurückgreifen müssen. Wenn dein Job es selten verlangt, auf alte Mails zurückgreifen zu müssen, dann solltest du ernsthaft überlegen, ob du tatsächlich ein differenziertes Ablagesystem benötigst (sofern dies mit den Firmenrichtlinien im Einklang steht).

» Platzt der Posteingang aus allen Nähten, musst du gründlich jäten!

Solltest du jedoch häufig vergangene E-Mails benötigen, dann lohnt es sich durchaus, ein individuelles Ablagesystem zu entwerfen. Nützlich können dir dabei folgende Hinweise sein:

* Wähle aussagekräftige Oberbegriffe für deine Ordner.
* E-Mail-Programme sortieren die Ordner alphabetisch (wie auch auf der Festplatte). In der Regel sagen die Ordnernamen jedoch nichts über ihren Stellenwert aus. Mit anderen Worten: Ganz oben in deiner Ordnerliste steht vielleicht „Angebote". Da du jedoch nur selten Angebote verschickst, taucht ein unbedeutender Ordner an prominenter Stelle auf. Deutlich besser wäre es doch, wenn auf der Topposition der Ordner thronen würde, den du am häufigsten benutzt. Dieses Dilemma kannst du einfach auflösen, indem du den Ordnernamen Ziffern voranstellst, so wie ich das gemacht habe (siehe Abb. 1).
* Versuche, mit maximal 2 Unterebenen auszukommen – sonst wird es unübersichtlich. Den Unterordnern solltest du ebenfalls Ziffern voranstellen.

§ 67 Sortiere geschickt

Nach einer längeren Abwesenheit – z. B. nach einer Geschäftsreise – solltest du deinen Posteingang nicht – wie üblich – nach Datum sortieren, sondern

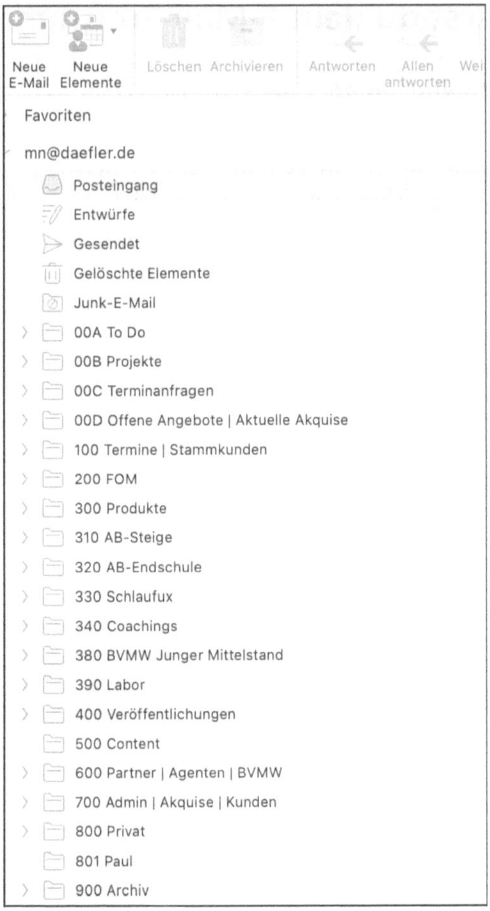

Abb. 1 Ordnerstruktur in Prof. Däflers E-Mail-Programm. (Eigene Erstellung)

nach Personen. Auf diese Weise siehst du gebündelt die Mails eines Absenders. Wenn du alle E-Mails einer Person nacheinander liest, wirst du vermutlich erkennen, dass sich manche schon „von allein" erledigt haben.

Stelle außerdem als Sortieransicht „Neueste zuerst" ein und beginne nicht, deine E-Mails „von hinten" her abzuarbeiten; beginne stattdessen mit den aktuellsten, weil vieles von dem, was schon länger zurückliegt nicht mehr relevant sein dürfte.

So schreibst du E-Mails

§ 68 Mache den Güte-Test

Frage dich, ob der Empfänger deine E-Mail wirklich benötigt. Ob es tatsächlich erforderlich ist, eine E-Mail zu versenden oder nicht, kannst du mit der sogenannten „Stockwerksfrage" klären: Würdest du diese E-Mail auch dann noch abschicken, wenn du sie ausdrucken und zu Fuß 3 Stockwerke höher auf den Tisch des Empfängers legen müsstest? Falls du diese Frage nicht aus vollem Herzen bejahen kannst, spricht einiges dafür, dass die E-Mail unnötig ist.

» **Wichtig oder nicht – wie ist die Lage? Das verrät dir die Stockwerksfrage.**

Diese Empfehlung gilt übrigens insb. auch für das Kopiefeld. In vielen Unternehmen herrscht eine „Cover-Your-Ass-Kultur". Auf gut Deutsch: Um sich bloß nicht dem Vorwurf auszusetzen, man hätte nicht alle betroffenen Stellen informiert und um jeden noch so unbedeutenden Sachverhalt zu dokumentieren, wird nahezu das ganze Unternehmen auf „cc" gesetzt. Eigentlich wäre in diesem Fall die Unternehmenskultur insgesamt zu hinterfragen. Da scheinen wohl noch Strukturen wie zum Beginn der Industrialisierung zu herrschen. Klar, da kannst du wenig dagegen unternehmen. Solltest du in einem Unternehmen oder in einer Behörde tätig sein, in der ein solches Denken dominiert, dann wage es doch mal, mit gutem Beispiel voranzugehen und nur die wirklich relevanten Personen im Kopiefeld einzutragen. Sei gespannt, was passiert. Meines Wissens wurde noch nie jemandem deswegen gekündigt. Sollte dir es passieren – betrachte es als Befreiungsschlag und freue dich auf eine neue berufliche Herausforderung.

§ 69 Überlege, was das beste Medium ist

Oft sind andere Medien besser geeignet als eine E-Mail. Gerade wenn es sich um komplexe oder private Inhalte handelt, ist ein Telefonat (noch besser ein direktes Gespräch) besser geeignet. Auch bei Inhalten, bei denen die Gefahr besteht, dass sie falsch interpretiert werden können, ist die persönliche Kommunikation zu bevorzugen, bei der ja stets die Möglichkeit besteht, unmittelbar Feedback zu erhalten und bei der zudem die Körpersprache wichtige Hinweise gibt. Wie hat ein Kunde von mir mal so schön gesagt: „Eine E-Mail kann nicht lächeln."

§ 70 Spreche in einer Mail nur ein Thema an

Spreche in einer Mail nur ein Thema an, auch wenn du dem Empfänger zu mehreren Themen etwas mitteilen möchtest. Dies hat mehrere Gründe: Du vermeidest Probleme beim Weiterleiten, du und der Empfänger können die Mail genau zuordnen bzw. ablegen und du erleichterst dir selbst eine eventuelle Wiedervorlage.

§ 71 Fasse dich kurz

Es gilt ein banaler Zusammenhang: Je länger deine E-Mail ist, desto länger ist in der Regel die Antwort. Die Konsequenz: Versuche – ohne unhöflich zu sein oder wichtige Inhalte auszulassen –, so knapp wie möglich zu formulieren. Punkt.

» Halt dein' Text kurz und präzise, dann kriegt dein Leser keine Krise.

---

§ 72 Verfasse unmissverständliche E-Mails

Vielfach liegt es an unseren eigenen Fähigkeiten – oder besser: an einem Mangel daran –, dass wir so viele Mails bekommen. Um ein Programmierer-Bonmot leicht abzuwandeln: „Garbage out – garbage in!" Schlecht formulierte, unvollständige oder unstrukturierte Mails, die wir aussenden, führen zu Nachfragen oder Missverständnissen. Häufig ist dem Empfänger auch gar nicht bewusst, dass etwas von ihm erwartet wird, weil eine klare Handlungsaufforderung fehlt. Also: Formuliere unmissverständlich. Konkret bedeutet das u. a.:

- Schreibe kurze Sätze: Jeder einzelne Satz muss beim ersten Lesen verstanden werden. Verschachtelte Relativsätze mögen zwar beeindruckend sein, sie tragen aber nichts zur Verständlichkeit bei, weil sie den Gedankengang unterbrechen und den Leser ablenken.
- Vermeide Floskeln, Füllwörter, Fachsprache und Fremdwörter: Gehe strikt gegen alles Geblähte vor und bemühe dich um eine einfache und verständliche Ausdrucksweise.
- Tilge Büroklammerndeutsch: Zeige Gesetzesdeutsch (Postwertzeichen, Beförderungsentgelt), den Verben auf „-ieren" (funktionieren, etablieren)

sowie den Luft- und Spreizverben (erfolgen, bewirken, bewerkstelligen, durchführen, …) die Rote Karte.

- Verwende Absätze und Aufzählungspunkte, um deine E-Mail auch optisch klar zu strukturieren.

§ 73 Vermeide Rückfragen

Versuche, in deinen E-Mails so präzise und vorausschauend wie möglich zu sein. Nehme dir die Zeit, das Vorgehen und das mögliche Ergebnis zu durchdenken. Dazu ein Beispiel: Angenommen, du benötigst von einer Kollegin eine Liste aller Lieferanten, die im letzten Quartal in Verzug waren. Was müsste deine Kollegin wissen, um diese Aufgabe vollständig und in deinem Sinne zu erledigen?

- Etwa, ob es eine Toleranz bzw. eine bestimmte Messeinheit gibt: Wird die Verzögerung taggenau oder pro Kalenderwoche gezählt?
- Sollen alle Lieferanten erfasst werden, also etwa auch der unbedeutende Schraubenhändler?
- Begründe zudem, warum du eine bestimmte Information benötigst bzw. eine bestimmte Aufgabe stellst; dieses Hintergrundwissen hilft dem Empfänger, die Bedeutung und den Zweck seiner/ihrer Arbeit zu verstehen.
- Und: Sage, in welcher Form die Ergebnisse dargestellt werden sollen. Als Excel-Tabelle, als Diagramm oder einfach als Antwort in einer E-Mail?

§ 74 Verfasse eine eindeutige und aussagekräftige Betreffzeile

Dies ist eine der wichtigsten und für manchen auch schwierigste Aufgabe beim Schreiben von E-Mails: Mit wenigen Worten auszudrücken, worum es geht. Das Erste, was der Empfänger liest, ist die Betreffzeile. Diese und der Name des Absenders sind die beiden bedeutendsten Kriterien für den Empfänger, um die Wichtigkeit einer Mail zu beurteilen. Weitere Gründe sprechen dafür, sich mit der Formulierung der Betreffzeile Mühe zu geben: Je aussagekräftiger die Betreffzeile ist, desto einfacher hat es der Empfänger, die Kerninhalte der Nachricht auf einen Blick zu erfassen; und desto leichter fällt es, die Mail zu archivieren bzw. im Bedarfsfall in einem Ordner wieder zu finden.

》Halt' die Mail kurz, den Betreff lang, dann hat der Empfänger Freude dran.

Was heißt das alles nun konkret für dich?

- Schreibe immer einen Betreff. Die Betreffzeile leer zu lassen, ist ein Zeichen von Unprofessionalität und Missachtung des Empfängers.
- Viele Schreibprofis empfehlen, die Betreffzeile so kurz wie möglich zu halten. Ich bin gegenteiliger Ansicht: Je länger der Betreff ist, desto präziser kannst du den Empfänger informieren. Dennoch solltest du nicht endlos lange Betreffzeilen texten, denn manche E-Mail-Programme schneiden den Betreff nach einer definierten Zeichenzahl (z. B. 30 Zeichen) ab. Ideal ist es daher, wenn es dir gelingt, dein Anliegen mit wenigen konkreten Begriffen auszudrücken.
- Verwende inhaltsreiche Wörter. Wer im Betreff nur „Frage", „Bestellung" oder „Brief" schreibt, braucht sich nicht zu wundern, wenn er keine Antwort erhält. Sei genau und schreibe bspw. „Frage zur Lieferung Nr. 43883" oder „Offene Punkte zur Bestellung vom 23.10.".
- Verwende, wenn möglich, Verben – so wird deutlicher, worum es geht. Also statt „Versandbestätigung" schreibe „Ihre Bestellung vom 11.12. wurde versandt".
- Erwähne in der Betreffzeile – dort, wo es sinnvoll ist –, was der Empfänger zu tun hat („Zur Info", „Mit der Bitte um Erledigung") und welche Dringlichkeit deine E-Mail besitzt.
- Wenn du eine Antwort bis zu einem bestimmten Termin benötigst, dann solltest du dies ebenfalls erwähnen („Flyer für Messe Frankfurt – Bitte um Freigabe bis 30.11. – 17:00 Uhr").

§ 75 Verwende Kürzel im E-Mail-Programm

Mit einem banalen Trick lässt sich der Aufwand zum Schreiben von E-Mails deutlich verringern! Auf die Idee haben mich vor einigen Jahren meine Kinder gebracht. Jugendliche sind Meister darin, sich mit Abkürzungen zu verständigen. Jeder, der pubertierende Kinder hat, wird wohl schon einmal „yolo" oder „akla" auf dem Smartphone seines Nachwuchses gelesen haben. Nun geht es nicht darum, die WhatsApp-Messenger-Telegram-Sprache unserer Kinder zu imitieren, wohl aber den dahinterstehenden Gedanken zu nutzen. Dieser lautet: Über die Auto-Korrektur-Funktion von E-Mail-Programmen können häufig genutzte Formulierungen als Abkürzung eingegeben werden – im Text erscheint dann die ausführliche Fassung. Auf diese Weise kannst du erheblich Zeit sparen.

Und so funktioniert's:

1. Lege dir in deinem Textverarbeitungsprogramm eine zweispaltige Tabelle an.
2. Überlege dir, welche allgemeinen Formulierungen du häufig in deinen E-Mails verwendest (wie etwa „vielen Dank für Ihre Nachricht", „ich melde mich später dazu", „ein schönes Wochenende", „also für so einen Mist fühle ich mich nicht zuständig" …) und notiere diese in der rechten Spalte deiner Tabelle.
3. Sehe dir nun deine gesendeten Mails der vergangenen Wochen an – übertrage per „Copy & Paste" spezifische Formulierungen, die du oft gebrauchst, in die rechte Spalte deine Tabelle (wie etwa „das sollten wir in der Abteilungssitzung besprechen", „bitte stimmen Sie sich dazu mit … ab" …).
4. Achte darauf, dass deine Tabelle nicht länger als eine Seite wird, dass du also maximal 25 bis 30 Formulierungen festhältst – sonst wird es unübersichtlich.
5. Lasse dir im nächsten Schritt für jede Formulierung eine aussagekräftige, 3 bis 5 Buchstaben lange, Abkürzung einfallen (wie etwa „hdb" für „herzlichen Dank für Ihre Bemühungen" oder „imm1" für „ich melde mich in spätestens einer Woche dazu") und halte diese in der zugehörigen linken Spalte deiner Tabelle fest.
6. Rufe in deinem E-Mail-Programm die Option „Auto-Korrektur" auf und übertrage die Abkürzungen sowie die zugehörigen ausführlichen Formulierungen.
7. Drucke deine Tabelle aus und halte diese griffbereit. Verwende von nun an beim Schreiben von E-Mails deine individuellen Abkürzungen. Du wirst feststellen, dass du die Abkürzungen bereits nach wenigen Tagen auswendig beherrschst und auf diese Weise viel Zeit sparst.

Du kannst dir das Vorgehen auch als Video anschauen: www.digitale.fitness

Hier noch einige der Abkürzungen, die ich nutze:

- s1 = Herzliche Grüße Vorname Nachname
- s2 = Beste Grüße nochmals Vorname Nachname
- esw = ein schönes Wochenende
- fu*k_you = Vielen lieben Dank. Das ist außerordentlich großzügig von Ihnen, mich an der Erbschaft Ihres kürzlich in Nigeria verstorbenen Onkels

zu beteiligen. Ich weiß dies wirklich sehr zu schätzen, muss Ihnen aber mitteilen, dass ich in Geld schwimme und keinen Bedarf habe.

- bd = besten Dank
- vdfn = vielen Dank für Ihre Nachricht – ich werde Ihnen im Laufe der nächsten Tage antworten

§ 76 Nummeriere deine Aussagen
Wilhelm Busch (1832–1908) hat das Geheimnis verständlicher Kommunikation in Reimform ausgedrückt:

》Er sagt es klar und angenehm, was erstens, zweitens und was drittens käm.

---

1. Wenn du – was meistens der Fall ist – in einer E-Mail mehrere Punkte ansprechen musst, dann nummeriere deine Aussagen.
2. Das hat 2 Vorzüge: Zum einen ist es für den Empfänger einfacher, Bezug auf die einzelnen Inhalte zu nehmen. Und zum anderen bist du gezwungen, deinen Text logisch zu gliedern.
3. Die Klarheit im Layout sorgt für Klarheit im Kopf.

§ 77 Füge den/die Adressaten zum Schluss ein
Intuitiv tragen wir als Erstes den/die Empfänger in das „An-Feld" ein. Dieses Vorgehen kann jedoch – und sicherlich ist es dir schon so ergangen – dazu führen, dass man die E-Mail versehentlich abschickt, bevor man damit zu Ende war. Es hat 2 weitere Vorteile, wenn du den/die Adressaten erst ganz zum Schluss einträgst: Du verdeutlichst dir nochmals genau, wer diese E-Mail wirklich braucht. Das ist quasi nochmals eine „Hürde", die dich zwingt, über die Auswahl des Empfängerkreises nachzudenken und deine Nachricht nur an die Personen zu senden, die sie wirklich brauchen. Außerdem minimierst du durch dieses Prozedere die Wahrscheinlichkeit, deine E-Mail auf die Reise zu schicken, ohne einen eventuellen Anhang beigefügt zu haben.

So beantwortest du E-Mails

§ 78 Befolge die „Einmal-Regel"
Fühlst du dich ertappt, wenn ich dich frage, wie oft es dir passiert, dass du eine E-Mail öffnest, sie dir durchliest und dann entscheidest, sie wieder zu

schließen und später zu beantworten? Ein Kardinalfehler! Versprich mir, dass du ab heute jede E-Mail nur einmal öffnest und sie dann gemäß der folgenden Regeln behandelst:

1. E-Mails, die in weniger als 2 min. zu beantworten sind, werden auch sofort bearbeitet.
2. E-Mails, deren Bearbeitung mehr als 2 min. benötigt, werden in einen Ordner „zu bearbeiten" verschoben, sofern du jetzt nicht die Zeit dafür hast.
3. E-Mails, die nicht für dich, aber für andere relevant sind, werden sofort weitergeleitet.
4. E-Mails, die keine Aktion erfordern und deren Inhalt auch nicht archivierungswürdig ist (etwa Kantinenpläne) werden sofort gelöscht.
5. E-Mails, die keine Aktion erfordern, aber deren Inhalt archivierungswürdig ist (etwa Protokolle wichtiger Meetings) werden sofort abgelegt.

≫ Es ist keine Hexerei, der Posteingang bleibt frei.

§ 79 Lass den Absender nicht im Unklaren

Oft sorgen Nachlässigkeit oder sogar Ignoranz für ein übermäßiges E-Mail-Aufkommen, nämlich, wenn du nicht auf eine Nachricht reagierst. Kommunikation ist auf Feedback ausgerichtet! Wie geht es dir, wenn du jemandem schreibst und keine Antwort bekommst? Verschiedene Erklärungen sind möglich:

- Hat der/die andere meine Mail überhaupt bekommen?
- Hat er/sie sie gelesen?
- Lebt er/sie überhaupt noch?
- Überlegt er/sie noch?
- Ist er/sie bereits damit beschäftigt, meine Frage zu beantworten oder meine Bitte auszuführen?
- Hat er/sie mich nicht verstanden?
- Kann er/sie meine Frage mangels Wissens überhaupt nicht beantworten – ist er/sie also der falsche Ansprechpartner?
- Ist er/sie heimlich nach Kanada ausgewandert und wird nie wieder zurückkehren?
- Oder hat er/sie gerade keine Zeit, sich darum zu kümmern?
- Hat er/sie vielleicht auch einfach nur vergessen, mir zu antworten?

Also: Wenn du eine Mail nicht gleich beantworten kannst, dann bestätige zumindest den Empfang und lasse den Absender wissen, bis wann du antworten wirst. Das sind nur wenige Worte, doch du ersparst dir und deinem Kommunikationspartner weitere (nach)fragende E-Mails.

§ 80 Beachte die Regeln für Antwort-E-Mails

Wenn du auf eine E-Mail antwortest, so schreibe deinen Text an den Anfang der E-Mail und nicht an das Ende. Denn der Absender kennt ja seinen Text und spart sich zudem Zeit, da er nicht nach unten scrollen muss, um deine Antwort zu finden. Bei längeren Textpassagen kannst du auch den Text des Absenders löschen bzw. nur die Teile stehen lassen, auf die du Bezug nimmst – auch dies spart Zeit. Überprüfe, bevor du die Antwort abschickst, ob du auf alle Punkte des Absenders eingegangen bist – dies wird häufig vergessen und führt zu zeitraubenden Nachfragen.

So leitest du als Moderator Online-Meetings

Bereits vor Corona haben viele Büroarbeiter – zumindest gelegentlich – an Online-Konferenzen und Video-Meetings teilgenommen. Doch erst mit dem ersten Lockdown im März 2020 wurden virtuelle Besprechungen zu einem massenhaft genutzten Kommunikationsinstrument. Klar, dass man sich daran erst mal gewöhnen musste. Im Gegensatz zu Präsenztreffen fehlen bei Online-Zusammenkünften jegliche physischen Eindrücke. Hinzu kommt, dass der gewohnte Smalltalk viel zu kurz kommt, kaum Scherze gemacht werden und die Meeting-Atmosphäre folglich wesentlich „steifer" ist als bei Präsenztreffen. Auch hapert es häufig an der Verbindungsqualität, sodass es nicht immer ein ausgesprochenes Vergnügen ist, digitalen Besprechungen beizuwohnen. Aufgrund der Besonderheiten von Online-Meetings gilt es, einige spezifische Regeln zu beachten.

Aber: Vielleicht sind Videokonferenzen, wie wir sie kennen, schon bald Vergangenheit? Markus Hergersdorf, Experte für virtuelles Lernen, prognostiziert virtuellen Besprechungen, bei denen wir durch Avatare in 3D-Räumen vertreten sind, ein großes Potenzial und nennt in einem Interview (Steeger, 2021) auch die Gründe dafür:

> In den vergangenen Jahrzehnten haben wir die Arbeitswelt quasi flach gemacht. Wir haben sie in Tabellen, Zeichnungen und Präsentationen gepresst. Damit kommen Menschen, die über mathematisches Abstraktionsvermögen verfügen, zurecht. Für viele andere geht aber etwas verloren. Unser Gehirn ist evolutionär

auf räumliches Erkennen, Denken und Interagieren trainiert. Bspw. sind wir in der Lage, Informationen im Raum sehr schnell und intuitiv zu erfassen. Führen Sie sich mal den Unterschied zwischen einer Videokonferenz und einer virtuellen Besprechung vor Augen. Bei einer Videokonferenz sehen Sie viele winzige Fenster mit Ihren Gesprächspartnern. Das ist zweidimensional. Dagegen sitzen Sie im virtuellen Raum mit Ihren Besprechungteilnehmern z. B. um einen Tisch. Sie können wesentlich schneller erfassen, wer gerade spricht.

Bis wir in virtuellen Konferenzen einander gegenübersitzen, müssen wir mit dem Vorhandenen vorliebnehmen. Bevor ich dir konkrete Tipps gebe, möchte ich noch eine letzte Vorbemerkung loswerden: In Unternehmen und Behörden mit einer eher „konventionellen" Kultur leitet üblicherweise der/die Vorgesetzte Besprechungen. Vielleicht wollt ihr mal darüber nachdenken – wenn es möglich ist –, abwechselnd die Moderatorenrolle zu übernehmen? Das sorgt nicht nur für Abwechslung, sondern gibt jedem im Team die Chance, sich in dieser Aufgabe zu üben.

§ 81 Setze kein Online-Meeting ohne Agenda an

Wie auch bei „normalen" Besprechungen sollte es nie Termine geben, bei denen keine Agenda vorliegt. Für die Effizienz und das Zeitmanagement ist es unerlässlich, mit der Einladung eine Liste der vorgesehenen Tagesordnungspunkte zu versenden. So kann sich jede/r TeilnehmerIn entsprechend vorbereiten. Mache zudem klar, was das Ziel jedes einzelnen Tagesordnungspunktes ist, wie etwa „Entscheidungsfindung/Beschlussfassung" oder „Entwicklung von Vorschlägen".

§ 82 Verschicke (Präsentations-)Unterlagen zusammen mit der Einladung

Zusammen mit der Agenda solltest du alle (Präsentations-)Unterlagen verschicken, damit die wertvolle Zeit des Online-Meetings nicht mit langatmigen Erklärungen vergeudet wird und dann kein Platz mehr für die Diskussion bleibt. Solche „Pre-Reads" tragen wesentlich zur Erhöhung der Meeting-effizienz bei. Alles, was allein gelesen und verstanden werden kann, sollte unbedingt vorab versendet werden, und zwar mit ausreichendem Zeitabstand. Abends um 22:36 Uhr Dokumente für die Besprechung am folgenden Morgen um 08:00 Uhr zu versenden ist nicht wirklich eine gute Idee. Ausgenommen von dieser Empfehlung sind Sachverhalte und Informationen, die sich nur schwer in Dokumenten erläutern lassen und besser persönlich präsentiert werden.

§ 83 Beschränke die Dauer auf maximal 90 Minuten

Unsere Aufmerksamkeit wird vor dem Bildschirm deutlich mehr strapaziert als bei Präsenzbegegnungen. Die Konzentration sinkt rapide. Inzwischen hat sich der Begriff „Zoom-Fatigue" dafür eingebürgert. Daher solltest du für dein virtuelles Meeting möglichst nicht länger als 1 h, höchstens jedoch 90 min., ansetzen.

§ 84 Versuche, Online-Meetings mit sich völlig fremden Teilnehmern zu vermeiden

Wenn neue Mitarbeiter zum Team dazu stoßen, wenn ein Projekt mit einander fremden Beteiligten beginnt oder wenn man mit einem bis dato unbekannten Partner, Berater, Kunden, Händler, Lieferanten … zusammenarbeitet, dann solltest du versuchen, sofern es irgendwie möglich ist, das erste Treffen in Präsenzform stattfinden zu lassen. Wir tun uns einfach so viel leichter, einander zu verstehen, wenn wir uns schon mal in natura kennengelernt, wenn wir über alle Sinnesorgane unser Gegenüber erlebt, wenn wir vielleicht sogar zusammen gegessen und gescherzt haben. Online-Zusammenkünfte funktionieren nach einem ersten physischen Treffen signifikant besser.

§ 85 Mache dich mit den (technischen) Funktionalitäten der Plattform vertraut

Ich habe bislang gefühlt 1539 verschiedene Online-Meeting-Programme und -Plattformen kennengelernt. Als Teilnehmer und als Moderator habe ich gezoomt, geskypt, geteamst, gewebext … und muss gestehen, dass ich immer noch nicht alle Dienste souverän beherrsche. Umso mehr achte ich darauf, dass ich als Moderator nur jene Angebote nutze, bei denen ich mich sicher fühle. Das empfehle ich dir auch – mache dich mit den Funktionalitäten vertraut, schaue dir auf Youtube Tutorials an und v. a.: Übe fleißig.

§ 86 Überprüfe die Positionierung der Kamera

Unabhängig vom Online-Meeting-Programm wird stets dein Bild als Moderator eingeblendet sein, zumindest so lange, wie du sprichst. Du bist also am häufigsten zu sehen, weshalb es besonders wichtig ist, dass du einen „guten" Bildausschnitt wählst. Gerade wenn man jedoch mit einem Laptop mit integrierter Kamera arbeitet, passiert es, dass die Teilnehmer nur dein Gesicht, nicht jedoch (ein Teil) deines Oberkörpers, anstarrt. Das wirkt mitunter gruselig, wenn einen da so eine Fratze aus dem Bildschirm angrinst. Ich habe es auch schon erlebt, dass nur Nase und Augen sowie vorangeschrittene Geheimratsecken zu erkennen waren. Solche U-Boote sind kein schöner An-

Abb. 2 Idealer Abstand zum oberen Bildschirmrand. (Eigene Erstellung)

blick! Also: Justiere den Winkel deines Bildschirmes so, dass du mindestens bis zur Brusthöhe erscheinst. Dazu ein kleiner Tipp (siehe Abb. 2): Mache eine Faust und überprüfe, ob diese zwischen deine Schädeldecke und den oberen Bildschirmrand passt.

⟫ Mach' doch einen Testlauf: Passt die Faust obendrauf?

Häufig wird es nicht reichen, nur den Bildschirm-/Kamerawinkel zu verändern – du musst auch die Höhe deines Laptops so anpassen, dass die Kamera ungefähr auf Augenhöhe ist. Vielleicht hast du ja noch irgendwo ein paar alte Telefonbücher rumfliegen, die du als Unterbau verwenden kannst?

§ 87 Überprüfe die Platzierung des Mikrofons
Kennst du das? Du vernimmst die Atemgeräusche eines anderen Teilnehmers gerade so, als ob du dein Ohr direkt an sein/ihr Gesicht halten würdest. Die stammen von den KollegInnen, die sich ihr externes Mikrofon quasi in die Nase gebohrt haben. Damit dir das nicht passiert, solltest du prüfen, dass sich dein Mikro in einem ausreichenden Abstand (ca. 20 cm) zu deinem Mund und deinem Riechorgan befindet.

§ 88 Nutze keinen Drehstuhl

Für die Dauer des Online-Meetings solltest du deinen wunderbaren Drehstuhl gegen einen ganz profanen, nicht beweglichen, Stuhl eintauschen. Warum? Die meisten Menschen sind kleine Zappelphilippe und können nicht ruhig sitzen. Auch wenn wir es nicht merken, so wippen wir doch ständig hin und her – das macht die anderen TeilnehmerInnen ebenso nervös wie permanente Atemgeräusche.

§ 89 Wähle einen ruhigen Hintergrund

Wie schon erwähnt, ist ein dezenter, möglichst aufgeräumter Hintergrund der Professionalität deines Online-Meetings zuträglich. Die meisten Programme bieten die Möglichkeit, einen virtuellen Hintergrund zu nutzen. Andernfalls kannst du im (Online-)Handel für weniger als 50 € Gestelle mit einer so genannten „Greenwall" erwerben.

»Ruhiger Hintergrund macht Bild gesund

§ 90 Plane Zeit für eine (kurze) Vorstellungsrunde ein

Sofern bei deinem Online-Meeting TeilnehmerInnen zusammenkommen, die sich bislang (zumindest teilweise) nicht/kaum kannten, ist es für die Atmosphäre der Besprechung keine dumme Idee, mit einer kurzen Vorstellungsrunde zu starten. Am besten, du machst den Anfang, damit sich die anderen an der Art und Weise, wie du dich vorstellst, orientieren können. Gut wäre es im Sinne einer gelockerten Stimmung, wenn du auch ein paar persönliche Informationen einfließen lassen würdest, etwa wohin du gern in den Urlaub fährst oder welche Hobbys du hast.

Auch wenn ihr euch im (Projekt-)Team bestens kennt und eine Vorstellungsrunde nicht erforderlich ist, kann es sehr sinnvoll (im Sinne des Teamspirits) sein, nicht gleich mit der Tagesordnung zu beginnen. Das „Ankommen" im Meeting (auch „Check-In" oder „Login" genannt) ist entscheidend für den Erfolg der virtuellen Zusammenkunft, wird doch gerade in dieser Phase die Grundlage für eine vertrauensvolle und entspannte Zusammenarbeit gelegt. Probiert doch mal Folgendes aus: Jeder Teilnehmer sagt zu Beginn, was sein schönstes privates oder berufliches Erlebnis des vergangenen Tages war.
Alternativ kannst du auch mit diesen Fragen starten:

- Welches Tier wärst du heute gern?
- Welcher Superheld wärst du heute gern?

- Wenn du diesem Meeting von einem beliebigen Ort auf diesem Planeten beiwohnen könntest: Welcher wäre das?
- Was ist dein Lieblingsnudelgericht?
- An welchen LehrerInnen aus deiner Schulzeit denkst du besonders gern zurück? Warum?

Weitere ungewöhnliche Fragen für den Check-in findest du hier:

www.berlin-innovators.com

www.tscheck.in

www.exitmania.com/icebreaker

§ 91 Erkläre anfangs die Kommunikationsregeln

Während es schon bei realen Treffen schwierig ist, dafür zu sorgen, dass immer nur einer spricht, ist dies bei virtuellen Zusammenkünften noch anspruchsvoller, weil es nicht so leicht ist zu signalisieren, dass man einen Wortbeitrag loswerden möchte. Folglich wird genauso wild durcheinandergeredet wie im argentinischen Parlament. Doch es gibt Abhilfe: Sage zu Beginn, dass immer nur einer sprechen kann und dass du als Moderator das Rederecht vergibst. Redewünsche sollen geäußert werden, indem man die Hand hebt.

Teilnehmer, die sich nicht daranhalten, solltest du wertschätzend, aber bestimmt auf die Einhaltung der Regeln hinweisen und gegebenenfalls mit Sanktionen drohen, etwa 14 vegane IKEA-Hotdogs nacheinander essen zu müssen. Um ein kakofonisches Stimmenwirrwarr zu vermeiden, kannst du dir auch überlegen, ob du als Moderator grundsätzlich alle Mikrofone stummschaltest und nur dem-/derjenigen den Pegler öffnest, der/die an der Reihe ist.

§ 92 Nenne zu Beginn das (Haupt-)Ziel des Meetings

Ein zentrales Merkmal produktiver Besprechungen (online wie offline) ist die klare Zielfokussierung. Sage daher gleich zu Anfang, wozu dieses Meeting dient: Welche konkreten Ergebnisse wollt ihr erzielen? Was genau soll am Ende der Zusammenkunft herauskommen? Wenn du das tust, verhinderst du meist ziemlich gut, dass sich die TeilnehmerInnen in endlosen Ausführungen ergehen und dafür konsequent am Thema bleiben.

» Ja, das wäre ganz arg wunderbar, wenn du stets machst die Ziele klar.

§ 93 Beziehe die TeilnehmerInnen mit ein

Wie schon mehrfach erwähnt, besteht bei digitalen Meetings viel leichter die Gefahr, dass die TeilnehmerInnen gedanklich abdriften. Dem kannst du vorbeugen, indem du sie – wann immer es sich anbietet – mit einbeziehst, etwa

* durch die Aufforderung, im Chat Kommentare zu hinterlassen,
* sich zu Wort zu melden,
* über Ideen abzustimmen oder
* in „Breakout-Sessions" in Kleingruppen (mit einem eigenen „Unter-Moderator") zu arbeiten.

» Soll das Meeting gelingen, muss sich jeder gut einbringen.

§ 94 Spreche die TeilnehmerInnen direkt an

Anders als bei gewöhnlichen Meetings können wir im digitalen Raum nicht (oder kaum) durch Körpersprache vermitteln, wen wir ansprechen wollen. Wo sonst ein Blickkontakt genügt, ist mehr erforderlich. Wenn du also eine bestimmte Person um seinen/ihren Kommentar bitten willst, solltest du seinen/ihren Namen nennen, und zwar zuerst, also nicht „welche Vorteile hat diese Lösung, Marcus?", sondern: „Marcus, welche Vorteile hat diese Lösung?".

Das ist grundsätzlich eine clevere Idee – nicht die Runde insgesamt zu fragen, sondern sich einen einzelnen Teilnehmer herauszupicken. Denn oft erntet man – und ich weiß das aus etlichen Onlinevorlesungen – nur ein trauriges Schweigen, wenn man pauschal allen eine Frage stellt.

§ 95 Suche dir (bei größeren Meetings) einen „Chatpaten"

Vielleicht hast du es schon selbst erfahren: Als GastgeberIn eines Meetings ist es schwer genug, die Bildschirme und Wortbeiträge aller TeilnehmerInnen im Blick zu behalten. Da hat man weder Zeit, noch Aufmerksamkeit, um die Meldungen im Chat zu lesen – so bleibt manch Geschriebenes auf der Strecke. Das ist nicht nur schade, sondern unhöflich den Verfassern gegenüber. Je größer die Teilnehmerzahl, desto bedeutsamer ist die Empfehlung, sich einen Chatpaten an die Seite zu holen. Das ist ein lieber Mensch (MitarbeiterIn/ KollegIn), die an deiner Seite oder dir gegenübersitzt und keine andere Aufgabe hat, als den Chatroom zu überwachen und dir mitzuteilen, wenn es dort neue Beiträge gibt.

§ 96 Verwende einfach gestaltete Präsentationsfolien

Während bei realen Besprechungen die Folien meistens über einen großen Bildschirm gezeigt oder mit einem Beamer auf eine Leinwand projiziert werden, sehen die TeilnehmerInnen von Online-Meetings die eingesetzten Folien nur auf ihrem PC oder (noch schlimmer) auf ihrem 13-Zoll-Screen – und dann auch nicht in voller Größe, sondern oft nur etwa zur Hälfte. „Normal" gestaltete Folien mit Bleiwüsten und eng beschriebenen Tabellen sind da kaum mehr zu entziffern.

Für Präsentationen, die bei digitalen Besprechungen verwendet werden, gelten daher besondere Regeln:

- Erstelle ein separates Handout, das die Detailinformationen enthält, und lasse dieses den TeilnehmerInnen vorab zukommen.
- Verzichte möglichst komplett auf Text – nutze stattdessen aussagekräftige Bilder.
- Wenn du doch mit Text arbeitest: Wähle eine klare, serifenlose Schrift und stelle die Schriftgröße mindestens 50 % größer, als du es üblicherweise tun würdest.
- Halte dich mit Animationen zurück.
- Nummeriere deine Folien, damit die Teilnehmer leichter darauf Bezug nehmen können.
- Stelle deiner Präsentation ein Inhaltsverzeichnis voran und mache immer wieder deutlich, wenn du zu einem neuen Kapitel überwechselst.

> Eine coole Idee für ein Online-Ratespiel zur Auflockerung deiner Präsentation findest du hier: www.digitale.fitness

So nimmst du an Online-Meetings teil

§ 97 Sorge für eine störungsfreie Atmosphäre

Kennst du den Begriff „BBC-Moment"? Als Professor Robert Kelly von der BBC per Videoübertragung live in seinem Büro interviewt wurde, marschierte plötzlich seine kleine Tochter herein und versuchte, die Aufmerksamkeit ihres Vaters zu ergattern. Nur Sekunden später erschien ein noch jüngeres Kind mit Laufwagen. Der sichtlich irritierte Experte gab sich alle Mühe, die Unterbrechung zu ignorieren – ohne Erfolg. Erst die eilig herbeistürmende Nanny erlöste den Professor.

> Hier kannst du dir das Video ansehen: https://www.youtube.com/watch?v=Mh4f9AYRCZY

Das Filmchen ging um die Welt und sorgte für Heiterkeit. Damit es dir nicht ähnlich ergeht, empfehle ich dir gegebenenfalls vorhandene Kinder für die Dauer deines Online-Meetings gut zu beschäftigen oder für eine Betreuung zu sorgen. Sollte dies nicht möglich sein, solltest du versuchen, deinem Nachwuchs zu erklären, dass du gleich ein gaaaaanz wichtiges Treffen im Internet hast und dass es super nett wäre, wenn man darauf verzichten würde, sich die nächste Stunde gegenseitig zu ermorden, sondern sich stattdessen mit der Beweisführung für den Großen Fermatschen Satz zu beschäftigen.

§ 98 Konzentriere dich voll und ganz auf das Meeting
Okay, ich gebe es zu. Auch ich habe bereits während langweiliger Zoom-Konferenzen meine WhatsApp-Nachrichten beantwortet oder ein paar Artikel in der Spiegel-App gelesen. Es ist ja auch zu verlockend, wenn der Moderator darum bittet, Kamera und Mikrofon auszuschalten, um Rückkopplungen zu unterbinden und die Bandbreite nicht einzuschränken. Und wenn das Thema dann so interessant ist wie die EU-Verordnung Nr. 561/2006 des Rates zur Harmonisierung bestimmter Sozialvorschriften im Straßenverkehr, tja, dann ist man halt doch geneigt, sich irgendwie abzulenken, um nicht einzuschlafen. Ich habe also einerseits volles Verständnis für das parallele Erledigen von Aufgaben bei nervigen Meetings. Nicht jedoch bei Besprechungen, die dich oder dein Team wirklich tangieren – hier solltest du dich wirklich voll darauf fokussieren, selbst wenn die anderen BesprechungsteilnehmerInnen nicht sehen/hören können, was du gerade tust.

»Zeig' den an'dren Respekt und Ehr', mach' sonst nichts nebenher!

§ 99 Mache einen Technikcheck
Hast du während Corona auch eine Strichliste geführt oder „Bullshit-Bingo"
mit folgenden Aussagen gespielt: „Könnt ihr mich sehen?", „Hört man
mich?", „Warte mal, wo ist das Mikrofonsymbol?", „Kann man meinen Bildschirm jetzt sehen?" oder „Mist, ich weiß nicht, wie ich in die Galerieansicht
gelange!". Natürlich, als Novize in Sachen Online-Meeting muss man sich
erst mal zurechtfinden. Aber bitte nicht während der virtuellen Sitzung, sondern davor!

§ 100 Melde dich mit deinem Namen
Bei vielen Online-Meetings bleibt die Webcam ausgeschaltet oder man vergisst es, die integrierte Kamera einzuschalten, wenn man spricht. Vertraute
KollegInnen können dich sicherlich an der Stimme erkennen, TeilnehmerInnen, denen du weniger bekannt bist, tun sich allerdings schwer damit zu
raten, wer da nun gerade plaudert. Deshalb solltest du zu Beginn deines Wort-
beitrages immer deinen Namen nennen.

So kommunizierst du im Chat

Alle Online-Meeting-Programme, die ich kenne, besitzen eine Chatfunktion,
mit der man sich schriftlich während der Besprechung mit anderen TeilnehmerInnen oder allen zusammen austauschen/abstimmen kann. Jenseits von
virtuellen Konferenz-Tools stellen immer mehr Unternehmen ihren MitarbeiterInnen eigene Chatprogramme zur Verfügung, die der unkomplizierten,
schnellen Kommunikation dienen sollen. Darüber hinaus verfügen alle
Kollaborations-Programme (z. B. Slack) über eine Chatfunktion.

Die meisten Menschen sind mit Chatprogrammen bzw. Messengerdiens-
ten (wie WhatsApp, Signal, Telegram oder Threema) aus dem Privatleben bestens vertraut. Dennoch gelten für beruflich genutzte Chats andere Regeln als
für den Gruppenchat mit den Kegelbrüdern oder innerhalb der Runde
„Team-Junggesellinnen-Abschied-Veronique92". So stoßen in betrieblichen
Chats Menschen mit unterschiedlichsten Ansichten und Eigenschaften aufeinander; zudem sind oft auch Lieferanten, Kunden oder externe Berater involviert, sodass durch Chatbeiträge nicht nur eine Innen-, sondern auch eine
Außenwirkung erzielt wird. Damit die Kommunikation mit den KollegInnen
und Externen reibungslos klappt, solltest du die „Chatiquette" befolgen – im
Folgenden die wichtigsten Regeln dazu.

§ 101 Bedenke, dass im Chat andere Regeln als bei E-Mails gelten

Chats sind etwas anderes als E-Mails. Chats gleichen eher einem persönlich geführten Gespräch, bei dem es wie im Tischtennis zugeht: Kurze Aussagen wechseln in kurzen Abständen einander ab. Ausschweifende Monologe sind daher ebenso wenig angezeigt, wie in einer realen Unterhaltung. Versuche also, pro Chatmitteilung immer nur 1 Aussage zu machen und fasse dich kurz (ohne dabei unhöflich zu sein). Dies gilt insb., wenn die Gruppe viele Mitglieder hat.

§ 102 Beschränke dich auf berufliche Themen

Chats dienen der schnellen, unkomplizierten sowie direkten Absprache im (Projekt-)Team, mit einzelnen KollegInnen oder mit Außenstehenden. Sie sind nicht dafür gedacht, über das unmögliche Outfit von Sandra zu lästern oder Kochrezepte auszutauschen. Nutze den Chat ausschließlich für die betriebliche Kommunikation. Wenn du unbedingt loswerden willst, wie sehr dich Jonas mit seiner vorlauten Art in der Teamsitzung wieder genervt hat, dann kannst du das ja über dein Chatprogramm auf deinem privaten Smartphone kundtun.

» Im Chat, das ist klar, schreib' ich nur Berufliches und kein Blabla.

---

§ 103 Vermeide emotionale und/oder persönliche Themen

Chats sind völlig ungeeignet für emotional aufgeladene oder private/persönliche Themen. Zum einen ist dein unbedachter Wutanfall schriftlich dokumentiert und zum anderen weißt du nicht, wer deine Nachricht alles mitgelesen hat. Hinzu kommt, dass du den Adressaten mit deinen Worten verletzen könntest. Wann immer du Emotionales oder Privates mitzuteilen hast, solltest du dies im persönlichen Gespräch oder in einem Telefonat tun.

§ 104 Chatte nur, wenn es erforderlich ist

Chats machen die Kontaktaufnahme wirklich leicht. Deshalb chatten manche auch den ganzen Tag und halten die anderen vom Arbeiten ab. Solche Menschen finden irgendwann ihr Auto auf dem Firmenparkplatz mit aufgestochenen Reifen wieder. Damit es nicht so weit kommt: Spame deine KollegInnen nicht zu und teile dich im Chat nur mit, wenn es einen sinnvollen Anlass dafür gibt.

§ 105 Beleidige niemanden, du Idiot

Ich habe auch keine Erklärung, woran es liegt, aber für manche Menschen scheinen bei der Online-Kommunikation jegliche Grenzen der Höflichkeit zu fallen – da werden andere auf das Übelste beschimpft und es wird ein Vokabular benutzt, wofür mir meine Mutter früher den Mund mit Seife ausgewaschen hätte. Es versteht sich wohl von selbst, dass du darauf verzichtest, ebenso wie auf jeglichen Sarkasmus. Auch mit ironischen Bemerkungen – so witzig sie vielleicht von dir gemeint sein mögen – solltest du dich stark zurückhalten, denn du weißt nie, wie andere das auffassen. Also: Sei einfach genauso normal und nett, wie du es auch im persönlichen Gespräch mit guten FreundInnen wärest.

§ 106 Nutze ein echtes, seriöses Foto für dein Profilbild

Wer kennt sie nicht, die Scherzkekse, die als Profilbild im Chatprogramm Darth Vader oder eine Aufnahme der geliebten Hauskatze verwenden. Andere wiederum nutzen Avatare, wie sie in manchen Onlineshops auftauchen. Und dann gibt es die Fraktion, die ihr Hochzeitsbild oder diesen fantastischen Schnappschuss aus dem letzten Griechenlandurlaub wählt. Schön und gut, wenn du dich so auf deinem privaten WhatsApp-Account präsentierst, bitte jedoch nicht im beruflich genutzten Chat. Entscheide dich für ein halbwegs professionelles Foto, am besten eines, das du im Studio hast aufnehmen lassen. Das kostet wirklich nicht die Welt und zeugt davon, dass du kein Amateur bist.

§ 107 Erwarte keine sofortige Antwort

Viele Chatnutzer gehen intuitiv davon aus, dass ihre KollegInnen nichts anderes tun, als den ganzen Tag vor dem Bildschirm zu sitzen und ungeduldig darauf zu warten, endlich eine Nachricht im Chatprogramm vorzufinden, auf die sie dann in Sekundenbruchteilen antworten können. Doch natürlich sieht die Realität anders aus. Wir holen uns einen Kaffee oder entsorgen selbigen auf der Toilette; wir hängen in einer Videokonferenz fest oder führen ein Kundentelefonat. Es gibt viele Gründe, nicht online zu sein bzw. nicht sofort auf die Benachrichtigung eines neuen Chatbeitrages zu reagieren. Rechne also nicht damit, dass du im Formel-1-Tempo eine Replik erhältst und verzichte darauf, nach 5 min. den Empfänger anzurufen und ihn/sie zu fragen, ob er/sie noch lebt.

§ 108 Sei milde bei der Beurteilung von Tippfehlern

Das Kommunikationsformat „Chat" lebt von seiner Geschwindigkeit. Da huschen die Finger über die Tastatur und flugs ist der „Senden-Button" geklickt. Zeit, sich das Geschriebene nochmals durchzulesen und eventuelle Tippfehler zu korrigieren, nimmt sich kaum jemand. Als ehemaliger Wirtschaftsredakteur und Freund der deutschen Sprache fällt es mir zugegebenermaßen schwer, dir zu empfehlen, über solche Fehler generös hinwegzublicken. Dennoch tue ich es, weil Chatbeiträge nicht dafür gedacht sind, in gesammelter Form als gedrucktes Buch mit Ledereinband und Goldschnitt zu erscheinen.

Mir rollen sich die Zehennägel hoch, wenn ich so manche Texte lese – da bin ich mir nicht sicher, ob der Verfasser jemals die Grundschule besucht hat, so viele Rechtschreib- und Interpunktionsfehler finden sich darin. Aber auch hier solltest du (genauso wie bei Tippfehlern) Milde walten lassen, so lange die Inhalte richtig transportiert werden. Selbstverständlich wäre es jedoch grandios, wenn du dich als Ritter der Sprachreinhaltung darum bemühst, selbst einigermaßen Duden-konform zu schreiben.

§ 109 Gehe sparsam mit Abkürzungen um
Abkürzungen werden seit jeher im Berufsleben verwendet, insb. firmenintern, um bestimmte Sachverhalte, Produkte, Abteilungen oder Sachgebiete zu bezeichnen. In Behörden scheint sogar die gesamte Kommunikation nur m. Abk. gef. z. werden. Und das aus gutem Grunde – verschlanken sie doch Wortungetüme zu kurzen Buchstabenfolgen und sparen Zeit beim Tippen. Darüber hinaus werden Abkürzungen mit Vorliebe in Chats benutzt, um Redewendungen zu ersetzen. Auch dies ist zeitökonomisch klug. Jetzt kommt das große Aber: Abkürzungen sind nur dann von Nutzen, wenn Sender und Empfänger sie kennen. Das heißt: Wenn du dir nicht sicher bist, ob jeder im Chat versteht, was mit „AFAIK" oder „2g4u" gemeint ist, dann solltest du von deren Verwendung absehen.

§ 110 Verzichte auf den übermäßigen Gebrauch von Satzzeichen
Hast du auch KollegInnen, die ihrer Begeisterung oder Verwunderung vorzugsweise mit der gehäuften Verwendung von Satzzeichen Ausdruck verleihen??????? Die kennen nicht nur schlichte Aussagen. Nein!!!!! Die erheben jede noch so banale Begebenheit in den Status des Unerhörten!!!! Du glaubst mir nicht????? Das kann ich echt nicht fassen!!!!!

§ 111 Vermeide es, es Großbuchstaben zu verwenden
SCHREI! MICH! NICHT! AN! Ebenso wie der übermäßige Gebrauch von Ausrufe- und Fragezeichen gehört das Schreiben mit Großbuchstaben in die Kategorie: „Bloß nicht". Denn: Großbuchstaben werden in der schriftlichen Kommunikation als Schreien bzw. Anbrüllen interpretiert. Das willst du sicherlich nicht. Vielleicht hast du dir gar nichts dabei gedacht, du wolltest doch nur ein Wort oder eine Textpassage betonen und hast deshalb die Hochstelltaste benutzt. Ich bin mir sicher, deine Empfänger können die staats-

tragende Bedeutung deiner Ergüsse auch ohne HERVORHEBUNG zweifelsfrei erkennen.

§ 112 Halte dich mit Emojis zurück

Emojis wurden Ende der 1990er-Jahre von dem Japaner Shigetaka Kurita erfunden und haben seitdem einen unglaublichen Siegeszug angetreten. Sie sind längst nicht mehr nur der Jugend vorbehalten. Insb. in der SMS- und Chatkommunikation gehören sie einfach dazu, erlauben sie doch, mit nur einem Symbol eigene Beiträge persönlicher zu gestalten, sie aufzulockern, ihnen eine eventuelle Schärfe zu nehmen und Gefühle bzw. Stimmungen auszudrücken. Nachteilig ist allerdings, dass nicht jeder die Bedeutung der benutzten Emojis kennt und so die Gefahr der Falschinterpretation besteht. So gilt: Verwende Emojis mit Bedacht! Wenn dein Chattext aussieht wie der Beitrag einer pubertierenden 14-jährigen, dann hast du es vermutlich leicht übertrieben.

》Verwende Emojis mit Bedacht, sonst wirst du ausgelacht.

Für alle, die noch nicht gegoogelt haben, was mit „AFAIK" und „2g4u" gemeint ist, hier die Auflösung:

- AFAIK steht für „soweit ich weiß" und kommt von „as far as I know".
- 2g4u heißt „zu gut für dich" und kommt von „to good for you".

So arbeitest du in der Cloud

2 (Mega-)Trends prägen unsere Arbeitswelt: 1. Aufgaben werden zunehmend in Projekten und Arbeitsgruppen erledigt. 2. Die Mitarbeiter sind nicht mehr im Büro anwesend, sondern arbeiten mobil. Je häufiger Abteilungen, Teams und Projektmitglieder von Zuhause aus arbeiten und je öfter Projekte durchgeführt werden, desto drängender stellt sich die Frage, wie Texte, Tabellen, Präsentationen, Grafiken, Flyer und andere Dokumente bearbeitet werden sollen. Waren bislang mehrere Beteiligte am Werk, gab es oft ein heilloses Chaos: Verschiedene Versionen eines Dokuments wurden per E-Mail munter zwischen den Mitarbeitenden ausgetauscht. Die Datei muss sich dabei wie

eine Flipperkugel gefühlt haben. Irgendwann hatte keiner mehr eine Ahnung, welche Version eigentlich die aktuelle ist. Wenn's dumm lief, ging die Arbeit ganz oder teilweise flöten, weil ein Vollhorst ein veraltetes Dokument gelöscht hatte, wobei es doch das neueste war. Gern wurde auch mal das Back-up vergessen und die Arbeit von Stunden war futsch.

Doch nun in der digitalen Arbeitswelt hat das ein Ende. Die Lösung lautet: Wir schweben auf der Wolke! Denn: Wir arbeiten jetzt in der „Cloud" – d. h. übersetzt so viel wie „Wolke". Im Zusammenhang mit Daten spricht man von einer Datenwolke. Und die ist nichts anderes als ein flexibles Speichersystem, das nicht auf der eigenen Festplatte beheimatet ist, sondern auf einem anderen Rechner irgendwo in den Weiten des Universums umherschwebt. Über das Internet kann sie jederzeit und von jedem Ort aus erreicht werden. In der Praxis unterscheidet man zwischen 2 Erscheinungsformen (siehe Tab. 2).

Sowohl für Speicherplatz- als auch Kollaborations-Tools solltest du dich an die folgenden Regeln halten.

§ 113 Schule dein Team in der Nutzung der Cloud
Ich habe es schon oft gehört: Da wird im Unternehmen eine Cloudlösung eingeführt. Eine freudige E-Mail kündigt an, dass ab sofort ganz zeitgemäß in der Wolke gearbeitet wird und liefert den Link, mit dem man zu der ent-

Tab. 2 Unterschiede zwischen Speicherplatz- und Kollaborations-Tools. (Eigene Erstellung)

Speicherplatz-Tools	Projektmanagement-/Kollaborations-Tools
… dienen der Datenverwaltung und -speicherung von Einzelpersonen oder Gruppen.	… dienen der orts- und zeitunabhängigen Zusammenarbeit von mehreren Personen.
Ein Datenspeicher ist so etwas wie ein Aktenschrank, in den wir alles hineinstopfen, was wir für die tägliche Arbeit brauchen, wie etwa Texte, Tabellen, Belege/ Buchhaltungsunterlagen, Fotos, Filme oder Musikdateien. Damit können wir die Daten ablegen, verwalten und meistens auch online bearbeiten. Wenn etwas geändert wurde, ist dies dann sofort für alle im Dokument ersichtlich.	Projektmanagement-Tools können deutlich mehr leisten als reine Datenspeicher. Mit ihnen können komplexe Prozesse abgebildet oder To-Do-Listen gepflegt werden. Die Projektmanagement-Tools ähneln eher einem Bürokomplex, in dem viele Personen aus- und eingehen. In dem digitalen Bürogebäude existieren Großraumbüros, verschiedene Einzelbüros und natürlich stehen an den Wänden auch virtuelle Aktenschränke.
Bekannte Produkte: Google Drive Dropbox Microsoft OneDrive	Bekannte Produkte: Trello monday.com Asana

sprechenden Software/App gelangt. Tja, und das war's dann. Die Mitarbeiter-Innen werden sich selbst überlassen und müssen sich im tränenreichen Trail-and-Error-Verfahren mit dem Programm vertraut machen. Wie viel wertvolle Arbeitszeit wird auf diese Weise vergeudet! Solltest du der-/diejenige sein, der/die für die Einführung verantwortlich ist, dann sei so nett und investiere in ausführliche Schulungen mit der Möglichkeit für die TeilnehmerInnen, die Anwendung ausgiebig zu testen.

Sofern du „nur" normaler Anwender sein sollst, dann bestehe darauf, dass du und deine KollegInnen eine entsprechende Schulung erhalten, damit ihr schnell und schmerzfrei mit der neuen Lösung arbeiten könnt.

§ 114 Besprecht im Team das Ablagesystem
Von zentraler Bedeutung für ein effizientes Arbeiten im Team ist das Ablage-system. Eine klug durchdachte und schlüssige Dokumentenablage in der Cloud ist wichtig, damit jeder weiß, wo welche Dateien/Dokumente zu finden bzw. abzulegen sind. Gönnt euch also etwas Zeit, um die Struktur festzu-legen und gemeinsam eindeutige Ablageregeln zu erarbeiten. Denkt auch daran, neuen Teammitgliedern die Struktur zu erklären.

§ 115 Überlege, welche Daten du in der Cloud ablegst
Außer es gibt firmen-/teaminterne Vorschriften, kann dich niemand zwingen, bestimmte Daten in der Cloud zu speichern bzw. einzugeben. Sofern es also keine entsprechenden Gebote gibt, solltest du dir genau überlegen, welche Dateien du der Wolke anvertraust.

§ 116 Lege fest, wem du den Zugriff auf deine Daten gibst
Cloudlösungen zeichnen sich gerade dadurch aus, dass auf die dort ge-speicherten Daten von jedem zugegriffen werden kann, der die entsprechenden Rechte dafür hat. Selbige verteilst du. Sei hierbei nicht zu großzügig und ge-statte nur jenen KollegInnen/Teammitgliedern den Zugriff, die die Daten wirklich brauchen. Meistens hast du die Möglichkeit, die Zugriffsrechte zu beschränken, sodass andere Nutzer die Inhalte zwar einsehen, nicht aber be-arbeiten können. Mache davon Gebrauch – nicht jeder benötigt eine Änderungsberechtigung.

§ 117 Gewöhne dir an, regelmäßig (mehrfach am Tag) nach dem Rechten zu schauen
Gerade am Anfang ist es für die meisten Nutzer noch nicht selbstverständlich, die Cloud-Software regelmäßig zu konsultieren. Zu sehr ist man noch der

„alten" Arbeitsweise verhaftet und denkt gar nicht daran, nachzuschauen, was es denn Neues in der Wolke gibt. So entgehen einem eventuell neu zugewiesene Aufgaben oder Änderungen, die für die eigene Arbeit wichtig gewesen wären. Dem kannst du verbeugen, indem du dir in deinem (elektronischen) Kalender automatische Erinnerungen (etwa alle 2 h) einträgst, die dir einen gedanklichen Tritt in den Hintern geben, doch mal Trello oder Asana zu besuchen.

§ 118 Wähle ausdrucksstarke Namen für deine Dokumente

Wenn du Dokumente (egal welchen Typs) zusammen mit anderen bearbeitest, dann ist es von hoher Bedeutung, dass jeder (Team-)Kollege aus dem Dokumentnamen sofort Rückschlüsse ziehen kann, um welchen Inhalt es sich dabei handelt, ohne die detektivischen Kenntnisse eines Hercule Poirot zu benötigen. Hinter einer Datei mit dem fantasievollen Namen „Konzept" könnte sich bspw. dein persönlicher Plan zur Erlangung der Weltherrschaft genauso verbergen wie ein internes Papier, in dem die Überlegungen zur Umrüstung des Besprechungsraumes in ein Green-Wall-Studio beschrieben werden. Sei also nicht geizig mit Buchstaben bei der Benennung deiner Dateien – im Zweifelsfall gilt: Lieber länger als kürzer.

U: Umgangsformen & Teamfähigkeit

Wenn du diese Kompetenz erlangst, dann …

- kennst du die wichtigsten allgemeinen Höflichkeitsregeln.
- weißt du, wie du Konflikte vermeidest.
- kannst du Konflikte konstruktiv lösen.
- sind dir die Geheimnisse erfolgreicher Teams bekannt.
- weißt du, wie man als Team auch virtuell gut zusammenarbeitet.
- verstehst du die Grundlagen des Projektmanagements.
- beherrschst die wichtigsten Methoden agilen Arbeitens.

Wo und wann immer Menschen zusammentreffen, um gemeinsam Ziele zu erreichen – ob in Unternehmen, Behörden, Genossenschaften, Verbänden, Vereinen, Parteien oder einer Diebesbande – stoßen Personen unterschiedlichster Charaktere, Herkünfte, Alters- und Gesellschaftsklassen aufeinander. Da heißt es, sich zu arrangieren. Denn anders als im Privatleben kann man sich nicht so leicht aus dem Weg gehen. Vielmehr ist man gezwungen, miteinander klar zu kommen und zusammen an Aufgaben zu arbeiten. Klar, dass das nicht immer reibungslos funktioniert. In Firmen kommt hinzu, dass die Unternehmenskultur, der Führungsstil der Vorgesetzten, die wirtschaftliche Lage, der Zeitdruck und manches mehr einen erheblichen Druck auf die Betroffenen ausüben. Und schließlich sind da noch die individuellen Ziele, die ein jeder verfolgt. Alain de Botton (2012, S. 263) hat dafür ein paar konkrete Beispiele:

© Der/die Autor(en), exklusiv lizenziert durch Springer Fachmedien Wiesbaden GmbH, ein Teil von Springer Nature 2022
M.-N. Däfler, *Fit für die digitale Arbeitswelt*, https://doi.org/10.1007/978-3-658-36580-6_11

[Ein Unternehmen] ist höchst anfällig für interne Zwistigkeiten, für das kleinliche Vorenthalten von Informationen, für das Schwelen giftigen Grolls wegen ungerechter Lohnniveaus, für Schuppen auf dem Kragen eines Managers, für falsche Worttrennungen in Firmenveröffentlichungen.

Vor diesem Hintergrund ist es unmittelbar einsichtig, dass Teamarbeit nur gelingen kann, wenn einige allgemein akzeptierte Regeln für das Zusammenarbeiten existieren und beachtet werden. Das ist wie im Straßenverkehr – der läuft nur deshalb einigermaßen rund, weil sich die meisten VerkehrsteilnehmerInnen an die Vorgaben der StVO halten. Würden wir „rechts vor links" ignorieren oder eine rote Ampel nur als unverbindlichen Vorschlag interpretieren, stehen zu bleiben, dann würde auf unseren Straßen nichts mehr gehen. So ist es auch in Betrieben: Ohne Regeln gäbe es Chaos pur.

Doch die „10 Teamgebote", die im Goldrahmen auf dem Büroflur hängen, sind meist nichts weiter als idealtypische, aber realitätsferne Regeln – weil auf deren Einhaltung nicht geachtet wird, weil Regelverstöße nicht sanktioniert werden und weil man sich nicht die Mühe gemacht hat, die dafür erforderlichen Werkezuge und Methoden zu vermitteln. Dies beabsichtige ich, im Folgenden zu tun. Dabei gilt auch: Nicht jeder Mensch ist ein Teamplayer – und muss es gar nicht werden. Entscheidend ist, dass sich jeder seinem Anteil an einer gelingenden Zusammenarbeit bewusst ist.

Gestatte mir noch ein paar Gedanken, bevor wir konkret werden. Ich würde gern versuchen, die Frage zu beantworten, warum Teamarbeit immer wichtiger wird, gleichzeitig aber auch so schwer ist.

Der „Erfolg" der Gattung homo sapiens ist im Wesentlichen der Tatsache zuzuschreiben, dass sie seit jeher kooperiert hat. Spätestens mit der Erfindung des Ackerbaus und der Sesshaftwerdung vor etwa 10.500 Jahren setzte ein Prozess ein, der sich seitdem immer mehr beschleunigt hat und voraussichtlich auch noch lange an Dynamik beibehalten wird: die Arbeitsteilung. Die Digitalisierung, Globalisierung, enorme technische Fortschritte und immer einfachere Kommunikationsmöglichkeiten haben dazu geführt, dass wir heute höchst spezialisierte Jobs haben, nur noch ein winziges Rädchen in einem monströsen Getriebe sind. Je kleiner unser Anteil am großen Ganzen, desto wichtiger ist es, sich mit den anderen Beteiligten abzustimmen.

Ein weiterer Faktor erhöht die Bedeutung guter Teamarbeit: Wir kooperieren immer häufiger über Länder- und Kontinentgrenzen hinweg. Mit Menschen völlig anderer Kulturkreise zusammenzuarbeiten ist eine große Herausforderung, lauern doch zahlreiche Fallstricke. Über sprachliche Schwierigkeiten hinaus sind es teilweise völlig andere Verhaltensweisen, Normen und Werte, die einer Verständigung im Wege stehen. Da hilft nur, sich mit den Spezifika und kulturellen Besonderheiten der KollegInnen, KundInnen und Partner aus anderen Gefilden zu beschäftigen, um zu vermeiden, dass man in Fettnäpfchen tritt. V. a. jedoch ist Empathie und Toleranz gefragt, wenn die internationale Zusammenarbeit klappen soll.

Hinzu kommt, dass sich die Art und Weise, wie wir arbeiten, grundlegend geändert hat: Wir werkeln nicht mehr im stillen Kämmerlein vor uns hin, sondern erfüllen Aufgaben in stetig wechselnden Projektteams. Kaum hat man sich mit den KollegInnen in einem Projekt halbwegs arrangiert, heißt es schon wieder, Teil eines neuen Projektes zu werden.

Nach einer Studie der Gesellschaft für Projektmanagement (vgl. Wald et al., 2015, S. 29) steigt der Anteil an Projektarbeit von 29 % (2008) auf 41 % im Jahr 2019 – und wird weiter zulegen. In einer solchen Arbeitswelt geht es also gar nicht ohne Teamarbeit. Kein Wunder, wenn fast ausnahmslos in jeder Stellenanzeige „Teamfähigkeit" verlangt wird. Doch „teamfähig" zu sein, ist in der Praxis alles andere als leicht, und zwar …

- weil wir irgendwie immer gleichzeitig kooperieren und konkurrieren – um Aufmerksamkeit, Wertschätzung, den Aufstieg und einiges mehr.
- weil wir wegen einer enormen Arbeitsverdichtung permanent angespannt sind und ein sehr hohes Stressniveau haben.
- weil eine hohe Wettbewerbsintensität zu Quartals- und Silodenken führen – man achtet nur auf eigene, kurzfristige Erfolge.
- weil ArbeitnehmerInnen zunehmend weniger loyal ihrem Arbeitgeber gegenüber sind und dementsprechend eine höhere Wechselbereitschaft haben („Dann geh' ich halt, wenn mir es nicht passt").
- weil Beförderungskriterien falsch gewählt sind bzw. falsche Anreize gesetzt werden. Nicht der Erfolg als Gruppe steht im Vordergrund, sondern der individuelle Beitrag.

Vor diesem Hintergrund ist klar, dass oftmals ein Spagat zu schlagen ist: Einerseits seinen legitimen eigenen Interessen zu folgen und sich andererseits als fairer Teamplayer zu zeigen. Vielleicht ist die Organisationsform „Holacracy" (deutsch: „Holakratie"; Herrschaft aller) die Lösung für dieses Dilemma? Ursprünglich im Jahr 2007 ersonnen von dem US-amerikanischen Programmierer Brian Robertson (2015), erproben heute zunehmend mehr Unternehmen diesen basisdemokratischen Ansatz. Es gibt keine klassischen hierarchischen Ebenen und keine Vorgesetzten mehr, sondern so genannte „Kreise", die sich selbst organisieren und mit spezifischen Themen – etwa Einkauf oder Vertrieb – beschäftigen. Die Mitarbeitenden übernehmen auf freiwilliger Basis „Rollen" mit ziemlich klar festgelegten Pflichten. Jede/r im

Unternehmen verfügt über die gleichen Rechte, muss sich dabei aber an eine Art „Grundgesetz" halten, das aus 30 Regeln besteht (vgl. Heuer, 2021). Ob sich diese Organisationsform jemals durchsetzen wird, darf bezweifelt werden. So bleibt nur, in der Gegenwart zu versuchen, kein Egoist zu sein und sich mit den KollegInnen gut zu arrangieren. Wie das klappen kann, verrate ich dir nun.

So verhältst du dich höflich

Eine ermutigende Botschaft gleich zu Beginn: Höfliche und freundliche Menschen …

* sind viel seltener in Konflikte verwickelt,
* erreichen ihre Ziele schneller und einfacher,
* haben ein höheres soziales Ansehen und
* fühlen sich glücklicher.

Es ist also durchaus im Eigeninteresse, seine Mitmenschen anständig zu behandeln. Bodo Schäfer (2014, S. 143) sieht das auch so:

Wir erreichen mehr, wenn wir einen Umgang mit Menschen pflegen, der auf Verständnis, Toleranz, positiver Einschätzung des anderen, gutem Willen, Freundlichkeit und Zuneigung, Interesse und Friedfertigkeit basiert. Dieser Umgang sollte mit dem aufrichtigen Wunsch verbunden sein, dass es anderen genauso gut gehe wie uns selbst.

Die konkrete Wirkungskette des Freundlichseins: Wenn ich freundlich bin, dann bekomme ich Unterstützung von anderen, kann Zeit sparen und habe ein harmonisches Umfeld. Man ist eben viel eher geneigt, etwas für einen anderen zu tun, seinen Standpunkt anzunehmen oder ihm zu helfen, wenn einem der andere sympathisch ist. Sympathie wiederum gründet maßgeblich auf der Art und Weise, wie wir mit unseren Mitmenschen umgehen, also wie freundlich wir sind. Professor John Kay (2011, S. 185) drückt das folgendermaßen aus:

Die Reaktionen anderer hängen nicht nur von dem ab, was wir tun, sondern auch von deren Auffassung, warum wir dies tun – und von deren Wahrnehmung, was für ein Typ Mensch wir sind.

Man kann auch moralisch argumentieren. Die dir bereits bekannte „Goldene Regel" besagt in Reimform ausgedrückt:

» Was du nicht willst, dass man dir tu', das füg' auch keinem anderen zu.

Dieser in allen Weltreligionen genannte Grundsatz gilt nicht nur in negativer Hinsicht, sondern auch in positiv-normativer. Also: Das, was wir von anderen verlangen – nämlich, freundlich, aufgeschlossen, anerkennend usw. uns gegenüber zu sein –, sollten wir selbst ebenso praktizieren. Das Schöne dabei: Wir profitieren selbst davon. Das liegt am Reziprozitätsprinzip oder „Prinzip der Gegenseitigkeit". Was kompliziert klingt, ist einfach zu erklären. Wenn man uns etwas gibt, egal, ob es sich um etwas Materielles oder etwas Immaterielles (z. B., wenn uns der Kollege ein Lob ausspricht) handelt, dann haben psychisch normale Menschen – nicht jeder kann das ja von sich behaupten – das Bedürfnis, diese Gabe in ähnlicher Weise zu erwidern.

Spieltheoretiker bezeichnen das als „Tit-for-tat-Regel". Im Deutschen drücken wir das mit der Redewendung „wie du mir, so ich dir" aus. Bildlich beschrieben: Freundlichkeit ist wie ein Bumerang – sie kehrt immer wieder zu dem zurück, der sie „weggeworfen" hat. Wie man in den Wald hineinruft, so schallt es eben heraus. Wenn ich freundlich bin, wenn ich anderen Anerkennung zeige, wenn ich mich bedanke, dann wird mein Gegenüber voraussichtlich entsprechend nett reagieren, was mich wiederum erfreut und mich etwas entspannter werden lässt.

Auf den Punkt gebracht: Wer höflich und freundlich ist, nutzt sich selbst am meisten. Allerdings darf man Freundlichkeit und Nettigkeit nicht mit Naivität verwechseln. Ausnutzen sollte man sich nicht lassen. Man muss auch nicht zum Samariter werden oder sich für andere aufopfern. Das bringt uns zur spannenden Frage: Was bedeutet Freundlichkeit eigentlich? Ohne eine philosophisch-moralische Erörterung zu beginnen, lässt sich Freundlichkeit als den höflich, fairen und zuvorkommenden Umgang mit seinen Mitmenschen definieren.

Freundlich zu sein kann sich in Kleinigkeiten äußern, wie etwa: der Kollegin/dem Kollegen die Türe aufhalten, dem Büronachbarn unaufgefordert einen Kaffee mitbringen, dem Paket-Boten ein Lächeln schenken oder der Abteilung mal eine Packung Gummibärchen spendieren. Doch natürlich ist mehr erforderlich, als alle paar Wochen mal eine Tüte Goldbären in der Teeküche zu deponieren – es geht darum, Freundlichkeit und Höflichkeit in all seinem Tun zu praktizieren.

Gelingt dies nicht, dann hat man nicht nur persönlich Nachteile, sondern auch der Arbeitgeber. Dem schadet es nämlich erheblich, wenn im Unternehmen kein Klima von Höflichkeit und Freundlichkeit herrscht (vgl. Sutton 2008, S. 43 ff.):

- Höhere Krankheitstage
- Höhere Fluktuation
- Höherer Abstimmungsaufwand
- Mehr Konflikte
- Mehr Betrugsfälle/Diebstähle
- Niedrigere Produktivität
- Niedrigere Kundenzufriedenheit
- Niedrigere Kreativität/Innovationskraft
- Verzögerte Entscheidungen

Genug der Vorrede – längst ist dir klar, dass Höflichkeit für den Einzelnen und Organisationen gleichermaßen bedeutsam ist. Was heißt das nun konkret? Nun, die wichtigste Empfehlung finden wir im Paragrafen 1, Absatz 1 der Straßenverkehrsordnung. Dort heißt es: „Die Teilnahme am Straßenverkehr erfordert ständige Vorsicht und gegenseitige Rücksicht." Das Gleiche trifft auf das Verhalten in Unternehmen, Behörden, Verbänden, Praxen oder Kanzleien zu. Ein rücksichtsvoller, höflicher Umgang mit seiner Umwelt zeugt davon, dass man seinen Mitmenschen Respekt entgegenbringt. Ein modernes Verständnis von Höflichkeit heißt jedoch nicht, dass man strikt althergebrachte, gesellschaftliche Normen befolgt. Es bedeutet vielmehr, dass man – seinem gesunden Menschenverstand, seinem Herzen und seiner Kinderstube folgend – aufmerksam und hilfsbereit ist. Dazu gehört z. B., dass man

- „bitte" und „danke" sagt,
- grüßt, wenn man jemanden sieht,
- fragt, wenn man etwas möchte,
- alle Menschen – egal ob Fahrradkurier oder Vorstand – gleichermaßen zuvorkommend behandelt,
- sich entschuldigt, wenn man jemanden angerempelt hat,
- Versprechen und Zusagen einhält,
- pünktlich zu Terminen erscheint,
- anderen die Tür aufhält oder
- in der Warteschlange der Kantine nicht drängelt.

» Hast du gemacht was Dumm', dann sag' brav Entschuldigung.

So arbeitest du im Team erfolgreich zusammen

§ 119 Absolviert einen Teamtest

Wie sollte ein perfektes Team zusammengestellt werden? Was spielt eine Rolle, wenn es darum geht, ein „Dream Team" auf den Platz zu schicken? Ist es das Fachwissen, die Erfahrung, die gegenseitige Sympathie oder sind es andere Faktoren? Wie können die Stärken und Schwächen der Teammitglieder bestmöglich ausgeglichen werden? Es gibt etliche Persönlichkeits- und Teamtests, die darauf Antworten geben. Nicht alle Testverfahren erfüllen dabei wissenschaftliche Kriterien. Zu den seriösen zählt das Rollenmodell des englischen Wissenschaftlers Meredith Belbin (*1926).

Er geht davon aus, dass sich Menschen abhängig von ihrem Charakter unterschiedlich verhalten und im Team entsprechende Rollen einnehmen. Belbin hat in seinen Forschungen 9 Teamrollen mit jeweils typischen Stärken und Schwächen identifiziert. Seiner Ansicht nach sollten diese Rollen in jedem Team besetzt sein.

Wenn ein Team diesen – oder einen anderen ernsthaften – Test absolviert, können die Teammitglieder ihr eigenes Verhalten besser verstehen und gezielt an ihren Schwächen arbeiten. Teams lassen sich mit dem erlangten Wissen besser zusammenstellen und das Verständnis untereinander wird erhöht. Natürlich wird es in der Praxis oft nicht möglich sein, ein nahezu perfektes Team zu kreieren, schließlich stehen ja nicht beliebig viele MitarbeiterInnen zur Auswahl. Dennoch kann der Einsatz eines Tests sehr sinnvoll sein, um Reibungen innerhalb von Teams zu minimieren und die Zusammenarbeit zu verbessern.

Weitere Infos (auf englisch): www.belbin.com

§ 120 Mache Toleranz zum obersten Grundsatz der Zusammenarbeit

Mal ehrlich: Mit unserem Urteil und unserer Kritik an anderen sind wir oft strenger als weißrussische Zollbeamten mit einreisenden Journalisten. Jeder noch so läppische Fehler, jede noch so minimale Verfehlung, ja selbst jede noch so banale Handlung, die andere anders machen als wir, wird höhnisch, herablassend oder strafend kommentiert. Wunderbar lässt sich das beobachten, wenn man in einem Café zufällig 2 Freundinnen mittleren Alters am Nachbartisch sitzen hat: „Hast du schon gehört, Gertrud: Die Erika hat jetzt eine Woche Urlaub ganz allein gebucht. Ohne ihren Manfred! Wie kann man das denn nur machen! Also, nein! Ich würde das nie tun! Meinen Herbert eine ganze Woche allein lassen! Unmöglich ist das." Ich verstehe so was nicht. Warum eigentlich sollte es uns tangieren, was andere machen? Das geht uns doch gar nichts an. Überhaupt: Was haben wir davon, wenn wir uns über andere lustig machen oder uns über sie aufregen, nur weil sie Dinge anders tun, als wir es machen würden? Natürlich: Es ist etwas anderes, ob wir über das Verhalten von Erika oder unseren Job sprechen. In der Firma sind wir oft von der Arbeit unserer KollegInnen unmittelbar betroffen und es tangiert uns schon, was andere machen und wie sie ihre Arbeit erledigen. Mal abgesehen von solchen sachlichen Überlegungen gibt es jedoch auch genügend Anlässe bzw. Verhaltensweisen, über die wir (negativ) urteilen, ohne dass sie etwas mit der Arbeit an sich zu tun hätten.

»Urteile nie über dein Gegenüber, vielleicht ist sein Leben hinüber.

Im Schlusssatz des „Kölsche Grundgesetz" heißt es: „Vergess' nie: Jeder Jeck es anders!" Es gibt eben so viele Weltbilder und Anschauungen, wie es Menschen gibt, also über 8 Mrd. Klar, manchmal fühlt man sich wie eine Kuh – den ganzen Tag von Pfosten umgeben. Und dennoch sollte man auch das komischste Verhalten, die schrägste Ansicht, die krudeste Vorstellung und den aberwitzigsten Standpunkt tolerieren. All das natürlich nur so lange, wie sich die Meinungen der anderen innerhalb der gesellschaftlich-gesetzlich akzeptierten Grenzen halten. Rituelle Kinderopfer sind nur bedingt zu tolerieren.

Während man sich bei etlichen Zeitgenossen des Gefühls nicht erwehren kann, sie wären im Zweitberuf Sittenwächter oder Moralrichter, weil sie permanent und ungefragt das Verhalten oder die Einstellungen ihrer Mitmenschen kritisieren, während manch einer fortwährend die Handlungen anderer abgleicht mit dem, wie man es selbst gemacht hätte, sollte man eher sagen: Die machen's so und ich mach's so – jeder muss wissen, was für ihn/sie der richtige Weg ist.

Forme dein Bild von anderen nicht auf Basis von Überheblichkeit, Besserwisserei oder Arroganz, sondern auf der Grundlage von Empathie, Verständ-

Arroganter Kollege

Finanzielle Sorgen

Schlecht geschlafen

In Trennung lebend

Vorhin vom Chef ungerecht behandelt worden

In der Kindheit misshandelt

...

Abb. 1 Was wir über andere Menschen wissen. (Eigene Erstellung)

nis und Weitsicht. Handelt jemand ganz anders, als du es selbst getan hättest, verhält sich jemand dir gegenüber schroff oder gar verletzend, so schieße nicht zurück, sondern denke dir nur: Weiß ich, was diesem Menschen heute widerfahren ist, dass er sich so verhält?

> Jeder, den du kennst, kämpft in einer Schlacht, von der du nichts weißt. Sei nett. Immer.
> Robin Williams (1951–2014) US-amerikanischer Schauspieler

Mache dir außerdem klar, dass du vom anderen immer nur einen ganz kleinen Ausschnitt seiner wahren Persönlichkeit zu sehen bekommst (siehe Abb. 1) und dass es ein Leichtes ist, negative Seiten am Gegenüber zu entdecken. Doch wissen wir, womit sich dieser Mensch gerade herumärgern muss, welche traumatischen Erlebnisse er hatte, was ihm Schlimmes in seiner Kindheit widerfahren ist?

»Weiß ich, wer den and'ren so behandelt hat, dass er mich zur Schnecke macht?

Wenn wir uns auf das konzentrieren, was uns an anderen nicht passt, dann werden wir es auch finden und übersehen dabei all jene Eigenschaften, die vielleicht okay oder sogar gut sind. Bemühe dich daher, die Perspektive des anderen einzunehmen, und suche bei den Menschen, mit denen du nicht so gut klarkommst, bewusst auch positive Eigenschaften. Okay, manchmal fällt es tatsächlich schwer, bei einem emotionalen Totalausfall irgendetwas Vorteilhaftes zu entdecken. Dann denke dir: Na ja, immerhin taugt er/sie als abschreckendes Beispiel.

§ 121 Erarbeitet ein gemeinsames „Grundgesetz" der Zusammenarbeit
Ich durfte in meiner Arbeit als Berater und Coach mit einigen Teams in Workshops Teamregeln erarbeiten. Eine (unstrukturierte) Auswahl dieser Regeln habe ich dir zur Inspiration mitgebracht:

- Ich akzeptiere, dass jeder Mensch (KollegIn/MitarbeiterIn) anders ist.
- Ich halte Zusagen ein.
- Man kann sich auf mich verlassen.
- Ich erscheine pünktlich zu Terminen; wenn ich verhindert bin, sage ich rechtzeitig ab.
- Ich informiere meine KollegInnen rechtzeitig, wenn ich Deadlines nicht einhalten kann.
- Ich frage nach, wenn ich etwas nicht völlig verstanden habe.
- Als Führungskraft lebe ich vor, was ich von meinen MitarbeiterInnen verlange.
- Ich lasse andere ausreden.
- Ich höre aufmerksam zu – wenn ich das aufgrund der aktuellen Situation (z. B. Stress) nicht kann, sage ich das.
- Ich bin tolerant und habe Respekt vor meinen KollegInnen, unabhängig von ihrer Herkunft, ihrer Position und ihren Ansichten.
- Ich erwarte von meinen KollegInnen nicht, dass sie sich für ihren Job total verausgaben.
- Ich profiliere mich nicht auf Kosten anderer, um meine Karriere zu befördern.
- Ich setze keine Gerüchte in Umlauf.
- Ich halte auch mal die Klappe, wenn ich nichts Gescheites zu sagen haben.
- Ich fasse mich in Besprechungen so kurz wie möglich.
- Ich spreche Probleme direkt, offen, wertschätzend und ohne Vorwürfe an.
- Ich prüfe Ideen und Verbesserungsvorschläge von anderen vorurteilsfrei.
- Ich suche bei Fehlern nicht Schuldige, sondern versuche, die Folgen des Fehlers zu beseitigen und dafür zu sorgen, dass er nicht wieder auftritt.
- Ich gebe eigene Fehler unumwunden zu.
- Ich helfe meinen KollegInnen, lasse mich aber nicht ausnutzen.
- Ich löse Konflikte konstruktiv und versuche, die Interessen alle Beteiligten zu berücksichtigen.
- Ich halte mich an die Goldene Regel und praktiziere, was ich von anderen erwarte.

Ich denke, wir sind uns einig: Das liest sich ganz wunderbar und findet viel Zustimmung. Doch das eine ist es, eherne Grundsätze zu formulieren – das andere ist es, sie zu leben. Genau darin liegt die Schwierigkeit im Joballtag. Wenn wir gestresst sind, wenn der Kollege Oberdorfer wieder mal sein Mundwerk nicht zügeln kann, wenn Jutta nicht wie versprochen die PowerPoint-Folien geliefert hat – ja, dann vergessen wir auch nur zu schnell die wohlfeilen Sätze und reagieren anders, als wir es eigentlich wollten und sollten. Hier hilft im Wesentlichen nur eine uralte Erkenntnis: **Jede Regel ist nur so gut, wie sie sanktioniert wird.** Auch wenn dies reichlich angestaubt klingt, so ist es doch wahr. Das heißt: Nur wenn alle Teammitglieder (und natürlich die Führungskräfte) konsequent auf die Einhaltung der selbstgesetzten Vorgaben achten und bei Regelverstößen unverzüglich handeln, hat ein wie auch immer geartetes „Grundgesetz" eine Chance, sein Sinn und Zweck zu erfüllen.

§ 122 Ergreift Maßnahmen, um die Teamatmosphäre zu verbessern

Das kennen wir aus dem Privatleben: Freundschaften entstehen und wachsen durch gemeinsam Erlebtes, durch zusammen erfahrene Abenteuer und durch „Einblicke" in das Leben des/der anderen. Gleiches gilt für den Job. Nun muss man natürlich nicht sämtliche KollegInnen zum besten Freund/zur besten Freundin haben. Das wäre vermutlich sogar kontraproduktiv. Es kann jedoch nichts schaden, sich etwas besser kennenzulernen. Dafür ein paar Anregungen:

- Veranstaltet eine „F*ck-up-Night", bei der jede/r, die/der möchte, über Fehler spricht, die er/sie gemacht hat und was man daraus gelernt hat.
- Engagiert euch gemeinsam ehrenamtlich. Fragt doch mal im Kindergarten, ob es eine Aufgabe gibt, bei der ihr unterstützen könnt. Soll der Gruppenraum neu gestrichen werden? Der Sand auf dem Spielplatz ausgetauscht werden? Oder ihr geht zusammen vor die Firmentüre und sammelt im Umkreis Müll ein. Oder die Musikalischen unter euch gehen ins Altersheim und geben dort ein Privatkonzert.
- Zeichnet mal eines eurer Meetings per Video auf und analysiert es anschließend: Wie wirkt jeder? Haben wir uns an die Gesprächsregeln gehalten? Welche Ideen haben wir, um die Besprechungshygiene zu verbessern?
- Gebt euch (anonym) Feedback: Wie nehme ich jeden Kollegen/jede Kollegin wahr? Was schätze ich an ihr/ihm? Was würde ich mir wünschen?
- Spielt Lunch-Roulette: Alle Namen werden auf Zettel geschrieben und gefaltet. Danach zieht eine „Losfee" und bildet Paare – diese beiden Personen gehen zusammen Mittagessen.

- Wenn es fachlich-inhaltlich möglich ist: Vollzieht einen Rollentausch. Übernehme für 1 Tag, 1 Woche oder gar 1 Monat die Aufgaben eines anderen Teammitglieds (und umgedreht).
- Begleite ein anderes Teammitglied mal ein paar Stunden während der Arbeit. Setze dich einfach stumm an die Seite und sieh' dir an, was sie/er macht. Das ist auch als „Shadowing" bekannt – sei also einfach der Schatten des/der anderen und erfahre so, womit er/sich so den lieben langen Tag beschäftigen muss. Dies ist insb. dort zu empfehlen, wo es öfters (aus Unkenntnis) zu Reibereien kommt, etwa zwischen Marketing und Vertrieb.

》Sei doch mal der Schatten des and'ren, das wird deine Meinung vielleicht wandeln.

So arbeitest du im Team gut virtuell zusammen

Wenn Abteilungen und Teams (überwiegend) von Zuhause oder mobil arbeiten, dann bleibt viel auf der Strecke, was uns lieb und teuer war: der Zwiebel-Döner-Atem unseres Bürogenossen, der Kollege Freymann, der einem stundenlang mit seinen öden Erzählungen von seinen Erlebnissen beim Fliegenfischen an der Saale langweilen und von der Arbeit abhalten konnte, die Wutausbrüche des Chefs während des wöchentlichen Meetings – all das fehlt, wenn wir physisch nicht beieinander sind. Nicht nur die zwischenmenschlichen Begegnungen gehen uns abhanden. Auch vieles, was sonst so nebenher geklärt werden konnte, muss nun anders organisiert werden. Dass zufällige Zusammentreffen auf dem Flur, die unbeabsichtigt aufgeschnappte Information beim Warten an der Kaffeemaschine oder die Klärung eines Missverständnisses während der gemeinsamen Raucherpause sind nunmehr kaum möglich. Aus diesen Gründen gelten für virtuelle Teams zusätzliche Regeln. Hier sind sie:

§ 123 Denke daran, dass Vertrauen die Grundlage für die virtuelle Zusammenarbeit ist
„Wenn die Katze aus dem Haus ist, tanzen die Mäuse" – noch viel zu oft werden Führungskräfte von dem Gedanken dieses Sprichwortes geleitet und kontrollieren ihre MitarbeiterInnen durch ständige Anrufe oder Videochats. Auf einer solchen Basis können Remote-Teams nie erfolgreich arbeiten. Denn: Wenn die Teammitglieder spüren, dass ihnen der Chef oder die Chefin arg-

wöhnisch gegenübersteht, dann können und werden sie nie die Selbstständigkeit entwickeln, die so elementar für das digitale Arbeiten ist. Wer im Homeoffice überwiegend auf sich gestellt ist, der braucht kaum etwas nötiger, als ein vertrauensvolles Verhältnis zum Vorgesetzten und zu den KollegInnen.

❯❯ Wenn ihr könnt einander vertrauen, wird die Zusammenarbeit kein Grauen.

Das soll nun nicht heißen, dass sich der Boss überhaupt nicht mehr meldet und abtaucht. Dies wäre auch grundverkehrt, denn gerade Remote-MitarbeiterInnen wollen wahrgenommen und angesprochen werden. Ein Ausbleiben von Kommunikation würde schnell als Desinteresse interpretiert werden und zu einem Gefühl mangelnder Wertschätzung führen.

Also was jetzt? Nicht zu viel, aber auch nicht zu wenig Kommunikation – wie so oft, liegt das rechte Maß in der Mitte, vor allem jedoch kommt es auf das „Wie" an. Es ist halt ein Unterschied, ob die Chefin fragt: „Tina, was haben Sie heute Vormittag gemacht?" oder „Tina, kommen Sie gut mit dem Projekt voran? Brauchen Sie Unterstützung?".

Wenn du MitarbeiterIn bist, hast du beim Lesen dieser Zeilen vielleicht heftig genickt und mir zugestimmt, dich aber vermutlich auch gefragt: Tja, aber was kann ich da tun, ich bin ja nicht der Capo. Nun, klar hast du da recht, aber warum gehst du nicht einfach in die Offensive und bittest um ein persönliches Gespräch mit deinem/r Vorgesetzten/r? Auf eine höfliche, nicht die beleidigte Leberwurst spielende, Weise könntest du fragen: „Herr/Frau Spion-Fußfessel-Oberkontrolletti, ich fühle mich unwohl, in der Art, wie wir zusammenarbeiten. Ich habe den Eindruck, dass Sie mir nicht vertrauen, weil ich sehr häufig Anrufe mit kontrollierenden Fragen bekomme. Erwecke ich den Eindruck, dass ich nicht die gewünschte Leistung erbringe?"

Für den Fall, dass du wenig bis gar nichts von oben hörst, solltest du auch das Gespräch suchen: „Herr/Frau Ich-weiß-deinen-Namen-schon-gar-nicht-mehr-weil-ich-dich-schon-so-lange-nicht-mehr-gesprochen-habe, ich fühle mich unwohl, in der Art, wie wir zusammenarbeiten. Ich habe so gut wie keinen Kontakt zu Ihnen und weiß daher nicht, wie Sie meine Arbeit beurteilen. Ich würde mir wünschen, dass Sie mir häufiger Feedback geben und sich mit mir austauschen."

§ 124 Bedenke: Informationen sind (in der Regel) eine Holschuld

Wie gerade gesagt, gibt es 2 Extremtypen von Führungskräften – solche, die dir permanent über die Schulter zu schauen scheinen und solche, deren Aufenthaltsort du auf einer fernen Karibikinsel vermutest. Unabhängig davon, in welche Kategorie dein/e Vorgesetzte/r fällt oder ob du das Glück hast, einen „normalen", verständnisvollen Häuptling vor der Nase zu haben: In allen Fällen gilt, dass du auch deinen Teil dazu beitragen musst, damit es im virtuellen Team flutscht, und zwar insb. was das Einholen von Informationen betrifft. In der „alten Welt" war es Usus, dass die Vorgesetzten die für eine Aufgabe erforderlichen Informationen zur Verfügung stellten. In der neuen Arbeitswelt ist es genau umgedreht: Da ist es nämlich dein Job, dich darum zu kümmern, dass dir genau die Informationen vorliegen, die du für deine Aufgabe(n) benötigst.

§ 125 Definiert Kernarbeitszeiten

Einer der großen Vorteile des digitalen Arbeitens liegt darin, dass man nicht mehr von starren Arbeitszeiten abhängig, sondern reichlich flexibel ist. Das kommt insb. jenen Menschen entgegen, deren Schlafgewohnheiten vom Durchschnitt der Bevölkerung erheblich abweichen, also den extremen Frühaufstehern (wie ich es bin) oder Langschläfern. Während der eine dann vielleicht um 11:00 Uhr schon seine Mittagspause macht, fährt der andere gerade erst seinen Rechner hoch. Auf diese Weise wird es schwierig, dass sich diese KollegInnen dann auch mal virtuell begegnen. Sofern dein Arbeitgeber zu Anwesenheitspflichten keine Vorgaben gemacht hat, wäre es vorteilhaft, wenn ihr euch als Team auf Kernarbeitszeiten einigt, zu denen jeder erreichbar ist.

§ 126 Halte deinen Online-Kalender stets aktuell

Im Büro sahen dich die KollegInnen (außer du hast unter dem Schreibtisch deinen Rausch vom Vorabendschoppen ausgeschlafen) und jeder wusste, ob du verfügbar bist oder nicht. Das geht nun nicht mehr so einfach, es sei denn, du hast permanent eine Webcam eingeschaltet, die deinen Heimarbeitsplatz live ins Intranet streamt. Eine gute Möglichkeit, im virtuellen Raum deutlich zu machen, ob/wie man erreichbar ist, ist deinen (für alle Teammitglieder einsehbaren) Kalender stets aktuell zu halten.

Wenn du zwar am Arbeitsplatz bist und keine Termine hast, dennoch ungestört sein willst, dann kannst du einen „Blocker" in deinen Kalender setzen oder dir einen Termin mit dir selbst eintragen (auf die Gefahr hin, dass dich deine KollegInnen für schizophren halten). Wenn du ein Kollaborations-/ Chatprogramm nutzt, dann ändere dort deinen Status auf „nicht stören" und denke daran, ihn wieder zurückzusetzen, wenn du wieder erreichbar sein möchtest.

§ 127 Schalte bei Videomeetings deine Kamera ein

Natürlich ist es nicht dasselbe, mit den KollegInnen im Besprechungsraum zu sitzen, die von Inge mitgebrachten, selbst gebackenen Dinkel-Feigen-Kekse zu knabbern und gemeinsam über die Einführungskampagne für euer neues Produkt „Windeln für Hundewelpen" zu hirnen oder daheim vor dem Laptop zu hocken und in einen schwarzen Bildschirm zu starren. Dieser bleibt bei vielen Online-Meetings nämlich dunkel, weil die TeilnehmerInnen ihre Kamera ausgeschaltet haben. Das kann mehrere Gründe haben: Die Bandbreite ist zu gering, das Wohnzimmer, von dem aus du arbeitest, sieht aus, als hätte darin eine NATO-Truppenübung stattgefunden, weil du gestern für deinen 7jährigen Sohn Ole eine Geburtstagsfeier mit 12 seiner Freunde veranstaltet hast oder du hast einen Bad-Hair-Day und willst dich so nicht zeigen. Alles nachvollziehbare Motive, doch irgendwie schade. Das wäre so, als wenn du dir bei einem realen Meeting eine ALDI-Tüte über den Kopf ziehen würdest. Solltest du das in Wirklichkeit tun, dann kannst du auch bei Videokonferenzen deine Kamera ausgeschaltet lassen. Ansonsten zeige den anderen TeilnehmerInnen dein hübsches Gesicht und erleichtere es ihnen, dich zu verstehen, indem sie deine Mimik und Gestik sehen.

> **»Gezoomt wird nur mit Kamera, na, das ist doch sonnenklar.**

§ 128 Nehmt euch zu Beginn von Videomeetings etwas Zeit für den persönlichen Austausch

Weil durch das Remote Working kaum noch die Chance besteht, in der Teeküche ein kleines Pläuschen zu halten oder gemeinsam im Büromateriallager eine Flasche Smirnoff zu kippen, leidet die für jedes menschliche Miteinander so wichtige Beziehungsebene. Es ist zwar nur ein schwacher Ersatz, aber immerhin ist es eine nette Idee, am Beginn von Online-Besprechungen ein paar Minuten für den Austausch von nichtberuflichen Themen einzuplanen. Als Faustregel für diese Art von Smalltalk gilt: Er sollte nicht länger als 10 % der geplanten Dauer betragen, bei einem halbstündigen Meeting also ungefähr 3 min.

§ 129 Plant eigene Online-Team-Events

Vor Zeiten des allgemeinen Homeoffice' ging's nach Feierabend manchmal noch gemeinsam in die Kneipe gegenüber für 1, 2 oder 8 Bier. Die sportlicheren KollegInnen joggten nach Dienstschluss zusammen noch mal schnell durch den Stadtpark. So leicht geht das jetzt nicht mehr, zumindest nicht spontan. Was könnt ihr stattdessen tun? Hier 4 Anregungen, die selbstverständlich auf Freiwilligkeit beruhen – niemand sollte gezwungen sein, daran teilzunehmen:

1. Macht gemeinsam eine Zoom-Weinprobe: Dazu braucht es jemanden aus dem Team, der sich ein bisschen mit Wein auskennt oder vorgibt, es zu tun. Er/sie wählt 3 bis 6 verschiedene Weine aus, die in einem gängigen Supermarkt/Discounter erhältlich sind. Die Weinliste verschickt er/sie an die Teammitglieder, damit sich jeder die entsprechenden Tropfen besorgen kann. Zum verabredeten Termin (am besten außerhalb der offiziellen Arbeitszeit) trifft man sich dann im virtuellen Raum und schaut einander zu, wie man so allmählich seiner Muttersprache verlustig wird.
2. Ein wenig mehr der Gesundheit zuträglich ist dieser Vorschlag: Macht einen Abendtermin aus, bei dem ihr gemeinsam Online-Yoga macht. Auf YouTube gibt es unendlich viele Anleitungen unterschiedlichster Länge.
3. Veranstaltet einen Online-Spieleabend – dazu ist gar nicht viel erforderlich außer einem gemeinsamen Termin und einer Auswahl von Spiele-Apps. Sowohl für iOS, als auch für Android gibt es zahlreiche Apps, die kostenlos sind und die man mit mehreren Personen spielen kann. Dieser Vorschlag lässt sich auch gut mit Tipp Nr. 1 kombinieren.
4. Kennst du noch von früher diese schrecklichen Dia-Abende? Wenn der Onkel Klaus 427 Bilder von seinem Gardasee-Urlaub zeigte, wovon die eine Hälfte verwackelt und die andere unterbelichtet war. Mann, was hat das für einen Spaß gemacht! Das geht auch online. Vielleicht habt ihr ja jemandem im Team, der unlängst den Himalaja bestiegen, den Nordpol barfuß erreicht oder den Marianengraben ohne Sauerstoffflasche hinuntergetaucht ist? Wenn nicht, dann tun es gegebenenfalls auch die Fotos von Hans-Günthers letztem Trip auf den Ballermann.

So vermeidest du Konflikte

Konflikte sind alltäglich; sie werden zwischen Eheleuten, Nachbarn, in Familien und Lebensgemeinschaften, im Handel und Straßenverkehr, zwischen Mietern und Vermietern und eben auch am Arbeitsplatz ausgetragen. Egal, wo Konflikte entstehen: Ausschlaggebend ist das subjektive Erleben und nicht ein „objektiv" vorhandener Streitpunkt. Wichtig ist, dass du verstehst: „Wirklich ist was wirkt". Das heißt: Glaubt z. B. jemand, ein/e andere/r stehe mit ihm/ihr im Wettbewerb um den Posten des Abteilungsleiters, so ist bereits diese Vermutung Grund genug – ganz unabhängig von der tatsächlichen Absicht des vermeintlichen Gegenspielers. Die Wahrnehmung eines Gegensatzes ist eine zwingende Voraussetzung, um überhaupt von einem Konflikt sprechen zu können (vgl. Glasl, 2020).

Im Verlauf eines Konfliktes läuft unser Emotionsturbo zu Höchstleistungen auf. Am Anfang sind wir noch hin- und hergerissen zwischen Verstehen und Ablehnung. Doch im Laufe der Zeit gewinnen die negativen Gefühle die Überhand. Wir fokussieren uns zunehmend auf unsere Interessen und haben immer weniger Interesse an Kompromissen/Lösungen. All' das hat zur Konsequenz, dass wir zunehmend die Kontrolle über uns selbst verlieren und wir immer aggressiver werden. Und zack ist ein Teufelskreis in Gang gesetzt, weil die Gegenpartei genauso reagiert (vgl. Glasl, 2020).

Während eines Konfliktes sehen wir die Welt immer verzerrter – Psychologen sprechen von „selektiver Aufmerksamkeit". Was uns am anderen stört, nehmen wir sehr klar wahr, unsere eigenen Schwächen hingegen sehen wir nicht. Selbst- und Fremdbild klaffen weiter auseinander als die politischen Überzeugungen eines Grünen und eines AfD'lers.

Allerdings sind Konflikte nicht nur schlecht, denn sie helfen uns, Schwierigkeiten zu erkennen und uns weiterzuentwickeln sowie Beziehungen zu vertiefen. Ohne Konflikte käme wohl keine zwischenmenschliche Beziehung aus, weil es die wichtigste Funktion des Streits ist, Dinge klar zu legen. Konflikte verbinden daher genauso, wie sie trennen. Sie lassen die Ursachen für Unzufriedenheit evident werden und führen im besten Fall zu guten neuen Ideen. Reinhard K. Sprenger (2020, S. 13) drückt das bildlich so aus:

> Dabei wird Konflikt meist missverstanden. Es wird nicht gesehen, dass der Konflikt verbindet, was getrennt wurde, vereint, was sich zu sondern drohte. Wie der Zirkustrick von der zersägten Dame: Der Zauberer hat die Illusion der Trennung erzeugt, die Dame war nie wirklich zersägt. Für einen kurzen Augenblick haben wir es geglaubt. Das ist das Magische am Konflikt: In nahezu allen Erscheinungsformen scheint er zu spalten – und fügt doch zusammen.

Fazit: Konflikte können die Wirkung eines (reinigenden) Gewitters haben. Es geht daher nicht darum, Konflikte zu vermeiden, sondern sie konstruktiv zu lösen. Und wie das geht, erläutere ich nun.

§ 130 Halte bei Nichtigkeiten deine Klappe
In wie vielen Beziehungen beklagt sich der eine Partner über den anderen,
dass dieser ständig herumnörgelt, das Haar in der Suppe sucht, an allem etwas
auszusetzen hat oder alles besser weiß? Familienrichter und Ehetherapeuten
können bestätigen: Permanentes Herummosern ist einer der schlimmsten Be-
ziehungskiller. In den Zeitungen lesen wir oft genug das Resultat jahrelangen
Mäkelns – da findet die Polizei die Frau mit der Axt im Kopf oder mit
47 Messerstichen getötet in der Küche.

Nicht, dass du mich falsch verstehst: In Ehen muss man ebenso wie im
Büro mitunter klar sagen, was man denkt und möchte. Oft genug ist es jedoch besser, die Klappe zu halten, wenn man das Verhalten eines anderen
nicht gut findet. Mache dir klar, dass sich der „Kampf" oft gar nicht lohnt
und dass man sich außerdem selbst schlecht fühlt, wenn man einen anderen
kritisiert oder schlecht macht. Du bist nicht gesetzlich dazu verpflichtet, andere auf Irrtümer oder Verfehlungen hinzuweisen.

Du bist auch nicht bei der Moralpolizei angestellt und hast keine Prüfung
zum „Richter in allen Lebenslagen" abgelegt. Du bist nicht das Maß aller
Dinge. Dein Verhalten und deine Einstellungen sind sicherlich auch nicht
immer einwandfrei oder vorbildlich. Wähle deshalb private und berufliche
Auseinandersetzungen weise. Debattiere nur dann, wenn dir eine Sache oder
eine Verhaltensweise wirklich am Herzen liegt. Im Umkehrschluss heißt das:
Wenn es nur eine Kleinigkeit ist, die dich stört, dann spreche diese nicht an.
Du wirst dafür belohnt, indem du nämlich keinen Streit initiierst, der dich
belasten würde und den/die andere/n wiederum einladen würde, dich zu kritisieren und dir ein ungutes Gefühl zu verschaffen.

≫ Willst du recht behalten oder in Frieden leben?

§ 131 Erteile keine (unerbetenen) Ratschläge
Ebenso gedankt wird es dir, wenn du darauf verzichtest, anderen Ratschläge
zu geben. Bestimmt hast du das auch schon erlebt: Du sitzt mit KollegInnen
aus anderen Abteilungen in der Kantine und berichtest von deinem chaotischen Büronachbarn, der dich mit seiner Unordentlichkeit zur Weißglut
bringt. Du wolltest das eigentlich nur loswerden. Doch, was machen die anderen? Sie überbieten sich mit – sicherlich gut gemeinten – Hinweisen, was
du alles tun könntest. Viele Menschen neigen dazu, ungefragt Ratschläge zu
erteilen. Aber, wie sagt der Volksmund doch so treffend:

❯❯ Ratschläge sind auch Schläge.

Wer Ratschläge erteilt, provoziert oft Widerspruch und löst heftige Diskussionen aus, was die Stimmung belastet. Zudem impliziert ein Rat auch immer, dass der andere zu dumm ist, um selbst auf eine Lösung zu kommen. Hüte dich also davor, den Lehrer oder Berater zu spielen. Wenn dein Rat erwünscht ist, so wird man dich explizit darum bitten.

§ 132 Spreche kritische Themen frühzeitig an
Mit Konflikten ist so wie bei Krankheiten: Erkennt man sie frühzeitig, kann man meist noch gut gegensteuern. Warte daher nicht zu lange, um kritische Themen anzuschneiden, am besten in Form von „Ich-Botschaften".

❯❯ Gibt's Anlass zu Verdruss, zöger' nicht zu lang' mit dei'm Entschluss.

§ 133 Frage, wenn du etwas möchtest – ein Nein hast so sowieso
Vielen Menschen fällt es schwer, Konflikte offensiv anzugehen. Man hofft, dass sich der Streit irgendwie von allein erledigt. In der Tat ist es so, dass es manchmal besser sein kann, eine Sache auf sich beruhen zu lassen, wenn der Anlass eine Trivialität ist (siehe oben). Häufig jedoch ist diese „Vogel-Strauß-Strategie" falsch, wenn nicht gar fatal. Denn ein ungeklärter Konflikt besteht untergründig weiter fort und kann bei nächster Gelegenheit erneut und vielleicht sogar verstärkt ausbrechen. Also: Spreche die Themen an, die dich belasten.

Wenn es dich bspw. stört, dass Kollege Vollmuth nie seine Kaffeetasse spült, und dies immer den anderen überlässt, dann rede in einem ruhigen Moment mal mit ihm darüber. Oder, wenn deine Büronachbarin Frau Gengenbauer stets in der Lautstärke einer Ducati 1199 Panigale telefoniert, dann suche in einer entspannten Situation das Gespräch mit ihr. Wie hilfreich es sein kann, danach zu fragen, was man möchte, zeigt die folgende Anekdote eines mir unbekannten Autoren.

Die Todesliste des Bären
Großer Aufregung im Wald! Es geht das Gerücht um, der Bär habe eine Todesliste. Alle fragen sich, wer denn nun da draufsteht. Als erster nimmt der

Hirsch allen Mut zusammen und geht zum Bären und fragt ihn: „Entschuldige Bär, eine Frage: Bin ich auf deiner Liste?" „Ja", brummt der Bär, „du stehst auch auf meiner Liste."

Voller Angst dreht sich der Hirsch um und läuft weg. Und tatsächlich, nach zwei Tagen wird der Hirsch tot gefunden. Die Angst bei den Waldbewohnern steigt immer mehr und die Gerüchteküche brodelt: Wer steht denn nun noch auf der Liste? Das Wildschwein ist das nächste Tier, dem der Geduldsfaden reißt und den Bären aufsucht, um ihn zu fragen, ob es auch auf der Liste stehen würde. „Ja, auch dein Name ist auf meiner Liste vermerkt", antwortet der Bär. Verschreckt verabschiedet sich das Wildschwein vom Bären. Auch das Wildschwein fand man nach zwei Tagen tot auf.

Nun bricht Panik bei den Waldbewohnern aus. Nur der Hase traut sich noch zum Bären. „Hey Bär, stehe ich auch auf deiner Liste?" „Ja, auch du stehst auf meiner Liste!" „Kannst du mich da streichen?" „Ja klar, kein Problem!"

» Willst du was haben, warum nicht einfach mal fragen?

§ 134 Mache dir klar, dass Freundlichkeit meist die beste Strategie ist
Ich bin zutiefst davon überzeugt, dass man mit Freundlichkeit und Empathie sehr viel mehr erreicht, als mit Egoismus, Aggression und Ablehnung. Dies ist nicht nur meine persönliche Meinung, sondern wird durch zahlreiche Studien untermauert. Eine sehr lebensnahe und leicht verständliche Begründung haben Thaler und Koval (2008) mit ihrem Büchlein „The Power of Nice" verfasst. Und: Wer sich um ein freundlich-wertschätzendes Verhalten allen seinen Mitmenschen gegenüber, unabhängig von Macht und Ansehen, bemüht, ist deutlich seltener in Konflikte verwickelt. Auch dazu eine Anekdote, die auf Aesop zurückgeht:

Wettstreit zwischen Sonne und Wind
(nach Aesop)
Der Wind und die Sonne gerieten eines Tages darüber in einen Streit, wer es von den beiden wohl schneller schaffen würde, den Wanderer dazu zu bringen, seine Jacke auszuziehen.
„Okay!", sagte der Wind „Lass uns einen Wettkampf daraus machen."
Der Wind begann. Er blies so fest er nur konnte und stürmte und tobte und wollte dem Mann seine Jacke mit Gewalt vom Leib reißen. Aber der Wanderer zog seine Jacke nur immer fester um sich und hielt sie mit beiden Händen fest.
Nach einer ganzen Weile gab der Wind auf.

Dann war die Sonne an der Reihe. Sie wählte einen anderen Weg: Liebevoll sandte sie dem Wanderer ihre warmen Strahlen. Und es dauerte nicht lange, bis er die Jacke aufknöpfte und sie ganz auszog.

»Behandle and're nett, und sei nicht wie ein Nagelbrett.

§ 135 Ändere dich selbst (damit sich andere ändern)

Ich bin mir sicher, dass du dir manchmal magische Kräfte wünschen würdest, etwa um deine karrieregeile Kollegin in einen empathischen Teamplayer zu verwandeln oder um deinen cholerischen Chef in einen einfühlsamen Vorgesetzten zu verzaubern? Allein: Wir haben solche Kräfte nicht und doch erliegen wir immer wieder dem Irrglauben, wir könnten andere ändern. Ilja Grzeskowitz formuliert es treffend (2014, S. 36): „Die Reaktionen auf äußere Veränderungsbeglückungen sind sowieso immer mehr oder weniger die gleichen. Manche reagieren trotzig, andere wütend und wiederum andere gar nicht. Und durch Druck erzeugen Sie vor allem eines, nämlich Gegendruck." Jörg Steinfeldt (2013, S. 122) zeigt auf, was zu tun ist:

> Der Ansatz ist nicht, andere oder äußere Lebensumstände zu verändern. Was immer andere tun, sie werden ihre Gründe dafür haben. Sie werden die (negativen) Auswirkungen für mich im Blick haben oder sie sind ihnen egal. Ich werde es im Zweifelsfall nicht schaffen, sie in ihrem Handeln umzustimmen. Mir bleibt nur, mich auf mich selbst zu konzentrieren, mein Vorgehen in der Welt der Veränderungen zu bestimmen, mich selbst so zu verändern, wie ich es möchte.

»Willst du glücklich leben, hör' auf, and're zu bekehren.

Nochmals: Wir können andere nicht ändern, nur uns selbst. Deshalb solltest du deine Bemühungen, andere Menschen zu ändern, gleich ganz sein lassen und dafür lieber in den Spiegel schauen.

Sei du selbst die Veränderung, die du dir wünschst für diese Welt.
Mahatma Gandhi

So löst du Konflikte konstruktiv

§ 136 Lasse dich nur auf die Konfliktlösung ein, wenn du es wirklich willst
Seien wir ehrlich: Wenn du nur gezwungenermaßen einer Konfliktlösung zu-stimmst, obwohl du tief innerlich davon überzeugt bist, dass du keinerlei Schuld trägst und dass nur der/die andere verantwortlich für die Auseinander-setzung ist, dann rate ich dir, das ganze Unterfangen sein zu lassen. Du wirst dann nämlich keinerlei Kompromissbereitschaft zeigen und das Gespräch wird ergebnislos verlaufen.

§ 137 Führe Lösungsgespräche nicht direkt nach einem Streit
Erinnerst du dich noch an die einleitenden Sätze zum Thema „Konflikte". Da hatte ich geschrieben, dass unser Emotionsturbo in akuten Konfliktsituationen auf Anschlag läuft. Wir sind dann schlichtweg nicht in der Lage, rational zu denken (was im Übrigen während der Pubertät ein Dauerzustand ist). Es wäre deshalb alles andere als klug, direkt nach einem Streit eine Lösung suchen zu wollen. Es würde vermutlich nur ein paar Minuten dauern, bis wir uns mit unserem Gegenüber wieder in der Wolle hätten. Bereits Oma wusste: Wenn man eine Nacht darüber geschlafen hat, sieht die Welt gleich wieder anders aus und wir gehen wesentlich entspannter die Suche nach einem Kompromiss an. Diese Erkenntnis hat auch Niederschlag in der Wehrbeschwerdeordnung (WBO) gefunden. Im § 6 Absatz 1 WBO heißt es:

> Die Beschwerde darf frühestens nach Ablauf einer Nacht und muss innerhalb eines Monats eingelegt werden, nachdem der Beschwerdeführer von dem Be-schwerdeanlass Kenntnis erhalten hat.

》Hatt'st du g'rad 'nen Streit, gib der Lösung doch kurz Zeit.

---

§ 138 Führe Lösungsgespräche an einem neutralen Ort
Warum werden so viele internationale Verhandlungen in der Schweiz geführt? Nicht nur, weil die Schokolade dort besonders lecker ist, sondern weil die Alpenrepublik als neutral gilt. Auch wenn es nicht um zwischenstaatliche

Friedensabkommen geht, sondern generell ist dies eine weise Empfehlung: Nicht auf dem Terrain der Beteiligten nach Lösungen zu suchen, sondern dafür einen Ort zu wählen, an dem niemand einen Heimvorteil hat.

Noch besser ist es, das Gespräch unter freiem Himmel zu führen. Wenn ich Konfliktcoachings leite, versuche ich immer, die involvierten Parteien zu einem Spaziergang zu überreden. Abgesehen davon, dass man in der Natur erwiesenermaßen besser gelaunt ist, ist es vor allem die Tatsache, dass man sich bewegt und mit vielen neuen Reizen konfrontiert wird. Man ist also kreativer und die Stimmung ist entspannter.

§ 139 Kläre nicht die Frage, wer Schuld hat

Beginne ein Konfliktlösungsgespräch, indem du klar machst, dass es dir nicht darum geht, die Schuldfrage zu klären, sondern dass es das Ziel ist, gemeinsam das Problem zu lösen. Denn: Die Frage nach der Schuld lässt sich selten einwandfrei klären, dauert oft endlos und führt zudem nur zu einem Rechtfertigungswettstreit, der nichts Konstruktives zur Lösung beisteuert.

> **Willst du klär'n, wer ist schuldig, musst du sein sehr geduldig.**

Reinhard Sprenger (2020, S. 226) bringt es auf den Punkt:

An alte Geschichten hat jeder eine andere Erinnerung, und irgendwann landet man dann im Jahr 1754, wo vermeintlich schon die Vorfahren Ihres Gegenübers die Treibsätze für das gegenwärtige Drama gelegt haben. Ob im Sinne von „Auslöser" einer dem anderen voranging, lässt sich in der Regel nicht ausmachen. Wer also das Übel „an der Wurzel packen" will, muss sehr tief graben ... und wird sich doch verirren im Dickicht der Belanglosigkeit.

Hinzu kommt, dass unser Gedächtnis meist löchriger als ein Salatsieb ist. Der englische Literaturnobelpreisträger Harold Pinter (1930–2008) stellte treffend fest:

> **An manche Dinge erinnert man sich, obwohl sie vielleicht nie geschehen sind.**

§ 140 Verwende „Ich-Botschaften", um unliebsames Verhalten ansprechen

Die Technik der „Ich-Botschaften" entstammt der sogenannten „gewaltfreien Kommunikation" des US-amerikanischen Psychologen Marshall B. Rosenberg (1934–2015). Mit „gewaltfrei" ist allerdings nicht körperliche, sondern sprachliche Gewalt, also verletzende Worte, gemeint.

Im Alltag, vor allem im Beruf, fällt es den meisten Menschen sehr schwer, klar zu artikulieren, was sie fühlen und möchten. Sie verstecken sich lieber hinter pauschalen Formulierungen mit „man" oder „wir" bzw. verwenden sie „Du-Botschaften", was noch schlimmer ist, weil so ganz häufig konfliktgeladene Situationen entstehen können. „Du hast schon wieder nicht das Protokoll geschrieben." Wer mit einem solchen Vorwurf konfrontiert wird, reagiert fast automatisch mit einem Gegenangriff.

Als „Ich-Botschaft" formuliert, wäre ein anderer Ausgang wahrscheinlicher. „Ich bin verärgert, weil du das Protokoll der gestrigen Abteilungssitzung noch nicht, wie besprochen, geschrieben hast. Dadurch weiß ich jetzt nicht, wer alles für den Kundenworkshop einzuladen ist. Bitte erstelle das Protokoll bis 15:00 Uhr." Du siehst schon: Das ist zwar einiges länger, aber weniger vorwurfsvoll und wesentlich konkreter. Hier nun die 4 Schritte zum Formulieren von „Ich-Botschaften" in allgemeiner Form:

1. Offenbare deine Gefühle, und zwar auf eine konkrete Situation oder ein konkretes Verhalten des anderen bezogen. *Beispiel: „Ich bin verärgert, … "*
2. Schildere sachlich die Situation oder den Auslöser, die/der der Grund deiner Kritik ist. Hier ist es wichtig, spezifisch zu werden, damit sich der/die andere die Situation bildhaft vorstellen kann. Verzichte auf pauschale Verallgemeinerungen, wie etwa „immer", „stets" oder „wiederholt." *Beispiel: „… weil Sie heute 20 Minuten zu spät gekommen sind … "*
3. Nenne die Auswirkungen, die das Verhalten des/der anderen für dich hat. *Beispiel: „… und ich dadurch Ihre Arbeit machen musste."*
4. Beende deine Botschaft, indem du eine möglichst konkrete Bitte an den Adressaten richtest oder den Vorschlag unterbreitest, das Problem gemeinsam zu lösen. *Beispiel: „Bitte kommen Sie demnächst pünktlich." Oder: „Lassen Sie uns darüber nachdenken, welche Möglichkeiten es gibt, damit Sie künftig pünktlich kommen."*

Der große Vorteil von „Ich-Botschaften" ist, dass Meinungsäußerungen keine verletzende Kritik darstellen und keine Konfrontationssituation herbeiführen. Vielmehr ist der Grundton: Ich habe ein Problem – bitte hilf mir! Dem

Gegenüber wird das Einlenken oder die gemeinsame Suche nach einer Lösung deutlich erleichtert.

Achte dabei darauf, dass du deine „Ich-Botschaft" korrekt formulierst und nicht als verkleidete „Du-Botschaft" sendest. So ist die Formulierung „Ich finde, du bist blöd" eine maskierte „Du-Botschaft", weil „finden" kein Gefühl darstellt. Bedenke auch, dass rhetorische „Weichspüler" deine Aussage verwässern. In dem Satz „Ich bin ein bisschen besorgt, weil du in letzter Zeit manchmal zu spät gekommen bist" solltest du „ein bisschen" und „manchmal" weglassen, damit deine Botschaft klarer und kraftvoller klingt.

Und schließlich: Formuliere deine Bitte produktiv, sage also, was du dir wünschst („bitte sei pünktlich"), und sage nicht, was du nicht willst („bitte sei nicht unpünktlich").

§ 141 Nutze die „WWW-Formel"

Eine Variante von „Ich-Botschaften" ist die „WWW-Formel" – vielleicht kannst du dir deren Struktur leichter merken als den Aufbau von „Ich-Botschaften"? Außerdem will man ja nicht mit jedem über seine Gefühle sprechen – das käme schon irgendwie komisch, wenn du die neue Kollegin, die erst 2 Tage im Team ist, mit dem Satz „ich bin innerlich zutiefst verletzt, weil du meine Kaffeetasse benutzt hast" konfrontieren würdest. Die würde dich für komplett gestört halten. Hier also die 3 Schritte der WWW-Formel:

- **W**ahrnehmung: Was stört mich ganz konkret, aus welchem Grund bin ich unzufrieden? *Beispiel: „Ich habe den Eindruck, dass meine Vorschläge nicht ausführlich geprüft wurden. Im letzten Projektteam-Meeting am Mittwoch konnte ich meine Ideen nur ganz kurz vorstellen."*
- **W**irkung: Inwiefern betrifft mich die Situation, welche negativen Konsequenzen hat sie für mich? *Beispiel: „Ich habe mich intensiv mit dem Thema beschäftigt und sehe zahlreiche Vorteile für uns. Ich bin enttäuscht, dass meine Bemühungen nun vielleicht umsonst gewesen sind."*
- **W**unsch: Was sollte sich idealerweise ändern, damit es mir besser geht? *Beispiel: „Ich würde mich freuen, wenn ich bei der nächsten Besprechung 20 Minuten Zeit bekäme, um meine Vorschläge ausführlich vorstellen zu können."*

§ 142 Wende die „Warum-Methode" an

Einen ähnlichen „Klassiker-Status" wie Ich-Botschaften besitzt die „Warum-Methode". Wir könnten Konflikte einfacher beilegen, kämen schneller auf Problemlösungen, würden mehr Ideen finden, hätten weniger Stress und wären glücklicher, wenn wir öfter nach dem „Warum" fragen würden.

Aus der Motivationspsychologie wissen wir, dass Menschen etwas tun, weil sie ganz bestimmte Gründe (Motive) dafür haben. Oft genug kennen wir jedoch nicht einmal unsere eigenen Beweggründe. Und noch viel weniger wissen wir, warum andere etwas tun (oder auch lassen). Das hält uns aber nicht davon ab, das Handeln anderer zu beurteilen: „Der/die macht das nur, weil …" Genau deswegen kommt es häufig zu Streit.

Führende Konflikt- und Kommunikationsexperten sind sich einig: Die wichtigste Maßnahme, um Auseinandersetzungen zu lösen, ist es, die Bedürfnisse, Interessen oder Motive des Gegenübers in Erfahrung zu bringen. Ja, es ist wirklich so einfach. Dennoch vergessen wir im Alltag nur zu häufig, nach dem Warum zu fragen. Wir streiten über Positionen, statt zu versuchen, die Interessen offenzulegen. Stattdessen unterstellen wir oft schlechte Absichten. Wer sich jedoch die Mühe macht und die Bedürfnisse des anderen eruiert, etwa durch die banale Frage „Warum machst du das?" oder „Warum ist Ihnen das wichtig?", wird sicherlich oft genug überrascht feststellen, dass die Beweggründe völlig andere sind, als wir dachten.

Also: Ermittle das Warum! Warum möchte ein anderer etwas durchsetzen? Warum verhält er sich genau so? Du kannst den anderen direkt fragen oder – was manchmal besser und einfacher ist – für dich selbst ergründen, weshalb der andere wohl so (re)agiert. Dein Kollege hat heute schlechte Laune und schnauzt dich an. Statt ebenso barsch zu antworten, könntest du innehalten: Hat er vielleicht gerade ein Kundenprojekt verloren oder hat er Ärger mit seiner Frau? Das würde sein Verhalten erklären.

Das wohl bekannteste Beispiel für die Anwendung der „Warum-Methode" liefert Roger Fisher in seinem Buch „Harvard-Konzept" (vgl. Fisher et al., 2009): 2 Töchter streiten um die einzige vorhandene Orange. Die Mutter entscheidet so, wie wir es wohl alle machen würden: Sie teilt die Frucht in 2 Hälften. Doch keines der Kinder ist zufrieden. Weshalb? Hätte die Mutter gefragt, „Warum wollt ihr die Orange haben?", so hätte die eine Tochter vielleicht gesagt: „Ich möchte Orangensaft trinken." Und die andere hätte geantwortet: „Ich will einen Kuchen backen und benötige die Schale." Zugegebenermaßen ist dies ein idealtypisches Beispiel. Nicht alle Probleme im Leben sind Orangen. Dennoch ist es oft genug hilfreich, wenn man versucht, die Motive des anderen in Erfahrung zu bringen.

» Warum – das ist doch klar, sorgt stets für ein „Aha".

Die Frage nach dem Warum kann also helfen, viele konfliktträchtige Situationen zu entschärfen, gelassen zu werden und souverän-freundlich zu (re) agieren. Auch die Frage „Warum eigentlich nicht?" besitzt ein erstaunlich großes Potenzial, um Streit zu vermeiden. Wann immer deine Position, deine Meinung oder dein Wunsch mit dem deines Gegenübers kollidiert, solltest du prüfen: Warum machen wir es eigentlich nicht so, wie es der andere vorschlägt? Welchen Nachteil hätte ich davon? Natürlich bedeutet das nicht, dass man stets „Ja und Amen" sagen sollte, aber oftmals lohnt sich eine Auseinandersetzung gar nicht.

§ 143 Wende die „Rapoport-Methode" an

Eine Variante der Warum-Frage-Technik stellt die Methode des Mathematikers Anatol Rapoport (1911–2007) dar. Er schlägt im Falle eines Konfliktes vor, dass nicht jede Partei ihre Position darlegt, sondern, dass A damit beginnt (im Beisein von B), den Standpunkt von B zu erklären, und zwar so genau und lange, bis B dieser Aussage zustimmt. Anschließend erläutert B die Position von A – ebenfalls, bis A damit einverstanden ist. Durch dieses Vorgehen erhält man oftmals überraschende Einsichten, nach dem Motto: „Ich wusste ja nicht, dass Sie denken, dass ich das denke …"

§ 144 Stelle die „Wunderfrage" nach de Shazer

Die „Wunderfrage" wurde vom US-amerikanischen Psychotherapeuten Steve de Shazer entwickelt. Er meint, dass es hilfreicher ist, sich auf Ziele, Wünsche, Ressourcen und Lösungen zu konzentrieren, als die Ursachen des Problems zu erforschen. Besonders in verfahrenen und scheinbar ausweglosen Situationen kann die Wunderfrage zu neuen Ideen führen. Grundgedanke ist, dass sich die Betroffenen den bestmöglichen Zustand so konkret wie möglich vorstellen und dann auf Basis dieses Idealbildes konkrete Schritte ableiten, die nötig sind, um dorthin zu gelangen. Du kannst die Wunderfrage z. B. so formulieren:

> Ich habe eine etwas ungewöhnliche Frage, bei der Ihre Vorstellungskraft benötigt wird. Stellen Sie sich vor, Sie verlassen unsere gemeinsame Sitzung und gehen nach Hause. Dort schauen Sie ein wenig fern, lesen ein gutes Buch und verbringen einen ganz gewöhnlichen Abend bevor Sie ins Bett gehen. Während Sie schlafen geschieht ein Wunder … All die Sorgen, Probleme und Schwierigkeiten haben sich am nächsten Morgen in Luft aufgelöst … Woran merken Sie, dass das Problem gelöst ist? Wie fühlt es sich an? Was ändert sich dadurch in Ihrem Leben? (vgl. Schuy, 2018)

Beispiele für alternative Formulierungen der Wunderfrage (Schuy, 2018)

- „Was wäre, wenn das Problem von heute auf morgen einfach verschwunden wäre?
- Wie stellen Sie sich den darauffolgenden Tag vor, ganz ohne das Problem?
- Woran würden Sie als erstes merken, dass das Problem nicht mehr vorhanden ist?
- Wie würde sich das Verhältnis zu Ihrer Partnerin/Kollegin/Chefin ändern?
- Was würde sich ändern, wenn Sie morgen früh aufwachen und Sie Ihr Ziel erreicht haben?
- Wenn das Problem plötzlich weg wäre, wie würden Sie dann handeln?
- Wer im Umfeld würde es zuerst bemerken? Woran?"

§ 145 Erweitere das Spielfeld und bringe neue Ideen

Eine gute Möglichkeit, neue Ideen in die Konfliktlösung einzubringen, ist es, „zirkuläre Fragen" zu stellen. Diese Methode stammt eigentlich aus der systemischen Psychotherapie und wird oft zur Lösung von Diskussionsblockaden eingesetzt; sie kann aber auch helfen, Auseinandersetzungen beizulegen. Das Prinzip ist einfach: Anstatt dich selbst zu fragen „Wie sehen wir die Situation?", versetzt du dich in andere Personen. Du suchst also Antworten auf bspw. solche Fragen: „Wie würden unsere Kunden das Problem darstellen?" Oder: „Was würden die KollegInnen aus der Abteilung XYZ an unserer Stelle tun?" Oder: „Was wäre an unserem Streit (Konflikt) lustig, wenn wir die Nachbarn wären?" Dieses „Mehrbrillenprinzip" bewirkt einen Wechsel der Perspektive und hilft dir/euch, einem Problem neue Gesichtspunkte abzugewinnen.

§ 146 Vertagt euch, wenn ihr nicht weiterkommt

Bestimmt hast du das schon in den Nachrichten gehört: Wenn sich Arbeitgeber und Gewerkschaften in Tarifverhandlungen nicht einigen können, dann wird das Gespräch nachts um 03:00 Uhr abgebrochen und am nächsten Tag fortgesetzt. Auch bei anderen (komplexen) Verhandlungen ist das üblich. Erkennen die Parteien, dass sie vor einer Mauer stehen, rennen sie nicht wie blöd dagegen an, sondern gönnen sich eine Pause, um ausgeruht auf neue Ideen zu kommen und dann zu erkennen, dass man auch links und rechts an der Mauer vorbeilaufen kann.

§ 147 Sucht euch einen Schlichter

Ist man am Ende einer Sackgasse und Umkehren ist auch nicht möglich, dann bleibt als vorletzte Möglichkeit noch, sich einen neutralen Dritten zu suchen, der möglicherweise neue Impulse einbringen kann. Entscheidend ist, dass diese Person von allen Seiten gleichermaßen akzeptiert wird und die erforderlichen Kompetenzen für eine neutrale und professionelle Schlichtung mitbringt.

§ 148 Lege (unmissverständliche) Regeln für die Zukunft fest

Es ist nur zu natürlich, dass es uns schwerfällt, eingefahrene Verhaltensmuster zu ändern. Und so besteht trotz einer erzielten Lösung stets die Gefahr, dass man (unbewusst) zu alten Gewohnheiten zurückkehrt und damit die Einigung untergräbt. Manchmal kann es auch berechneter Vorsatz sein, wenn eine der Konfliktparteien den gefundenen Kompromiss ignoriert. Dem solltest du vorbeugen, indem ihr klare, für alle Betroffenen verständliche, Regeln definiert, was ihr in Zukunft tun (oder lassen) wollt, um ein Wiederaufflammen des Konfliktes zu vermeiden.

§ 149 Sanktioniere Regelverletzungen

Jede Regel (siehe vorheriger Tipp) ist nur so wirksam, wie es verbindliche Sanktionsmaßnahmen gibt. Würden beim Fußball Fouls im Strafraum nicht mit einem Elfmeter geahndet, gäbe es in den Stadien nur noch ein Gemetzel. Allgemein gilt: Werden Regelverstöße nicht geahndet, ist es meist nur eine Frage der Zeit, bis die Übereinkunft nicht das Papier wert ist, auf der sie geschrieben steht. Deshalb: Wenn ihr Regeln für das zukünftige Miteinander festlegt, definiert gleichzeitig auch Sanktionen, was passiert, sofern sich eine der Parteien nicht daranhält, wie etwa ein ganzes Glas scharfen Senfs auszulöffeln oder so etwas in der Art.

§ 150 Wenn alles nichts hilft: Triff harte Entscheidungen

Machen wir uns nichts vor: Auch wenn du sämtliche hier (und anderswo genannten) Tipps zur Konfliktprävention und -lösung befolgst, wird es vorkommen, dass sich eine Auseinandersetzung nicht einvernehmlich aus der Welt schaffen lässt. Wenn du merkst, dass trotz aller ernsthaften Bemühungen dieser Punkt erreicht ist, dann solltest du getreu eines alten deutschen Sprichwortes verfahren:

» Lieber ein Ende mit Schrecken, als ein Schrecken ohne Ende.

Ich weiß aus eigener Erfahrung, dass dies natürlich oft sehr viel leichter gesagt, als getan ist. Da denkt man an all' das, was man an Zeit, Energie und häufig auch an Geld investiert hat. Da erscheint einem die Zukunft auf einmal sehr unsicher und man möchte doch lieber – trotz aller negativen Gefühle – beim Alten bleiben. Aber: Dies ist ein Vogel-Strauß-Denken, beruhigt man sich doch nur temporär und wird früher oder später wieder an dem Konflikt verzweifeln.

§ 151 Sorge dafür, dass es dir gut geht

Der aus meiner Sicht wichtigste Tipp, um Konflikte gar nicht erst entstehen zu lassen bzw. Auseinandersetzungen auf eine wertschätzend-entspannte Art zu lösen, kommt nun. Trommelwirbel! Auf Basis einer Vielzahl von Coachings und Seminaren, die ich durchgeführt habe, kann ich behaupten: Jene Menschen, die mit sich selbst nicht zufrieden sind, denen es – aus welchen Gründen auch immer – nicht gut geht, sind sehr viel häufiger in dysfunktionale Konflikte verwickelt, als jene, die mit sich im Reinen sind. Der Dalai Lama drückt das so aus:

» Wer selbst keinen inneren Frieden kennt, wird ihn auch in der Begegnung mit anderen Menschen nicht finden.

Da das Thema „Selbstfürsorge" auch eine zentrale Rolle beim Umgang mit Stress spielt, möchte ich an dieser Stelle nicht mehr viel dazu sagen und nur auf den Abschn. „So schaffst du es, mehr an dich zu denken" verweisen.

§ 152 Nutze die Konfliktlösungs-Checkliste

Klar, jeder Konflikt ist anders und damit auch jede Konfliktlösung. Dennoch lässt sich der Klärungsprozess in typische Phasen unterteilen. Auf dieser Basis habe ich eine Checkliste mit Aufgaben und Formulierungsvorschlägen entwickelt, die dir vielleicht bei der Lösung deines nächsten Konflikts hilft (siehe Tab. 1).

Die Konfliktlösungs-Checkliste findest du auch hier: www.digitale.fitness

Tab. 1 Checkliste „Konfliktlösungsgespräch". (Eigene Erstellung)

Vorbereitung
- Kläre für dich, was du (mindestens) erreichen möchtest, worin also dein Idealziel besteht (am besten, du schreibst dir das auf).
- Welche Themen möchtest du unbedingt ansprechen?
- Welche Themen möchtest du möglichst vermeiden?
- Welche Argumente habe ich?
- Welche Ziele hat wohl die/der andere?
- Welche Argumente hat die/der andere?
- Stimme einen Termin mit der Gegenseite ab, möglichst am späteren Nachmittag (keine Anschlusstermine, sodass kein Zeitdruck vorhanden ist).
- Überlege dir, ob du das Gespräch beim Spazieren führen kannst.
- Wenn das nicht möglich ist: Wähle einen neutralen Besprechungsraum, in dem ihr nicht gestört werdet.

Eröffnung
- Vereinbart Gesprächsregeln:
- *Jede/r darf ausreden.*
- *Jede/r bleibt sachlich und versucht, sich verständlich auszudrücken.*
- *Jede/r spricht für sich.*
- *Die Frage nach der Schuld wird nicht gestellt.*
- *Jede/r fasst sich möglichst kurz.*
- Lasse dein Gegenüber damit beginnen zu erklären, wie er/sie denkt, dass du denkst (Rapoport-Methode).
- Nun erklärst du, wie du denkst, dass er/sie denkt.
- Fragt gegenseitig nach den Motiven für euer Handeln (Warum-Methode).
- Jetzt kommt der schwierigste Part: Sucht nach Lösungen, die beiden möglichst viel von dem geben, was sie brauchen. Wichtig dabei: Sammelt erst Ideen, ohne sie zu bewerten. Erst wenn die Ideenfindungsphase abgeschlossen ist, beginnt der Auswahlprozess.

Vereinbarung
- Stellt Kriterien auf, anhand derer ihr die Lösungsvorschläge bewerten wollt.
- Bewertet die Vorschläge und entscheidet euch für eine Lösung.
- Legt genau fest, wer was bis wann zu tun hat.
- Überlegt euch „Spielregeln" für die Zukunft, die verhindern, dass der Konflikt nochmals auftritt und schreibt diese auf.
- Definiert ebenfalls, welche Sanktionen in Kraft treten, wenn Regeln verletzt werden.
- Sucht ggf. einen Anschlusstermin, um zu überprüfen, ob die Absprachen eingehalten wurden.
- Biete dem/der anderen an, Feedback zu geben, wie man sein/ihr Verhalten während der Konfliktlösung erlebt hat.
- Bitte auch um eine ehrliche Einschätzung, wie du wahrgenommen wurdest.
- Geht gemeinsam etwas trinken.

So leitest du Projekte

Vielleicht wunderst du dich, beim Thema „Umgangsformen & Teamarbeit" etwas über Projekte zu lesen? Nun, der Zusammenhang ist einfach erklärt: In der digitalen Arbeitswelt verliert der klassische „Einzelkämpfer" mit Routineaufgaben zunehmend an Bedeutung. Stattdessen wird immer häufiger in Projekten, mit wechselnder personeller Zusammensetzung, gearbeitet. Damit dies funktioniert, ist es wichtig, sich gut miteinander zu arrangieren (worüber wir ja bereits gesprochen haben). Zugleich ist es aber auch bedeutsam, die Grundzüge des Projektmanagements zu kennen, um zumindest kleinere Projekte erfolgreich leiten zu können. Insofern wollen wir uns nun etwas ausführlicher mit Projekten beschäftigen.

Zunächst: Was sind eigentlich Projekte? Der Begriff Projekt stammt vom lateinischen Wort „proicere" und bedeutet so viel wie „werfen" oder „das nach vorn Geworfene". „Etwas nach vorne werfen" lässt sich recht frei mit „Planung" übersetzen. Die deutsche Industrie-Norm DIN 69901 (DIN, 2009, S. 7) definiert ein Projekt als: „Ein Vorhaben, das im Wesentlichen gekennzeichnet ist durch:

- die Einmaligkeit der Bedingungen,
- eine projektbezogene Zielvorgabe,
- eine zeitliche, finanzielle und personelle Begrenzung,
- Abgrenzung gegenüber anderen Projekten und
- eine projektspezifische Organisation."

Es existieren noch etliche andere Definitionen, die Projekte anhand weiterer Eigenschaften eingrenzen, wie etwa deren Außergewöhnlichkeit oder dass wenig Know-how vorhanden ist. Grundsätzlich lässt sich sagen, dass Projekte komplexe Aufgaben darstellen, die nicht von einer Person oder Abteilung allein gelöst werden können. Noch einfacher: Alles, was kein alltägliches Vorhaben ist und längere Zeit in Anspruch nimmt, kann als Projekt bezeichnet werden. Wollen wir uns nun nicht weiter mit langwierigen Begriffsabgrenzungen aufhalten und lieber betrachten, welche Projektarten es gibt. Man unterscheidet 4 verschiedene Arten, nämlich:

- Persönliche Projekte (Hochzeit, große Geburtstagsfeier, Hausbau, längere Urlaubsreise …)
- Öffentliche Projekte (Bau einer Umgehungsstraße, Planung einer neuen Schule …)
- Soziale Projekte (Gründung eines Vereins, Organisation einer Benefizveranstaltung …)
- Betriebliche Projekte (Gründung einer Tochtergesellschaft, Entwicklung eines neuen Produktes …)

In Form von Projekten zu arbeiten ist übrigens keine Erfindung der Moderne. Erste Vorläufer des Projektmanagements gab es schon vor über 5000 Jahren beim Bau der Pyramiden, bei der Errichtung der Chinesischen Mauer oder als zur Römerzeit Straßen angelegt wurden. Damals wie heute werden mit Projekten Ziele verfolgt. Häufig ist das Ziel recht leicht zu erkennen, wie etwa:

- Umzug in ein neues Firmengebäude
- Erstellen einer neuen Montagehalle
- Einführung einer neuen Software
- Aufbau einer Vertriebsorganisation in einer neuen Region

Daneben treffen wir auch Projekte an, bei denen die Ziele alles andere als klar sind, wie etwa, wenn die Mitarbeiterzufriedenheit erhöht werden soll. Doch, was bedeutet „Mitarbeiterzufriedenheit" eigentlich? Ist es die Wertschätzung durch Vorgesetze, dass es Schokokekse in der Besprechung gibt oder ein hohes Gehalt gezahlt wird? Sind es alle genannten Faktoren, einige davon oder ist es eventuell etwas ganz anderes? Das Problem solcher schwammigen Ziele liegt auf der Hand: Wenn nicht klar ist, in welche Richtung man sich bewegen möchte, dann wird man vergeblich den richtigen Weg suchen.

Nachdem du nun schon ein wenig mit dem Begriff „Projekt" vertraut bist, wollen wir uns jetzt etwas genauer mit der Praxis beschäftigen und zuerst klären, welche Projektorgane es gibt.

§ 153 Mache dich mit den wichtigsten „Projektorganen" vertraut

In Projekten gibt es verschiedene Projektorgane – das sind nichts anderes als klar definierte Aufgaben, die einzelne Mitarbeiter übernehmen. In Abb. 2 findest du einen Überblick über die wichtigsten Projektorgane.

Der Lenkungsausschuss legt die Ziele des Projektes fest, kontrolliert, ob Meilensteine eingehalten werden und ist die Schnittstelle zwischen dem

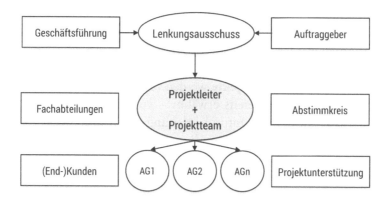

Abb. 2 Die Projektorgane. (Eigene Erstellung)

Projektteam und der Geschäftsleitung. Er sorgt dafür, dass die erarbeiteten Ergebnisse von allen Betroffenen akzeptiert werden.

Das Projektteam setzt sich aus allen MitarbeiterInnen zusammen, die unmittelbar an der Durchführung und/oder Kontrolle des Projektes beteiligt sind. In der Regel stammen die Mitglieder aus unterschiedlichen Abteilungen, wie etwa der IT, dem Marketing oder dem Vertrieb.

Die Projektleitung übernimmt klassische Managementaufgaben, vor allem die Planung, Überwachung und Koordination der erforderlichen Arbeitsschritte. Ihre Aufgaben sind vergleichbar mit jenen eines Fußballtrainers. Somit spielt sie eine sehr wichtige Rolle für das Erreichen des Projektziels. Bei größeren oder komplexeren Projekten werden zusätzlich Teilprojektleiter (also „Co-Trainer") oder Arbeitsgruppenleiter benannt, die für ihren jeweiligen Bereich verantwortlich sind und an den Gesamtprojektleiter berichten.

Der/die ProjektleiterIn ist die Verbindungsstelle zum Lenkungsausschuss und hat die Aufgabe, diesen über Projektfortschritte, (potenzielle) Risiken und Konflikte sowie Abweichungen frühzeitig zu informieren. Innerhalb des Projektteams übernimmt der/die ProjektleiterIn vielfältigste Aufgaben, u. a.:

- Ausgangslage analysieren
- Probleme diagnostizieren
- Strategien festlegen
- Teammitglieder motivieren
- Für Zusammenhalt sorgen
- Konflikte im Team managen
- Zwischen Abteilungen/Betroffen schlichten
- Teammitglieder unterstützen und beraten
- Methodenwissen weitergeben
- Als „Change Agent" dafür sorgen, dass Veränderungen in der Organisation angenommen werden

Arbeitsgruppen oder Teilprojekte werden für einzelne Themenbereiche gebildet und werden – wie bereits erwähnt – von einer eigenen Leitung angeführt, die sich mit der Gesamtprojektleitung abstimmt.

Der Abstimmkreis (auch „Sounding Board" genannt) hat keine Entscheidungsgewalt und soll bei der Bewertung sowie Beratung in fachlichen Fragen helfen. Er wird vor allem dann eingesetzt, wenn verschiedene Teile des Unternehmens von dem Projekt betroffen sind. Typische Mitglieder sind Führungskräfte, zukünftige Nutzer der Projektergebnisse, Betriebs-/Personalrat, Gleichstellungsbeauftragte und Behindertenvertretung. Der Abstimmkreis sollte regelmäßig informiert werden und die Möglichkeit erhalten, eigene Vorschläge zu machen. Er darf jedoch nicht zum heimlichen Entscheidungsgremium werden – dies ist ausschließlich der Lenkungsausschuss.

Eine Projektunterstützung wird bei größeren Projekten erforderlich, etwa zur Dokumentation und zur Gewährleistung des Informationsflusses. Typische Unterstützer sind Sekretariate, Programmierer und Moderatoren.

So, nun kennst du die wichtigsten Projektorgane und deren Aufgaben. Zeit, sich jetzt damit zu beschäftigen, wie ein Projekt durchgeführt wird. Die Tipps, die ich dir im Folgenden gebe, basieren auf der Annahme, dass du von deiner/m Vorgesetzten oder einer anderen Person (= Auftraggeber) damit beauftragt wirst, ein (vergleichsweise überschaubares) Projekt zu leiten.

§ 154 Bestimme den Projektumfang und das -ziel

Im so genannten „Projektbriefing" beschreibt der Auftraggeber das Projektziel bzw. die Projektziele. Wichtig dabei ist, dass du auch die Hintergründe bzw. die eigentlichen Absichten kennst. So ist es etwa nicht das primäre Ziel, ein IT-System einzuführen. Vielmehr könnte damit erreicht werden wollen, bestimmte Prozesse zu beschleunigen oder Kosten zu reduzieren.

» Erst, wenn das Problem ist kapiert, erst dann wird agiert.

Nimm dir ausreichend Zeit, die Projektziele allen Projektbeteiligten zu erläutern, damit …

* alle Teammitglieder in eine Richtung laufen,
* der Erfolg (oft leider auch der Misserfolg) gemessen werden kann und
* um eine Grundlage für die Kalkulation der Projektkosten zu erhalten.

Teil des ersten Schritts ist auch die Definition des zu lösenden Problems und die Darstellung des Nutzens, den die Lösung hat. Mache dir bewusst, dass der Projekterfolg maßgeblich in dieser frühen Phase festgelegt wird. Daher solltest du dir so genau wie möglich erklären lassen, was das Ziel des Projektes ist. Sofern du nicht genügend konkrete Vorgaben erhältst, solltest du eine richtige Nervensäge sein und so lange nachfragen, bis du genau verstanden hast, wozu das Projekt dient – dabei kann dir Tab. 2 nützlich sein.

Weiterhin solltest du dir zu Beginn überlegen, wer von dem Projekt in irgendeiner Weise betroffen ist. Es gilt also herauszufinden, wer die „Stakeholder" sind und welche Interessen bzw. Bedürfnisse sie haben. Kläre zudem,

Tab. 2 Checkliste „Projektziel-Definition". (Eigene Erstellung)

Checkliste zur Definition der Projektziele
• Was soll gemacht werden?
• Warum ist das Projekt erforderlich? Was ist das zugrunde liegende Problem?
• Was soll damit eigentlich erreicht werden?
• Was sollte mindestens erreicht werden?
• Welche Aufgaben/Leistungen gehören nicht dazu?
• Wie werden die Fortschritte und der Erfolg gemessen?
• Bis wann sollen welche Ergebnisse vorliegen?
• Welche Ressourcen (Mitarbeiter, Budget) stehen zur Verfügung?
• Wer prüft den Erfolg/die Qualität der Projektergebnisse?
• Wann bzw. zu welchen Zeitpunkten wird der Erfolg gemessen?
• Wer ist vom Projekt betroffenen? Wer sind die Stakeholder?
• In welcher Form sollen die Betroffenen eingebunden/informiert werden?
• Wie sollen die Projektziele dokumentiert werden?

welche Kompetenzen du besitzt, also welche Entscheidungen du allein treffen kannst und wann du Rücksprache halten musst. Bitte schließlich deinen Auftraggeber darum, dass deine neue Rolle (und die entsprechenden Befugnisse) intern kommuniziert werden. Denke schließlich daran, das Besprochene, insb. die Projektziele, ausführlich zu dokumentieren.

§ 155 Lege die Projektorganisation fest

Sobald du ein detailliertes Briefing erhalten hast, solltest du die organisatorischen Rahmenbedingungen abklären bzw. Vorschläge für die Projektorganisation erarbeiten. Das heißt (je nach Größe und Umfang des Projektes), dass du überlegst, wie die bereits erklärten Projektorgane besetzt sein sollten, also:

- Lenkungsausschuss
- Teilprojektleiter (dazu musst du allerdings schon wissen, in welche Teilprojekte das Projekt gegliedert werden kann)
- Ggf. Abstimmkreis
- Eventuell schon Mitarbeiter für Teilprojekte bzw. Arbeitsgruppen

Beachte bei der Zusammenstellung des Projektteams, dass nicht nur fachliche Argumente eine Rolle spielen sollten. Mindestens so wichtig ist es, dass unterschiedliche Sichtweisen/Perspektiven vertreten sind und dass ein gemeinsames Grundverständnis über die Zusammenarbeit vorhanden ist. Besprche deine Vorschläge mit deinem Auftraggeber und legt gemeinsam die Projektorganisation fest. Kläre auch die räumlichen Bedingungen: Kann man dir und dem Team für die Projektdauer ein eigenes Projektbüro zur Verfügung stellen?

§ 156 Zerlege ggf. das Gesamtprojekt in Teilprojekte

Sobald die Projektziele geklärt sind und die Projektorganisation steht, kann es mit der eigentlichen Arbeit losgehen. Komme mit allen TeilprojektleiterInnen zu einem Kick-off-Meeting zusammen. Dabei sollte dein/e AuftraggeberIn anwesend sein und allen Beteiligten die Projektziele erläutern (so, wie mit dir zuvor abgeklärt). Besprече mit den TeilprojektleiterInnen, ob die von dir vorgesehene Aufteilung in Teilprojekte sinnvoll ist oder ob ggf. weitere oder andere Teilprojekte eingerichtet werden müssen. Eventuell ist dann ein zweiter Kick-off-Workshop mit einem anderen/vergrößerten Teilnehmerkreis erforderlich.

Sofern du Klarheit über die Zerlegung des Gesamtprojektes in Teilprojekte hast, solltest du für jedes Teilprojekt gemeinsam mit den TeilprojektleiterInnen die genauen Aufgaben bzw. Arbeitspakete definieren. Sofern noch nicht zuvor geschehen, sollten die TeilprojektleiterInnen (unter deiner Mithilfe) nun ermitteln, wie viele bzw. welche MitarbeiterInnen sie benötigen, um die jeweiligen Aufgaben erledigen zu können. Idealerweise kannst du diesen Schritt mit einem (groben) Projektstrukturplan (siehe Abb. 3) abschließen, der sämtliche Projektteammitglieder umfasst und ungefähr angibt, wie viel Kapazität in welchem Zeitraum erforderlich ist.

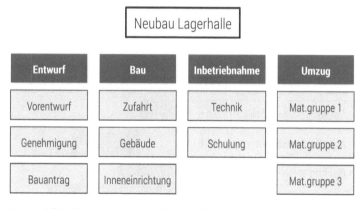

Abb. 3 Beispiel für einen (groben) Projektstrukturplan. (Eigene Erstellung)

§ 157 Erstelle einen Ablauf-, Kosten- und Informationsplan

Wenn die Projektorganisation geklärt ist und alle ProjektmitarbeiterInnen feststehen, solltest du gemeinsam mit den TeilprojektleiterInnen einen (groben) Ablaufplan (siehe Abb. 4) erstellen und wichtige Meilensteine bzw. Projektzwischenergebnisse terminieren. Bei den meisten Projekten wird der Ablaufplan später nochmals angepasst.

Parallel dazu solltest du versuchen, Klarheit über die zu erwartenden Kosten zu erlangen. Je nach Größe bzw. Umfang des Projekts solltest du dazu die TeilprojektleiterInnen bzw. andere Stellen einbeziehen. Halte die Ergebnisse in einem Kostenplan fest. Bespreche mit deinem Auftraggeber, auf welche Weise die Kosten verbucht und dokumentiert werden sollen. Kläre schließlich noch, wie bei Budgetabweichungen zu verfahren ist.

In der Planungsphase solltest du dir ebenfalls Gedanken über den Informationsfluss machen. Dabei sind u. a. folgende Fragen zu klären:

- Wann/wie oft soll das Projektkernteam (also du sowie alle TeilprojektleiterInnen) zusammenkommen?
- Auf welche Weise und wie oft willst du die TeilprojektleiterInnen informieren?
- Wann/wie oft soll der Abstimmungskreis tagen?
- Wann/wie oft sollen die Zwischenergebnisse dem Lenkungsausschuss vorgestellt werden?
- Wie soll mit Änderungen im Projektverlauf umgegangen werden?
- Wie und wo sollen Projektergebnisse dokumentiert werden?

Die Antworten auf diese Fragen solltest du in einem Informationsplan dokumentieren.

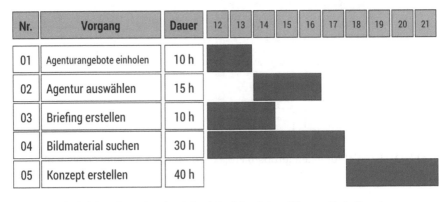

Abb. 4 Beispiel für einen (groben) Projektablaufplan. (Eigene Erstellung)

Stelle schließlich Ablauf-, Kosten und Informationsplan dem Lenkungsausschuss vor und lasse dir die Pläne freigeben.

§ 158 Erstelle für jedes Teilprojekt Arbeitspakete
Jetzt sind die TeilprojektleiterInnen gefordert. Deren Aufgabe ist es – natürlich
in Abstimmung mit dir – für ihre jeweiligen Bereiche Arbeitspakete zu definieren und diese den verantwortlichen MitarbeiterInnen zu übergeben. Ein
Arbeitspaket beinhaltet konkrete Aufgaben. Hierbei sollte berücksichtigt werden, ob es Abhängigkeiten bzw. Zusammenhänge zwischen den Arbeitspaketen
bzw. den anderen Teilprojekten gibt. So könnte es sein, dass zuerst eine Aufgabe erledigt sein muss, bevor mit einer anderen begonnen werden kann.

In einem Arbeitspaket sollten diese Informationen stehen:

* Projektname und Teilprojektbezeichnung
* Bezeichnung und Nummer des Arbeitspakets
* Verantwortliche/r MitarbeiterIn oder Stelle
* Ziel(e) des Arbeitspaketes
* Konkrete Aufgaben mit Meilensteinen bzw. Endterminen, bis wann sie zu
  erledigen sind
* Benötigte Ressourcen/Einsatzmittel
* Schnittstellen zu anderen Teilprojekten bzw. Arbeitspaketen

§ 159 Erstelle einen verbindlichen Terminplan
Du hast alle Arbeitspakete geschnürt? Prima! Dann kannst du nun den Ablaufplan überarbeiten sowie verbindliche Anfangs- sowie Endtermine der
Aktivitäten festlegen und in einem finalen Terminplan festhalten. Typischerweise wird dieser in Form eines Balkendiagramms dargestellt.

§ 160 Beginne mit der eigentlichen Projektarbeit
Jetzt werden die Ärmel hochgekrempelt und die eigentliche Projektarbeit
beginnt. Entscheidend in dieser (oftmals längsten) Projektphase ist die
Abstimmung

* innerhalb der Teilprojekte
* zwischen den Teilprojekten
* mit dem Abstimmungskreis
* mit dem Lenkungsausschuss
* ggf. mit anderen (auch externen) Personen (wie etwa Kunden, Lieferanten
  oder Beratern)

Plane daher regelmäßige Formate zum Austausch bzw. zur Information. Bewährt haben sich dafür folgende Instrumente

- Stand-up-Meeting (kurze, oftmals tägliche Treffen; oft im Stehen durchgeführt)
- Jour fixe (längere, regelmäßige Treffen, in der Regel einmal pro Woche) mit folgenden Themen:
  - Vergleich des geplanten mit dem tatsächlichen Fortschritt
  - Rückschau auf vergangene Herausforderungen/Probleme und wie sie bewältigt wurden
  - Diskussion über anstehende Probleme und wie sie vermieden bzw. gelöst werden können
- Statusbericht (kurze schriftliche Information zu den Fortschritten; siehe Abb. 5)
- (Zwischen-)Ergebnis-/Meilensteinpräsentation (längere, meist visualisierte Präsentation)

Um den Status zu beschreiben, hast du mehrere Möglichkeiten:

- 0/100 Methode: Es gibt nur abgeschlossene oder noch nicht begonnene Aufgaben
- 0/50/100 Methode: Es gibt lediglich die Zustände „0 = noch nicht begonnen", „50 = in Arbeit" und „100 = fertig"
- Step-to-Step Methode: Für jede Aufgabe werden bei der Planung „Steps" (= Arbeitsschritte) festgelegt, denen ein bestimmter Fertigstellungsgrad zugeordnet ist; damit erhält der Projektleiter eine genauere Übersicht, allerdings ist der Planungsaufwand höher.

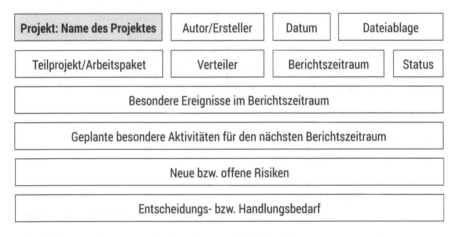

Abb. 5 Aufbau eines Statusbericht. (Eigene Erstellung)

Für dich als ProjektleiterIn ist es in der Arbeitsphase eine der größten Herausforderungen zu wissen, wie lang die Leine ist, die du den TeilprojektleiterInnen und Projektteammitgliedern lässt. Anders formuliert geht es darum zu wissen, wann du „die Sache laufen lassen kannst" und wann du einschreitest.

§ 161 Schließe das Projekt ab

Wenn es so läuft, wie geplant, dann sind am Ende der Projektarbeit alle Projektziele erreicht. Allerdings ist das selten der Fall, wie das stellvertretend die Elbphilharmonie und der Berliner Flughafen belegen. Am Ende der Zeit ist dann noch so viel Projekt übrig. Gehen wir jetzt mal davon aus, dass irgendwann das Projekt tatsächlich über die Ziellinie gelaufen ist, dann gilt es, dieses formal abzuschließen. Dazu sind die Ergebnisse dem Lenkungsausschuss zu präsentieren und von diesem abgenommen bzw. freigegeben zu werden.

> Ein Projekt, das so läuft wie es geplant wurde, ist kein Projekt!
>   Alte Projektweisheit

Nach jedem Projekt solltest du dir zusammen mit dem Projektteam die Zeit nehmen, um eure Erfahrungen zu reflektieren. Dies nennt man in der Projektsprache „Review". Was lief gut? Was weniger? Was kann man für kommende Projekte lernen? Wie können die „Learnings" innerhalb des Unternehmens geteilt werden?

Bei wichtigen oder komplexeren Projekten sollte die Geschäftsführung bzw. der Lenkungsausschuss nach einigen Wochen oder Monaten ein Review von Dritten – also nicht am Projekt beteiligten Personen/Stellen – durchführen lassen. Ziel dabei ist es, herauszufinden, wie zufrieden die Betroffenen mit den Projektergebnissen sind.

So: Durchschnaufen! Dir ist nur der typische Ablauf eines Projektes geläufig. Dieses Wissen allein reicht jedoch nicht, um die zahlreichen Fallen, die in Projekten lauern, zu umgehen. Deshalb will ich dir nun die wichtigsten Erfolgsfaktoren im Projektmanagement nennen – und das sind einige.

§ 162 Mache dir klar: Erfolg bedeutet Termine, Qualität und Kosten einzuhalten

Was ist eigentlich Projekterfolg? Wie wird er gemessen und wer bestimmt, was ein erfolgreiches Projekt ist? Eine eindeutige Definition von „Projekterfolg" wirst du nicht finden, zumal dieser von Projekt zu Projekt unterschiedlich ist. Verallgemeinernd lässt sich jedoch sagen, dass der Projekterfolg immer etwas mit den Themen Zeit/Termine, Ressourcen/Kosten und Qualität/Leis-

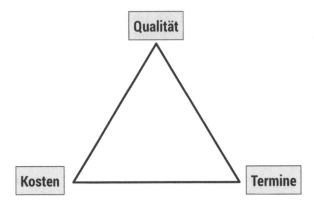

Abb. 6 Magisches Dreieck des Projektmanagements. (Eigene Erstellung)

tung zu tun hat. Man spricht auch vom „magischen Dreieckdes Projektmanagements" (siehe Abb. 6). Danach sind Projekte dann erfolgreich, wenn
die festgelegten zeitlichen und qualitativen Ziele ohne Überschreitung der
geplanten Ressourcen/Kosten erreicht wurden.

§ 163 Versuche (nicht), es jedem recht zu machen
Natürlich sollte es Ziel eines jeden Projektes sein, die Bedürfnisse möglichst
aller Stakeholder bestmöglich zu befriedigen. Doch das ist in der Praxis nahezu
unmöglich. Deshalb wirst du gezwungen sein, Prioritäten zu setzen. Das ist
oft genug sehr schwer, bedeutet dies doch, dass du dir manche Personen, Abteilungen oder Bereiche nicht unbedingt zu Freunden machst. Denke in diesen schwierigen Momenten an das, was Mark Twain einmal gesagt hat:

> Ich kann dir keine Erfolgsformel liefern, aber ich kann dir eine Formel für den
> sicheren Misserfolg geben: Versuche, es allen recht zu machen.
> Mark Twain (1835–1910) US-amerikanischer Schriftsteller

》 Jedem recht getan, ist 'ne Kunst, die niemand kann.

---

§ 164 Lasse dir klar sagen, was deine Verantwortlichkeiten und Kompe-
tenzen sind
Wir hatten bereits kurz darüber gesprochen, nun nochmals in aller Deutlichkeit: Wenn deine Entscheidungsspielräume als ProjektleiterIn nicht klar definiert sind, wird es höchst wahrscheinlich recht bald im Projektverlauf zu
Missverständnissen und Auseinandersetzungen kommen. Logischerweise las-

sen sich zu Projektbeginn nicht alle Eventualitäten klären, dennoch solltest du – im eigenen Interesse – darauf bedacht sein, möglichst präzise festzulegen, wofür du verantwortlich bist und welche „Rechte" du besitzt. Ich rate dir, nie eine Projektleitung anzunehmen, wenn du nicht gleichzeitig dafür auch die erforderlichen Kompetenzen eingeräumt bekommst.

» Gib ganz arg acht, wenn du nicht hast alle Macht!

§ 165 Identifiziere potenzielle „Gegner" gleich zu Beginn und suche das Gespräch

Nicht jedes Projekt stößt auf uneingeschränkte Gegenliebe. Aus verschiedensten Gründen können sich die Betroffenen gegen die Umsetzung des Projektes wehren und offen oder verdeckt Widerstand leisten. Dem begegnest du am besten, indem du gleich zu Projektbeginn solche möglichen Bedenkenträger (unabhängig davon, ob deren Argumente sachlich begründet sind oder nicht) identifizierst und das Gespräch mit ihnen suchst. Wichtig dabei ist, dass du die nicht direkt geäußerten Vorbehalte ermittelst, also so lange nach dem Warum fragst, bis du die wahren Motive kennst – und die haben oft etwas mit Angst und Unsicherheit zu tun: Angst, mit den Neuerungen zurecht zu kommen, Angst vor Macht- oder Prestigeverlust, Unsicherheit, was das alles bedeutet …

Idealerweise gelingt es dir, die „Gegner" einzubinden und ihre Sorgen ernst zu nehmen, etwa indem du sie zu Projektteamsitzungen einlädst, sie regelmäßig informierst oder ihnen gar eine Rolle im Projektteam zuweist.

§ 166 Betreibe Marketing für das Projekt

Selbst wer lediglich über ein bisschen Projekterfahrung verfügt, weiß, dass der Projekterfolg maßgeblich davon abhängt, wie gut es gelingt, Werbung für das Projekt zu machen, den Fortschritt zu kommunizieren und den Betroffenen Dialogmöglichkeiten einzuräumen. Dies gilt umso mehr, je größer das Projekt ist bzw. je mehr MitarbeiterInnen es betrifft. Es würde den Rahmen dieses Buches sprengen, hierauf detailliert einzugehen. Daher nur ein paar wenige Empfehlungen, wie du dein Projekt gut vermarktest:

- Finde eine einprägsame Projektbezeichnung bzw. einen griffigen Kurznamen sowie Claim für das Projekt (etwa „STAR21 – erfolgreich in die Zukunft").

- Entwickle ein eigenes Logo, das du bei allen On- und Offline-Medien der Projektkommunikation verwendest.
- Stelle den Nutzen deutlich heraus (welches Problem wird durch das Projekt wirklich gelöst?).
- Denke daran, den Personal-/Betriebsrat regelmäßig zu informieren.
- Ein beliebtes Instrument sind Projekt-Newsletter, in denen über Fortschritte informiert wird.
- Bei wirklich großen Projekten lohnt es sich, eine Projektzeitschrift (muss nicht unbedingt gedruckt sein) herauszugeben.
- Wenn ein Intranet existiert, dann solltest du dort eine eigene Unterseite für dein Projekt anlegen und diese kontinuierlich mit nutzwertigen Informationen füttern.
- Von sehr hoher Bedeutung ist es, den Betroffenen ausreichend Möglichkeiten zu geben, ihre Fragen zu stellen und ihre eventuellen Sorgen/Ängste auszusprechen. So solltest du dir überlegen, „Sprechstunden" anzubieten oder für einzelne Teams/Abteilungen persönliche Treffen zu arrangieren.
- Vor allem bei Projekten, die eine Fülle neuer Informationen für die Betroffenen bedeuten, ist es ratsam, eine FAQ-Liste zu erstellen, also eine Übersicht der am häufigsten gestellten Fragen mit den jeweiligen Antworten.
- Sofern ausreichend Budget vorhanden ist, kannst du Events organisieren, etwa beim Erreichen wichtiger Meilensteine, erst recht beim Projektende.
- Plane Einführungsseminare oder Schulungen für betroffene Abteilungen/ MitarbeiterInnen.

§ 167 Suche dir Unterstützer

Bleiben wir noch ein wenig beim Thema, wie du dein Projekt vermarkten kannst. Ergänzend zu den gerade genannten Marketingmaßnahmen ist es eine kluge Idee, so genannte „Machtpromotoren" zu suchen. Das sind KollegInnen im Unternehmen, die dem Projekt aufgeschlossen gegenüberstehen und innerhalb der Organisation für eine bessere Akzeptanz sorgen, indem sie sich positiv über das Projekt äußern. Solche Unterstützer sollten natürlich nur freiwillig mitmachen und wirklich von der Sache überzeugt sein, sonst wirken sie unglaubwürdig.

§ 168 Spreche Konflikte im Projektteam frühzeitig und offen an

Auch in den besten (Projekt-)Teams scheint nicht immer die Sonne. Aus unterschiedlichsten Motiven kann der „Haussegen" zwischen einzelnen Teammitgliedern schief hängen. Als ProjektleiterIn gehört es zu deinen Aufgaben, solche Konfliktherde zu identifizieren. Denn: Nicht angesprochene

Spannungen können den ganzen Projekterfolg gefährden oder zumindest die Effizienz deutlich senken. Wie du Auseinandersetzungen beilegst, hast du ja schon im Abschn. „So löst du Konflikte konstruktiv" gelesen.

So arbeitest du agil

Vielleicht hast du den Begriff „agiles Arbeiten" schon einmal gehört? Es würde mich nicht wundern, denn „Agilität" ist gerade voll im Trend. Das haben wir ja schon mit vielen Managementmethoden und -modellen erlebt. Eine Zeit lang spricht jeder, der sich als aufgeschlossen und gut informiert darstellen möchte, von dem gerade angesagten Modewort, nur um kurz darauf dem nächsten Hype zu folgen. Insofern tut also etwas Skepsis ganz gut, wenn wir nun über „agiles Arbeiten" sprechen. Dabei möchte ich nicht falsch verstanden werden: Die Prinzipien, die ich dir gleich erläutern werde, sind erprobt und zukunftsorientiert. Ich möchte lediglich davor warnen, vorbehaltlos und unkritisch alles zu kopieren, was einem gerade als neueste Errungenschaft verkauft wird. Denn: So neu sind die Grundgedanken des agilen Denkens und Handelns gar nicht.

In den 1990er-Jahren waren Softwareentwickler in den USA zunehmend frustriert von den starren und recht unflexiblen Abläufen bei ihrer Arbeit. Ein paar kreative Köpfe machten sich Gedanken, wie man die Softwareentwicklung beschleunigen und vereinfachen könnte. Im Laufe der Zeit wurden neue Vorgehensweisen ersonnen. Im Jahr 2001 legte eine Gruppe von Experten Werte und Prinzipien für diese neue Art der Entwicklung fest und taufte das Ganze „agil". Weil sich diese Methoden als höchst erfolgreich erwiesen, dauerte es nicht lange, bis auch Nicht-IT'ler auf die Idee kamen, die neuen Werkzeuge auszuprobieren – so war das „agile Projektmanagement" geboren.

Das zentrale Prinzip agilen Arbeitens lässt sich am einfachsten und kürzesten mit einem Zitat von Harry S. Truman ausdrücken:

> Es ist unglaublich, was man erreichen kann, wenn man sich nicht darum schert, wer die Anerkennung dafür bekommt.
> Harry S. Truman (1884–1972) US-amerikanischer Präsident

Sämtlichen agilen Werkzeugen bzw. Methoden ist gemeinsam, dass sie auf folgenden Grundsätzen beruhen:

- Häufiger und kürzer, dafür effizienter miteinander sprechen: Ausufernde Besprechungen gehören der Vergangenheit an. Kurze Gesprächsrunden –

am besten im Stehen –, die nicht länger als eine ¼ h dauern, sind der Standard.

- Kürzere, „iterative" Prozesse: Statt langer Abstände zwischen einzelnen Schritten gibt es öfters kleinere Korrekturschleifen sowie regelmäßige Zwischenkontrollen. Auf diese Weise lassen sich Fehler und Verbesserungsmöglichkeiten früher erkennen.
- Einfach mal machen: Spezifische Ziele lassen sich bei komplexen Aufgaben selten präzise definieren. So wurden bei klassischen Methoden oft realitätsferne Ziele anvisiert. Auf gut Deutsch: Früher hat man viel zu oft danebengeschossen, weil die ursprüngliche Zielsetzung auf zu vielen Unbekannten basierte. Dem wird Rechnung getragen, indem man jetzt einfach mal loslegt und viel experimentiert. Ist also ein bisschen so wie bei „Jugend forscht".
- Wissen wird geteilt: Know-how ist kein sorgsam gehüteter Schatz mehr, sondern wird mit allen geteilt.
- Der Nutzer wird eng eingebunden: Wurde früher der Kunde/Nutzer erst am Ende des Prozesses über das Ergebnis in Kenntnis gesetzt, ganz nach dem Motto: „Friss oder stirb!". So war es sehr aufwendig, Korrekturen vorzunehmen. Das geht viel leichter, wenn der Kunde/Nutzer sehr früh involviert wird und ein stetiger Austausch erfolgt.
- Fehler sind kein Tabu: Dass nicht immer alles glatt läuft, wird von allen anerkannt. Man betrachtet Planabweichungen nicht als Übel, sondern als Chance zur Verbesserung. Wer etwas verkehrt gemacht hat, erhält zwar keinen Pokal, doch er/sie wird auch nicht gesteinigt.

Unterschiede klassisches und agiles Projektmanagement

Mit dem klassischen Projektmanagement kennst du dich inzwischen aus. So wollen wir uns nun die Unterschiede zum agilen Projektmanagement anschauen (siehe Tab. 3).

Vorteile agiler Methoden

Wie ich eingangs aufgezeigt habe, ändert sich die Unternehmensumwelt immer schneller. Das bedeutet, dass Betriebe flexibel auf Veränderungen reagieren und innovativ sein müssen, um im Wettbewerb zu bestehen. Mit den konventionellen Projektmanagementmethoden kann dies kaum gelingen, zumal immer seltener am Anfang eines Entwicklungsprozesses alle Informationen vorliegen. Hinzu kommt, dass sich die Anforderungen und

Tab. 3 Unterschiede zwischen klassischem und agilen Projektmanagement. (Eigene Erstellung)

	Klassisches Projektmanagement	Agiles Projektmanagement
Umfang	fest	variabel
Zeit	variabel	fest
Aufwand	variabel	fest
Prozess	linear („Wasserfall-Modell") wird nicht verändert	Iterativ wird fortlaufend verbessert
Einfluss von Stakeholdern	sinkt im Verlauf des Projekts	ist konstant (hoch) im Projekt
Anforderungen	werden am Anfang erfasst(z. B. in einem Lastenheft)	werden kontinuierlich erfasst (z. B. durch Backlogs)
Ergebnisse	werden nur am Ende des Projekts geliefert und bewertet	werden im Projektverlauf regelmäßig geliefert und bewertet
Verantwortung für Projekt	Projektmanager	Team managt sich selbst und übernimmt zusammen die Verantwortung
Kommunikation	in langen Besprechungen und durch Dokumente	in kurzen, täglichen Treffen und wenig Dokumentation

Rahmenbedingungen während der Projektlaufzeit ändern können. Vor diesem Hintergrund sind die Vorteile agiler Methoden offensichtlich:

- Weil auf eine detaillierte Vorabplanung verzichtet wird, kann mit dem Projekt schneller begonnen werden.
- Die Arbeitsabläufe sind effektiver und können rascher angepasst werden.
- Wenn sich Wünsche/Vorgaben der Kunden, Nutzer oder Auftraggeber ändern, kann man unverzüglich darauf reagieren.
- Die Zufriedenheit der MitarbeiterInnen ist höher, da diese mehr Verantwortung und mehr Autonomie haben.
- Fehler im Projektverlauf werden früh identifiziert und können dementsprechend schneller beseitigt werden.

So, genug der Theorie, jetzt zur Praxis – im Folgenden stelle ich dir die wichtigsten Methoden des agilen Arbeitens vor.

§ 169 Nutze die Methode „Business Model Canvas"

Mit Hilfe des Business-Model-Canvas (BMC) kannst du Geschäftsmodelle grafisch in übersichtlicher Form darstellen. Alles, was für ein erfolgreiches Ge-

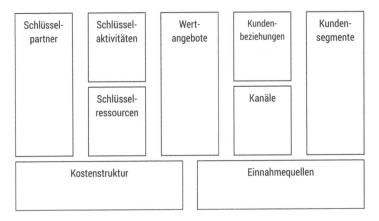

Abb. 7   Vorlage Business-Model-Canvas. (Eigene Erstellung)

schäftsmodell erforderlich ist, wird auf einer standardisierten „Leinwand" (englisch „canvas") eingetragen (siehe Abb. 7).

Ein BMC ist kein starres Dokument, sondern wird laufend weiterentwickelt, d. h., dass die Einträge ergänzt, verändert oder gestrichen werden, sobald es neue Erkenntnisse gibt.

§ 170 Nutze Daily-Standup-Meetings
Daily-Standup-Meetings (DSM) sind das Kernelement agilen Arbeitens. Das (Projekt-)Team trifft sich täglich – in der Regel zu Beginn eines Arbeitstages – und tauscht sich maximal 15 min. lang aus. Jeder berichtet knapp über die bei ihm/ihr an diesem Tag anstehenden Aufgaben und welche Fortschritte es gestern gab. Außerdem werden Probleme genannt, die man hat und bei denen man sich Unterstützung von den anderen Teammitgliedern wünscht. Probleme mit dem/der PartnerIn oder der Verdauung gehören allerdings eher selten zu den besprochenen Punkten.

§ 171 Nehme dir Fokuszeit
Fokuszeit bezeichnet einen Zeitraum, in dem jegliche interne Kommunikation unterbleiben sollte, damit sich jeder auf seine Arbeit konzentrieren kann. Es finden dann keine Besprechungen statt, Handys und Telefone werden ausgeschaltet und im Büro, auf dem Flur und in der Teeküche wird kein Small-Talk geführt. Fokuszeiten sollten täglich eingeplant werden und mindestens 1 h dauern.

§ 172 Veranstalte Fuck-Up- und Innovation-Hours
Du hast ja schon gelesen, dass beim agilen Projektmanagement Fehler anders gesehen werden, als dies früher der Fall war. Fehler werden jetzt als Chance

zum Lernen betrachtet. Deshalb soll auch offen darüber gesprochen werden – etwa bei wöchentlichen Fuck-up-Hours (ja, das wird wirklich so genannt), bei denen jedes Teammitglied über seine Misserfolge spricht, sodass alle anderen von den individuellen Fehlern „profitieren" und ein zukünftiges Auftreten vermeiden können.

Analog werden in Innovation-Hours die wichtigsten Erkenntnisse und Ideen miteinander geteilt.

§ 173 Verwende ein Kanban Board

Das Kanban-Board (KB) ist das vielleicht bekannteste Werkzeug agilen Arbeitens und hat sich vielfach bewährt. Das liegt u. a. daran, dass es wirklich einfach zu verstehen und umzusetzen ist. Ein KB ist nichts anderes als eine Tafel, die den Arbeitsprozess bzw. die Aufgaben von der Planung bis zur Umsetzung abbildet, wobei die Aufgaben auf Karten oder Post-Its geschrieben werden (siehe Abb. 8). Es gibt sowohl klassische KBs (physische Tafel), als auch digitale Versionen.

Typischerweise wird das KB in 3 Spalten eingeteilt:

- Aufgabe/To Do („Backlog"): Hier werden jene Aufgaben aufgelistet, die zu erledigen sind, mit denen aber noch nicht begonnen wurde. Aus dieser Spalte „bedienen" sich die Teammitglieder – sie wählen frei, welche Aufgabe sie in welcher Reihenfolge übernehmen wollen.

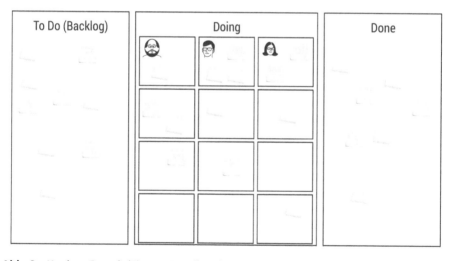

Abb. 8   Kanban-Board. (Eigene Erstellung)

- Bearbeitung/In Progress/Doing: Wenn ein Teammitglied begonnen hat, eine Aufgabe zu bearbeiten, wird die entsprechende Karte in die mittlere Spalte verschoben. Entweder hat jedes Teammitglied in der mittleren Spalte einen eigenen Bereich oder auf die Karten wird geschrieben, wer sich um die Aufgabe kümmert.
- Erledigt/Done: Sobald die Aufgabe abgeschlossen wurde, wandert die Karte in die rechte Spalte.

Es müssen nicht 3 Spalten sein – ein KB kann an die spezifischen Anforderungen des Projekts angepasst werden und auch mal 4 oder 5 Spalten enthalten, etwa zur Unterteilung in unterschiedliche Fachbereiche oder Themen.

Für das KB gilt wie für alle anderen Methoden und Werkzeuge des agilen Arbeitens: Es kann nur klappen, wenn alle Teammitglieder weitestgehend eigenständig handeln und Verantwortung für die Aufgabe übernehmen, die sie sich ausgewählt haben. Der Einsatz des KBs ist zum Scheitern verurteilt, wenn es Teammitglieder gibt, die keine Aufgaben erledigen und nur die anderen arbeiten lassen. Wenn sich nicht alle in gleichem Umfang engagieren, wird es nicht lange dauern, bis es im Team so richtig kracht.

Auch das Gegenteil kann der Fall sein, nämlich, dass sich Teammitglieder übernehmen und sich zu viel zumuten. Um das zu verhindern, sollte klar definiert werden, wie viele Aufgaben gleichzeitig bearbeitet werden dürfen. Das nennt man „Work-in-Progress-Limits" (WIP-Limits). Im Klartext heißt das: Mit der Bearbeitung einer neuen Aufgabe sollte erst dann begonnen werden, wenn eine andere abgeschlossen ist.

Das KB lässt sich prima mit den DSMs kombinieren. Das Projektteam kommt jeden Morgen vor der KB-Tafel zusammen (oder trifft sich per Videokonferenz an der virtuellen Tafel) und bespricht, was an diesem Tag ansteht. Agile Projektleiter erkennen dabei schnell, wo sich sogenannte „Flaschenhälse" bilden, d. h., wo sich nicht erledigte Tasks stauen.

§ 174 Nutze die Methode „Planning-Poker"

Planning-Poker (PP) ist eine Methode zur Bewertung von Ideen/Vorschlägen. Die Umsetzung ist wirklich einfach. Jedes Teammitglied erhält ein klassisches Kartenspiel, wobei die Kartenwerte für die Gewichtung stehen. Die Bildkarten werden aussortiert, sodass nur die Zahlenkarten verwendet werden.

Dazu ein Beispiel: Es soll im Team darüber abgestimmt werden, ob Vorschlag A, B oder C umgesetzt wird. Jeder wählt aus seinen Karten den für ihn/sie passenden Kartenwert aus und legt die Karte verdeckt auf den Tisch. Anschließend decken alle ihre Karten auf. Der Wert aller Karten wird dann zusammengezählt und der Durchschnitt ermittelt. Die von den Teammitgliedern ausgespielten Karten dürfen nicht nochmals eingesetzt werden. Selbstverständlich könnt ihr euch auch eigene Regeln geben, wie etwa, dass jeder einen Joker setzen darf.

§ 175 Verwende „Timeboxes"

„Timeboxes" klingt aus meiner Sicht etwas aufgebläht, aber der Begriff hat sich nun mal etabliert. Einfach ausgedrückt sind Timeboxes nichts anderes als feste Zeitvorgaben, die für bestimmte Aufgaben oder Aktivitäten festgelegt werden und unter allen Umständen eingehalten werden sollen. Das damit verbundene Ziel ist, die Verschwendung von Zeit zu verhindern. Typische Timeboxes sind:

* 15 min. für das Daily-Standup-Meeting
* 60 bis 90 min. für die Retrospektive
* 2 Wochen für einen Sprint in SCRUM (dazu kommen wir gleich im Anschluss)

§ 176 Nutze „Scrum" zur Produktentwicklung

Der Begriff „Scrum" kommt aus dem Englischen und bedeutet so viel wie „Gedränge". Eigentlich stammt der Name aus dem Rugby. Dort ist Scrum das vom Schiedsrichter angeordnete „Gedränge" – eine Standardsituation, um das Spiel nach kleineren Regelverstößen neu zu beginnen. Im Projektmanagement bezeichnet „Scrum" eine Vorgehensweise, um Produkte zu entwickeln, wobei es sich um physische und nicht materielle Produkte handeln kann.

Scrum kennt drei Rollen (siehe Abb. 9), nämlich:

* den „Product Owner", der die fachlichen Anforderungen stellt und sie priorisiert,
* den „ScrumMaster", der den Prozess steuert und Hindernisse aus dem Weg räumt sowie
* das Team, welches das Produkt entwickelt, also die eigentliche Arbeit macht.

Der Product Owner hat in der Regel mehr oder wenige genaue Vorstellungen davon, was das zu entwickelnde Produkt leisten soll. Diese Anforderungen („Requirements" genannt) werden in einer Liste („Product Backlog") zusammengefasst und ständig aktualisiert. Die Requirements sind mit spezifischen Aufgaben oder Arbeitspaketen („Increment") verbunden. Zusammen

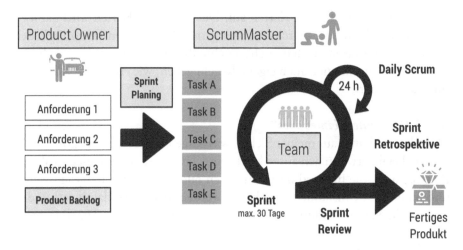

Abb. 9 Methode „Scrum" zur Produktentwicklung. (Eigene Erstellung)

mit dem Product Owner bestimmt das Team in regelmäßigen Abständen, welche Increments in welcher Reihenfolge abgearbeitet werden. Die Zeit zwischen den Treffen des Product Owners mit dem Team wird als „Sprint" bezeichnet – in dieser Phase wird an den Increments gearbeitet, möglichst bis zur kompletten Fertigstellung. Das Increment wiederum wird in kleinere Aufgaben („Tasks") aufgespaltet und im „Sprint Backlog" festgehalten. Der Sprint Backlog ist also die kleine (aber nicht hässliche) Schwester des Product Backlog.

Während des Sprints sollte das Team möglichst konzentriert und störungsfrei an den Tasks arbeiten können. Die Teammitglieder stimmen sich in den dir bereits bekannten „Dailys" ab, so dass jeder weiß, woran die KollegInnen gerade arbeiten und was sie als nächstes vorhaben.

Wenn ein Sprint vorüber ist, präsentiert das Team dem Product Owner und den Betroffenen/Nutzern in einem „Sprint Review Meeting", was bislang erreicht wurde. Üblicherweise gilt der Grundsatz, dass diese Präsentationen ohne den Einsatz von Folien erfolgen. Mit dem Feedback der TeilnehmerInnen und eventuellen neuen Anforderungen des Product Owners bzw. der Nutzer wird dann der nächste Sprint geplant und der Prozess fängt von vorne an. Und ewig grüßt das Murmeltier …

Bleibt nur noch zu klären, was der ScrumMaster die ganze Zeit macht? Nun, er/sie sorgt dafür, dass …

- die Regeln eingehalten werden, fungiert also gewissermaßen als Trainer und Schiedsrichter zugleich,
- der Status aller Tasks im Sprint Backlog immer aktuell gehalten wird und

Restaufwand in h

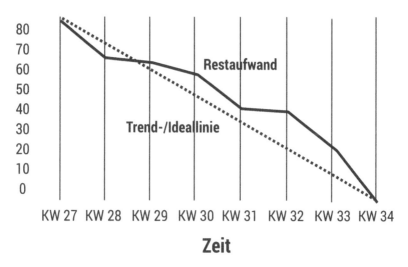

Abb. 10 Burndown Chart zur Visualisierung des Projektfortschritts. (Eigene Erstellung)

- dass der Projektfortschritt dokumentiert wird. Dazu werden oft so genannte „Burndown Charts" verwendet (siehe Abb. 10). Die Trendlinie erlaubt es, eventuelle Probleme oder Verzögerungen rechtzeitig zu identifizieren.

§ 177 Nutze „Design Thinking" zur (Produkt-)Entwicklung

Die Grundgedanken des Design Thinking (DT) kommen ursprünglich aus der Architektur. Menschen mit unterschiedlichsten Hintergründen sollten gemeinsam an Ideen arbeiten, wie sich Probleme bei der Stadtplanung lösen lassen. Einem Professorenteam der Stanford University (in der Nähe von San Francisco) diente diese Vorgehensweise in den 1990er-Jahren als Anregung, um jene Methode zu entwickeln, die heute als „Design Thinking" bekannt ist.

DT ist nicht nur eine konkrete Methode, sondern auch eine spezielle Art des Denkens. Geprägt wird DT von der Offenheit für Feedback und Vielfalt. Angestrebt wird eine möglichst heterogene Zusammensetzung der Gruppe. Denn: Je unterschiedlicher die Sichtweisen sind, desto eher entstehen wirklich neue Ideen. Das Vorgehen selbst folgt diesen Schritten:

(1) Empathize (Einfühlen/Verstehen/Beobachten)

Im ersten Schritt soll verstanden werden, was der Auftraggeber (meist der Kunde) wirklich will, was also das zu lösende Problem ist. Entscheidend ist, dass jeder im Team weiß, worum es geht, wobei nicht nur die Aufgabe als solche, sondern auch der Nutzer als Mensch mit seinen Bedürfnissen im Mittelpunkt steht: Warum braucht der Nutzer eine Lösung für dieses Problem? Welche Sorgen werden ihm/ihr dadurch abgenommen, welche Wünsche damit erfüllt?

»Du musst ein bisschen wühlen, bis du kannst, wie der Kunde fühlen.

Um Antworten auf diese Fragen zu finden, werden die Nutzer oft in ihrem Alltag beobachtet. Natürlich nicht heimlich, sondern mit Zustimmung. Es wird also keine Laborsituation geschaffen, sondern man geht dorthin, wo das wirkliche Leben stattfindet. Außer der Beobachtung wird häufig auch die Befragung eingesetzt – mittels Fragebögen wird in (Tiefen-)Interviews ermittelt, welche Motive, Ängste, Ziele, Nöte … die Nutzer haben.

(2) Define (Definieren)

Mit den Erkenntnissen des ersten Schritts hat das Team ein gutes Grundverständnis erlangt. Nun geht es darum, noch tiefer in die Welt der Nutzer einzutauchen. Dabei hilft es, sich so genannte „Personas" vorzustellen – dies sind einzelne, fiktive Zielpersonen, welche die zu entwickelnde Problemlösung tatsächlich nutzen würden. Für das Erstellen von Persona-Profilen werden Vorlagen (siehe Abb. 11) genutzt. Manchmal reicht es aus, nur 3 oder 4 Personas zu kreieren, manchmal können es auch 7 oder 8 sein – dies hängt ganz davon ab, wie vielfältig die Nutzergruppe ist.

(3) Ideate (Ideen entwickeln)

Nun kommt der kreative Teil des DT. Mit Hilfe von Innovationsmethoden werden jetzt möglichst viele Ideen generiert. Wie du im „Kap. 15" noch lesen wirst, gilt hierbei die eiserne Regel, dass jedwede Kritik/Bewertung in dieser Phase zu unterbleiben hat. Jede noch so verrückte Idee wird notiert, jeder noch so abstruse Vorschlag wird dokumentiert – vielleicht inspiriert er ja ein anderes Teammitglied zu einem genialen Gedanken. Wenn ausreichend viele Ideen vorliegen, wird die Sammelphase abgeschlossen und die Bewertung be-

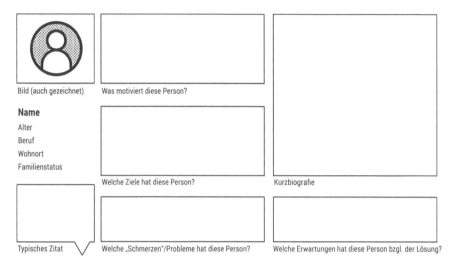

Bild (auch gezeichnet)   Was motiviert diese Person?

Name
Alter
Beruf
Wohnort
Familienstatus

Welche Ziele hat diese Person?   Kurzbiografie

Typisches Zitat   Welche „Schmerzen"/Probleme hat diese Person?   Welche Erwartungen hat diese Person bzgl. der Lösung?

Abb. 11 Vorlage für die Beschreibung einer Persona im Design Thinking. (Eigene Erstellung)

ginnt, sodass am Ende des Prozesses eine Idee steht, die in die nächste Phase gelangt.

(4) **Prototype (Entwicklung von Prototypen)**

Schritt 4 ist für viele der spannendste, denn nun wird aus der Idee Wirklichkeit. Das Team versucht, mit möglichst geringem Aufwand, einen Prototypen zu entwickeln. Ästhetik spielt noch keine Rolle; entscheidend ist vielmehr, dass zukünftige Nutzer eine konkrete Vorstellung davon bekommen, wie die Lösung aussehen könnte und detailliertes Feedback geben können.

>> Dein Prototyp muss nicht sein perfekt, 80 Prozent langen für 'nen Effekt.

(5) **Test (Lösung testen)**

Mit Hilfe des Feedbacks arbeitet das Team die Lösung so weit aus, dass die modifizierte Version des Prototypen an/mit der Zielgruppe getestet werden kann. Auch hier muss noch keine Perfektion erreicht werden. Wie bei Schritt 4 steht im Vordergrund, Rückmeldungen von den Nutzern zu erhalten, um den

Prototypen immer weiter zu verbessern, bis er schließlich Serienreife erlangt hat.

Falls man durch dieses iterative Verfahren am Ende eine zufriedenstellende
Lösung erzielt hat, kann der DT-Prozess beendet werden und das Team kann
sich gemeinsam gepflegt besaufen. Allerdings kann zum Schluss natürlich
auch die ernüchternde Erkenntnis stehen, dass die Lösung niemanden be-
geistert – dann heißt es, den DT-Zyklus erneut zu durchlaufen.

S: Stressresistenz & Gelassenheit

Wenn du diese Kompetenz erlangst, dann …

- kennst du deine persönlichen Stressoren.
- weißt du, wie es dir gelingt, mehr Sport zu machen und ausreichend zu schlafen.
- ist dir der Wert von Pausen bewusst.
- wirst du dein Smartphone weniger nutzen.
- gelingt es dir, mehr an dich zu denken.
- kannst du in Akutsituationen gelassen bleiben.

Buzz und Jim sitzen angespannt in gestohlenen Autos und rasen auf eine Klippe zu. Beiden ist klar: Wer zuerst aus dem Auto springt, ist der Feigling und hat die Mutprobe verloren. Jim öffnet als erster die Türe. Buzz wird sein Jackenärmel zum Verhängnis. Er bleibt am Türgriff hängen und stürzt in den Tod. Du hast die Szene erkannt? Ein Klassiker des Filmdramas: „Rebel Without a Cause" (deutsch: „… denn sie wissen nicht, was sie tun") mit James Dean als Jim. Mich erinnern zahlreiche Berufstätige – MitarbeiterInnen wie Führungskräfte – an die beiden Protagonisten: Sie steuern ohne Sinn und Verstand auf ein verhängnisvolles Ende zu. Sicherlich nicht gleich in den Exitus, wohl aber ins psychische Verderben.

Wenn ich mir meine Coachees, SeminarteilnehmerInnen und einige meiner Bekannten so ansehe, dann erkenne ich immer wieder das gleiche Muster: Orientierungslos stolpern sie durch das Leben, sie wissen nicht, was sie eigentlich tun und wollen. Allerdings nicht, weil es ihnen an Zielen mangeln würde.

© Der/die Autor(en), exklusiv lizenziert durch Springer Fachmedien Wiesbaden GmbH, ein Teil von Springer Nature 2022
M.-N. Däfler, *Fit für die digitale Arbeitswelt*, https://doi.org/10.1007/978-3-658-36580-6_12

Das Gegenteil ist der Fall. Sie besitzen sie im Überfluss. Sie wollen Karriere machen. Eine liebevolle Mutter/fürsorglicher Vater sein. Sich ehrenamtlich engagieren. Natürlich auch sportlich sein und mit Mitte 50 noch die Figur und den Elan eines/r 20jährigen haben. Gern auch kulturell beflissen und belesen sein.

Geht alles gar nicht! Wann endlich verstehen wir, dass es trotz bester Selbstorganisation und dem Auslagern von Tätigkeiten (mit Haushaltshilfe, Kindermädchen und Gärtner) schlichtweg nicht möglich ist, überall und immer auf dem Siegertreppchen zu stehen? Warum fällt es uns so schwer, Prioritäten zu setzen? In entscheidenden Momenten zu sich (und anderen) „Nein" zu sagen? Warum wissen wir eigentlich nicht, was wir tun und vor allem, was wir lassen sollten?

Sicherlich könnten wir zunächst über den „gesellschaftlichen Druck", die (vermeintliche) Erwartungshaltung unserer Familie, FreundInnen, KollegInnen, Nachbarn … sprechen. Auch über Arbeitsverdichtung und die weniger erfreulichen Begleiterscheinungen der Digitalisierung sowie des immer häufigeren Arbeitens im Homeoffice ließe sich trefflich debattieren. Ebenfalls könnte man sich über die Folgen der Entgrenzung von Berufs- und Privatleben auslassen. Allein: Ich frage mich, weshalb wir trotz des chronisch hohen Stresserlebens nicht ernsthaft etwas dagegen unternehmen?

Nun, es liegt meines Erachtens schlichtweg daran, dass wir uns mit den falschen Gegenmaßnahmen zufriedengeben. Nur zu bereitwillig nehmen wir die Angebote der Anti-Stress-Industrie wahr und drücken uns damit vor den wirklich wichtigen Entscheidungen. Wir laden uns Meditations-Apps aufs Smartphone, stürmen die Yoga-Studios, quälen uns durch diverse Diäten und absolvieren den siebzehnten Onlinekurs zum Thema Zeitmanagement. Das sind Pflaster, die wir aufkleben, kosmetische Übertünchungsversuche. Die wahren Ursachen lassen wir unangetastet. Und die liegen fast immer in unserer Persönlichkeit.

Ich will nicht sagen, dass wir durch den Erwerb bestimmter Kompetenzen und Fertigkeiten nichts bewirken könnten. Zweifelsfrei kommen wir stressfreier durchs Leben, wenn wir wissen, wie wir uns selbst gut organisieren. Eine Yogastunde (ich praktiziere selbst) tut Geist und Körper gut. Die Stressoren Missverständnisse und Konflikte können viel leichter vermieden werden, wenn man fit in diversen Kommunikations-/Gesprächstechniken ist. Doch mit all' solchen und ähnlichen Maßnahmen verwalten wir das Chaos nur effizienter.

Um Stress wirklich zu senken ist v. a. eine ehrliche Selbstanalyse erforderlich. Dazu ein Beispiel: Es ist nicht der Besucher, der unangekündigt in der Bürotür steht, der uns die Zeit stiehlt und damit Stress auslöst, sondern es ist unsere mangelnde Durchsetzungskraft oder falsch verstandene Rücksicht oder unsere große Lust an der Ablenkung, die uns daran hindern, dem „Eindringling" entgegenzutreten und ihm freundlich zu sagen, dass man gerade mit etwas anderem beschäftigt ist und gern später mit ihm zusammenkommt (darauf werden wir später – bei den Zeitdieben im „Kap. 14" – eingehen).

Auf den Punkt gebracht: Es sind vor allem bestimmte Persönlichkeitsmerkmale, die dafür verantwortlich sind, wenn wir dauerhaft an oder über der Belastungsgrenze leben und arbeiten. Um Stress signifikant zu reduzieren, gilt es aus dem „Wie-Modus" in den „Warum-Modus" zu wechseln. Statt zu fragen: „Wie mache ich XY besser/schneller?" sollten wir ergründen, warum wir etwas eigentlich machen bzw. unterlassen. Wenn wir die wahren Motive für unser (Nicht-)Handeln aufgedeckt haben, ist die Tür zu einem stressfreien Leben weit aufgestoßen. Dann wissen wir, was wir tun. Dazu ist es erforderlich, sich intensiv mit sich selbst zu beschäftigen. Wer über Lebensziele verfügt, seinen Lebenssinn („Ikigai") kennt und wem seine inneren Antreiber bewusst sind, der wird deutlich weniger Stress verspüren. Insofern lautet das wirksamste Rezept gegen Stress, die „Aufgaben" aus dem „Kap. 9" zu absolvieren.

Darüber hinaus gibt es etliche weitere Ansatzpunkte, um sein Stresserleben zu mindern. Da Stress ein höchst individuelles Konstrukt ist, gibt es allerdings kein Patentrezept. Jede/r muss seinen/ihren eigenen Weg finden. Also lautet der erste Schritt, die persönlichen Stressoren zu identifizieren. Bevor wir dies gleich tun werden, möchte ich noch eine kritische Vorbemerkung loswerden, nämlich indem ich die Frage aufwerfe: Sind wir wirklich so gestresst, wie wir es nur zu häufig behaupten? Sind wir tatsächlich so wahnsinnig ein- und angespannt oder stimmen wir einfach in den Jammerchor mit ein, der von so vielen gesungen wird, weil es heute einfach dazugehört, über Stress zu klagen. Der US-amerikanische Essayist Tim Kreider (zitiert nach Ferris, 2017, S. 528) meint dazu:

> Dieses Zelebrieren des ständigen Beschäftigtseins tritt ausschließlich in gehobenen Gesellschaftsschichten auf. Leute, die Nachtschichten auf der Intensivstation schieben, ihre alten Eltern pflegen oder mit dem Bus zu einem ihrer drei Mindestlohn-Jobs fahren müssen, sprechen nicht darüber, wie viel beschäftigt sie sind – sie sind nämlich einfach nur müde. Erschöpft, und zwar zum Umfallen. Die Klagen stammen meistens von Menschen, deren Beschäftigtsein selbst auferlegt ist. Es handelt sich um Arbeit und Verpflichtungen, die sie freiwillig angenommen haben.

In diesem Sinne solltest du dich ehrlich fragen, ob dein Stresserleben wirklich so furchtbar ist oder ob es vielleicht auch ein wenig „Jammern auf hohem Niveau" ist?

So ermittelst du deine persönlichen Stressoren

Wie ich gerade sagte, sind nicht „die anderen" Schuld daran, wenn wir über (zu viel) Stress klagen. Es ist weder die/der Vorgesetzte, noch die zunehmende Globalisierung, die Digitalisierung, die gesellschaftlichen Veränderungen oder gar der amerikanische Geheimdienst. Und es ist auch nicht die besserwisserische Schwiegermutter oder die pubertierenden Kinder, die so viel Nerven, Zeit und Aufmerksamkeit verlangen. Dennoch geben wir anderen nur zu gern die Schuld daran, wenn wir angespannt sind. Das ist bequem und funktioniert ziemlich gut, allerdings nur für eine beschränkte Zeit. Das anfängliche Gefühl, selbst nichts tun zu können, weil andere ja dafür verantwortlich sind, weicht bald der Depression. Schließlich bleibt alles beim Alten. Darauf zu hoffen, dass andere etwas an den Umständen ändern werden, hat die gleiche Wahrscheinlichkeit wie die Annahme, dass der nächste Papst eine Frau sein wird. Dennoch erstarren wir in Lethargie und versteifen uns fest darauf, dass uns die Hände gebunden sind, weil wir keine Möglichkeit haben, etwas zu ändern. Doch das Gegenteil ist der Fall. Du hast durchaus sehr viel Einfluss darauf, wie viel Stress du empfindest. Du musst nur etwas dagegen unternehmen. Im Englischen heißt es sehr einprägsam:

>> Complaining is silly. Either act or forget! Sich beschweren ist töricht. Entweder handle oder vergiss es.

Um es noch deutlicher auszudrücken: Wer Stress dauerhaft reduzieren möchte, muss selbst die Initiative ergreifen und bereit sein, Entscheidungen (vermutlich auch einige harte) zu treffen. Es gilt, wieder die Kontrolle über sein Leben zu erlangen. Stefan Klein (2004, S. 217) verdeutlicht, warum dies so wichtig ist:

Wer sich nicht als Herr der Lage fühlt, verspürt Niedergeschlagenheit und zieht sich zurück. Wie zahlreiche Studien und Tierversuche belegen, kann das Gefühl, keine Kontrolle über sein Leben zu haben, sogar Depressionen auslösen – man spricht von ‚gelernter Hilflosigkeit'. Hoffen wir dagegen, dass alles nach unserem Willen läuft, geht es uns gut.

Dazu noch eine Erkenntnis aus dem Englischen:

>> Easy decisions = hard life

» Hard decisions = easy life

In diesem Sinne: Übernehme die Verantwortung für dein Leben und treffe Entscheidungen, auch wenn dies mitunter nicht einfach sein wird – langfristig wirst du davon profitieren. Der erste Schritt dazu ist es, seine Stressauslöser zu ermitteln. Legen wir also los …

» Ohne klare Entscheidung, gibt's keine Änderung.

Ob und inwieweit wir Stress erleben, hängt von zahlreichen Faktoren ab, u. a. davon,

- wie alt wir sind,
- welche Erfahrungen wir bereits in unserem Leben gemacht haben,
- mit welcher Aufgabe wir gerade beschäftigt sind,
- in welcher Tagesverfassung wir uns befinden und
- unter welchen Umgebungsbedingungen (Hitze, Lärm …) wir arbeiten.

So vielfältig wie die Arten von Stressoren und deren individuelles Erleben sind, so unterschiedlich sind die Stressbekämpfungs- und Verarbeitungsstrategien. Man kann …

- den Stressverursacher vermeiden, indem man versucht, ihm aus dem Weg zu gehen (Gespräche mit Kollegin Wenzel stressen mich – also setze ich mich in der Kantine nicht unbedingt an ihren Tisch);
- den Stressverursacher neu bewerten, indem man versucht, etwas Positives darin zu sehen (die anstehende Kundenpräsentation stresst mich, weil ich ungern vor einer Gruppe rede – das Gute daran ist, dass ich so trainieren kann, mein Lampenfieber zu besiegen);
- die durch den Stressverursacher herbeigeführte „Erregung" vermindern, indem man versucht, einen Ausgleich zu schaffen (das riesige Arbeitspensum stresst mich – mit Meditation komme ich leichter damit zurecht) oder darüber zu sprechen („Schatz, ich bin so ausgelaugt, die vielen Projekte machen mich ganz fertig");
- versuchen, den Stress durch den regel- und übermäßigen Konsum von Alkohol oder im Bahnhofsviertel erhältlichen Substanzen zu bewältigen („So ein Stress im Job – den spül' ich mal mit 'ner Flasche Wodka weg, und wenn das nicht hilft, bastel' ich mir 'ne Tüte."). Achtung: Nach aktuellem Forschungsstand stellt dies keine adäquate Strategie dar.

Auf den Punkt gebracht: Ziel einer nachhaltig wirksamen Anti-Stress-Strategie muss es sein, an den individuellen Stressoren anzusetzen und zu versuchen, diese zu vermeiden, neu zu bewerten oder besser mit der dadurch verursachten Erregung umzugehen. Ein erster Schritt dazu ist es, sich klar zu machen, was einen selbst stresst, also seine grundsätzlichen Stressauslöser zu ermitteln. Dazu habe ich eine Übersicht mit den wichtigsten Stressoren erstellt. Natürlich werden Stressoren nicht allein dadurch beseitigt, indem man sie aufschreibt. Aber: Dies ist eine wichtige Voraussetzung, um geeignete Gegenmittel zu finden. Deine Aufgabe lautet nun, dir die Liste in aller Ruhe durchzulesen und jeden genannten Stressor zu bewerten.

> Die Stressauslöser-Liste findest du als pdf auch hier: www.digitale.fitness

Bitte vergebe dabei Punkte nach dem folgenden Schema:
0 = kommt überhaupt nicht vor
1 = kommt selten/gelegentlich vor, belastet jedoch nicht/kaum
2 = kommt selten/gelegentlich und belastet stark/sehr
3 = kommt oft bis immer vor, stört aber nicht/kaum
4 = kommt oft bis immer vor und belastet stark/sehr (Tab. 1, 2, 3, 4, 5 und 6)
Gehe nun die gesamte Liste von Anfang an durch und notiere hier alle Stressoren, denen du eine 2 oder eine 4 gegeben hast. Dies sind deine Hauptstressoren, an denen du zukünftig arbeiten solltest – übertrage sie bitte in die entsprechenden Tabellen (Tab. 7 und 8).

Tab. 1 Persönliche Stressauslöser. (Eigene Erstellung)

Zu viele private Verpflichtungen
Zu wenig Zeit für mich
Zu wenig Schlaf
Private Konflikte mit PartnerIn, Familienmitgliedern, FreundInnen, VereinskollegInnen, NachbarnInnen …
Probleme mit den Kindern (z. B. Erziehung oder Schule)
Kein Sport; zu wenig bis keine Bewegung und frische Luft
Unausgewogene Ernährung (z. B. keine Zeit zum Essen, Zwischendurch-Essen, Fast Food)
Gesundheitliche Sorgen (z. B. Krankheiten, Folgen von Krankheiten oder chronische Leiden) bei mir oder anderen
Unzufriedenheit mit der Wohnsituation (zu klein, zu laut …)
Finanzielle Sorgen
Tägliche Staus, lange Anfahrten zur Arbeit
Räumliche Situation im Homeoffice (keine Ruhe, häufige Störungen)
Soziale/ehrenamtliche Verpflichtungen (z. B. in Vereinen oder Schule der Kinder)

Tab. 2 Psychisch-mentale Stressauslöser. (Eigene Erstellung)

Quantitative Überforderung durch die Leistungsmenge bzw. das Arbeitstempo

Qualitative Überforderung durch Unübersichtlichkeit oder Komplexität der Aufgabe

Unter- oder Überforderung, weil der Arbeitsinhalt nicht meiner Qualifikation entspricht

Widersprüchliche Arbeitsanweisungen

Ständige Störungen und Unterbrechungen

Unvollständige Informationen

Zu viele Informationen („E-Mail-Flut", „Chat-Wahnsinn", „Telefonterror" …)

Mangelhafte Rückmeldungen

Unzuverlässige KollegInnen, Vorgesetzte, Geschäftspartner

Unklare Zielvorgaben

Leistungs- und Zeitdruck

Angst vor Misserfolg

Zu viel/ständige Kontrolle

Hohe Verantwortung für Personen oder Werte

Ungenügende Einarbeitung

Unklare Zuständigkeiten

Zu kurze oder keine Pausen

Häufige Dienstreisen

Ständige Erreichbarkeit

Neue Arbeitsmethoden und Technologien

Tab. 3 Soziale Stressauslöser. (Eigene Erstellung)

Konflikte mit KollegInnen, Vorgesetzen, MitarbeiterInnen, KundInnen, GeschäftspartnerInnen …

Ungerechtfertigte Kritik

Fehlende Anerkennung und Unterstützung durch KollegInnen und/oder Vorgesetzte

Schlechtes Betriebsklima

Mobbing

Konkurrenzdruck

Isoliertes Arbeiten

Keine/geringe Entwicklungsmöglichkeiten

Diskriminierung oder Benachteiligung

Angst vor Arbeitsplatzverlust

Kollision der Arbeitsbedingungen mit Familienerfordernissen

Mangelhafte Informationen und Beteiligung am Betriebsgeschehen

---

Tab. 4 Emotionale Stressauslöser. (Eigene Erstellung)

Zwang zum Freundlichsein

Widerspruch zwischen ausgedrückten und empfundenen Gefühlen (z. B. ruhig zu bleiben bei ärgerlichen Kunden)

Beleidigungen, Kränkungen, Demütigungen

Das Gefühl, immer weiter zu suchen, wie ich es besser machen könnte (Selbstoptimierung)

Tab. 5 Physische Stressauslöser. (Eigene Erstellung)

Lärm
Kälte oder Hitze
Schlechte Luftqualität (zu trocken, zu feucht …)
Nacht- und Schichtarbeit
Unordnung am Arbeitsplatz

Tab. 6 Weitere Stressauslöser. (Eigene Erstellung)

Tab. 7 Stressoren, die selten/gelegentlich vorkommen und stark/sehr belasten (mit „2" bewertet). (Eigene Erstellung)

Tab. 8 Stressoren, die oft bis immer vorkommen und stark/sehr belasten (mit „4" bewertet). (Eigene Erstellung)

So schaffst du es, mehr Sport zu machen

Dass Sport in vielfältiger Hinsicht positive Wirkungen auf unseren Körper und unseren Geist hat, ist inzwischen unbestritten. Regelmäßige Betätigung führt sogar zur Bildung neuer Neuronen im Gehirn (vgl. Tharmaratnam et al., 2017). Insofern könnte dieser Eintrag mit der schlichten Aufforderung „mache mehr Sport" bereits enden. Das Problem ist: Wir alle wissen, dass uns Sport guttut und maßgeblich dazu beiträgt, Stress abzubauen (weil durch körperliche Aktivität – ebenso wie durch Schlaf und Sex – das Stresshormon Cortisol abgebaut wird), doch trotzdem können wir uns abends nicht überwinden, die Joggingschuhe anzuziehen und bleiben viel lieber mit einer XL-Tafel-Haselnuss-Krokant-Schokolade auf der Couch liegen. Deshalb nun die besten Tipps für Sportmuffel.

§ 178 Ändere deine Einstellung zum Sport

Mit einer negativen Einstellung machst du es dir selbst unnötig schwer. Wenn du dir permanent vorsagst, „Sport ist Mord", dann ist die Wahrscheinlichkeit, dass du jemals in einem Fitnessstudio oder auf dem Fußballplatz anzutreffen bist, so hoch wie bei der Telekom-Hotline ohne Wartezeit dranzukommen. Deshalb solltest du versuchen, dir vom Verstand her klar zu machen, wie sehr dich eine negative Haltung blockiert. Rufe dir stattdessen die zahlreichen Vorteile vom Sport vor Augen:

- Du fühlst dich einfach besser und energiegeladener.
- Du musst nicht mehr nach der kleinsten Anstrengung nach Luft schnappen.
- Du wirst äußerlich attraktiver und wirkst jünger.
- Du wirst abnehmen.
- Vor allem jedoch tust du etwas für deine Gesundheit und steigerst deine Lebenserwartung.

Darüber hinaus hilft uns (regelmäßiger) Sport, besser zu denken. Das kann auch einer der bekanntesten deutschen Philosophen der Gegenwart, Peter Sloterdijk (2021, S. 53) bestätigen:

Für das Denken ist Sport wie ein Zurückstellen auf null. Wenn man eine Stunde läuft oder drei, vier Stunden Rad fährt, wirkt die Bewegung wie ein großer Schwamm, mit dem die schwarze Tafel des Bewusstseins wieder blank gewischt wird. Derjenige, der vom Training zurückkommt, ist nicht derselbe, der losgefahren ist.

Mit einer positiveren Einstellung zum Sport wirst du leichter deinen inneren Schweinehund in Zaum halten und hast damit den wichtigsten Schritt getan, um mehr Sport zu treiben.

§ 179 Mache lieber wenig Sport als überhaupt keinen
Sicherlich kennst du die gängige Empfehlung, was die ideale Häufigkeit von Sport betrifft: 3mal pro Woche 1 h oder täglich eine ½ h wird von fast allen Medizinern und Sportwissenschaftlern angeraten. Für viele Menschen klingt das abschreckend und so tun sie gar nichts. Doch das ist falsch. Lieber joggst du jeden Tag nur 10 min., als dass du gar nichts machst.

» Besser nur zehn Minuten 'was gemacht, statt die ganze Zeit auf der Couch zugebracht.

---

§ 180 Integriere kleine Übungen in den Alltag
Du kannst viele alltägliche Situationen nutzen, um ein wenig zu sporteln. Das fängt schon beim morgendlichen Zähneputzen an. Trainiere deinen Gleichgewichtssinn, indem du ungefähr 20 sec. abwechselnd auf einem Bein stehst. Oder mache jedes Mal, bevor du dir einen Kaffee holst, 5 Kniebeugen.

»Parke nicht direkt am Eingang, das macht dein' Körper stramm.

§ 181 Sei mit FreundInnen aktiv

Es muss nicht immer klassischer Sport sein. Jede Form der etwas längeren Bewegung ist vorteilhaft für Körper und Geist. Noch besser, wenn einen dabei die FreundInnen begleiten. So kannst du dich mit ihnen doch mal zum Wandern verabreden, anstatt in die Kneipe zu gehen, wo du dir ohnedies nur die Festplatte formatierst. Oder mache mit der befreundeten Nachbarsfamilie einen gemeinsamen Fahrradausflug am Sonntag. Oder treffe dich mit deinen ArbeitskollegInnen nach Büroschluss, um zusammen im Stadtpark auf dem See Ruderboot zu fahren. Oder schlage beim nächsten Klassentreffen vor, mal Kegeln oder in eine Kletterhalle zu gehen.

§ 182 Finde eine/n SportpartnerIn

Geteiltes Leid ist halbes Leid – wer wüsste es nicht. Zudem motiviert man sich zu zweit oder in einer Gruppe gegenseitig. Deshalb: Verabrede dich mit jemandem, den du gern um dich hast, zum gemeinsamen Sport. So hast du einen Termin vereinbart und setzt sich quasi selbst unter Druck, denn dem anderen abzusagen fällt doch oft schwerer, als sich zu überwinden. So habe ich mich jahrelang mit meinen guten Freunden Bernd und Thomas jeden Sonntag um 10:00 Uhr zum gemeinsamen Mountainbike-Fahren getroffen. Hat der Kopf noch so sehr vom vorabendlichen Schoppen gebrummt – ich war pünktlich am Treffpunkt. Hinzu kommt die angenehme Gesellschaft, was den Körper zusätzliche Glückshormone produzieren lässt.

§ 183 Trage deine Sport-Termine in deinen Kalender ein

Wenn du strukturiert vorgehst und dir einen Zeitplan für deine Sporteinheiten machst, hältst du länger durch. Trage daher deine Sporttermine in den Kalender ein und nehme diese genauso ernst wie ein Kundengespräch oder einen Arztbesuch. Durch das Notieren bekommt deine „Verabredung zum Sport mit dir selbst" eine ganz andere Verbindlichkeit. Verschiedene Studien haben gezeigt, dass wir Ziele, die wir aufschreiben, auch einfacher erreichen.

§ 184 Gehe in einen Verein

Wer die Einsamkeit des Walkers, Jogginläufers, Radfahrers oder Langstreckenschwimmers erschreckend findet, dem sei geraten, nach einem Turn-

oder Sportverein Ausschau zu halten oder sich einmal im örtlichen VHS-Programm umzusehen. Das hat nicht nur den Vorteil, Sport in einer Gemeinschaft zu machen, sondern ist in aller Regel auch günstiger, als Mitglied in einem Fitnessstudio zu werden. Eventuell arbeitest du auch in einem (großen) Unternehmen, das Betriebssportgemeinschaften hat, denen du dich anschließen kannst? Oder du ergreifst selbst die Initiative und fragst in der Bürogemeinschaft oder Nachbarschaft nach, wer Lust hat, an einem regelmäßigen Lauftreff teilzunehmen.

§ 185 Probiere verschiedene Sportarten aus

Ein häufiger Grund, weshalb wir keinen Sport treiben, ist, dass es uns schlichtweg keinen Spaß macht. Und ohne Spaß am Sport fehlt ganz schnell die Motivation, sodass es nicht lange dauert, bis wir aufgeben. Aber vielleicht ist es nicht generell Sport, den du verabscheust, sondern nur diese spezifische Sportart? Aus diesem Grund solltest du verschiedene Sportarten testen. Allein bei Wikipedia findest du eine Liste mit über 250 verschiedenen Sportarten, von Aikido bis Zumba, wobei zugegebenermaßen auch einige recht exotische Disziplinen darunter sind (wie etwa Zwergenwerfen, Waffenlauf oder „Traktor-Pulling").

Übrigens: Besonders zu empfehlen ist Schwimmen. Zum einen ist es besonders gelenkschonend und zum anderen hat kaum eine andere Sportart so viele positive Auswirkungen auf unser Gehirn – Schwimmer können sich Dinge leichter merken, haben weniger Depressionen und fühlen sich insgesamt besser (vgl. Mathew, 2021). Also: Pack' die Badehose ein …

§ 186 Gestalte dein Sportprogramm abwechslungsreich

Selbst wenn wir eine Sportart gefunden haben, die uns (meistens) Spaß macht, so ist man doch nicht vor Gewöhnungseffekten gefeit. Nach einer gewissen Zeit, in der man immer wieder die gleiche Strecke joggt, fehlen irgendwann die Reize. Hat man ein bestimmtes Kraft-Trainings-Programm 20mal gemacht, stellen sich Ermüdungserscheinungen ein. Bringe deshalb Vielfalt und Abwechslung in deinen Sport. So gehe ich bspw. meine beiden bevorzugten Joggingstrecken etwa alle 10 Tage in umgedrehter Richtung, starte also nicht, wenn ich das Haus verlasse, rechts herum, sondern links.

§ 187 Halte mindestens 3 Wochen lang durch

Viele Menschen erhoffen sich nach dem einmaligen Besuch des Body-Fit-Kurses ein Aha-Erlebnis oder sind verwundert, dass das Gewicht nach einem 1,5-Kilometer-Lauf nicht um 3 kg gesunken ist. So schnell geht es natürlich nicht. Wer längere Zeit keinen Sport gemacht hat, wird anfangs kaum Veränderungen feststellen. Erst nach ungefähr 2 bis 3 Wochen bemerken Sportabstinenzler, die sich überwunden haben, erste positive Zeichen – gesundheitlich, körperlich und optisch. Also: Mindestens 3 Wochen dranbleiben; die sich dann einstellenden Veränderungen motivieren dazu weiterzumachen.

§ 188 Höre Musik beim Sport

Musik hat für die meisten Menschen eine stimmungsaufhellende Wirkung (mal von deprimierenden Trauerchorälen abgesehen). Erst recht kann Musik die eigenen Trainingsanstrengungen unterstützen. So lauschen zahlreiche Leistungssportler beim Training und vor Wettkämpfen ihrer Lieblingsmusik. Bei vielen Sportarten lässt sich problemlos Musik hören. Also: Lieblingsmusik aufs Smartphone oder den iPod laden, Kopfhörer aufsetzen und losjoggen! Aber passe bitte auf, wenn du als Läufer oder Radfahrer im (Straßen-)Verkehr unterwegs bist, dass du die Lautstärke so eingestellt hast, dass du noch die Umgebungsgeräusche wahrnimmst.

§ 189 Investiere in gute Laufschuhe

Wer öfters joggt, dem sei dringend geraten, sich hochwertige Schuhe anzuschaffen, um Gelenk- und Rückenproblemen vorzubeugen. Hier die wichtigsten Tipps für den Schuhkauf:

- Kaufe deine Schuhe nicht vormittags, sondern am späteren Nachmittag oder frühen Abend, da sich die Füße im Laufe des Tages dehnen.
- Sofern du bereits ein Paar Laufschuhe besitzt, solltest du diese ins Geschäft mitnehmen – das Abnutzungsprofil gibt geschultem Verkaufspersonal wichtige Hinweise auf deinen Laufstil.
- Probiere die neuen Schuhe mit den Laufsocken, die du üblicherweise trägst.
- Achte darauf, dass die Schuhe ausreichend groß sind. Als Faustregel gilt: Vor dem großen Zeh sollte eine Daumenbreite Platz sein.
- Ein Laufschuh hat eine begrenzte Lebenserwartung. Abhängig von Modell, Abnutzung, Laufstil, Läufergewicht und Untergrund hat ein Schuh nach etwa 600 bis 1200 Laufkilometern seinen Zenit überschritten. Danach ist keine optimale Dämpfung und Stütze mehr gewährleistet.

So schaffst du es, ausreichend zu schlafen

Schlafexperten haben herausgefunden, dass jemand, der eine Woche lang nur 4 oder 5 h pro Tag schläft, seine Leistung genauso stark mindert, wie wenn er einen Blutalkoholspiegel von 1,0 Promille hätte. Während alkoholisierte KollegInnen selten für ihren Zustand gelobt werden, ist dies hingegen bei Wenigschläfern oft der Fall. Nahezu glorifiziert wird der-/diejenige, der/die (scheinbar) mit wenig Schlaf auskommt. Es hat sich wohl noch immer nicht herumgesprochen, dass zu wenig Schlaf das Gegenteil dessen bewirkt, was häufig damit beabsichtigt wird: mehr zu leisten.

Selbst, wenn uns dieser Zusammenhang klar ist und wir abends zeitig das Licht ausmachen, kann es passieren, dass wir nicht ausreichend Schlaf abbekommen. Das Paradoxe ist nämlich: Vor allem in stressigen Zeiten fällt es vielen Menschen schwer, gut zu schlafen. Es ist ein Teufelskreis, denn zum ohnedies vorhandenen Druck kommt noch der Stress der gestörten Nachtruhe hinzu. Entweder kann man nicht einschlafen, wacht nachts oft auf oder kommt morgens einfach nicht aus dem Bett. Man fühlt sich wie gerädert, wenn der Wecker klingelt. Dabei wäre gerade dann eine gute Nachtruhe so wichtig, denn ein erholsamer Schlaf ist ein ausgezeichnetes Gegenmittel für Stress. Warum wir genau schlafen, ist unter Forschern noch immer umstritten. Eines steht jedoch fest: Während wir schlafen, entspannen sich Körper und Seele. Tom Hodgkinson (2014, S. 315) schreibt dazu in seinem herrlichen Buch „Anleitung zum Müßiggang" aus eigener Erfahrung:

Wenn ich weniger als acht Stunden Schlaf bekomme – und ich hätte lieber zehn –, kriege ich nichts hin. Meine gehüteten Schlafstunden haben sich in letzter Zeit verringert, weil ich kleine Kinder habe, die mich um sechs oder sieben und oft auch nachts wecken. Wenn ich nicht genug geschlafen habe, bin ich nicht in der Lage, viel zu erledigen. Ich werde wütend, streitlustig, uneinsichtig. Kleinere Vergehen bestrafe ich hart. Ich knalle die Türen. Ich meckere über kleinere Aufgaben wie Abwaschen. Nach einer guten Nacht dagegen fühle ich mich wie ein anderer Mensch. Ich bin heiter, nachsichtig und hilfsbereit. Ich bin auch produktiver. Ich kann die Tagesarbeit in drei oder vier Stunden schaffen, was mir viel mehr Zeit zum Nichtstun lässt.

§ 190 Ermittle dein durchschnittliches Schlafbedürfnis

Was heißt „ausreichend" schlafen? Jeder Mensch hat ein individuelles Schlafbedürfnis – der eine braucht täglich mindestens 9 h Bettruhe, um fit zu sein, dem anderen langen 6 h. Von Albert Einstein bspw. wird berichtet, dass er durchschnittlich 14 h in den Federn gelegen hat, während Napoleon angeblich schon nach 4 h Schlaf wieder hellwach war. Man kann also keine generelle Empfehlung abgeben. Am einfachsten findet man das durch Selbstbeobachtung heraus, etwa im Urlaub, wenn man so lange schlafen kann, wie man möchte. Lasse ein paar Tage vergehen und ermittle dann, wie viele Stunden du geschlafen hast. Notiere mehrere Tage lang deine Schlafzeiten und bilde daraus einen Durchschnittswert. Dieser sollte ungefähr deinem natürlichen Schlafbedürfnis entsprechen.

§ 191 Beachte die generellen „Schlaf-Regeln"

Sein „Schlaf-Soll" zu kennen, ist das eine – das andere ist es, auch tatsächlich schnell einzuschlafen, möglichst selten in der Nacht aufzuwachen und sich morgens ohne allzu große Überwindung aus den Daunen zu schälen. Häufig gelingt das nicht. Es gibt zahlreiche Ursachen für schlechten Schlaf – sofern du ernsthafte, länger anhaltende Schlafstörungen hast, solltest du einen Arzt aufsuchen, ansonsten helfen dir vielleicht bereits die folgenden Tipps:

- Gehe erst dann schlafen, wenn du dich müde fühlst. Wir brauchen einfach die nötige „Bettschwere", um einschlafen zu können.
- Schaue kein Fernsehen im Bett.
- Esse nicht im Bett.
- Temperiere dein Schlafzimmer richtig – Schlafforscher empfehlen eine Temperatur von ca. 18 bis 21 °C, wobei Frauen leichter frieren als Männer (diese Erkenntnis hat dich jetzt nicht wirklich überrascht, oder?).
- Sorge für genügend frische Luft. Im Sommer sollte man bei gekipptem Fenster schlafen, im Winter vor dem Zubettgehen kurz lüften.
- Verdunkle dein Schlafzimmer soweit es geht.
- Gehe nicht hungrig, aber auch nicht vollgegessen ins Bett.
- Versuche, jeden Abend vor dem Zubettgehen das Gleiche zu machen – sei es noch ein Glas Wasser zu trinken, die Haustüre zu verschließen oder die Arbeitstasche für den nächsten Tag zu richten. Durch solche Rituale stimmt sich dein Körper auf den Schlafmodus ein.

» Wenn du hast ein Abendritual, wird der Schlaf nie zur Qual.

- Auch wenn ich dir gerade empfohlen habe, nur mit der nötigen Bettschwere ins Schlafzimmer zu gehen: Bringe eine gewisse Regelmäßigkeit in dein Abendprogramm und gehe in etwa immer zur gleichen Zeit ins Bett. Die genaue Uhrzeit spielt dabei keine Rolle. Es ist ein Irrglaube, dass man vor Mitternacht am besten schläft. Richtig ist: In den ersten 2 bis 4 h nach dem Einschlafen schlummert man sehr fest. Wer ziemlich früh ins Bett steigt, erlebt diese Phase dementsprechend vor Mitternacht, ansonsten halt später.

- Eine wichtige Bedingung für einen gesunden Schlaf ist genügend körperliche Betätigung – ein Erfolgsgeheimnis guten Schlafs liegt also in der Tagesgestaltung: Bewege dich ausreichend, allerdings nicht unmittelbar vor dem Schlafen, denn dies bringt den Kreislauf in Schwung.
- Wenn du nachts aufwachst und nicht mehr einschlafen kannst, dann solltest du aufstehen und etwas machen (z. B. die Spülmaschine ausräumen), nicht jedoch grübeln oder fernsehen.
- Sofern du nach dem Aufwachen das Gefühl hast, schlecht oder zu wenig geschlafen zu haben, solltest du versuchen, diesen Gedanken schnell zu verdrängen. Denn: Allein die Tatsache, dass jemand der Meinung ist, er/sie habe schlecht geschlafen, lässt die Konzentrationsfähigkeit, die Reaktionsschnelligkeit sowie die Fähigkeit zum logischen Denken sinken, und zwar unabhängig davon, wie gut man tatsächlich geschlafen hat.

So machst du erholsame Pausen

Schlaf ist ein ausgezeichnetes Gegenmittel gegen Stress. Genauso verhält es sich mit der „kleinen Schwester" des Schlafs – der Pause. Wir können nicht dauerhaft Höchstleistungen erbringen, sondern benötigen immer wieder Erholungsphasen, damit sich Geist und Körper regenerieren können. Die Zeit, in der wir nichts tun (zumindest nicht arbeiten), ist ebenso bedeutsam wie die Zeit, die wir am Schreibtisch oder im Besprechungsraum verbringen. Aus diesem Grund ist es so wichtig, Pausen einzulegen und die Arbeitszeit insgesamt zu beschränken.

Dennoch wird oft bis zum Umfallen geschuftet, getreu dem Motto „Client first, firm second, self third". Pausen zu machen – dies ist in vielen Branchen und Unternehmen verpönt. Doch das ist grundverkehrt. Nicht nur, dass die Fehler- und Unfallhäufigkeit deutlich ansteigt, wenn man sich keine Erholungsphasen gönnt, sondern auch die Kreativität und Effizienz sinken merklich.

Weder ArbeitnehmerInnen noch -geber profitieren also von einem „Nonstop-Arbeitsstil". Verschiedene Studien belegen dies: Demnach mindern Pausen die Produktivität nämlich nicht, sondern können sie sogar erhöhen. Durch Pausen lässt sich der Arbeitsdruck mildern und gleichzeitig das Wohlbefinden und die Leistungsfähigkeit verbessern. Insb., wenn wir in einer Sackgasse stecken, uns überhaupt nicht konzentrieren können oder keinen zündenden Gedanken haben, ist es äußerst ratsam, eine Pause einzulegen. Was heißt das nun konkret? Hier einige hilfreiche Erkenntnisse:

§ 192 Mache mehrere kurze Auszeiten

Man sollte spätestens nach 1 ½ bis 2 h für mindestens 5 bis 10 min. die Arbeit ruhen lassen – mal einen Kaffee holen, mit KollegInnen private Worte wechseln oder gedankenverloren aus dem Fenster schauen. Solche Unterbrechungen werden auch als „creative waste" – also „kreative Verschwendung" – bezeichnet und sorgen dafür, dass man danach mit frischem Kopf an seine Arbeit zurückkehrt.

§ 193 Mache in der Pause etwas, was dir neue Energie liefert

Plane die Pausengestaltung bewusst. Vielfach geschieht das jedoch nicht und der Erholungswert der arbeitsfrei verbrachten Zeit ist längst nicht so hoch, wie wenn man seine persönlichen „Kraftquellen" angezapft hätte. Überlege dir, welche Pausenaktivitäten deine Akkus aufladen, wie etwa Musik hören, spazieren gehen, auf eine Sitzbank im Park oder der Fußgängerzone setzen und das Treiben beobachten, mit KollegInnen plaudern, mit dem/der PartnerIn, Eltern oder den Kindern telefonieren …

Versuche als Büroarbeiter auf jeden Fall, in den Pausen auf „Kopfarbeit" zu verzichten – ungeeignete Beschäftigungen sind das Smartphone nutzen, Zeitunglesen, Computerspielen oder Streamen/Fernsehen. Wesentlich besser sind alle Tätigkeiten, die deinen körperlichen Einsatz erfordern. Vielleicht willst du in deiner Pause auch eine kurze Traumreise unternehmen? Suche dir dazu einen Platz, an dem du unbeobachtet die Augen schließen kannst und rufe dir schöne Erlebnisse in Erinnerung – sei es einen schönen Abend mit dem/der PartnerIn, einen Ausflug ins Grüne, eine Feier mit FreundInnen oder den letzten Urlaub.

§ 194 Achte auf körperliche Anzeichen für Stress

Gestresste Menschen neigen dazu, sich zu verkrampfen – die Schultern sind nach oben gezogen, der Nacken ist verspannt, die Augenbrauen sind zusammengezogen und die Zähne aufeinandergepresst. Mit 2 simplen Tricks kannst du dafür sorgen, deinen Körper zu entlasten und zu etwas mehr Ruhe zu finden:

- Strecke den Rücken durch und ziehe die Schultern zurück. Stelle dir vor, du wärest eine Marionette und würdest von einem imaginären Puppenspieler nach oben gezogen.
- Zusammengebissene Zähne führen zu Verkrampfungen in den Kiefermuskeln und zu Kopfschmerzen. Dies kannst du verhindern, wenn du die Zunge ganz leicht gegen den Gaumen (direkt hinter den oberen Schneidezähnen) drückst.

§ 195 Mache Entspannungsübungen

Wie eben gesagt, ist für Büroarbeiter körperliche Aktivität die ideale Pausenbeschäftigung. Etliche Entspannungstechniken wurden dazu im Laufe der Jahrzehnte entwickelt; sie lassen sich problemlos in längeren Pausen praktizieren. Egal, ob Meditation, Yoga, progressive Muskelentspannung, Atemtechniken oder autogenes Training – jede Methode, die einem zusagt, ist grundsätzlich geeignet, Stress zu senken.

> **» Schüttel' dich gut durch, zwei Mal am Tag, weil das dein Körper ganz arg mag.**

> Hier findest du eine ca. 2minütige Lockerungsübung, mit deren Hilfe du künftig deine Pausen gestalten bzw. dich zwischendrin etwas entspannen kannst: www.digitale.fitness

§ 196 Nutze Wartezeiten

Oft müssen wir unfreiwillige Pausen einlegen – sei es, weil wir im Stau feststecken, der ICE Verspätung hat oder die Warteschlange vor der Messe-Besucher-Registrierung so lang ist wie vor einem Freibierstand. In solchen Situationen hat man grundsätzlich 2 verschiedene Möglichkeiten: Man kann sich über die Unfähigkeit anderer Autofahrer, der Deutschen Bahn, der Messeorganisation, des Weltenlenkers oder von sich selbst ärgern. Oder man kann das erzwungene Warten als willkommene Gelegenheit betrachten, um Pause zu machen. Nutze die Minuten, in denen du nichts tun kannst doch einfach dazu, abzuschalten.

So schaffst du es, dein Smartphone weniger zu nutzen

Mit kaum einer anderen Aussage erntet man heutzutage mehr Applaus als mit der Behauptung, dass Smartphones einer der Hauptgründe für Stress und Überlastung sind. Doch das ist schlichtweg Unsinn. Denn: Ursache und Symptom werden hier verwechselt. Smartphones sind nämlich nur ein Instrument. Die wahren Gründe müssen frei gelegt werden, um wirksame Gegenmaßnahmen ergreifen zu können. Welches sind nun die „wahren Gründe", warum wir uns von unseren Smartphones versklavt fühlen und sie für unseren Stress verantwortlich machen? Ich meine: Das hat viel mit zutiefst menschlichen Eigenschaften zu tun, nämlich einerseits mit unserer angeborenen Neugierde und andererseits mit dem Bedürfnis Dazuzugehören bzw. „Teil der Herde" zu sein.

Es vibriert in der Hosentasche und instinktiv zücken wir das Smartphone um nachzusehen, wer uns da eine Nachricht geschickt hat. Das machen wir sogar, wenn gar keine Botschaft eingegangen ist. Phantom-Virbrieren verspüren laut einer Studie 68 % der Befragten (vgl. Rothberg et al., 2010). Wir gieren wie Junkies nach dem nächsten Schuss auf das nächste Vibrieren. Wir sind abhängig von einem Gerät, das erst vor gut 15 Jahren erfunden wurde. Normal ist das nicht.

Meistens vibriert unser Smartphone aber nicht grundlos. Ein kleiner roter Kreis mit einer Ziffer darin am rechten oberen Rand des App-Symbols verrät uns dann, dass eine neue Mitteilung eingetroffen ist – besser mal ganz schnell prüfen, ob da was Wichtiges dabei war. Jedes Mal, wenn sich eine neue Nachricht ankündigt, wird unsere Neugierde geweckt und das Belohnungssystem wird in Erwartung, etwas Positives zu erleben, aktiv. Wir können gar nicht anders. Es ist wie ein Unfall: Du musst einfach hinschauen, ob du willst oder nicht.

Es ist jedoch nicht nur der Kitzel zu erfahren, wer da an uns gedacht hat, es ist auch das Gefühl, dass wir erreichbar und informiert sein müssen, wenn wir dazugehören wollen. Wir haben die 37 WhatsApp-Nachrichten aus der Gruppe „Klasse 2b Erich-Kästner-Grundschule", in der es sich heute um die Hausaufgabenbetreuung der Gören dreht, noch nicht gelesen und kommentiert. Geht ja gar nicht – haben wir denn gar kein Interesse am Wohlergehen unseres Kindes? Was? Wir kennen nicht die neue, witzige Social-Media-Kampagne von EDEKA? Mann, wir sind ja so was von gestern. Nein, all das wollen wir uns nicht anhören muss. So sind wir „always on".

Zudem könnte es ja sein, dass wir was Wichtiges verpassen. Wir haben „FOMO"! Die Buchstaben stehen für **F**ear **O**f **M**issing **O**ut und haben es schon zu einem eigenen Wikipedia-Eintrag gebracht. In den USA ist der Begriff unter PsychologInnen und Psychiatern schon lange be- und als Krankheitsbild anerkannt.

Klar, das war jetzt etwas überspitzt formuliert, im Kern stimmt es jedoch. Wir glauben, ständig erreichbar sein und sofort reagieren zu müssen. Sonst könnten die KollegInnen oder der/die ChefIn ja denken, wir würden nur faul herumlungern. Dabei ist das Gegenteil der Fall. Wer sich permanent von seinem Smartphone ablenken lässt, kann kaum konzentriert bei seiner eigentlichen Arbeit bleiben. Ständig wird man aus seiner aktuellen Aufgabe herausgerissen und muss sich wieder erneut hineindenken. Der berüchtigte Sägezahneffekt kommt zum Tragen. Hinzu kommt, dass uns das hektische Reagieren auf Mails, Chatbeiträge oder Textnachrichten zu einem Aktionismus verleitet, der selten zu guten Ergebnissen führt. Das Handy ist also ein echter Produktivitätskiller.

Manch einer hat die Zeichen erkannt und bemüht sich redlich, sein Handy weniger zu nutzen. Da bucht man vielleicht sogar bewusst einen Urlaub in einem Hotel ohne WLAN und Handyempfang. Ferien im Funkloch – ein Slogan, mit dem einige Hotels bewusst werben. Mittlerweile haben sogar Reiseveranstalter reagiert. Neulich habe ich einen Katalog von einem Studienreise-Unternehmen gesehen, in dem stand, dass zu Beginn der Reise die Handys aller Gäste eingesammelt werden. Früher musste man beim Betreten einer Burg seine Waffen aushändigen, heute gibt man sein Handy ab.

Doch es ist nur eine Minderheit, die bewusst solche Reisen bucht oder versucht, im Alltag seinen Smartphone- und Tablet-Konsum zu mäßigen. Höchste Zeit also für eine elektronische Entgiftungskur oder auf Neudeutsch für einen „Digital Detox". Das Prinzip ist schnell erklärt: Wenn man es – zumindest zeitweise – schafft, auf den Gebrauch digitaler Kommunikationsmittel zu verzichten, dann hat dies eine ähnlich heilende Wirkung auf die Seele wie eine Fastenkur für den Körper. Dabei geht es gar nicht darum, grundsätzlich Smartphone-abstinent zu werden. Vielmehr ist es das Ziel, elektronische Hilfsmittel bewusst(er) zu verwenden, schließlich bieten sie eine Reihe von Vorteilen, die uns das Leben erleichtern. Sie lassen uns ortsunabhängig, strukturierter und oft auch effizienter arbeiten. Sicher: Smartphones führen zwar zu einer Entgrenzung von Arbeit und Privatleben, erlauben gleichzeitig aber auch eine bessere Vereinbarkeit. In diesem Sinne nun also meine besten Empfehlungen für einen überlegten Umgang mit Smartphone & Co.

§ 197 Deaktiviere die Benachrichtigungsfunktion

Die wohl einfachste Art, sich nicht ständig ablenken zu lassen, ist es, in den Einstellungen die Benachrichtigungsfunktion zu deaktivieren. Bei meinem iPhone habe ich bspw. unter dem Menupunkt „Mitteilungen" die Möglichkeit, für jede App festzulegen, ob und wie ich über Neuigkeiten/Nachrichten informiert werden möchte. Es hat keine 5 min. gedauert und ich hatte für alle Apps diese Funktion ausgeschaltet. Herrlich! Nie mehr rote Kreise mit warnenden weißen Ziffern darin, die mich auf Ungelesenes hinweisen. Nie mehr vibriert es, wenn eine neue Mail eintrifft und nie mehr macht es „bing bing", wenn eine WhatsApp eintrudelt.

So banal dieser Tipp wirkt, so segensreich ist er. Denn dein Belohnungszentrum wird nicht mehr angestupst, sondern du gehst dann in die Apps und siehst nach, was es Neues gibt, wenn dir danach ist. Das ist ungefähr so, als wenn jemand, der abnehmen möchte, permanent Schokoriegel, Kekse und Fleischsalatbrötchen vor die Nase gestellt bekommt. Da fällt es doch schwer zu widerstehen. Ganz anders, wenn man sich vom Platz erheben und zum Kühlschrank oder in die Speisekammer gehen muss, um sich etwas zu holen. Das macht man ja auch nicht ständig.

§ 198 Nutze (zeitweise) ein Billig-Handy
Besorge dir im Elektromarkt ein Billighandy – die kosten kein Vermögen und können deshalb auch nicht viel mehr als Telefonieren; kein Internet und folglich auch keine E-Mails, WhatsApp-Nachrichten, Facebook oder SpiegelOnline. Wenn du dieses Billig-Handy nutzt, kommst du gar nicht in Versuchung, all das zu tun, was du üblicherweise bislang damit angestellt hast.

§ 199 Lege bewusste „SAZ" ein
Mache dir klar: Wenn du nicht gerade als Rettungssanitäter arbeitest, musst du nicht ständig erreichbar sein. Man muss ja nicht gleich 12 h offline gehen – viel wäre schon gewonnen, wenn wir es mindestens einmal pro Tag schaffen würden, eine „SAZ"– eine Smartphone-Auszeit – einzulegen. Mache es wie bei einem Fitnesstraining. Zu Beginn legst du dir ja auch nicht gleich 50-Kilo-Scheiben auf die Stange, sondern fängst mit einem viel niedrigeren Gewicht an. Also: Die erste Woche 1 h SAZ, die Woche darauf 90 min. und die dritte Woche 2 h. Steigere dich so lange, wie du denkst, dass es vertretbar ist.

§ 200 Lösche alle Apps, die du nicht brauchst
Es gibt Untersuchungen, die zeigen, dass wir die meisten Apps, die wir heruntergeladen haben, nur ein paar wenige Male nutzen und dann geraten sie in Vergessenheit. Wie Hemden oder Hosen, die uns irgendwann mal gefallen oder gepasst haben, nun aber aus der Mode geraten oder zu klein geworden sind und unseren Kleiderschrank verstopfen, nehmen diese Apps Platz ein und – noch wichtiger – fordern unsere Aufmerksamkeit. Mache also mal Frühjahrsputz auf dem Smartphone und lösche alle Apps, die du nicht (mehr) brauchst.

§ 201 Überprüfe deinen Smartphone-Konsum
Das ist schon wirklich paradox: Es gibt Apps, mit denen du deinen Handygebrauch überprüfen und damit reduzieren kannst. Verschiedene Apps, kostenlose wie kostenpflichtige, stehen bereit, um dich dabei zu unterstützen, weniger häufig das Handy zu zücken. Der Mechanismus funktioniert wie bei den WeightWatchers. Statt Kalorien wird jedoch gezählt, wie häufig der Nutzer sein Smartphone aktiviert, was er damit macht und wie lange er es genutzt hat.

So wird dem/der ein oder anderen vielleicht erst einmal bewusst, wie viel wertvolle Zeit er/sie mit seinem/ihrem Handy verbringt, was dann in der Einsicht münden kann, selbiges wenig häufig zu verwenden. Selbsterkenntnis als erster Schritt der Besserung. Du musst auch gar keine spezialisierte App nutzen – bei allen mir bekannten Handyherstellern gibt es inzwischen in den Einstellungen die Möglichkeit, sich die „Bildschirmzeit" anzeigen zu lassen.

§ 202 Stelle im Privatleben klare Regeln auf

Im Beruf ist der Gestaltungsspielraum oft nicht sonderlich groß und man wird auf offene sowie verdeckte Widerstände stoßen, wenn man kundtut, sein Smartphone bewusster zu nutzen und nicht mehr innerhalb von Minuten zu antworten. Anders verhält es sich im Privatleben, erst recht in der Familie, wo du es durchaus selbst in der Hand hast, was du tust und was du lässt. Rege doch mal an, im Familienrat ein paar Regeln zu beschließen, wie etwa:

* Während der Mahlzeiten ist der Gebrauch sämtlicher elektronischer Geräte tabu.
* Am Sonntag werden Handys und Tablets nicht vor 16:00 Uhr verwendet. Ich bin gespannt, wie deine pubertierenden Kinder diesen Vorschlag bewerten.
* Erkläre das Wohnzimmer zur „smartphonefreien Zone".
* Bei gemeinsamen Aktivitäten (Essen gehen, Spazieren, Gesellschaftsspiele machen …) kommen alle Smartphones in eine „Kuschelkiste", in der sie gemeinsam verweilen, bis die Aktivität vorüber ist.

§ 203 Starte den Morgen nicht mit einem Blick aufs Smartphone

Was ist das Erste, was du nach dem Aufwachen tust? Wenn du dich wie die Mehrheit der Deutschen verhältst, dann ist es der Griff zum Smartphone. Wir haben die Augen noch nicht richtig auf, da prüfen wir, wer in der Nacht was auf Facebook gepostet hat und lesen im Nachrichtenportal, wie die Montagsbegegnung in der Zweiten Fußball-Bundesliga ausgegangen ist. Und schon sind wir im Online-Modus. Das ist gerade so, als wenn der Alkoholiker unmittelbar nach dem Aufstehen die Kornflasche ansetzt.

Ein bisschen Souveränität können wir uns zurückerobern, wenn wir die Zeit bis nach dem Frühstück digital abstinent bleiben. Wenn wir statt Instagram-Bilder zu betrachten, vielleicht mit dem Partner darüber sprechen, was ihn/sie heute erwartet. Oder wenn wir 10 min. in einem Buch lesen? Oder wenn wir die Zeit nutzen, um ein paar Lockerungsübungen zu machen?

Oft hat es einen ganz praktischen Grund, weshalb wir instinktiv morgens ins Handy starren: Wir nutzen unser Smartphone als Wecker. Und so wundert es nicht, dass wir nach dem Betätigen der Schlummertaste gleich mal einen Blick in die Twitter-App werfen. Kaufe dir für ein paar Euro einen Wecker, der nichts anderes kann als wecken. Dein Smartphone hat Schlafzimmerverbot und übernachtet in der Küche. So fällt es deutlich leichter, diesen Tipp umzusetzen.

§ 204 Übe dich in kluger Ignoranz

Der aus meiner Sicht wichtigste Impuls zum Thema „Digital Detox" zum Schluss: Letztlich ist der kluge Umgang mit dem Smartphone eine Frage des Selbstbewusstseins. Muss ich mich (gesellschaftlichen) Normen derart anpassen, dass ich in Minutenschnelle auf Mails antworte, jeden Facebook-Post kommentiere und jede noch so lapidare Trash-Meldung lese? Ich bin mir sicher: Du wirst genauso geliebt und bist beruflich genauso erfolgreich, wenn du nicht alles weißt und nicht die Reaktionszeit von Schießpulver an den Tag legst. Versuche, dich in kluger Ignoranz zu üben und dein legitimes Recht auf Nichterreichbarkeit durchzusetzen!

>> Drück' öfters mal den Ausknopf, dann bist du ein heller Kopf.

So schaffst du es, mehr an dich zu denken

Es ist offensichtlich: Nur dem-/derjenigen, der/die in sich ruht, der/die zufrieden/glücklich ist, kann vermeintlich belastende Situationen richtig einschätzen und Stressoren mit Gelassenheit begegnen. Ich bezeichne das als das „Sauerstoffmasken-Prinzip", das du sehr wahrscheinlich kennst, auch wenn du den Begriff so noch nie gehört hast. Wenn du mit dem Flugzeug unterwegs bist und den Sicherheitsanweisungen lauschst (anstatt gelangweilt in der Zeitung zu blättern), dann vernimmst du von den Flugbegleitern die Aufforderung, im Falle eines plötzlichen Druckverlustes in der Kabine die automatisch herabfallenden Sauerstoffmasken zunächst dir selbst und erst dann hilfsbedürftigen Mitreisenden (z. B. Kindern) anzulegen. Der Gedanke dahinter: Nur, wenn es dir selbst gut geht, kannst du für andere da sein. Dies trifft nicht nur in 10.000 m Höhe zu, sondern auch am Boden. Doch nur zu oft ignorieren wir diese grundlegende Erkenntnis.

Darum geht es also – zuerst an sich zu denken, freundlich zu sich selbst zu sein und sein eigenes Glück zu mehren. Etliche Psychologen vertreten zwar die Ansicht, dass es nur begrenzt möglich ist, sein persönliches Glücksniveau zu ändern. Nach schönen – ebenso wie nach unschönen – Erfahrungen kehrt man wieder zurück auf sein ursprüngliches Glücksniveau. Dieses „Gesetz" ist übrigens als die „hedonistische Adaption" bekannt. Nichtsdestotrotz solltest du nichts unversucht lassen, mehr an dich zu denken. Dazu nun einige Impulse.

§ 205 Erlaube dir, das Leben zu genießen

Das Leben besteht nicht nur aus Pflichten, sondern gerade darin, schöne Momente zu schaffen, Chancen zum Genuss zu nutzen und sich an den Dingen zu erfreuen, die einem Spaß machen. Wie schon Konstantin Wecker gesagt hat:

》Wer nicht genießen kann, wird ungenießbar.

Der deutsche Kabarettist und Autor Dieter Nuhr (2015, S. 125) ist sogar der Ansicht: „Wer doof in der Ecke sitzt, anstatt seiner göttlichen Verpflichtung zum genüsslichen Leben nachzugehen, begeht Sünde."

Sündigen willst du doch bestimmt nicht, oder? Was heißt das konkret? Jedem Menschen bereiten andere Unternehmungen oder Beschäftigungen Freude und verschaffen ihm/ihr Befriedigung. Insofern lässt sich schwerlich eine allgemeingültige Übersicht von Wohlfühl-Aktivitäten erstellen. Wohl aber trifft für jede/n zu: Du hast das Recht dazu, an dich zu denken! Das hat nichts mit Egoismus oder Ellenbogenmentalität zu tun. Es geht darum, sich nicht permanent für andere aufzuopfern und den Erwartungen anderer gerecht zu werden. Es ist legitim und für alle von Vorteil, wenn du dich in den Mittelpunkt deines Lebens stellst und es dir gestattest, das Leben zu genießen. In dem Maße, in dem es dir gut geht und deine Bedürfnisse erfüllt sind, wird es auch deinem Umfeld gut gehen. Du empfindest keinen Stress und löst ihn auch nicht bei anderen aus.

§ 206 Verbringe jeden Tag mindestens 15 min. nur mit dir allein

Verschaffe dir täglich etwas Freiraum nur für dich – und sei es, dass du auf dem Rückweg vom Büro anhältst und auf einem Parkplatz im Grünen stehen bleibst oder dich auf eine Parkbank in der Nähe setzt. Eine ¼ h ist dabei die Untergrenze, noch besser wäre, du würdest es schaffen, mindestens 1 h am

Tag nur für dich zu haben, in der du genau das tun kannst, was dir persönlich am wichtigsten ist, völlig egal, um was es sich dabei handelt.

>> Gönn' dir jeden Tag 'ne Viertelstunde, dann wirst du nicht geh'n vor die Hunde.

§ 207 Lege einen „Abschalt-Moment" fest

In unserer entgrenzten Gesellschaft fällt es uns zunehmend schwerer, den Kopf frei zu bekommen. Wenn die offizielle Arbeitszeit vorüber ist, nehmen wir die unerledigten Aufgaben, die anstehenden Termine und alle beruflichen Sorgen mit in den Feierabend, was die Stimmung Zuhause mitunter ordentlich belastet und deiner eigenen Erholung entgegensteht. Das gilt erst recht, wenn du (überwiegend) im Homeoffice arbeitest.

Dies kannst du unterbinden, wenn du einen „Abschalt-Moment" definierst – das ist der Zeitpunkt, an dem du bewusst zwischen Arbeit und Freizeit trennst. Nehme dir fest vor, ab diesem Moment nicht mehr an den Job zu denken. Das kann z. B. der Augenblick sein, wenn du am Abend dein Auto parkst oder wenn du die Wohnungstüre aufschließt. Wenn du von Zuhause arbeitest, könntest du deinen Rechner runterfahren, dir ein paar Schuhe anziehen und einmal um den Block gehen. Egal, was du tust – entscheidend ist, dass es zu einer festen Gewohnheit wird, sodass die Tätigkeit gedanklich mit „Schluss mit Arbeiten" verknüpft wird.

§ 208 Gönne dir etwas

Das Leben zu genießen ist an keinen Moment und an keinen Ort gebunden. Doch viel zu viele Menschen sind der Ansicht, dass man sich nur am Wochenende, im Urlaub oder wenn man in Rente ist, etwas gönnen darf. Hier ein paar Anregungen, die sich so gut wie jederzeit umsetzen lassen:

- Mache mal 1 h früher Feierabend und sage niemandem etwas davon – nutze die freie Zeit für einen Spaziergang im Wald, für einen kleinen Einkaufsbummel, einen Besuch im Zoo, einen Abstecher in die Eisdiele um die Ecke …
- Rufe deinen besten Freund/deine beste Freundin an.
- Nehme ein Schaumbad.

- Höre deine Lieblingsmusik. Es gibt wenig, was so schnell die Laune heben kann, wie einem Musikstück zu lauschen (egal ob Heavy Metal oder Klassik), das man mag.
- Es ist wissenschaftlich erwiesen, dass verschiedene Gerüche ganz bestimmte körperliche Effekte hervorrufen und hervorragend zur Entspannung geeignet sind, wie etwa Bergamotte, Jasmin oder Kamille. Besorge dir dein Lieblingsduftöl und zünde eine Duftlampe oder ein Räucherstäbchen an.
- Gehe (öfter mal) zum Friseur, zur Maniküre oder zur Kosmetikerin. Ein schönes Äußeres stärkt zudem das Selbstwertgefühl und dieses wiederum erhöht die Stressresistenz.
- Kaufe dir einen bunten Blumenstrauß für deinen Schreibtisch – so hast du mehrere Tage lang einen schönen Anblick, an dem du dich erfreuen kannst.
- Gönne dir (allein, mit deinem/r PartnerIn oder der besten Freundin/dem besten Freund) einen Wellnesstag in einem Hotel in der Nähe oder gehe in die Sauna, in ein Spaßbad oder einen Freizeitpark.
- Gehe (spontan) ins Kino, Museum, Theater, die Oper …

» Willst du haben keinen Stress, deine täglich' Oase nicht vergess'.

Sei nicht nur dann freundlich zu dir, wenn du etwas erreicht hast (als „Belohnung"), sondern gerade dann, wenn es dir mal nicht so gut geht. Glück kann man zwar nicht kaufen, manchmal hilft aber ein neues Paar Schuhe durchaus gegen ein Stimmungstief. Millionen Frauen können sich nicht täuschen.

§ 209 Pflege deine Leidenschaften/Hobbys

Die Freizeit ist zur Erholung da und Hobbys können den Geist erfrischen. Wer würde das bestreiten? Egal, ob Angeln, Bogenschießen oder Crossgolf, ob Astronomie, Basteln oder Chor – wenn wir unseren Interessen nachgehen, finden wir Erfüllung. Wir treffen auf Gleichgesinnte und haben Gelegenheit, uns mit dem zu beschäftigen, was uns fasziniert. Tanzen, Musizieren und (gemeinsames) Singen wird übrigens von all jenen, die diesen Leidenschaften nachgehen, ganz besonders wegen seiner stresslindernden und stimmungsaufhellenden Wirkung gelobt. Ich kann das leider nicht bestätigen, da ich absoluter Musik- und Bewegungslegastheniker bin, doch glaube ich sehr gern, dass das zutrifft. Es muss auch nicht unbedingt ein Hobby sein, das mit anderen ausgeübt wird. Mitunter ist es sogar wohltuend, etwas in Ruhe, ganz allein zu machen, wie etwa handwerklich oder kreativ tätig zu sein.

§ 210 Pflege deine Freundschaften

Wahre Freundschaften geben uns das Gefühl von Verlässlichkeit, Vertrauen und Geborgenheit. Sie reduzieren erwiesenermaßen Stress nachhaltig und verlängern sogar unser Leben, wie eine breit angelegte Studie (vgl. Holt-Lunstad et al., 2015) gezeigt hat: Personen mit einem guten Freundes- und Bekanntenkreis werden älter und besitzen eine höhere Lebensqualität als Menschen mit einem vergleichsweise schlechten sozialen Umfeld. Bei all den positiven Wirkungen, die Freundschaften haben, ist die Empfehlung offensichtlich: Nimm dir (mehr) Zeit für deine Freunde!

Dabei ist dir bestimmt klar: Freunde sind nicht Facebook-Kontakte, sondern Menschen im realen Leben, die man auch mehr oder weniger regelmäßig persönlich trifft. Denke stets an diese russische Weisheit:

> **» Wer sich keine Zeit für seine Freunde nimmt, dem nimmt die Zeit die Freunde.**

Mache dir bewusst, dass du kaum etwas Besseres für dein seelisches Wohlbefinden (und deine Lebenserwartung) tun kannst, als deine Freundschaften zu pflegen.

§ 211 Erlerne die Kunst des Müßiggangs

Vielleicht ist auch genau das Gegenteil der Fall und wir sollten – anstatt (zeitintensive) Hobbys zu pflegen – einfach nichts tun? Tom Hodgkinson hat der Kunst des Müßiggangs ein eigenes Buch gewidmet. In seinem Vorwort (2014, S. 8) schreibt er:

Müßiggang bedeutet Freiheit, und damit meine ich nicht die Freiheit, zwischen McDonald's und Burger King, zwischen Volvo und Saab zu wählen. Ich meine die Freiheit, das Leben so zu führen, wie wir es wollen.

Hodgkinson durchstreift die gesamte Weltliteratur nach Belegen für die Vorteilhaftigkeit des Nichtstuns und zitiert (S. 206 f.) u. a. den französischen Philosophen und Mathematiker Blaise Pascal (1623–1662) aus dessen Werk „Les Pensées":

Wenn ich es mitunter unternommen habe, die mannigfaltige Unruhe der Menschen zu betrachten, sowohl die Gefahren wie die Mühsale, denen sie sich, sei es bei Hofe oder im Krieg, aussetzen, woraus so vielerlei Streit, Leidenschaften, kühne und oft böse Handlungen usw. entspringen, so habe ich oft gesagt, dass alles Unglück der Menschen einem entstammt, nämlich, dass sie unfähig sind, in Ruhe allein in ihrem Zimmer bleiben zu können.

In diesem Sinne: Probiere es doch mal aus, ganz bewusst nichts zu tun, all den Verlockungen, die das moderne Leben bereithält, zu entsagen und es dir daheim gemütlich zu machen, ohne jedwedes schlechte Gewissen zu haben.

§ 212 Baue Wohlfühl-Rituale in deinen (Arbeits-)Alltag ein

Vorbeugend gegen Stress wirkt es, wenn man über Entspannungsrituale verfügt. Genieße bspw. jeden Morgen um 10:00 Uhr bewusst dein Lieblingsgetränk, sei es eine Tasse Cappuccino, Früchtetee oder eine Kräuterlimonade – entscheidend ist, dass du für ein paar Minuten zur Ruhe kommst. Oder reserviere dir jeden Freitag die Zeit nach dem Mittagessen, um dein Lieblingsmagazin zu lesen.

Apropos Rituale: Auch das Gegenteil – also die bewusste, positive Abwechslung – wirkt stresslindernd. Alles, was von der Routine abweicht, ist grundsätzlich geeignet, Menschen zu erfreuen und ihnen Glücksmomente zu verschaffen. Das trifft natürlich vor allem auf Urlaube zu. Freilich kann man nicht jedes zweite Wochenende in den (Kurz-)Urlaub fahren, aber ein Ausflug aufs Land oder der Besuch von Freunden in einer anderen Stadt sorgen auch für einen Tapetenwechsel.

§ 213 Suche das Glück am Wegesrand

Wir wissen zwar, dass man sein Glücksniveau auf lange Sicht nicht oder nur zu Teilen beeinflussen kann. Und doch versuchen wir es immer wieder, sind ständig auf der Jagd nach dem großen Glück. Wer die Messlatte zu hoch legt, wird zwangsläufig enttäuscht sein, wenn er/sie nicht darüber springt. Frustrationen sind programmiert, wenn man zu viel vom (Arbeits-)Leben erwartet. Im Umkehrschluss heißt das: Statt das exorbitante, das außergewöhnliche Glück zu suchen, sind wir besser beraten, das Glück in der XS-Ausführung im Alltag aufspüren. Richard David Precht (2007, S. 355) liefert in seinem Buch „Wer bin ich?" die Begründung, warum dies eine gute Idee ist:

Kein Mensch kann so leben, dass er ständig in absoluter Harmonie mit sich selbst ist. Fortwährend in seinem augenblicklichen Tun aufzugehen, alles um sich herum, einschließlich der Zeit, verschwimmen zu lassen, nirgendwo zu verweilen als im Hier und Jetzt, sind schöne Gedanken der fernöstlichen Weisheitslehren. Psychologisch betrachtet sind sie eine Überforderung. Neurochemisch machen sie den Ausnahmezustand zum Regelfall. Große Glücksgefühle sind ‚Inseln der Seligkeit' im Ozean unseres Lebens.

Das (kleine) Glück ist bereits da, wir müssen lediglich unsere Augen und Ohren offenhalten, um es zu entdecken. Und: Wir müssen innerlich bereit sein, das kleine Glück wahrzunehmen. Damit meine ich eine generell positive Einstellung, die anerkennt, dass es nahezu unbegrenzt viele Möglichkeiten gibt, kurzzeitig Glück zu empfinden.

> Diesen Gedanken – dass wir viel mehr auf das kleine Glück achten sollten – fand ich so faszinierend, dass ich ihn möglichst vielen Menschen mitteilen wollte. Dazu habe ich mit einer Jugendgruppe den Erlebnislernpfad „GlücksWEG" in Heigenbrücken (bei Aschaffenburg) gestaltet und umgesetzt: www. gluecks-weg.de

Entlang eines 3,4 km langen Rundwegs haben wir 28 Schautafeln aufgestellt. Diese zeigen exemplarisch, was Glück für Menschen konkret bedeuten kann. Für den einen ist es, in ein frisch bezogenes Bett steigen zu können, für den anderen ist es ein mit Nutella gefüllter Pfannkuchen. Einer ist glücklich, wenn er mit dem Mountainbike unterwegs sein kann, ein anderer, wenn er am Kachelofen sitzt und dem Regen zuschaut.

Die Hauptbotschaft des GlücksWEGs ist: Das Glück liegt am Wegesrand – man muss es nur aufheben. Wer das (Lebens-)Glück nur an großen Dingen festmacht, wer es ausschließlich in der Zukunft vermutet („wenn ich zum Abteilungsleiter aufgestiegen bin, wenn es uns finanziell besser geht, wenn ich in Rente bin …"), der wird oft genug enttäuscht. Stattdessen ist man besser beraten, alltäglich nach den vielen kleinen Glücksmomenten Ausschau zu halten, die das Leben immer wieder für uns parat hält. Entscheidend ist, dass man seine Sinne schärft und lernt, die vielen Glücksgelegenheiten des Alltags zu nutzen.

So kannst du in Akutsituationen gelassen bleiben

Wann immer wir eine Situation als stressig, belastend, gefährlich, nicht bewältigbar oder unkontrollierbar erleben, reagiert unser Körper in vielfältiger Weise, u. a. mit der Ausschüttung von Stresshormonen. Erhält unser Körper kein Signal zur Entwarnung (etwa dadurch, dass wir die stressige Situation ändern), dann machen es sich die Stresshormone gemütlich und wollen wie unliebsame Partygäste einfach nicht gehen. Dadurch bleibt die körperliche Anspannung erhalten, der Körper befindet sich in einem dauerhaften Alarmzustand – er fährt sozusagen permanent mit gesetztem Blinker und Tempo 220 auf der linken Autobahnspur. Damit du zukünftig in Akutsituationen gelassen bleibst, habe ich die ABCD-Methode entwickelt, die ich dir im Folgenden vorstellen möchte.

» Mach' dir bewusst: Im Kopf entsteht der Frust.

§ 214 ABCD-Methode: A = Atme und lächle

Nahezu alle Menschen, die gestresst oder aufgeregt sind, zeigen ein gemeinsames Merkmal: Sie atmen auf eine bestimmte Art und Weise, nämlich kurz und flach. Ihr Atemmuster ist hektisch. Da sie nur kurze Atemzüge nehmen, müssen sie öfter Luft holen. Diese Form des Atmens setzt eine Kettenreaktion in Gang: Es wird weniger Sauerstoff absorbiert; in der Folge verengen sich die Blutgefäße im ganzen Körper, sodass auch im Gehirn weniger Sauerstoff ankommt, was wiederum für ein Gefühl der Anspannung sorgt. Ausgeglichene Menschen hingegen atmen nach einem völlig anderen Schema – ihre Atemzüge sind langsam, gleichmäßig und tief. So nehmen die Lungen mehr Sauerstoff auf.

Wenn du ruhig und entspannt sein willst, solltest du also ruhig, langsam und tief atmen. Ja, es ist wirklich so einfach. Nicht umsonst ist das Thema „Atmen" in allen fernöstlichen Meditationstechniken ein zentraler Bestandteil. Auch der deutsche Volksmund kennt diese Empfehlung. Jemandem, der sich aufregt, rufen die Umstehenden gern zu: „Jetzt hol' doch erst mal tief Luft"!

Atmen kann tatsächlich eine „magische" Wirkung haben – probiere es aus. Am besten klappt das mit der „4-6-8-Atemmethode". Viel ist dazu nicht erforderlich:

1. Setze oder stelle dich gerade hin
2. Entkrampfe die Schultern
3. Lege eine Hand auf den Bauch, damit du spürst, dass du so tief eingeatmet hast wie möglich (die Bauchdecke wölbt sich dann).
4. Atme langsam und gaaaanz tief durch die Nase ein und zähle dabei bis **4.**

5. Halte die Luft an und zähle bis **6**.
6. Atme laaaaaaangsam durch den Mund aus und zähle dabei bis **8**.
7. Wiederhole diese Schritte mindestens 5mal.

Wenn du dich durch eine bewusste Atmung bereits etwas beruhigt hast, folgt der zweite Teil des ersten Schritts, nämlich zu lächeln. Dazu wollen wir zunächst kurz in die Vergangenheit reisen: Der US-amerikanische Psychologe und Philosoph William James (1842–1910) sowie der dänische Physiologe Carl Lange (1834–1900) stellten unabhängig voneinander im 19. Jahrhundert die These auf, dass Menschen in der Lage sind, jedes beliebige (erwünschte) Gefühl dadurch zu erzeugen, indem sie sich so verhalten, als ob sie dieses Gefühl erlebten. Deshalb spricht man auch von der „Als-ob-Theorie" – letztlich ist dies eine radikale Umkehrung des Zusammenhangs, wonach ein bestimmtes Gefühl (z. B. „ich bin traurig") ein bestimmtes Verhalten („ich lasse die Mundwinkel hängen") bedingt. James und Lange behaupteten, dass es auch umgedreht geht: Wenn du eine bestimmte Eigenschaft haben willst, handle so, als ob du sie schon hättest. Und es funktioniert tatsächlich – belegt wird diese These (die übrigens heute erweitert als „Body-Mind-Effects" bezeichnet wird) durch zahlreiche Studien und Experimente, die in den letzten Jahr(zehnt)en durchgeführt wurden.

Deshalb: Auch oder gerade, wenn es dir nicht gut geht, ziehe dich an einen Ort zurück, an dem du unbeobachtet bist (wie etwa die Toilette), stelle dich aufrecht hin und grinse ungefähr 2 min. grenzdebil vor dich hin. Du wirst feststellen: Danach geht es dir sofort deutlich besser. Noch effektiver ist es, wenn du während des Lächelns die High-Power-Pose einnimmst, also so tust, als ob du gerade ein Tennismatch oder einen 400-Meter-Lauf gewonnen hättest.

> Durch das Einnehmen dieser Siegerpose wirst du dich unbesiegbar fühlen (vgl. Cuddy, 2016).

> https://www.ted.com/talks/amy_cuddy_your_body_language_may_shape_who_you_are?language=de

§ 215 ABCD-Methode: B = Bewege dich

Befanden wir uns früher in stressigen Situationen, so bestand die Reaktion entweder im Kampf oder in der Flucht – beides erforderte körperliche Aktivität, wodurch das Stresshormon Cortisol abgebaut wurde. Heute funktionieren diese Mechanismen nicht mehr: Wir können dem nervigen Kunden nicht einfach eine reinhauen oder davonrennen (ohne straf- oder arbeitsrechtliche Konsequenzen zu befürchten). Was wir jedoch tun können ist, uns in irgendeiner Form zu bewegen. Also: Wenn es demnächst mal wieder eine Situation gibt, in der du zu explodieren drohst, gehe einmal um den Block, mache ein paar Kniebeugen oder zerreiße eine unschuldige Zeitung.

§ 216 Führe Small Talk

Wenn es dir räumlich oder zeitlich nicht möglich ist, dich zu bewegen, dann habe ich hier eine gute Alternative, die übrigens auch unabhängig davon, wie sehr du dich gestresst fühlst, zu einer sofortigen Steigerung deiner Zufriedenheit führt: Spreche mit dem nächstbesten Menschen, den du zu sehen bekommst und führe ein völlig belangloses Gespräch mit ihm/ihr, etwa darüber, ob man Jetlag bekommt, wenn man auf dem Planeten Neptun verreist. Solcher Small Talk tut uns einfach gut. Dabei ist es wirklich völlig egal, mit wem und worüber du sprichst – entscheidend ist der Kontakt zu Mitmenschen. Als sozial lebende Spezies wollen wir nämlich immer Teil der Herde sein und uns mit anderen verbinden. Und Small Talk gibt uns dieses positive Gefühl (vgl. Epley & Schroeder, 2014).

Tatsächlich wird das gern übersehen bzw. von der Bedeutung her nicht erkannt: Dass es nicht nur die engen, guten FreundInnen bzw. Beziehungen sind, die uns resilient und stressresistent machen, sondern dass es auch die oberflächlichen, alltäglichen Begegnungen sind, die maßgeblich dazu beitragen, dass wir uns wohlfühlen. Diese s. g. „weak ties" haben es also in sich! Daher: Nutze jede Gelegenheit zu lockeren, unverbindlichen Gesprächen, ob im Fitnessstudio, beim Bäcker oder in der U-Bahn (vgl. Granovetter, 1973).

> Hier findest du die wichtigsten Dos und Don'ts zum Small Talk: www.digitale.fitness

§ 217 ABCD-Methode: C = Checke die Situation

Nachdem du dich durch bewusstes Atmen und Lächeln sowie ein wenig Bewegung oder Small Tallk hoffentlich schon ein bisschen beruhigt hast, folgt die dritte Stufe der ABCD-Methode: zu checken (Entschuldigung, gern hätte ich das Deutsche „prüfen" genommen, aber dann hätte es nicht mit dem

ABC gepasst), ob die Situation wirklich so „bedrohlich" oder ärgerlich ist, wie sie dir erscheint. Es geht also darum, die Verhältnismäßigkeit der Lage zu beurteilen. Sehr häufig wirst du nämlich feststellen, dass es sich gar nicht lohnt aufzuregen. Dazu will ich dir 5 Techniken zur Auswahl stellen.

§ 218 Frage dich, wer eigentlich das Problem hat

Wir ärgern uns häufiger über das Verhalten anderer als über uns selbst – über den Drängler auf der Autobahn, über den im ICE-Ruhebereich laut telefonierenden Key-Account Manager, über den selbstdarstellerischen Kollegen in der Abteilungssitzung … Bestimmt fallen dir noch etliche weitere Beispiele ein. Warum regst du dich eigentlich darüber auf? Hast du einen (schwerwiegenden) Nachteil davon? Ich wette: Das ist nur ganz selten der Fall. Nochmals: Warum ärgerst du dich dann überhaupt? Es könnte dir doch völlig egal sein. Vielleicht hilft es dir künftig, wenn du dich in solchen Situationen an diese Erkenntnis erinnerst:

» Sich ärgern bedeutet, für die Fehler anderer zu leiden

§ 219 Suche das Positive

Menschen sind geprägt durch die so genannte „Negativitätsdominanz". D. h., dass wir unser Augenmerk vornehmlich auf das richten, was schlecht ist. Dies war früher ein Überlebensvorteil, denn so konnte man sich auf mögliche Gefahren vorbereiten. Doch heute lauern meistens keine Säbelzahntiger mehr im Gebüsch. Wir nehmen unsere Umwelt (und uns selbst) also nicht so wahr, wie sie wirklich ist bzw. wie wir wirklich sind – alles erscheint negativ verzerrt.

» Wenn's mal nicht so lief, dann frag' dich: Was ist positiv?

Fast immer jedoch besitzen auch scheinbar negative Situationen eine positive Komponente, selbst wenn du sie im Moment vielleicht noch nicht erkennst. Nur suchen muss man sie. PsychologInnen nennen das die „Robinson-Crusoe-Taktik", weil sie der legendäre Schiffbrüchige angewendet haben soll. Statt zu denken „Mist, ich bin hoffnungslos auf einer einsamen Insel gestrandet", soll die reale Vorlage der Romanfigur zu sich gesagt haben: „Ich bin zwar allein auf der Insel, aber ich lebe noch – meine Kameraden sind ertrunken." Eine ähnliche Logik offenbart sich in einem Beispiel, das James Clear (2020, S. 164) nennt:

> Ich habe mal von einem Mann gehört, der im Rollstuhl saß. Auf die Frage, ob es schwer für ihn sei, daran gefesselt zu sein, erwiderte er: ‚Ich bin nicht an meinen Rollstuhl gefesselt – er befreit mich. Ohne meinen Rollstuhl wäre ich bettlägerig und könnte nie das Haus verlassen.'

Ein Beispiel aus der jüngeren Vergangenheit liefert uns der Fußball: Im Jahr 2004 wurde Joachim Löw beim österreichischen Erstligisten Austria Wien als Trainer entlassen. 10 Jahre später, 2014, wurde Löw Weltmeister – als Trainer. Wie er in der Stunde seines Karrierehöhepunkts über den Rauswurf in Wien denke, wollte ein Journalist aus Österreich bei der Pressekonferenz von Löw wissen. Seine Antwort „Das war mein größtes Glück, sonst wäre ich heute nicht hier." (Buschmann & Peschke, 2014, o. S.).

§ 220 Wende das „Britta-Steffen-Prinzip" an
Bleiben wir beim Sport: Die deutsche Schwimmerin Britta Steffen hat während ihrer Karriere mehr als 2 Dutzend Medaillen bei Olympischen Sommerspielen sowie Welt- und Europameisterschaften gesammelt. Dementsprechend hoch waren die Erwartungen an sie bei den Olympischen Sommerspielen 2012 in London. Doch statt Gold gab es nur enttäuschende Platzierungen. Steffen kommentierte dies in einem Interview so: „Mein Scheitern ist kein Weltuntergang, durch mich ist auch nicht der Weltfrieden gefährdet. Also ist so weit alles okay." (Hannemann, 2012, o. S.).

Ich finde diese Äußerung außerordentlich bemerkenswert, hören und lesen wir doch so oft nach sportlichen Niederlagen von EinzelkämpferInnen oder Teams Vokabeln wie „Katastrophe" und „Horror". Auch im Beruf wird häufig genug der verlorene Kundenauftrag als Desaster bezeichnet, die verspätete Auslieferung einer Sendung als Tragödie tituliert und der krankheitsbedingte Ausfall eines Kollegen zum Drama erhoben. Anders Britta Steffen: Sie hat die wahre Bedeutung ihres verfehlten Podestplatzes erkannt. Also: Lege immer den Weltfrieden als Maßstab an!

§ 221 Nutze die „Google-Maps-Technik"
Wir betrachten unser Leben und die darin auftauchenden Probleme meistens im Verhältnis eins zu eins. Zoome dich heraus! Stelle dir vor, dein Problem

wäre ein Ort auf einer digitalen Landkarte, wie bspw. auf Google Maps. Drücke auf das „Minus-Symbol" und verändere den Maßstab! Du wirst dein Problem ganz schnell nicht mehr finden, ähnlich wie ein kleines Dorf verschwindet, sobald man den Maßstab vergrößert. Irgendwann sind nur noch Großstädte zu sehen und selbst diese erkennt man irgendwann nicht mehr, wenn man weiter hinaus zoomt.

Führe dir also die Verhältnismäßigkeit deiner Sorgen und Probleme vor Augen und rücke den Maßstab wie auf einer Landkarte zurecht. Wilhelm Schmid (2012, S. 33) schreibt in seinem Büchlein „Unglücklichsein – Eine Ermutigung": „In vielen Ländern sehen Menschen ihr Glück darin, überleben zu können."

Wenn du dich das nächste Mal beim Wehklagen „erwischst", denke daran, dass es immer noch andere gibt, denen es bedeutend dreckiger geht als dir! Dazu fällt mir ein Cartoon ein, den ich vor vielen Jahren einmal gesehen habe. Auf dem ersten Bild sieht man eine Zahnbürste, die sagt: „Ich habe den miesesten Job der Welt." Auf dem zweiten Bild erkennt man eine Klopapierrolle, die nur ein lakonisches „Ach nee" von sich gibt. Es klingt ein bisschen sarkastisch, ist aber so nicht gemeint, wenn man sich daran erinnert, dass es einem im Vergleich zu anderen vergleichsweise gut geht. Dazu muss man nur mal die Nachrichten schauen oder einen Blick in die News-App werfen.

§ 222 Mache den „Outsider-Test"

Julia Galef (2021, S. 65f.) schlägt ein einfaches Gedankenexperiment vor, um die Verhältnismäßigkeit belastender Situationen richtig einzuordnen: Stelle dir einfach vor, eine andere Person hätte dein Problem:

> Try imagining that you've been just magically teleported into the life of this person [Your Name]. You have no attachment to their past decisions, no desire to look consistent or to prove them right. You just want to make the best of the situation you've suddenly found yourself in. It's as if you are hanging a sign around your neck: ‚Under New Management'.

§ 223 Stelle dir die „Ein-Jahr-Frage"

Wer im Wörterbuch nachschlägt, wird feststellen, dass Glück nur in der Einzahl existiert – wohl aber gibt es Unglücke. Und die stoßen uns im Alltag nur zu häufig zu. Ich rede dabei nicht von Schicksalsschlägen, wie etwa Todesfällen oder Entlassungen, sondern vom kleinen Alltagspech und Pannen, wie z. B. vergessen zu haben, Unterlagen zu einem Termin mitzunehmen oder einen Zug verpasst zu haben. Uns allen stoßen solche Missgeschicke immer wieder zu. Und doch gibt es große Unterschiede, wie wir darauf reagieren.

Wenn du dich gedanklich einmal im Familien-, Freundes- und Kollegen-kreis umsiehst, dann wirst du sicherlich eine Menge Menschen benennen können, für die das Leben ein einziges Drama ist. Die Bluse hat einen Soßen-fleck. Oh Gott! Die Tochter hat eine 5 in der Mathearbeit. Wie tragisch! Der Kollege hat vergessen, die Monatszahlen rechtzeitig abzugeben. Furchtbar! Vielleicht bist du auch selbst solch ein Typ und verpasst alltäglichen Proble-men den Status einer Katastrophe? Kein Wunder, wenn das Leben dann aus nichts als einer endlosen Reihe von Enttäuschungen, Malheuren, Unzuläng-lichkeiten und Ärgernissen zu bestehen scheint.

Doch, objektiv betrachtet: Ist die Situation, die dich belastet, tatsächlich so dramatisch, wie du sie gerade wahrnimmst? In aller Regel ist sie das nicht! Verglichen mit wirklich weitreichenden und negativen Ereignissen, wie etwa einem schlimmen Verkehrsunfall oder einer schweren Krankheit, sind die meisten unserer täglichen Probleme absolute Nichtigkeiten.

Die einfache Frage „Werde ich in einem Jahr noch an dieses Ereignis den-ken, wird es mich dann noch belasten?" hilft auf wundersame Weise, den Stellenwert von Problemen zu erkennen. Du glaubst mir nicht, dass das funk-tioniert? Dann mache doch die „Gegenprobe": Nenne mir bitte konkret, was dich ganz genau vor einem Jahr aufgeregt hat. Das fällt dir nicht mehr ein? Dann kann es wohl so tragisch nicht gewesen sein.

§ 224 ABCD-Methode: D = Denke nach

In stressigen Situationen verabschiedet sich die Großhirnrinde und das Stammhirn übernimmt das Kommando. Das ist schlecht. Klares Denken funktioniert dann nämlich nicht mehr. Also heißt es im vierten und letzten Schritt der ABCD-Methode, den Verstand wieder einzuschalten oder wie der Volksmund weiß:

» Erst grübeln, dann dübeln.

Frage dich zunächst, ob du an der Situation überhaupt etwas ändern kannst. Das ist sogar oft der Fall, weil wir selbst für die Situation verantwort-lich sind, etwa weil wir vergessen haben, das Protokoll der Projektbesprechung zu schreiben oder wir haben bei einer wichtigen Kundenpräsentation einen peinlichen Rechtschreibfehler übersehen. Wenn wir uns über etwas ärgern, was wir selbst verbockt haben, dann sollten wir auch alles tun, um die Folgen so gering wie möglich zu halten. Manchmal reicht ein einfaches „Entschuldigung", manchmal ist mehr zu tun, um die Wogen zu glätten bzw. die Konsequenzen abzumildern. Also: Vergesse vor lauter Ärger über deinen Fehler nicht, dir Gedanken über die Gegenmaßnahmen zu machen.

Oft genug wird es jedoch so sein, dass wir an einer misslichen Lage absolut nichts ändern können. Dann heißt es: Akzeptiere, dass du die Uhr nicht zurückdrehen, Geschehenes nicht revidieren kannst. Wie oft versuchen wir, etwas ungeschehen zu machen, was sich nicht (mehr) beeinflussen lässt. Wir wollen Kontrolle übernehmen, den Weltenlauf beeinflussen, das Rad der Zeit zurückdrehen. Allein: Uns fehlt die Macht dazu. Wenn wir im Stau stehen, dann stehen wir im Stau. Im Buddhismus heißt es ebenso schlicht wie wahr: „Es ist, wie es ist."

Präge dir diese 5 Worte ein und denke zukünftig daran, wenn dir mal wieder etwas passiert ist, das du nicht rückgängig machen kannst. Vielleicht willst du auch das Gelassenheitsgebet des US-amerikanischen Theologen, Philosophen und Politikwissenschaftlers Karl Paul Reinhold Niebuhr (1892–1971) lernen:

»Gott, gib mir die Gelassenheit, Dinge hinzunehmen, die ich nicht ändern kann, den Mut, Dinge zu ändern, die ich ändern kann, und die Weisheit, das eine vom anderen zu unterscheiden.

Erkenne zudem das Potenzial belastender Situationen und Probleme. Sie sind wichtig, denn sie erfordern Veränderungen und bringen uns auf diese Weise voran. Wenn wir Schwierigkeiten stets ausweichen, uns ihnen nicht stellen, dann treten wir auf der Stelle. Ohne Probleme (und deren Lösung) gibt es kaum Weiterentwicklung. Probleme gehören einfach zum Leben. Außerdem ist es ein schönes Gefühl, wenn man ein Problem bewältigt hat. Selbstzufriedenheit und mitunter Stolz sind die angenehmen Folgen erfolgreicher Problemlösungen. Darüber hinaus hast du Erfahrungen gesammelt, die dir vielleicht in Zukunft nutzen werden. Ändere also deine Einstellung, wenn ein Problem auftaucht. Sage nicht: „Oh je, ein Problem, wie schlimm", sondern erkenne die Situation als Chance zu persönlichem Wachstum und zum Reifen:

Abb. 1   ABCD-Methode im Überblick. (Eigene Erstellung)

» Wenn der Tag nicht dein Freund war, dann war er dein Lehrer.

Und zum Schluss nochmals die ABCD-Methode im Überblick (siehe Abb. 1).

K: Kommunikationskompetenz

Wenn du diese Kompetenz erlangst, dann …

- verstehst du, warum es (leider) nicht so einfach ist, sich gut zu verstehen.
- weißt du, wie du Kommunikationssperren vermeidest.
- kannst du Körpersprache richtig einsetzen.
- führst du gelingende Gespräche.
- schaffst du es, gut zuzuhören.

Dass Kommunikation nicht einfach ist, muss ich dir sicherlich nicht erklären. Oder verstehst du dich jederzeit mit jedem? Gab es in deinen Gesprächen noch nie Missverständnisse? Gelingt es dir ausnahmslos, deinen Standpunkt und deine Ideen so zu vermitteln, dass dein/e Gegenüber 100 % kapieren, was du meinst? Wenn du diese Fragen mit „ja" beantworten kannst, dann springe unmittelbar zum „Kap. 14". Andernfalls lade ich dich ein, dich in Sachen Kommunikation fit zu machen.

> ❯❯ Mach' dir stets und immer klar: Was der and're will, ist selten erkennbar.

© Der/die Autor(en), exklusiv lizenziert durch Springer Fachmedien Wiesbaden GmbH, ein Teil von Springer Nature 2022
M.-N. Däfler, *Fit für die digitale Arbeitswelt*, https://doi.org/10.1007/978-3-658-36580-6_13

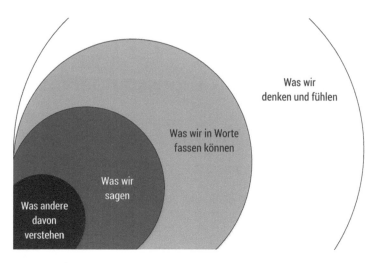

Abb. 1 Kommunikationsmodell. (Eigene Erstellung)

Schauen wir uns dazu zunächst an, warum es so schwer ist, einander zu verstehen. Das grundlegende Problem ist, dass wir nicht alles, was wir denken und fühlen auch in Worte fassen können. Von dem, was durch Worte ausgedrückt werden kann, teilen wir längst nicht alles unserer Mitwelt mit (ich denke, dass du bestimmt nicht wolltest, dass jedermann wüsste, was dir zwischen den Ohren herumspukt). Und schließlich – wohl der wichtigste Faktor – kommt nicht alles bei unserem Gegenüber so an, wie wir es gemeint haben (siehe Abb. 1) und so entstehen Missverständnisse. Wie du diese vermeiden kannst, erfährst du nun.

So vermeidest du Missverständnisse

§ 225 Überlege dir, welches Format das Beste ist

Oft nutzen wir ohne darüber nachzudenken das Format, das uns am meisten liegt bzw. das verfügbar ist. So gibt es Menschen, die vorzugsweise telefonieren, während andere lieber eine E-Mail schreiben oder eine WhatsApp-Nachricht absenden. Doch: Dein „Lieblingsformat" muss nicht das Beste sein! Frage dich daher stets: „Wie oder womit übermittele ich mein Anliegen am besten?" So eignen sich manche – oft private oder heikle – Themen nicht für die schriftliche Kommunikation, sondern eher für persönliche oder telefonische Gespräche. Auch ist offensichtlich, dass eine handgeschriebene Geburtstagskarte für den Hauptkunden besser ankommt als eine E-Mail.

Je wichtiger – in deinen Augen und in denen des Empfängers – die Botschaft ist, die du übermitteln willst, desto sorgfältiger solltest du das Medium bzw. das Format auswählen. Grundsätzlich gilt: Je weitreichender und langfristiger wirkend deine Aussagen sind, desto eher solltest du dich für konventionelle Varianten (etwa einen Brief) entscheiden. Je mehr du überzeugen oder Neues vermitteln willst, desto eher eignen sich außergewöhnliche Alternativen (etwa nacheinander 3 Postkarten versenden). Bedenke folgende Faktoren, bevor du dich für ein Format entscheidest:

- Vertraulichkeit: Je persönlicher dein Anliegen ist, desto eher solltest du das Gespräch suchen.
- Interpretationsspielraum: Je „schwammiger" die Inhalte sind bzw. je unterschiedlicher sie aufgefasst werden können, desto eher solltest du dialogorientierte Formate wählen.
- Geschwindigkeit: Je schneller deine Botschaft den Empfänger erreichen soll, desto eher solltest du zum Hörer greifen oder per Chat kommunizieren.
- Anzahl Empfänger: Je mehr Menschen du ansprechen willst/musst, desto eher solltest du schriftliche Formate wählen.
- Empfängertyp: Ist das Gegenüber eher ein Augen- oder ein Ohren-Mensch? Augen-Menschen bevorzugen die schriftliche, Ohren-Menschen die mündliche Kommunikation.

❯❯ Bevor du gehst an den Start, bedenke stets das Format!

Wir wollen uns im Folgenden ausschließlich auf das Format „Gespräch" konzentrieren.

§ 226 Kommuniziere mit Hilfe des 4-Ohren-Modells
Warum kommt nicht alles in der beabsichtigten Form an? Warum werden Inhalte oft missverstanden? Aufschluss gibt das 4-Ohren-Modell (auch als Vier-Seiten-Modell, Nachrichtenquadrat oder Kommunikationsquadrat bekannt) von Friedemann Schulz von Thun (vgl. 2018). Demnach kann eine Nachricht unter 4 Aspekten beschrieben werden: Sachinhalt, Selbstoffenbarung, Beziehung und Appell (siehe Abb. 2). Diese Aspekte werden auch als „4 Seiten einer Nachricht" bezeichnet, nämlich:

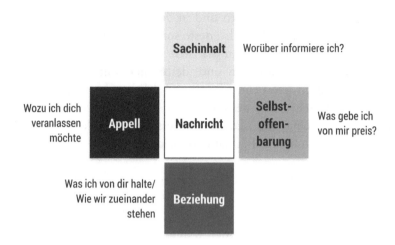

Abb. 2 4-Ohren-Modell von Friedemann Schulz von Thun. (Eigene Erstellung)

1. Den rein auf die Sache bezogenen Aspekt („Sachinhalt", „Worüber ich informiere").
2. Den auf den Sprecher bezogenen Aspekt: Das, was durch die Nachricht über den Sprecher klar wird („Selbstoffenbarung", „Was ich von mir selbst kundgebe").
3. Den auf die Beziehung bezogenen Aspekt: Das, was über das Verhältnis der Sprechenden zueinander evident wird („Beziehung", „Was ich von dir halte oder wie wir zueinanderstehen").
4. Den auf die (gewünschte) Wirkung bezogenen Aspekt: Das, wozu der Empfänger veranlasst werden soll („Wozu ich dich bringen möchte").

Kommunikationsstörungen entstehen, wenn Sender und Empfänger die 4 Ebenen unterschiedlich deuten oder ihnen ein anderes Gewicht beimessen. Das führt zu Missverständnissen und mitunter auch zu Konflikten. Das wohl bekannteste Beispiel stammt von Schulz von Thun selbst. Ein Paar wartet im Auto vor einer roten Ampel. Die Frau sitzt am Steuer, und der Mann sagt „Die Ampel ist grün!" Die Frau antwortet: „Fährst du oder fahre ich?".
Diese Aussage kann nun folgendermaßen verstanden werden:

1. als freundlicher Hinweis auf die Ampel, die gerade auf Grün geschaltet hat (Sachebene),
2. als Aufforderung loszufahren (Appell-Ebene),

3. als Absicht des Mannes, seiner Frau zu helfen, aber auch als Demonstration seiner Überlegenheit (Beziehungsebene) oder
4. als Hinweis darauf, dass der Beifahrer es eilig hat und ungeduldig ist (Selbstoffenbarung).

Der Mann könnte seinen Satz im Sinne eines Appells gemeint haben, die Frau könnte die Aussage jedoch als Herabsetzung oder Bevormundung verstanden haben. Und schon haben wir einen herrlichen Ehekrach.

Die Konsequenz aus diesem Modell ist offensichtlich: Wenn du Sender bist, mache deutlich, welchen der 4 Aspekte du meinst („Schatz, ich spreche jetzt auf der Appell-Ebene zu dir, wenn ich dir sage, dass die Ampel grün ist" – okay, das ist ein bisschen lebensfremd, aber du weißt, was ich meine). Als Empfänger solltest du nachfragen, wie es der/die andere gemeint hat („Sagst du das jetzt, weil du es eilig hast oder weil du arroganter Idiot dich für einen besseren Fahrer als mich hältst?").

§ 227 Vermeide Kommunikationssperren

Der US-amerikanische Psychologe Thomas Gordon (1918–2002) war davon überzeugt, dass Menschen, die fürsorglich aufgezogen wurden, in der Lage sind, ein selbstbestimmtes sowie erfülltes Leben zu führen. In seiner Arbeit mit Kindern und Jugendlichen erforschte er, welche Arten der Kommunikation einer positiven Entwicklung entgegenstehen. So entstanden seine „Kommunikationssperren" (manchmal auch als „Die Typischen Zwölf" bezeichnet) – dies sind Formen der Kommunikation, die darauf abzielen, das Erleben des anderen nicht zu akzeptieren, sondern es zu verändern (vgl. Gordon, 1974, S. 48).

Was bewirken Kommunikationssperren? In Situationen, in denen es eigentlich darum gehen sollte, Nähe zuzulassen und empathisch zu sein, errichten wir oft (auch unbewusst) Kommunikationssperren. Damit verhindern wir die Verbindung zu uns selbst und zum Gegenüber. Wir sprechen nicht auf Augenhöhe, sondern nehmen eine überlegene Position ein. Wir glauben zu wissen, was gut für andere ist. Gleichzeitig rauben wir ihnen die Chance, ihre Probleme eigenverantwortlich zu lösen. (vgl. Lubienetzki & Schüler-Lubienetzki, 2020). Die 12 Kommunikationssperren samt Beispielen findest du in Tab. 1.

Tab. 1 Die 12 Kommunikationssperren nach Gordon. (Eigene Erstellung; Quellen: Klein, 2001, S. 86 f. und Sturmair, o. J.)

Kommunikationssperre	Wirkung	Beispiele
1. Befehlen, bestimmen	… kann Furcht oder Widerstand hervorrufen. Sie fördern rebellisches Verhalten, Provokation oder Rachegedanken.	• Du musst … • Du hast zu … • Du wirst …
2. Mahnen, warnen, drohen	… kann sowohl Angst, als auch Ärger und Auflehnung erzeugen. Wenn sich jemand scheinbar fügt, dann deshalb, weil er sich aus Unsicherheit unterwirft. Auf der anderen Seite können solche Botschaften herausfordern, diese zu testen.	• Wenn du nicht …, dann … • Es reicht jetzt, sonst …
3. Moralisieren, predigen, an die Pflicht erinnern	… vermittelt Verpflichtung oder Schuldgefühle. Es kann bewirken, dass der Empfänger seine Position noch vehementer verteidigt.	• Du solltest … • Du hast zu … • Auf deine Verantwortung …
4. Ratschläge erteilen, Vorschläge machen, Lösungen geben	… verhindert, dass sich der Empfänger seinem Problem stellt, andere Lösungen durchdenkt und ausprobiert. Es suggeriert ihm, dass er nicht in der Lage ist, seine Probleme selbst zu lösen und kann zu einer gewissen Abhängigkeit, aber auch zu Widerstand führen.	• An deiner Stelle würde ich … • Warum versuchst du nicht, … • Mein Vorschlag wäre, …
5. Mit Logik überzeugen, belehren, argumentieren	… provoziert Verteidigung und Gegenargumente. Möglicherweise fühlt sich der Empfänger aber auch minderwertig oder er nimmt die Haltung ein, dass „es ohnehin nichts nützt" und hört nicht mehr zu.	• Tatsache ist … • Ja, aber … • Ich schlage vor …
6. Urteilen, kritisieren, beschuldigen	… vermittelt Unfähigkeit und schmälert den Selbstwert. Die Mitteilungsbereitschaft sinkt aus Angst vor einem negativen Urteil oder die Kritik löst Gegenkritik aus.	• Du überlegst nicht … • Du bist faul …
7. Loben, zustimmen	… enthält hohe Erwartungen und kann Feindseligkeit hervorrufen, wenn das Selbstbild des Empfängers damit nicht übereinstimmt. Möglicherweise wird es aber auch als manipulierend empfunden, um ein gewünschtes Verhalten zu zeigen.	• Aber du kannst das doch … • Für dich ist das doch kein Problem …

(*Fortsetzung*)

Tab. 1 (Fortsetzung)

Kommunikationssperre	Wirkung	Beispiele
8. Beschimpfen, lächerlich machen	… kann dazu führen, dass sich der andere minderwertig und ungeliebt fühlt. Die Selbsteinschätzung kann beeinträchtigt oder der Wunsch nach Vergeltung ausgelöst werden.	• Angsthase! • Du weißt wohl alles besser?
9. Analysieren, diagnostizieren, interpretieren	… kann drohend und beschämend empfunden werden. Der Empfänger kann sich in die Ecke gedrängt, ertappt oder bloßgestellt fühlen. Die Kommunikation wird aus Angst vor Entlarvung verhindert.	• Dein Problem ist, dass … • Du bist jetzt einfach überfordert …
10. Beruhigen, trösten, Mitleid zeigen	… bewirkt, dass sich der andere nicht verstanden fühlt und feindselige Gefühle entwickelt. Der Empfänger erhält den Eindruck, dass es nicht in Ordnung ist, was er empfindet und seine Probleme nicht wichtig sind.	• Du brauchst dir keine Sorgen machen … • Bald wird es wieder besser … • Bei mir war das früher auch so …
11. Forschen, verhören, ausfragen	… kann mangelndes Vertrauen, Verdacht oder Zweifel ausdrücken. Der Empfänger fühlt sich eingeschränkt, darüber zu sprechen, was ihm wichtig ist. Er kann sein Problem aus den Augen verlieren, wenn er Fragen beantworten muss, die aus Sorge oder Neugierde gestellt werden.	• Warum …? • Was hast du …? • Wie …?
12. Ablenken, spötteln, zurückziehen	… verstärkt die Haltung, dass es besser ist, Problemen aus dem Weg zu gehen und unterdrückt einen offenen Umgang mit schwierigen Situationen. Der Empfänger kann den Eindruck bekommen, dass er und seine Bedürfnisse nicht respektiert werden.	• Reden wir doch lieber über etwas Anderes … • Na da macht ja wer aus einer Mücke einen Elefanten …

So setzt du Körpersprache richtig ein

Körpersprache ist teilweise angeboren, wird jedoch v. a. über jahrelange Entwicklungs- und Sozialisierungsprozesse „eingeübt". Sie ist außerordentlich wichtig für die Verständigung. Etwa 2/3 unserer Wirkung (manche Experten behaupten sogar bis zu 80 %) werden der non-verbalen Kommunikation zugeschrieben. Warum ist das so? Der israelisch-österreichische Pantomime und Experte für Körpersprache Samy Molcho (1983, S. 20) meint: „Was wir sind,

sind wir durch unseren Körper. Der Körper ist der Handschuh der Seele, seine Sprache das Wort des Herzens. Jede innere Bewegung, Gefühle, Emotionen, Wünsche drücken sich durch unseren Körper aus." Was vielleicht etwas sehr blumig klingt, trifft den Kern dessen, was Körpersprache ist: Die (in aller Regel) ehrliche Wiedergabe dessen, was wir wirklich denken und fühlen. Körpersprache läuft normalerweise unbewusst ab – wir denken nicht darüber nach, sie passiert einfach. Deshalb ist sie viel authentischer als die gesprochene Sprache, weil wir uns unsere Worte (zumindest meistens) zurechtlegen und auch bewusst Falsches sagen können. Deshalb trauen wir der Körpersprache (unbewusst) mehr als dem Gesprochenen. Umso wichtiger ist es, Körpersprache richtig zu deuten und selbst einzusetzen.

Doch: Woraus besteht Körpersprache eigentlich?

* Kinesik (Bewegung)
  – Mimik (Stirn, Augen und Mund)
  – Gestik (Arm-, Hand- und Beinhaltung)
  – Körperhaltung, Gang
* Proxemik (Verhalten im Raum)
* Prosodik (Einsatz der menschlichen Stimme)
  – Satzmelodie, Akzentuierung
  – Lautstärke
  – Sprechgeschwindigkeit
* Äußeres Erscheinungsbild
  – Gesichtsform, Haare, Körperfülle
  – Kleidung, Frisur, Schmuck, Schminke

Körpersprache begleitet immer die verbale Kommunikation – ob du willst oder nicht. Denn: Selbst, wenn wir nicht reden, sendet unser Körper ununterbrochen Signale. Ein abgewendeter Blick, zusammengezogene Augenbrauen oder eine gerümpfte Nase werden auch ohne ein einziges Wort verstanden. Aber es heißt aufpassen! Eine sichere Deutung von Körpersprache ist selten möglich. Jeder Mensch verhält sich anders. Außerdem gibt es kulturelle Unterschiede, Unterschiede zwischen Mann und Frau, Erwachsenen und Kindern, Unterschiede, die mit dem Status und der Rolle einer Person zu tun haben. Körpersprache ist also nie eindeutig.

D. h.: Es kommt nicht nur darauf an, was jemand sagt, sondern auch wie er es sagt. Wie du Körpersprache „richtig" verwendest und sie korrekt interpretierst, ist nicht in kurzer Form zu beschreiben. Dennoch will ich dir nun zumindest ein paar nützliche Tipps geben.

§ 228 Achte auf eine kongruente Kommunikation

Gesprochene Inhalte und körpersprachlich übermittelte Botschaft sollten zusammenpassen. Tun Sie aber oft nicht. Vielleicht kennst du das aus deiner Partnerschaft? Du kommst nach Hause und erkennst auf den ersten Blick an dem gesenkten Blick und der angespannten Körperhaltung: „Da stimmt was nicht" und fragst: „Schatz, alles okay?". Die Antwort „ja" klingt nicht wirklich überzeugend, sodass du dich ein weiteres Mal nach der Befindlichkeit erkundigst. Ein „alles in Ordnung" klingt derartig gequält und die Augen sagen genau das Gegenteil, woraufhin du ein drittes Mal nachhakst, um dann zu erfahren, was der Grund für die Verstimmung ist. Die Lektion daraus: Wenn du eine Botschaft unmissverständlich senden willst, dann sensibilisiere dich für deine Körpersprache und lasse Gestik, Mimik und Körperhaltung das ausdrücken, was du auch in Worten von dir gibst.

> Mehr zum Thema „kongruente Kommunikation" erfährst du in einem Video, das du dir hier anschauen kannst: www.digitale.fitness

§ 229 Kleide dich dem Anlass gemäß

„Kleider machen Leute" weiß der deutsche Volksmund. So war es nicht nur früher, so ist es auch noch heute. Vom Äußeren eines Menschen schließen wir auf sein Inneres. Wir alle wissen, dass auch in verbeulten Jogginghosen ein wunderbarer Mensch stecken kann, dennoch erliegen wir nur zu oft diesem Beurteilungsfehler, insb. dann, wenn wir jemanden nicht kennen. Dann dient uns die Kleidung als Ersatz für weitergehendes Wissen über die Persönlichkeit unseres Gegenübers. Wenn du also eine (wichtige) Botschaft vermitteln willst, solltest du – vor allem, wenn es sich um Fremde handelt – sorgfältig deine Klamotten wählen. Zu einem Vorstellungsgespräch als Filialleiter einer Sparkasse würdest du ja vermutlich auch nicht mit Bermudas oder einem Strandkleid kommen.

§ 230 Nehme eine aufrechte Position ein

Schau dich mal in der Fußgängerzone oder auf einem öffentlichen Platz um und beobachte die vorbeilaufenden Menschen. Wahrscheinlich wird dir auffallen, dass ganz viele mit einem nach vorne gekipptem Oberkörper umher watscheln. Vielleicht bist du auch jemand, der in dieser gesenkten Haltung auf diesem Planeten wandelt? Unabhängig von der Gesprächssituation und deinem Gegenüber: Wenn wir so erscheinen, dann wirken wir nicht wirklich dynamisch, sondern eher antriebsschwach oder gar depressiv. Trainiere daher, eine aufrechte Haltung einzunehmen. Du wirst so viel aufgeschlossener, positiver und energiegeladener wahrgenommen. Stelle dir dazu einfach vor, du wärest eine Marionette und an deinem Kopf sowie deinen Schultern wären Fäden befestigt. Ein imaginärer Puppenspieler zieht die Fäden permanent nach oben, sodass du immer aufgerichtet bist.

§ 231 Wahre die Intimzone deines Gesprächspartners

Ich weiß nicht, wie es dir geht, wenn du mit fremden Menschen in einem Aufzug steckst. Normalerweise herrscht eisiges Schweigen, keiner schaut den anderen an – jeder starrt auf sein Handy und will nur möglichst schnell wieder raus. Dieses beklemmende Gefühl stellt sich nicht nur ein, weil wir eingeschlossen sind, sondern auch, weil unsere Intimzone verletzt wird. Für den nord- und mitteleuropäischen sowie nordamerikanischen Kulturraum „dulden" wir nur Vertraute in unserer unmittelbaren Nähe. Komme also deinem (fremden) Gegenüber nicht zu nahe. Achte darauf, dass du ungefähr 1 m Abstand hältst – das ist etwa so lang wie ein ausgestreckter Arm.

§ 232 Halte Blickkontakt

Sich in die Augen zu sehen ist zentral, um eine Beziehung zum Gegenüber aufzubauen. Bestimmt kennst du das, wenn du mit jemandem sprichst und er/sie blickt dich nicht an. Das ist ein sehr unangenehmes Gefühl. Bemühe dich deshalb stets, den/die andere/n anzusehen. Die Psychologin Monika Matschnig (2007, S. 31) empfiehlt zur Dauer des Blickkontaktes:

> Die Art des Blickkontakts ist sehr aussagekräftig: Menschen, die ihn meiden, werden als schüchtern und unsicher wahrgenommen. Oder sie vermitteln den Eindruck, sie hätten etwas zu verbergen. Wer stattdessen einen ruhigen und offenen Blickkontakt zu seinem Gegenüber herstellt, weckt dessen Vertrauen. Auch die Blickdauer ist von Bedeutung: Ein Blick von etwa drei Sekunden wird in jedem Falle wahrgenommen. Ein Blick über vier Sekunden wird als deutliches Signal für Interesse gewertet. Ein länger als vier Sekunden dauernder Blickkontakt kann als Bedrohung empfunden werden, weil sich unser Gegenüber davon regelrecht durchbohrt fühlt.

Schaue deinem Gesprächspartner nicht direkt in die Augen, weil das als aggressives Verhalten interpretiert werden kann. Besser ist es das „magische dritte Auge", also den Punkt oberhalb der Nasenwurzel zu fokussieren.

Um einen zu intensiven Blickkontakt zu vermeiden, solltest du dich nicht parallel zu deinem Gesprächspartner platzieren. Geschickt wäre es, wenn ihr euch über Eck setzt, also in einem Winkel von etwa 90° bis 120°.

§ 233 Behalte die Hände oberhalb des Tisches
Warum reichen wir uns zur Begrüßung die Hände? Das reicht weit in der
Geschichte zurück – unsere Vorfahren signalisierten so einander, dass sie un-
bewaffnet waren. Ich nehme zwar an, dass du heute üblicherweise ohne
Klappmesser, Faustkeil oder Axt zu Besprechungen kommst und es nicht
nötig hast, den anderen zu zeigen, dass du ohne Waffe erschienen bist. Dennoch ist es ein Zeichen der Höflichkeit und trägt zu einer guten Gesprächs-
atmosphäre bei, wenn du deine Hände auf den Tisch legst oder oberhalb der
Tischkante hältst.

§ 234 Mache dir Notizen
Wenn in meinen Vorlesungen und Seminaren die Teilnehmenden mit-
schreiben, fühle ich mich stets geehrt, vermittelt mir das doch das Gefühl,
etwas nicht ganz Unbrauchbares gesagt zu haben. So ist es nicht nur bei Vor-
trägen, sondern in jeder Gesprächssituation: Wenn sich das Gegenüber Notizen macht, dann bedeutet das, dass es aufmerksam zuhört und an dem
interessiert bist, was du sagst. Schreibe also immer fleißig mit. Beim Tee-
küchenplausch allerdings nicht – das käme dann doch etwas doof rüber.

§ 235 Spiegle die Körpersprache deines Gesprächspartners
Menschen finden einander sympathischer, wenn sich ihre Körpersprache
gleicht. Ohne den anderen nachzuäffen und ohne zum Schauspieler zu mutieren, kannst du dir diese Erkenntnis zu Nutze machen, indem du behutsam
deine Körpersprache an die deines Gegenübers anpasst. Ist der/die andere ein
wild gestikulierender Typ, dann darfst du gern auch (etwas) dynamischer
deine Hände und Arme einsetzen. Sofern dein Gesprächspartner eher ein ru-
higerer Genosse ist, dann solltest du mit deinen Gliedmaßen besser nicht
umherwedeln wie ein süditalienischer Fischhändler.

So führst du gelingende Gespräche

§ 236 Mache dir klar, was dein Gesprächsziel ist
Unabhängig vom Gesprächsanlass solltest du dir stets Gedanken darüber machen, was du mit der Unterhaltung eigentlich bezweckst. Ich rede jetzt nicht
vom Geplauder im Freundeskreis oder der zufälligen Begegnung mit einem/r
Bekannten vor der Fleischtheke bei ALDI, sondern von beruflichen Gesprächen, ob das ein Kundentelefonat, eine Abstimmung mit einem/r Kolle-

gIn oder der Wortbeitrag in einer Besprechung ist. Oft ist es nämlich so, dass wir uns nicht die Zeit nehmen, zumindest kurz inne zu halten und uns zu fragen: Was möchte ich in dem Gespräch erreichen? Was sollte der/die andere idealerweise danach denken oder tun? Je bewusster dir dein Ziel ist, desto besser wirst du das Gespräch in die angestrebte Richtung lenken können.

» Ein Gespräch, das allen gefiel, hatte ein klares Ziel

§ 237 *Versetze dich in dein Gegenüber*
Die meisten Gespräche, die wir im (beruflichen) Alltag führen, sind eher banal. Sachthemen stehen im Vordergrund und in aller Regel kennen wir unser Gegenüber recht gut. Es gibt allerdings auch Unterhaltungen, bei denen es eher um emotionale Aspekte geht oder bei denen wir unseren Gesprächspartner nicht/kaum kennen. Soll diese Art von Konversationen gelingen, dann bist du gut beraten, dir zuvor folgende Fragen zu stellen:

* Mit wem spreche ich?
* Welche Bedürfnisse hat er/sie?
* Welches Vorwissen hat er/sie?
* In welcher Situation befindet er/sie sich?
* Wer kann mir mehr über diesen Menschen sagen?

§ 238 *Wähle den richtigen Zeitpunkt für das Gespräch*
Du bist mitten in einer Aufgabe, die deine volle Aufmerksamkeit fordert. Da klingelt das Telefon, Kollege Tim bittet dich, ihn bei einer Projektpräsentation zu unterstützen. Kurz angebunden lehnst du die Bitte ab. Da hätte Tim sich besser mal an diesen Tipp gehalten. Sein Anruf kam nämlich zu einer ungelegenen Zeit. Hätte er dich persönlich in der Kantine beim Mittagessen angesprochen, hättest du vielleicht zugesagt – weil du dann nicht so angespannt gewesen wärest.

Wenn du also etwas von jemand anderem möchtest oder etwas Wichtiges zu besprechen hast, dann wähle einen geschickten Zeitpunkt für das Gespräch. Weder du selbst, noch dein Gegenüber sollten gestresst sein. Das bedeutet auch, dass du Gespräche mit bedeutsamem Inhalt immer ankündigen bzw. einen Termin dafür vereinbaren solltest. Überfalle also deine Chefin nicht auf dem Büroflur, um sie nach einer Gehaltserhöhung zu fragen.

» Bist du gestresst, gibt das Gespräch kein Fest

§ 239 Achte immer auf die Beziehungsebene

Gut versteckt zwischen all den Empfehlungen zu gelingender Kommunikation habe ich den wohl wichtigsten Tipp überhaupt, nämlich stets und ausnahmslos auf die Beziehungsebene zu achten. Was heißt das? Wir denken fälschlicherweise, wir würden uns nur auf der Inhalts-/Sachebene austauschen. Dem ist aber nicht so! Weil jede Form menschlicher Kommunikation immer eine Sach- und eine Beziehungsebene hat. Vereinfacht gesagt bedeutet das: Wenn die Beziehungsebene okay ist, dann klappt's auch auf der Inhaltsebene. Und umgedreht gilt: Ist die Beziehungsebene gestört, dann haperst meist auch auf der Sachebene. Bestimmt könntest du mir sofort eine Menge Beispiele aus deinem Privat- und Berufsleben nennen, wo diese Aussage zugetroffen hat. Mit Kollegin Simone kommst du überhaupt nicht klar – dich stört ihre pedantische Art. Und wie sie immer angezogen ist – total aufgebrezelt! Kein Wunder, dass du fast bei jedem Abteilungsmeeting mit Simone zusammenrauschst und an keinem ihrer Vorschläge ein gutes Haar lässt. Julianes Ideen hingegen findest du ausnahmslos super; du magst sie ja auch.

Nun wäre es natürlich realitätsfern, sich jeden zum Freund/zur Freundin zu machen, auch wenn wir ihn/sie partout nicht ausstehen können, nur um besser miteinander zu kommunizieren. Die Schlussfolgerung ist eine andere, nämlich, sich in Toleranz zu üben und gedanklich zwischen deinen persönlichen Sympathien bzw. Antipathien sowie den sachlichen Aspekten zu trennen. Völlig klar, dass dies nicht immer gelingen kann. Dennoch solltest du dich im Interesse einer professionellen Zusammenarbeit darum bemühen, dir immer wieder bewusst zu machen, dass du die Verständigung in dem Maße vereinfachst, indem du die Beziehungsebene pflegst.

§ 240 Schaffe zu Beginn eine angenehme Gesprächsatmosphäre

Bleiben wir noch ein wenig bei der Beziehungsebene. Bei fremden GesprächspartnerInnen ist diese noch unbelastet – wir kennen uns ja noch nicht. Deshalb hast du beim Gesprächsbeginn die Chance, gleich ein wenig zu tun, um die Atmosphäre aufzulockern. Biete etwas zu trinken an, lasse den Gast den Sitzplatz wählen, erkundige dich, ob es zu warm, zu kalt oder angenehm ist. Führe ein bisschen Smalltalk und gib dabei auch ein paar persönliche (aber nicht zu vertrauliche) Informationen preis.

§ 241 Sprehe deine/n GesprächspartnerIn gelegentlich mit seinem Namen an

Nutze einen bekannten Trick versierter Verkäufer und rede dein Gegenüber hin und wieder mit seinem Namen an. Das solltest du nicht inflationär tun, sonst wirkt es aufgesetzt und kann eine gegenteilige Wirkung haben.

§ 242 Sprehe nicht zu schnell, aber auch nicht zu langsam

Beim Thema Körpersprache habe ich es schon erwähnt: Man findet sich sympathischer, wenn sich die Körpersprache ähnelt. So ist es auch mit der Sprechgeschwindigkeit. Plaudert der andere im Tempo eines spanischen Fußballreporters, sollte man dir nicht jedes Wort aus der Nase ziehen müssen. Generell gilt, dass wir unser Gegenüber nicht durch eine zu hohe Sprechgeschwindigkeit überfordern, aber auch nicht durch eine zu niedrige langweilen sollten.

§ 243 Passe deine Lautstärke an

Analoges gilt für die Lautstärke: Sprehe nicht zu laut und nicht zu leise. Wenn sich dein Gegenüber Ohrenstöpsel in die Lauscher stopft oder sein Hörgerät auf Maximum stellt, dann sind das meist gute Indikatoren dafür, dass du deine Lautstärke anpassen solltest.

§ 244 Verwende kurze Sätze

Es gibt WortkünstlerInnen, die können Sätze konstruieren, an deren Ende du nicht weißt, was am Anfang gesagt wurde. Solltest du so eine/r sein, dann bedenke bitte: Jeder einzelne Satz sollte beim ersten Hören verstanden werden. Sätze dürfen deshalb nicht zu lang sein. Eine ideale Satzlänge gibt es zwar nicht, aber eine gute Faustregel lautet: Ein Satz sollte maximal 15 Wörter umfassen. Nachdem man beim Sprechen nicht die Anzahl der Wörter zählt, gebe ich dir einen pragmatischeren Tipp: Immer, wenn du Luft holen musst, solltest du mit deinem Satz am Ende angelangt sein.

§ 245 Verzichte auf Fachbegriffe, Fremdwörter und Anglizismen

Verwende keine Fachbegriffe, wenn sie dein Gesprächspartner eventuell nicht verstehen könnte: Fachwörter sind Passwörter; sie signalisieren Zugehörigkeit zu einer Expertengruppe – dort sind sie auch willkommen, denn sie erleichtern die Kommunikation unter den „Eingeweihten". Außerhalb solcher Expertengruppen sollten Fachwörter aber stets in verständliches Deutsch übersetzt werden.

Verzichte ebenfalls auf Fremdwörter, wenn sie der/die andere nicht verstehen könnte: Fremdwörter sind nur dann eine Bereicherung, wenn sie alle Gesprächsteilnehmer kennen.

Anglizismen sind – in einem gleichbedeutenden Sinn – ebenfalls nicht grundsätzlich abzulehnen. Dort, wo es keine passende deutsche Übersetzung gibt, dürfen schon mal Importe aus dem Englischen stehen, ansonsten sollte aber das verständliche, deutsche Wort Vorfahrt haben.

§ 246 Formuliere möglichst konkret

Abstrakte Wörter und Formulierungen sind schwer zu verstehen und tragen oft nicht zur Erhellung des Gemeinten bei. Je konkreter ein Wort ist, desto leichter „findet" es das Gehirn und desto eher werden Emotionen und Bilder ausgelöst. Sprech also nicht von „Schreibgeräten", sondern von Kugelschreibern oder Füllern.

Verwende außerdem lieber Beispiele statt Gattungsbegriffe. Sage also statt „Immobilien" lieber „Häuser, Eigentumswohnungen, Geschäftsbauten".

§ 247 Verwende Beispiele und Metaphern, um deine Aussagen zu verdeutlichen

In zahlreichen Studien und Experimenten wurde nachgewiesen, dass Inhalte, die durch eine metaphernreiche und bildorientierte Sprache vermittelt werden, besser im Gedächtnis haften bleiben als solche, die abstrakt erläutert werden. Hinzu kommt: Metaphern helfen Menschen, komplizierte und abstrakte Inhalte zu verstehen. Erfolgreiche Kommunikatoren beherzigen diesen Ratschlag stets – sie sprechen mit unverbrauchten und anregenden Bildern und Metaphern, wie etwa „Müller hat wieder einen Ideeneintopf ohne Rezept gekocht". Metaphern/Bilder kannst du aus allen Lebensbereichen entlehnen, wie etwa: Haushalt, Formel 1, Fußball, Bergsteigen, Architektur, Malerei, Reisen, Technik, Schule oder Straßenverkehr.

§ 248 Formuliere positiv

Der Durchschnittsmensch braucht etwa anderthalbmal so lange, um eine verneinende Satzaussage zu verstehen, wie eine bejahende. Formuliere deshalb positiv, denn der Empfänger will nicht wissen, was nicht ist. Vor allem: Negative Formulierungen bewirken oft das Gegenteil des Beabsichtigten: Versuche mal, nicht an einen blauen Elefanten zu denken! Was ist dir gerade in den Sinn gekommen?

Wenn du etwas negativ formulieren musst, dann drücke die Verneinung mit Wörtern aus, die die Verneinung bereits beinhalten, also z. B. „zweifeln" (nicht glauben), „sich weigern" (nicht tun), „selten" (nicht oft), „hindern" (nicht zulassen), „knapp" (nicht genug) oder „falsch" (nicht richtig).

§ 249 Formuliere produktiv

Denke mal an deine letzte Teambesprechung zurück. Irgendwer macht einen Vorschlag. Kaum ist das letzte Wort gesagt, meldet sich Dieter und meint: „Das ist schon eine ganz gute Idee, aber hast du eigentlich daran gedacht …". Tja, sofort wird die eigentlich positive Aussage durch das kleine Wörtchen „aber" entwertet. Das ist alles andere als produktiv. Thorsten Havener (2010, S. 201) bezeichnet das übrigens als „jabern" – „ja" sagen und eigentlich „nein" meinen. Ein simpler Trick hilft, konstruktiver zu formulieren: Ersetze „aber" durch „und". Probiere es einfach mal aus. Es macht inhaltlich in den allermeisten Fällen keinerlei Unterschied, die Tonalität ist jedoch eine wesentlich positivere.

Grundsätzlich gilt: Sage, was geht und nicht, was nicht geht. Wenn deine Kollegin Sandra fragt, ob du ihr heute bei der Auswertung der Monatszahlen zur Hand gehen kannst, dann antworte nicht „Nö, hab' heute keine Zeit", sondern versuche es mal mit: „Heute bekomme ich es leider nicht hin, morgen ab 10:00 Uhr hätte ich dann wieder Luft. Reicht dir das?".

§ 250 Gehe auf die Aussagen deines Gesprächspartners ein

Hand auf's Herz: Laufen Gespräche bei dir auch öfters mal so ab, dass dein Gegenüber etwas erzählt und du gar nicht wirklich zuhörst, sondern du eigentlich nur damit beschäftigt bist, dir zu überlegen, was du als nächstes sagst?

> Unsere Unfähigkeit zuzuhören, ist in gewisser Weise ein Symbol für die Art, wie wir leben. Wir verhalten uns oft so, als sei Kommunikation ein Wettrennen.
> Richard Carlson (1961–2006) US-amerikanischer Psychologe

Gelingende Kommunikation heißt einerseits, sich selbst verständlich auszudrücken, andererseits jedoch auch, konzentriert sowie aufmerksam das wahrzunehmen, was der/die andere sagt und dann auf die Aussagen einzugehen. Wie es dir gelingt, ein besserer Zuhörer zu werden, erfährst du im nächsten Abschnitt.

So gelingt es dir, gut zuzuhören

Während wir uns im vorherigen Abschnitt auf den aktiven Part der Kommunikation – das Sprechen – konzentriert haben, wollen wir uns nun dem eher passiven Teil zuwenden.

Ich weiß nicht, wie es dir geht – ich jedenfalls kenne einige Menschen, die es einfach nicht schaffen zuzuhören. Die sind zwar physisch anwesend, gedanklich jedoch in einer Galaxie am Rande des Universums. Da hast du permanent den Eindruck, sie seien nur gezwungenermaßen da und können es gar nicht erwarten, das Gespräch zu beenden. Dass solche Gespräche für alle Beteiligten nicht unbedingt erquicklich sind, überrascht wenig. Dabei würden wir in vielerlei Hinsicht profitieren, wenn es uns gelänge, besser zuzuhören.

> Wir könnten viel gewinnen, wenn wir jeden Morgen Gott bitten würden: ‚Hilf mir, dass ich den Mund halte, bis ich alles Nötige erfahren habe!'
> Frank Bettger (1888–1981) US-amerikanischer Verkäufer und Autor

Gut zuzuhören ist eine Kunst, die jahr(zehnte)lange Übung erfordert und nur mit Mühe zu erlernen ist, erfordert sie doch zugleich Empathie, Geduld und Konzentrationsfähigkeit – allesamt Tugenden, die in unserer hektischen Welt nur schwer zu leben sind. Gelingt es doch, so haben wir unserem Gegenüber ein wertvolles Präsent gemacht. Wir haben ihm/ihr unser knappstes Gut geschenkt: unsere Lebenszeit.

Jetzt will ich nicht weiter moralisieren oder theoretisieren, sondern zur Sache kommen. Ich bin der festen Überzeugung, dass wir im (Berufs-)Leben sehr viel weniger Missverständnisse und Konflikte hätten, dass wir in Projekten schneller vorankämen, dass wir Kundenbedürfnisse besser erfüllen würden und dass das Unternehmensklima insgesamt ein wesentlich entspannteres wäre, wenn wir besser zuhören würden.

» Willst du den and'ren ehren, lerne zuzuhören!

---

§ 251 Schenke deinem Gegenüber deine volle Aufmerksamkeit

Voller Begeisterung berichtest du dem Team von den Fortschritten, die du in deinem Projekt erzielt hast. Antje blickt gelangweilt aus dem Fenster, Dirk starrt auf sein Smartphone und Johannes blättert in irgendwelchen Unterlagen. Wie würdest du dich da fühlen? Aber: Wie oft verhältst du dich wie Antje, Dirk oder Johannes? Egal um welche Art von Gespräch es sich handelt:

Sei nicht nur körperlich anwesend, sondern auch geistig und unterlasse sämtliche Nebentätigkeiten.

§ 252 Frage bei akustischen oder inhaltlichen Unklarheiten nach

Nicht jeder Mensch spricht Hochdeutsch, nicht jeder hat eine glasklare Aussprache. Da wird geschwäbelt, gesächselt und gepfälzert. Da wird genuschelt, gelispelt und werden Endungen verschluckt. Wir können also akustisch manchmal nicht alles verstehen, was unser Trommelfell an Tönen erreicht. Auch inhaltlich erschließt sich uns mitunter der Sinn des Gesagten nicht. Vielleicht fehlt uns das erforderliche Vorwissen, vielleicht kennen wir die Zusammenhänge nicht oder vielleicht waren wir auch nur einen Moment unaufmerksam? Wann immer du etwas – egal aus welchen Gründen – nicht verstanden hast, solltest du nachfragen, damit es keine Missverständnisse gibt.

§ 253 Lasse deine/n GesprächspartnerIn ausreden

Ich weiß: Das kann gelegentlich sehr anstrengend sein, dieser Empfehlung zu folgen, gibt es doch Zeitgenossen, bei denen du schon nach den ersten 3 Wörtern weißt, was dann folgt oder die dir stundenlang irgendwelche völlig irrelevanten Details schildern können. Mit solchen Ausnahmen beschäftigen wir uns im nächsten Tipp. Hier geht es mir um „normale" GesprächspartnerInnen. Widerstehe der Versuchung, dein Gegenüber zu unterbrechen, nur weil du schon eine Vermutung hast, wie der Satz enden könnte oder weil du denkst, schon alles Wesentliche erfahren zu haben.

§ 254 Unterbreche Vielredner höflich und weise auf den beschränkten Zeitrahmen hin

Ich bin mir sicher – so jemanden hast du auch im KollegInnenkreis: Menschen, die reden können, als ob sie nach gesprochenen Silben bezahlt würden. Das können höchst liebenswerte Leute sein, doch deren Ausführungen sind so langatmig, dass du in der Zwischenzeit den Lego „Millennium Falcon" aus Star Wars mit über 7500 Teilen zusammenbauen könntest. Solchen Typen darfst du – auf wertschätzende Art und Weise – zu verstehen geben, dass Zeit im Berufsleben ein knappes Gut ist und du durchaus auch noch andere Aufgaben zu erledigen hast.

§ 255 Sei kritisch und hinterfrage die Inhalte

Ein guter Zuhörer zu sein, bedeutet nicht, alles unreflektiert zur Kenntnis zu nehmen. Gibt es Aussagen, die dir unglaubwürdig erscheinen oder die widersprüchlich sind, so solltest du das zur Sprache bringen: „Ich bin jetzt verunsicher. Vorhin sagten Sie, dass AB ist und nun habe ich verstanden, dass es XY ist. Habe ich da etwas falsch verstanden?"

§ 256 Halte Pausen aus

Pausen können ein Zeichen sein für Unklarheiten, Angst oder Ratlosigkeit. Vielleicht macht dein Gegenüber aber auch nur eine Pause, um darüber nach-zudenken, was er/sie als nächstes sagen möchte. Wie auch immer: Fülle die Pause nicht mit einem eigenen Wortbeitrag, sondern schaue deine/n Ge-sprächspartnerIn mit einem milden, buddhagleichen Lächeln an und er-muntere ihn/sie auf diese Weise dazu, weiter zu reden.

§ 257 Warte eine kurze Zeit, bis du antwortest

Du rufst jemanden an, doch statt ihn/sie am Apparat zu haben, meldet sich eine mehr oder wenige freundliche Bandansage. In der Zeit, in der du hörst, dass dein/e GesprächspartnerIn nicht erreichbar bist, machst du dir Gedanken darüber, was du als Nachricht hinterlassen möchtest. Diese so genannte „Anrufbeantwortertechnik" kannst du dir auch in realen Gesprächssituationen zu Nutze machen, indem du dir vor deiner Antwort ein paar Sekunden Zeit nimmst, dir deine Worte zurecht zu legen. Auf diese Weise wirst du sehr viel überlegtere Aussagen machen bzw. mehr Struktur in deine Äußerungen bringen.

§ 258 Versuche, das Gehörte nicht sofort zu beurteilen

Dieser Tipp dürfte einer derjenigen in diesem Buch sein, der am schwierigs-ten umzusetzen ist. Woran das liegt? Weil wir alle von Natur aus Bewertungs-maschinen sind! Egal, in welcher Situation wir uns befinden, wir können gar nicht anders, als ein Urteil zu fällen. In meinen Seminaren verdeutliche ich das immer mit der Frage in die Runde: „Wie ist das Wetter heute?". Je nach Witterung kommen dann Antworten wie „herrlich sonnig" oder „eklig regne-risch". Doch das sind Urteile und keine Sachaussagen. Natürlich würde nie-mand außer einem Meteorologen sagen: „16 °C, Wind aus Süd-West, 25 % Bedeckung" – dies wäre allerdings eine sachliche Antwort. So verhält es sich nicht nur beim Wetter, sondern mit allen Themen, mit denen wir zu tun haben. Alles, was wir lesen, sehen oder hören wird in Sekundenschnelle mit einem Stempel versehen: Das ist gut oder das ist schlecht.

Was soll verwerflich daran sein, wenn wir Situationen sowie Aussagen unserer GesprächspartnerInnen beurteilen, statt sie vorurteilsfrei zur Kennt-nis zu nehmen? Nun, früher war es ein Überlebensvorteil, wenn wir uns flott ein Bild machen konnten. Dadurch, dass wir schnell bewerteten, ob ein Knacken im Gebüsch auf eine eventuelle Gefahr hindeutet, haben wir wichtige Sekunden für die Flucht vor einer ausgehungerten Höhlenhyäne gewonnen. Heute lauern immer seltener gefräßige Vierbeiner am Wegesrand, geblieben jedoch ist der Instinkt des raschen Urteils. Und dieses beeinflusst unsere gesamte weitere Wahrnehmung. Kommen wir etwa zu dem Entschluss, dass das, was unser Gegenüber gesagt hat, überhaupt nicht mit unserer Anschauung korrespondiert, dann kann der/die andere fortan machen, was er/sie will – wir werden es in einem negativen Licht sehen und verhindern so eine objektive Beschäftigung mit dem Sachthema.

§ 259 Stelle offene Fragen, um mehr zu erfahren
Man unterscheidet 2 Fragetypen:

- Offene Fragen, die mit einem Fragepronomen beginnen (wer, was, wann, wo, womit, wozu, weshalb, inwieweit, inwiefern …).
- Geschlossene Fragen kommen ohne ein solches Pronomen aus und lassen sich in der Regel nur mit ja oder nein beantworten: „Willst du mit mir ins Kino gehen?" „Nö, mit dir doch nicht!"

Offene Fragen eignen sich hervorragend dazu, um ein Gespräch am Laufen zu halten und Details zu erfahren. Mit ihnen signalisierst du Interesse und zeigst dich als aufmerksamer Zuhörer. Doch irgendwann soll/muss das Gespräch ja enden – dann solltest du eher mit geschlossenen Fragen arbeiten. Auch um konkrete Antworten zu erhalten, empfehle ich dir, diesen Fragetypen zu verwenden.

§ 260 Signalisiere durch gelegentliches Nicken, dass du aufmerksam zuhörst
Um deinem Gegenüber zu zeigen, dass du noch voll und ganz bei der Sache bist, solltest du gelegentlich leicht mit dem Kopf nicken. Also jetzt nicht wie ein Wackeldackel. Das würde eher unglaubwürdig wirken. Aber hin und wieder ein aufmunterndes, durch ein Lächeln begleitetes, Nicken, wird dein/e GesprächspartnerIn erfreuen und ihn/sie zum Weiterreden animieren.

§ 261 Wende die Echo-Technik an
Das hast du vielleicht in den Bergen schon mal selbst gemacht. Du stehst am Eingang einer Schlucht, hältst die Hände seitlich an den Mund und brüllst einen sinnentleerten Satz in die Natur, woraufhin die zuletzt gesagten Wörter zurückschallen. Das kannst du nicht nur in den Alpen, sondern auch in Osnabrück oder anderswo im Flachland machen. Wiederhole Schlüsselwörter (also zentrale Aussagen) deines Gegenübers und hebe dabei am Ende leicht die

Stimme. Auf diese Weise lädst du den/die andere/n dazu ein, mehr dazu zu sagen.

§ 262 Setze Gesprächsverstärker ein

Gesprächsverstärker sind nicht sinntragende Wörter oder Silben, wie etwa: „aha", „tatsächlich", „mmh", „ja", „genau" oder „ach was". Solche Gesprächsverstärker sind nichts anderes als ein verbales „Daumen hoch"; sie signalisieren, dass wir noch am Leben sind und verstanden haben, was uns mitgeteilt wurde.

§ 263 Wiederhole zentrale Aussagen mit deinen Worten

Auch wenn dieser Tipp erst zum Ende dieses Kapitels erscheint, so ist er doch einer der wirksamsten überhaupt. Die Technik des „Paraphrasieren" klingt ziemlich anspruchsvoll, ist es aber gar nicht. Im Prinzip geht es nur darum, in sinnvollen Abständen das Gesagte mit eigenen Worten zusammenzufassen. Dazu kannst du Formulierungen wie die Folgenden verwenden:

* Verstehe ich richtig, dass …
* Ich darf mal zusammenfassen, was bei mir angekommen ist: …
* Lassen Sie mich sicherstellen, dass ich Sie richtig verstanden habe. Sie möchten wissen, ob …
* Ihnen ist also wichtig, dass …
* Habe ich richtig verstanden, dass Sie …
* Heißt das, es geht Ihnen um …

Wenn du es dir angewöhnst zu paraphrasieren, wird es kaum noch Gesprächssituationen geben, bei denen du am Ende feststellst, dass ihr aneinander vorbeigeredet habt. Paraphrasen sind perfekt, um Missverständnisse zu vermeiden und die Beziehungsebene zu stärken.

§ 264 Wende die Technik des Aktiven Zuhörens an

Unter aktivem Zuhören wird die gefühlsbetonte Reaktion auf die Botschaft unseres Gegenübers verstanden. Diese Technik wurde vom US-amerikanischen Psychologen und Psychotherapeuten Carl Rogers für die Klientenzentrierte Psychotherapie entwickelt und wird heute auch bei nichttherapeutischen Gesprächen höchst erfolgreich eingesetzt. Vereinfacht gesagt geht es beim aktiven Zuhören darum, nicht nur den Informationsanteil zu wiederholen (wie beim Paraphrasieren), sondern auch über die Gefühle des/der anderen zu sprechen. Durch ein Beispiel wird sofort deutlich, was damit gemeint ist:

- „Normales" Antwortverhalten: A: „Erst ist es dem Chef wichtig, so dass ich mich beeile, dann interessiert ihn die Sache nicht mehr." B: „So was nervt mich auch immer."
- Antwortverhalten beim „Aktiven Zuhören": A: „Erst ist es dem Chef wichtig, so dass ich mich beeile, dann interessiert ihn die Sache nicht mehr." B: „Du meinst, dein Chef macht erst Druck und lässt dann die Sache liegen. Das frustriert dich, oder?"

§ 265 Lasse dich nicht reizen

Wir sind alle nur Menschen und trotz besten Bemühens können wir manchmal an unsere Grenzen stoßen. Vielleicht haben wir einfach einen schlechten Tag oder uns plagen Kopfschmerzen oder der Chef hat uns geärgert. Dann ist unsere Zündschnur ganz kurz. Um zu verhindern, dass du deine Anspannung an unschuldigen GesprächspartnerInnen auslässt und auch um nervigen Zeitgenossen professionell gegenüber zu treten, kann es hilfreich sein, wenn du dir eine persönliche „Ruheformel" zulegst und dir diese vorsagst, wenn du drohst zu explodieren. Dazu ein paar Anregungen:

- „Ich bin der Fels in der Brandung"
- „Ich lasse mich nicht ärgern"
- „Darüber werde ich in einem Jahr lachen"

§ 266 Entschuldige dich, wenn du dich im Ton vergriffen hast

Wenn wir ehrlich sind, dann hilft es nicht immer, sich eine Ruheformel vorzusagen oder seinen Ärger wegzuatmen. Dann sagen wir Dinge, die wir später bereuen. Was geschehen ist, kann zwar nicht rückgängig gemacht werden, wohl aber können wir Anstand zeigen und uns danach bei denjenigen entschuldigen, die unter unserer Unbeherrschtheit gelitten haben. Du musst nicht Asche über dein Haupt werfen oder zu Boden gekrochen kommen. Ein simples: „Es tut mir leid, das war nicht okay, wie ich mich verhalten habe" tut es völlig. Ich rate dir dazu, deinen „Ausfall" auch gar nicht zu begründen, also irgendwelche Ausreden oder Erklärungen anzuführen – das macht meistens die ganze Sache nicht besser.

E: Eigenständigkeit & Selbstorganisation

Wenn du diese Kompetenz erlangst, dann …

- identifizierst und verhaftest du deine Zeitdiebe.
- kannst du dich selbst gut organisieren.
- wirst du deine (Arbeits-)Tage systematisch planen und Prioritäten setzen.
- arbeitest du smart.
- denkst du (im besten Sinne) kritisch und hinterfragst Informationen.

Wenn man nach dem Begriff „Selbst- bzw. Eigenständigkeit" recherchiert, dann stößt man auf Erklärungen bzw. Synonyme aus 2 Kategorien:

- „Unabhängigkeit/Widerständigkeit gegen Einflüsse/Einwirkungen" sowie
- „Autonomie, Selbstbestimmtheit, Souveränität, Unbeirrbarkeit".

Ich will „Selbst-/Eigenständigkeit" im Folgenden im Sinne von „weitestgehend autonom denken und arbeiten" verwenden (darauf werde ich gleich noch zu sprechen kommen). Und das wird in der neuen Arbeitswelt immer wichtiger – und zwar aus einer Reihe von Gründen:

- Wir arbeiten immer häufiger allein: im Homeoffice, mit abteilungsfremden KollegInnen im Großraumbüro an wechselnden Arbeitsplätzen oder unterwegs. Die Vorgesetzten und KollegInnen, die einem früher vorgaben, was wann zu tun ist, sind physisch nicht oder nur noch sporadisch präsent.

© Der/die Autor(en), exklusiv lizenziert durch Springer Fachmedien Wiesbaden GmbH, ein Teil von Springer Nature 2022
M.-N. Däfler, *Fit für die digitale Arbeitswelt*, https://doi.org/10.1007/978-3-658-36580-6_14

- Die Aufgaben verändern sich von ihrem Wesen her. Routinejobs, die mehr oder weniger standardisierte Arbeitsschritte erfordern, werden von Algorithmen übernommen, sodass der Anteil an Aufgaben steigt, der nicht automatisierbar ist. Da kann es natürlich auch kein 08/15-Vorgehen geben.
- Zunehmend mehr – aber längst nicht alle – MitarbeiterInnen wünschen sich mehr Eigenverantwortung. Dem entsprechen die Arbeitgeber, indem sie ihnen mehr Autonomie zugestehen.
- Das Verständnis von Führung ändert sich: Nicht mehr transaktionale, sondern transformative Managementansätze werden immer häufiger verfolgt. „Intrapreneurship" wird zunehmend gefordert – der Mitarbeiter soll denken wie ein Unternehmer („Entrepreneur"). „Servant Leadership" wird – zumindest vorsichtig – in Erwägung gezogen. Darunter versteht man eine von Robert Greenleaf (2002) begründete Auffassung, die die Aufgabe von Führungskräften darin sieht, dem „Geführten" zu dienen. Damit einher geht zwangsläufig die Abgabe von Macht und Verantwortung.
- Moderne Projektmanagementmethoden setzen auf autonom arbeitende Projektteammitglieder. Gerade beim agilen Arbeiten wird Eigeninitiative großgeschrieben.

Gestatte mir noch 4 wichtige Vorbemerkungen:

1. Auch wenn es aus den gerade genannten Gründen immer wichtiger wird, eigenständig zu arbeiten, so tun sich doch noch immer viele ManagerInnen schwer damit, traditionelle Rollenmodelle in Frage zu stellen. Mitunter hat man den Eindruck, es handelt sich nur um ein Lippenbekenntnis, wenn den MitarbeiterInnen mehr Autonomie zugebilligt wird. In Wahrheit sind die Führungskräfte (noch) nicht bereit dazu, Einfluss und Entscheidungshoheit abzugeben. Man muss es klar aussprechen: Eigenständige Mitarbeiter bekommt man nur, wenn man auch wirklich bereit ist, ihnen entsprechende Freiräume zu schenken.
2. Es gibt Fertigkeiten, die man sich vergleichsweise einfach aneignen kann, wie etwa eine neue Software zu bedienen oder eine bestimmte Gesprächstechnik anzuwenden. Ungleich schwieriger ist es, Persönlichkeitsmerkmale zu ändern. Glaubst du etwa ernsthaft, dass ein Mensch, dem seine Eltern in der Kindheit und Jugend alle Sorgen und Pflichten abgenommen haben, der gewissermaßen zur Unselbstständigkeit erzogen wurde, dass sich diese Person von heute auf morgen zu einem völlig eigenständig denkenden und handelnden Menschen entwickeln wird? Insofern bin ich mir bewusst, dass die folgenden Ausführungen nur bei jenen auf fruchtbaren Boden treffen werden, die entweder vom Wesen her schon zu

einem gewissen Grad autonom sind oder selbst den Wunsch verspüren und dazu willens sind, eigenständiger zu arbeiten.

3. Wie bereits gesagt, nun aber nochmals deutlicher formuliert: Es wäre realitätsfern anzunehmen, alle Menschen (und damit MitarbeiterInnen) hätten den Wunsch, autonomer zu arbeiten. Ganz wertfrei: Es gibt hinreichend viele Leute – alte wie junge –, die sich feste Strukturen und klare Vorgaben wünschen. Sie verunsichert es, (zu viele) Entscheidungsspielräume zu haben. Allein die Vorstellung, selbst festzulegen, welche Aufgaben sie in welcher Reihenfolge erledigen, versetzt sie in Panik.

4. Und dann haben wir noch jenen Typus von Menschen, der zwar Freiheiten schätzt, allerdings nicht weiß, wie er damit umgehen soll bzw. der die Grenzenlosigkeit zu seinen Gunsten ausnutzt.

Du siehst: „Eigenständigkeit" klingt ganz zeitgemäß und ist zweifelsfrei eine der wichtigsten Kompetenzen in der neuen Arbeitswelt. Allerdings dürfen wir nicht so naiv sein anzunehmen, dass sich autonomes Denken und Handeln einfach mal so anordnen oder in einem Seminar vermitteln ließe. Wenn wir ehrlich sind, müssen wir eingestehen, dass dies eine langwierige und nicht immer von Erfolg gekrönte Aufgabe ist. Nichtsdestotrotz will ich nun den Versuch unternehmen, dir ein paar Hilfestellungen zu liefern, die dich dabei unterstützen können, eigenständiger zu arbeiten.

Greifen wir die Frage auf, was „eigenständig arbeiten" genau bedeutet? Wenn ich von „eigenständigem Arbeiten" spreche, meine ich damit im Folgenden 2 Aspekte, nämlich:

- eigenständig zu denken und
- eigenständig zu handeln.

Eigenständig denken
- Wichtiges von Unwichtigem trennen (Priorisieren)
- Verantwortung übernehmen
- Unternehmerisch denken (Kostenbewusstsein, Chancenorientierung …)
- Allein Entscheidungen treffen
- Informationen kritisch betrachten, nicht alles glauben
- Fähigkeit, sich selbst zu hinterfragen (Reflexionskompetenz)
- Wunsch, selbst ständig besser zu werden
- Fehler zugeben
- …

Eigenständig handeln

- Sich selbst gut organisieren
- Zeiteffizient arbeiten
- Sich (langfristige) Ziele setzen
- Den Tag planen
- Den Überblick behalten
- Nichts „aus den Augen verlieren", „dranbleiben", „nachhalten"
- Nichts vergessen
- Zusagen einhalten
- Fortschritt(e) kontrollieren
- Zeitpläne erstellen und einhalten
- Stakeholder identifizieren und einbinden
- Umfang/Dauer von Aufgaben sowie den dazu erforderlichen Ressourceneinsatz richtig einschätzen
- Bei Abweichungen/Problemen sofort und überlegt einschreiten
- Risiken/Gefahren zeitig erkennen
- Key-Performance-Indicators bestimmen und kontinuierlich messen
- Erfolgsfaktoren/kritische Ereignisse erfassen
- Verbesserungspotenziale (Produkte, Prozesse, Strukturen …) identifizieren
- „Slack"/Ineffizienzen erkennen und beseitigen
- Wissen, wann etwas wie zu kommunizieren ist
- …

Ich hoffe, diese beiden Aufzählungen haben dich nicht zu sehr verschreckt. Klar, dies ist das Idealbild des eigenständig denkenden und handelnden Mitarbeitenden. Sicherlich hängt es vor allem von deinem konkreten Job ab, welche der genannten Punkte in welchem Ausmaß zutreffen. Dennoch dürfte klar sein, dass Eigenständigkeit mehr bedeutet, als seinen Tag allein zu planen, wobei auch dies von Bedeutung ist.

Genug der Einführung, lass' uns mit konkreten Empfehlungen anfangen …

So identifizierst und verhaftest du deine Zeitdiebe

Wie du eben gelesen hast, heißt eigen-/selbstständig zu denken und zu handeln zunächst einmal, Souverän seiner selbst zu sein und über seine Zeit möglichst frei zu verfügen. Zeit, in der man das tut, was man selbst für wichtig erachtet. Ich weiß schon: Du wirst jetzt vermutlich müde lachen und dir denken, dass ich keine Ahnung hätte, wie es in deiner Firma zugeht, wie wenige Freiräume du in deinem Job hast und wie eng die Leitplanken sind, innerhalb derer du dich bewegst. Klar, dessen bin ich mir schon bewusst. Gebe mir jedoch bitte die Chance zu erklären, was ich meine.

Dass (Lebens-)Zeit das höchste Gut ist, das wir besitzen, muss ich wohl kaum begründen – das weiß jeder. Und so wundert es auch nicht, dass die meisten von uns bemüht sind, ihre Zeit klug zu nutzen. Zeitmanagement-Ratgeber – ob online oder gedruckt – erfreuen sich daher seit Jahrzehnten einer ungebrochenen Nachfrage. Ich meine allerdings: Die Empfehlungen und Tipps des konventionellen Zeitmanagements sind nur bedingt geeignet, die Arbeitseffizienz sowie -effektivität und damit die eigene (Zeit-)Souveränität zu erhöhen. Die tatsächlichen Ursachen für den oft so leidvoll erlebten Mangel an Zeit liegen woanders.

Es sind nämlich vor allem bestimmte Persönlichkeitsmerkmale – oder besser gesagt -defizite – und weniger mangelnde Fähigkeiten im Sinne des klassischen Zeitmanagements, die dazu führen, dass wir das Gefühl haben, Marionetten zu sein – Spielfiguren, an denen Dutzende Fäden zu hängen scheinen, die andere in der Hand halten. Selbstverständlich gibt es auch etliche andere Faktoren, die uns Zeit rauben, die wir aber nicht oder nur kaum beeinflussen können, wie etwa schlecht organisierte Prozesse, ein chaotischer Chef, ein überbordender Dokumentationszwang oder faule KollegInnen. Darum soll es uns nicht gehen, denn wie gesagt: Daran können wir in der Regel wenig ändern.

Damit kein falscher Eindruck entsteht: Ich möchte nicht das traditionelle Zeitmanagement ins Abseits stellen. Dessen Werkzeuge sind bewährt und meist wirksam, weshalb ich später auch darauf eingehen werde. Aber nahezu alle Tipps setzen einige spezifische Tugenden, wie z. B. Konsequenz und Disziplin, voraus. Wer darüber nicht verfügt, wird selten genügend Zeit haben. Was ich sagen will: Wirksames Zeitmanagement basiert sowohl auf handwerklichem Können als auch auf dem Vorhandensein bestimmter Charaktereigenschaften. Und um diese geht es mir im Folgenden.

Während traditionelle Zeitmanagement-Ratgeber die „Wie-Perspektive" einnehmen, möchte ich auch die „Warum-Brille" aufsetzen. Das heißt: Ich beschäftige mich mit den Motiven, die hinter dem Verhalten stecken. Mir ist es wichtig, dass du verstehst: Wer nicht bereit ist, an sich zu arbeiten und bestimmte Handlungsmuster zu ändern, der wird kaum Erfolg dabei haben, mehr Souveränität in seinem (Arbeits-)Leben zu erlangen. Es ist dies eine von vielen Ratgeberautoren gern verschwiegene Tatsache – die Lektüre eines Buches oder das Absolvieren eines Onlinekurses allein führt noch nicht zu Verbesserungen, sondern erst eine daraus resultierende Einstellungs- und Verhaltensänderung.

Wem dies gelingt, der wird Zeit gewinnen. Wozu du diese einsetzt, das entscheidest du selbst. Ich erlaube mir jedoch, dir dazu einen Denkanstoß zu geben: In Michael Endes Buch „Momo" walten die „grauen Herren" – sie wollen, dass alle Menschen Zeit sparen. In Wirklichkeit wird die Menschheit betrogen, denn im Versuch, Zeit für später zu horten, wird nur zu oft vergessen, im Hier und Heute zu leben. Die Wahrheit ist bitter: Je fleißiger man

Zeit spart, desto schneller verrinnt sie. Vielleicht hast du diese Erfahrung auch schon gemacht? Die Lehre daraus lautet in der Realität natürlich nicht, auf Zeitsparmaßnahmen zu verzichten, sondern sie heißt: Zeitdiebe zu verhaften ist ziemlich witzlos, wenn die gewonnene Zeit lediglich dafür eingesetzt wird, noch mehr von dem zu tun, was man ohnedies schon macht. So läuft man nur noch schneller im Hamsterrad des Alltags. Deshalb empfehle ich dir: Setze die zusätzliche Zeit nicht dazu ein, dir noch mehr Arbeit aufzuhalsen, sondern nutze die Zeit für dich, deine Familie, Hobbys oder was immer dir Freude bereitet und Erfüllung schenkt.

Ein Letztes, bevor wir uns dem Gruselkabinett der Zeitgangster zuwenden: Meine Ausführungen haben das Berufsleben zum Schwerpunkt, wobei zahlreiche Zeitdiebe auch im Privaten ihr Unwesen treiben. Dabei ist klar, dass jeder von uns von unterschiedlichen Zeitdieben bestohlen wird – bei dem einen ist es der Hang zum Perfektionismus, bei dem anderen ist es vielleicht die Unfähigkeit „nein" sagen zu können.

§ 267 Mache den Zeitdiebe-Selbsttest

Im Folgenden habe ich eine Übersicht (siehe Tab. 1) erstellt, mit der du dich selbst prüfen kannst. Welche der genannten Eigenschaften treffen auf mich zu? Inwieweit stehlen sie mir Zeit? Bin ich bereit, an diesen Eigenschaften zu arbeiten? Mit welchen Gegenmitteln kann ich die negativen Auswirkungen dieser Eigenschaften eindämmen?

Du findest das Zeitdiebe-Formular auch hier: www.digitale.fitness

Bitte trage in der rechten Spalte ein, inwieweit der jeweilige Zeitdieb auf dich zutrifft:

0 = überhaupt nicht
1 = selten
2 = hin und wieder
3 = öfters
4 = sehr oft
5 = immer

Wenn du jeden Zeitdieb bewertet hast, bitte ich dich, dir die Übersicht nochmals in Ruhe anzusehen und die 5 am höchsten bewerteten Eigenschaften in Tab. 2 zu übertragen und dir dann zu überlegen, mit welchen konkreten Gegenmaßnahmen du diese Zeitdiebe ins Gefängnis schicken kannst.

Tab. 1 Selbsttest „Zeitdiebe". (Eigene Erstellung)

Zeitdieb	Punkte
Abwehrschwäche: Kann ich schlecht „Nein" sagen? Nehme ich alle Aufgaben oder Anfragen an, die an mich gerichtet sind?	
Aktionismus: Verzettele ich mich mit zu vielen Projekten? Handle ich oft, ohne vorher nachzudenken? Kenne ich meine privaten und beruflichen Ziele? Arbeite ich Aufgaben gemäß ihrer Priorität ab? Habe ich klare Pläne?	
Empathielosigkeit: Gelingt es mir nur unzureichend zu verstehen, was andere möchten? Wie gut kann ich mich in andere hineinversetzen?	
Geschwätzigkeit: Bin ich neugierig? Beteilige ich mich an Gerüchten?	
Gier: Bin ich vielleicht zu ambitioniert bzw. zu „karrieregeil"? Will ich immer mehr? Besitze ich die Fähigkeit, zufrieden sein zu können?	
Hobbyismus: Widme ich den Aufgaben, die mir Spaß machen oder liegen, mehr Zeit als den wirklich wichtigen Dingen? Vernachlässige ich drängende To-dos zugunsten von „Lustaufgaben"?	
Ideenlosigkeit: Tue ich mich schwer damit, kreativ zu sein? Benötige ich (viel) zu lange, um Lösungen zu finden?	
Kritiklosigkeit: Akzeptiere ich alles, was mir aufgetragen wird? Hinterfrage ich die Dinge, die ich erledigen soll? Versuche ich, den Sinn bzw. das eigentliche Ziel meiner Tätigkeiten zu ermitteln?	
Misstrauen: Überprüfe ich alles lieber 2mal? Bin ich eventuell kontrollwütig? Kann ich anderen schlecht vertrauen?	
Neugierde: Interessiere ich mich über die Maßen für Dinge, die eigentlich nicht zu meinem Aufgabenbereich gehören? Zwingt mich meine Neugierde dazu, in den E-Mail-Posteingang zu schauen, sobald es geklingelt hat?	
Panik: Bin ich leicht aus der Ruhe zu bringen? Beunruhigen mich schon kleinste Abweichungen? Fällt es mir schwer, in Ausnahmesituationen einen kühlen Kopf zu bewahren?	
Pedanterie: Bin ich übertrieben ordentlich? Werde ich nervös, wenn nicht alles genau so angeordnet ist, wie ich es mir vorstelle?	
Perfektionismus: Muss bei mir stets alles 100 % korrekt sein? Verbringe ich mehr Zeit mit der Erledigung von Aufgaben als nötig wäre, nur damit alles bis ins kleinste Detail richtig ist?	
Pessimismus: Sehe ich das Glas immer als halb leer an? Vermute ich in allem und jedem stets das Schlechte? Bedrücken mich viele verschiedene Themen?	
Pflichtgefühl: Mache ich erst dann Feierabend, wenn auch wirklich alle Aufgaben erledigt sind, auch wenn ich total erschöpft bin? Nehme ich neue Aufgaben selbst dann an, wenn ich schon mehr als ausgelastet bin?	
Prokrastination: Verschiebe ich Aufgaben gern auf den nächsten Tag? Warte ich mit der Erledigung von Arbeiten bis zum letztmöglichen Termin?	
Rechthaberei: Fällt es mir schwer, die Meinung anderer anzuerkennen? Verwende ich viel Energie und Zeit darauf, andere davon zu überzeugen, dass ich recht habe?	

(Fortsetzung)

Tab. 1 (Fortsetzung)

Zeitdieb	Punkte
Sammelwut: Muss ich alles aufheben, was ich erhalte – egal, ob Kataloge, E-Mails oder Werbegeschenke? Fällt es mir schwer, mich von alten, nicht mehr benötigten Dingen und Unterlagen zu trennen?	
Selbstüberschätzung: Mute ich mir oft mehr zu, als ich tatsächlich leisten kann? Fällt es mir schwer, den Aufwand zur Erledigung einer Aufgabe realistisch einzuschätzen?	
Überheblichkeit: Bin ich davon überzeugt, dass andere weniger leistungsfähig oder kompetent sind als ich? Werte ich die Tätigkeiten anderer oft ab?	
Unfreundlichkeit: Wie würden mich meine KollegInnen, MitarbeiterInnen und Vorgesetzten bezeichnen: als umgänglichen oder als schroffen Menschen? Welche Grundeinstellung habe ich anderen gegenüber?	
Unordentlichkeit: Suche ich oft nach Dingen? Räume ich meinen Arbeitsplatz erst dann auf, wenn ich überhaupt keinen Platz mehr finde?	
Zwanghaftigkeit: Befürchte ich regelmäßig, Aufgaben nicht korrekt ausgeführt zu haben? Muss ich bestimmte Gedanken/Situationen immer wieder durchdenken? Führe ich manche Handlungen aus, obwohl ich das gar nicht will?	

Tab. 2 Formular „Zeitdiebe". (Eigene Erstellung)

Meine gefährlichsten Zeitdiebe ...	... und wie ich sie verhaften kann.

So organisierst du dich selbst gut

Erfolgsmenschen sind meist auch erfolgreiche Manager ihrer selbst. Sie haben es geschafft, ihre Aktivitäten und Aufgaben so zu organisieren, dass sie Zeit für das wirklich Wichtige haben. Sie verfügen über einen genauen Überblick, und zwar im doppelten Sinn: Sie haben Klarheit auf dem Schreibtisch und im Kopf – beides sind wichtige Voraussetzungen, um Zeit klug zu nutzen. Welche Tricks und Werkzeuge diese Menschen anwenden, erfährst du auf den folgenden Seiten.

§ 268 Halte alles Wichtige schriftlich fest

Die Basis der Selbstorganisation und des Zeitmanagements ist die Schriftlichkeit. In Anbetracht der Fülle an Informationen, die täglich auf uns einströmen, und der Gedanken, die uns zwischen den Ohren umherschwirren, benötigt man entweder ein unfehlbares Gedächtnis oder ein Hilfsmittel. Aufgaben, Gesprächsergebnisse, Ideen und vieles mehr gehen uns durch den Kopf – all das solltest du schriftlich festhalten, wenn es nicht verloren gehen soll. Die Devise lautet also: Vom Hirn aufs Papier oder aufs Smartphone oder auf den PC. So schaffst du neue Kapazitäten auf deiner neuronalen Festplatte, vermeidest Stress und vergisst nichts.

Für jede Kategorie von Information und Gedanken solltest du ein eigenes System verwenden, nämlich:

- zur Terminverwaltung einen Kalender,
- zur Aufgabenverwaltung To-Do-Listen,
- zur Kontaktverwaltung eine Datenbank,
- zur Ideenverwaltung ein Journal und
- zur Notizverwaltung eine Kladde.

§ 269 Nutze zur Terminverwaltung einen Kalender

Eigentlich ist dieser Tipp so trivial, dass er hier nicht stehen dürfte. Dennoch soll er der Vollständigkeit halber erwähnt werden, schließlich ist ein diszipliniert geführter Kalender das wichtigste Werkzeug des Zeitmanagements. Alle Termine, Vereinbarungen und termingebundenen Aufgaben gehören hier hinein. Egal, ob als Papiervariante oder elektronisch: Entscheidend ist nicht die Form, sondern die Tatsache, dass du mehrmals täglich in deinen Kalender oder Terminplaner schaust. Am besten ist es, du gewöhnst dir dafür feste Zeiten (morgens, mittags und abends) an. Auf diese Weise wirst du nichts mehr vergessen und kannst bei Bedarf auch einmal nachsehen, wann das letzte Meeting zum Thema „Messeplanung" stattgefunden hat oder wann du beim Kunden Krause warst.

§ 270 Nutze zur Aufgabenverwaltung To-Do-Listen

Früher war es vielleicht noch möglich, seine Aufgaben auf Post-Its zu schreiben und diese rund um den Monitor zu drapieren. Dort hingen sie dann, bis sie vergilbt waren oder ein Windhauch sie in ungeahnte Weiten schweben ließ. Heute allerdings müsste unser Display die Größe eines Fußballtores haben, um alles zu Erledigende festzuhalten. Mit konventionellen Systemen kommen wir angesichts der Vielzahl an To-Dos nicht mehr zurecht; zumal wir an wechselnden Orten tätig sind und eine physische Aufbewahrung eher unpraktisch wäre.

Natürlich hängt es von deinem Job ab, welcher Art die Aufgaben sind und wie viele du insgesamt hast. Dennoch kann man verallgemeinernd sagen, dass nicht alle To-Dos den gleichen Stellenwert haben, weshalb ich dir empfehle, mit verschiedenen Kategorien bzw. Prioritäten zu arbeiten. Allerdings sollte dein Priorisierungssystem nicht zu umfangreich sein. Aus meiner Sicht sind 3 Stufen völlig ausreichend. So habe ich für mich (in Anlehnung an die Eisenhower-Matrix) folgende Kategorien definiert:

* Rot = Dringend und wichtig
* Gelb = Wichtig
* Grün = Wenn Zeit vorhanden (obwohl das natürlich Selbstbetrug ist. Wann ist schon mal Zeit im Überfluss da?)

Du kannst dein System auch nach Themen/Inhalten gliedern oder nach einer anderen Logik, die für deine Arbeit passt. Entscheidend ist, dass du nicht alle Aufgaben gleichbehandelst, sondern sie priorisierst.

Nachdem du dir ein System überlegt hast, musst du dich nur noch entscheiden, in welcher Form du deine Aufgaben verwalten willst. Am geläufigsten dürfte die „Aufgaben-Funktion" in Outlook und ähnlichen Programmen sein. Es stehen zudem zahlreiche Softwarelösungen und spezielle Apps zur Verfügung. Wichtig ist nicht die Form, sondern die Tatsache, dass du es dir angewöhnst, alle Aufgaben – und damit meine ich wirklich alle – in einer „Master-To-Do-Liste" (MTDL) zu notieren. Diese ist dann Basis für deine Tagesplanung, auf die wir noch zu sprechen kommen.

Aus meinen Erfahrungen hier noch ein paar Tipps:

- Es nicht nur wichtig, sämtliche Aufgaben festzuhalten, sondern dies auch an einem (!) Ort zu tun. Das ist nämlich oft das Problem: Wir haben keinen Überblick über unsere „Pendenzen" (wie die Schweizer so schön sagen), weil wir diese in Outlook, in unserer Kladde, auf Post-Its am Bildschirm, an der Kühlschranktüre und sonst wo notiert haben. Deshalb: Nutze nur ein System für deine Aufgabenverwaltung.
- Problematisch wird es, wenn du mit einer Kollaborations-/Team-/Group-Software (wie etwa MS Teams, Asana oder Trello) arbeitest. Dann befinden sich nämlich sowohl dort To Dos, als auch in deinem anderen Aufgabenverwaltungssystem. Zumindest einige Tools verfügen über die Funktion, Aufgaben nach Outlook zu exportieren. Leider ist dies jedoch nicht überall möglich, sodass du entweder mit der Tatsache leben musst, dass deine Aufgaben an 2 Orten ein Zuhause haben oder du musst aufwendig die To Dos aus dem einen System in das andere übertragen.
- Formuliere Aufgaben immer so konkret wie möglich, also bspw. nicht „Präsentation Gruber", sondern: „Präsentation Gruber für Vertriebstagung (ca. 20 Folien)".
- Noch besser ist es, ein Verb zu verwenden, damit klar wird, was genau zu tun ist, also: „Präsentation Gruber für Vertriebstagung (ca. 20 Folien) erstellen". Du könntest die Präsentation ja vielleicht auch nur prüfen oder überarbeiten müssen.
- Das hast du sicherlich schon gehört: Zu jeder Aufgabe solltest du ein Datum der spätestens möglichen Abgabe schreiben.
- Breche große Aufgaben in kleinere herunter. Bleiben wir beim Beispiel: So könnten Unteraufgaben lauten: „Material für Präsentation Gruber sammeln"; „Mit dem Vertrieb über Präsentation Gruber sprechen" oder „Alte Kundenpräsentationen für Gruber ansehen".
- Klingt banal, wird in der Praxis aber gern vergessen: Denke daran, erledigte Aufgaben aus deiner MTDL zu löschen.

§ 271 Nutze zur Kontaktverwaltung eine Datenbank

Egal ob im PC oder auf konventionelle Art: Halte alle deine Kontaktdaten – von KundInnen, KollegInnen, PartnerInnen, BeraterInnen usw. – schriftlich fest. Gewöhne es dir an, sobald du von einem neuen Geschäftspartner Kontaktinfos erhalten hast, diese in deine Datenbank zu überführen.

Aktualisiere deine Datenbank ständig. Wann auch immer du von einer Änderung erfährst: Übertrage diese Information sofort. Im Laufe der Jahre wirst du – bei konsequenter und disziplinierter Datenbankpflege – eine umfassende Adressensammlung erhalten. Diese wird sich vielleicht einmal als dein wertvollstes Kapital erweisen.

§ 272 Nutze zur Ideenverwaltung ein Journal

Ideen sind wie am Himmel segelnde Wolken – kaum hat man sie gesehen, sind sie schon wieder fort. Das kennst du doch bestimmt: Da hattest du auf dem Weg zu einer Besprechung einen genialen Einfall, doch kaum öffnest du die Türe zum Meetingraum ist der Gedanke schon verflogen. Schade! Vielleicht wäre das die Idee für eine millionenschwere Produktinnovation gewesen?

Für viele Jobs ist es zudem wichtig, auf bereits vorhandene Informationen zurückzugreifen – auf einen Blogbeitrag, einen Artikel in einer Fachzeitschrift oder die Präsentation, die du mal auf einem Kongress gesehen hast.

Was du also brauchst für deine eigenen Ideen sowie die von anderen Köpfen ist ein Sammelsystem. Ich kann mich noch gut an mein erstes Ideenarchiv erinnern. Zum Ende umfasste es fast 30 DIN A4-Ordner. Diese gibt es heute nicht mehr. Dafür ist der Inhalt nun digitalisiert. Alles Material, das ich lese und für aufhebenswürdig befinde, landet in meinem digitalen Ideenjournal – dieses ist nichts anderes, als ein Ordner auf meiner Festplatte, für den ich im Laufe der Jahre ein ausgeklügeltes Unterverzeichnis entwickelt habe. Denn: Was nutzt dir ein noch so umfangreiches Journal, wenn du relevante Artikel u. Ä. nicht mehr auffindest?

Das ist daher die schwierigste Aufgabe: ein Kategorien-/Schlagwortsystem zu entwickeln, das zu deiner Arbeit passt und das möglichst trennscharf ist, bei dem du also nicht überlegen musst: Habe ich damals die Folien des Vortrages von Prof. Schlauberger unter „Stress" oder „Resilienz" abgelegt? Leider kann ich dir hier nicht sehr viel weiterhelfen, da dies eine absolut individuelle Aufgabe ist. Nur eines kann ich dir raten: Lass' es nicht zu viele Kategorien werden, sonst verlierst du irgendwann den Überblick.

Ich werde öfters gefragt, wie ich eigene Ideen ablege. Während du Material, das digitalisiert vorliegt (etwa als pdf- oder PowerPoint-Datei oder als Link), leicht archivieren kannst, ist dies bei eigenen Gedanken ja nicht möglich. Wahrscheinlich gibt es elegantere Lösungen, für mich funktioniert mein Ansatz aber sehr gut: Ich habe für jede Kategorie ein Word-Dokument angelegt – dort halte ich meine Einfälle fest.

§ 273 Nutze zur Notizverwaltung eine Kladde

Ich empfehle dir, deine Notizen – wirklich alle – in ein einziges Buch zu schreiben. Dieses „Logbuch" sollte das Format DIN A4 und einen festen Einband haben. Du kannst dafür Kladden oder auch Schulhefte nehmen. Post-Its oder Schmierzettel sind meiner Erfahrung nach wenig empfehlenswert für Notizen, denn sie sind meistens dann unauffindbar, wenn man sie benötigt. Zudem haben sie einen unerklärlichen Hang dazu, einfach zu verschwinden. Natürlich kannst du auch eine modernere Version – etwa ein Tablet oder WritingPad – für deine Notizverwaltung nutzen. Die Prinzipien sind die gleichen.

Das Logbuch sollte dein steter Weggefährte sein und einen festen Platz auf deinem Schreibtisch haben. Wenn du unterwegs bist – und sei es nur zu einer firmeninternen Besprechung –, wirst du von deinem Buch bzw. deiner Kladde begleitet. Hier nun ein paar Tipps, wie du dein „Logbuch" führen kannst:

- Notiere jeden Tag zunächst das aktuelle Datum.
- Markiere, um welche Art von Eintrag es sich handelt (bspw. ein „❏" für Aufgabe, ein „ʃ" für Telefonat, ein „I" für Idee).
- Ziehe am Ende eines Arbeitstages einen Querstrich unter die Einträge.
- Betreibe regelmäßig – am besten zum Ende des Arbeitstages – Buchpflege: Übertrage deine handschriftlichen Notizen in deine Aufgabenliste (MTDL), deinen Kalender, deine Adressliste oder deine Ideendatenbank. Streiche Erledigtes oder Notizen, die du übertragen hast, mit Bleistift durch. So kannst du auch später noch deine Aufzeichnungen lesen, erkennst aber, dass du sie bearbeitet hast.
- Wenn du einzelne Aufgaben oder Punkte nicht erledigen konntest, so übertrage diese auf den nächsten Tag. Auf diese Weise verhinderst du, dass sich auf alten Seiten „Leichen" ansammeln.
- Verwende Farben, um bestimmte Arten von Einträgen zu kennzeichnen, unterstreiche etwa besonders dringliche oder wichtige Aufgaben mit rot oder rahme Telefonnotizen grün ein; wichtig dabei: Wende dein Farbsystem konsequent an.

Nachdem wir nun über die wichtigsten Hilfsmittel/Werkzeuge der Selbstorganisation gesprochen haben, möchte ich dir noch einige weitere Tipps geben.

§ 274 Versehe jedes Schriftstück oder Dokument mit Datum

Es darf kein Dokument ohne Datum geben. Sei es ein Redeentwurf, ein Artikel, ein Rundschreiben oder eine Ideenskizze – das Datum gehört immer mit dazu. Ein Tipp am Rande: Schreibe bei PC-Dateien das Datum immer im Format „Jahr-Monat-Tag" (also 2023-02-19) – so erscheint im Ordner die aktuellste Version stets an erster bzw. letzter Stelle.

§ 275 Vermeide Büroleichen

Man soll es nicht glauben, aber auch in unserer bereits fortgeschritten digitalisierten Arbeitswelt wird immer noch viel mit Papier gearbeitet. Vieles, was da an Gedrucktem im Umlauf ist, landet schließlich in irgendeinem Sammelsystem, nur um nie mehr gebraucht zu werden. So füllen sich Schränke, Schubladen und Regale mit Büroleichen. Mit diesem Trick kannst du selbige einfach erkennen: Bringe Post-it-Sticker an allen Ordnern, Mappen, Stehsammlern, Büchern und so weiter an und ziehe sie erst dann wieder ab, wenn du das jeweilige Objekt benutzt hast. Alles, was nach 6 Monaten noch einen Sticker hat, gehört in den Papierkorb (wenn es keine firmeninterne oder gesetzliche Vorgabe gibt) oder in eine Kiste, die in den Archivkeller wandert.

§ 276 Miste deine Ablage und dein Archiv regelmäßig aus

Auch dieser Tipp richtet sich an all' jene, die nach wie vor noch mit Papier arbeiten (müssen): Nehme dir mindestens einmal im Quartal die Zeit, um deine Ablage zu durchforsten. Nutze dabei die „Vier-Felder-Methode":

1. Teile den Fußboden vor deinem Schreibtisch in 4 Felder ein. Du kannst die Felder mit Malerkrepp oder 2 Zollstöcken optisch abtrennen.
2. Sortiere alle Unterlagen, die sich auf und in deinem Schreibtisch befinden in eines der 4 Felder ein.
3. Behandle die Unterlagen pro Feld dann gemäß den Anweisungen in Abb. 1.

Wichtig dabei: Bilde keine weiteren Felder und zwinge dich dazu, jedes Schriftstück nur einmal anzufassen – es darf keine „Zwischenhäufchen" geben.

§ 277 Sorge für ein produktives Arbeitsumfeld

Ist dir bewusst, dass du mit der Gestaltung deines Arbeitsplatzes dein Inneres nach außen kehrst, zumindest wenn du nicht in einer New-Work-Umgebung, sondern an einem festen Platz arbeitest? Selbstverständlich spricht nichts da-

Abb. 1   Die Vier-Felder-Methode. (Eigene Erstellung)

gegen, die Wände, den Schreibtisch oder das Ablagebord so zu dekorieren, wie es dir gefällt – nur solltest du ein wenig zurückhaltend sein. Kitschige Poster, peinliche Partyfotos, schief hängende Kunstdrucke oder vertrocknete Topfpflanzen sind eben kein Ausdruck von erhabenem Geschmack, sondern signalisieren deinem Umfeld: Wer hier arbeitet, legt keinen Wert auf ein schönes Ambiente, ist vielleicht sogar schlampig oder nachlässig. Dies gilt umso mehr, wenn du KundInnen, PartnerInnen oder Lieferanten in deinem Büro empfängst oder diese deinen Arbeitsplatz einsehen können. Denn es sagt viel über deine Arbeitsqualität und Professionalität aus, ob dein Arbeitsplatz ordentlich ist oder nicht. Automatisch denkt man doch: Wer es nicht einmal schafft, seinen „Mikrokosmos" klar zu strukturieren, wie soll der-/diejenige dann Projekte leiten oder größere Aufgaben systematisch erledigen können?

Niemandem soll vorgeschrieben werden, wie sein/ihr persönliches Arbeitsumfeld auszusehen hat – der eine braucht eben ein gewisses „kreatives Chaos" und der andere kann nur dann gut arbeiten, wenn ihn/sie eine wohnliche Atmosphäre mit Ficus und Familienbildern umgibt. Dennoch solltest du dir einen ordentlichen Schreibtisch zum Ziel setzen, auf dem man schnell das findet, was man benötigt. Wenn du an einem weitestgehend leeren Schreibtisch arbeitest, kann dich nichts von deiner eigentlichen Aufgabe ablenken und du kannst konzentrierter zu Werke gehen. Denn, wie bereits gesagt: Nur, wer Klarheit auf dem Tisch hat, kann auch Klarheit im Kopf haben. So rate ich dir, auch mitten im größten Stress aufzuräumen und nicht damit zu warten, bis du mal wieder Zeit hast – gerade, wenn man bis über beide Ohren mit Arbeit eingedeckt ist, lohnt es sich, Übersicht und Ordnung zu schaffen. Das reduziert nicht nur die „kognitiven Belastung", sondern hat zudem den angenehmen Nebeneffekt, dass du dich wohler fühlst.

§ 278 Mache es dir schön am Arbeitsplatz

Überlege mal: Wo verbringst du mehr Zeit, im Büro oder im eigenen Wohnzimmer? Gut, wenn du im Homeoffice arbeitest, ergibt die Frage keinen Sinn. Ansonsten gilt: Du sitzt am Schreibtisch in der Firma wesentlich länger als auf der heimischen Couch. Deshalb wäre es doch eine gute Idee, wenn du es dir im Büro schön machen würdest – das steigert nicht nur die Ansehnlichkeit deines Arbeitsplatzes, sondern auch dein Wohlbefinden und damit deine Produktivität. Dazu ein paar Anregungen:

- Verwende Arbeitsmittel (Schreibtischunterlage, Gefäße oder Schalen für Stifte usw.) und Hilfsmittel (Locher, Heftzange, etc.), die dir gefallen.
- Ersetze einfache Utensilien durch ausgesuchte Objekte. Tausche z. B. die Kaffeetasse mit Werbeaufdruck gegen einen Becher aus, den deine Tochter im Kindergarten bemalt hat. Werfe das Plastiklineal weg und nehme eines aus Holz. Entsorge das verblichene Mousepad mit dem Logo eines deiner Lieferanten und schaffe dir ein einfarbiges an. Hänge das mit Reißzwecken an die Wand geheftete Poster ab und bringe dafür einen gerahmten Druck an.
- Verwende qualitativ hochwertige Ordner und Sammelsysteme.
- Säubere deinen Arbeitsplatz regelmäßig und entsorge täglich leere Kaffeetassen, Flaschen und Essensreste.

So planst du deine Arbeit eigenständig und systematisch

Eine wichtige Säule des eigenständigen Arbeitens ist es, den Arbeitstag systematisch zu planen und nicht nach dem Zufallsprinzip zu agieren. Dies ist insb. dann wichtig, wenn du im Homeoffice bist, da dort in aller Regel sehr viele Ablenkungen lauern und es schwerer als im Büro fällt, sich auf das Wichtige zu konzentrieren. Ein durchdacht geplanter Tag führt nicht nur zu einer größeren Zufriedenheit, sondern hilft dir auch enorm, dich nicht zu verzetteln. Um es in Reimform zu formulieren:

» Mach' dir einen Plan, dann ist die Hälfte schon getan.

§ 279 Mache dir klar, ob du „Maker" oder „Manager" bist

Bevor ich dir konkrete Tipps zur Tagesplanung gebe, bitte ich dich, mal für einen kleinen Moment zu überlegen, welche Art von Job du hast. Häufig ist das offensichtlich, aber nicht immer. Also: Bist du eher ein „Maker" oder ein „Manager"? Die Frage ist keineswegs nur theoretischer Natur, denn beide Typen benötigen unterschiedlich strukturierte Tage (vgl. Parrish, 2017):

- „Maker" (also „Macher", wie etwa Kreative oder Programmierer) haben in der Regel keinen zu hohen Abstimmungsbedarf mit KollegInnen oder Externen. Stattdessen benötigen sie lange Blöcke ungestörter Zeit, um produktiv arbeiten zu können.
- „Manager" müssen viele Entscheidungen treffen, sich mit anderen austauschen sowie oft Feuerwehraufgaben erledigen; sie haben also einen dementsprechend fragmentierten Tag.

Als „Maker" solltest du daher unbedingt darauf achten, dass dein Tag nicht zu zerstückelt ist, was heißt, dass du – sofern du es steuern kannst – Termine möglichst bündelst, damit du längere Phasen ungestörter Arbeit hast.

Als „Manager" solltest du dafür sorgen, dass dein Tag nicht komplett verplant ist, sondern dass ausreichend Freiräume für die zweifelsfrei anfallenden Aufgaben vorhanden ist, die du nicht vorhersehen konntest.

§ 280 Lege Jahres- und Monatsziele fest

Das hast du bestimmt schon vielfach gelesen und gehört: Ohne Ziele taumeln wir orientierungslos durch die Gegend. Wer das Ziel nicht kennt, kann den Weg nicht finden. So weit so klar. Doch wie sieht die Realität aus? Da gibt es eine Gruppe von Berufstätigen, die können sich selbst gar keine Ziele setzen, weil ihre Arbeit ganz klar definiert ist und keinerlei Spielräume eröffnet. Dann haben wir die Gruppe jener MitarbeiterInnen, bei denen (immer noch) die Vorgesetzten die „Marschrichtung" vorgeben und es nicht gestatten, dass man eigeninitiativ ist. Schließlich existiert noch eine dritte Kohorte – jene Beschäftigten, die durchaus ihre Freiräume besitzen, sie jedoch nicht richtig zu nutzen wissen. Für letztere ist dieser Tipp gedacht.

1. Überlege dir zunächst – in Absprache mit deinen (Projekt-)TeamkollegInnen und ggf. Führungskräften – worin die übergeordnete Aufgabe deiner Stelle besteht. Wie trägt sie zu den langfristigen Gesamtzielen des Projekts, der Abteilung oder des Unternehmens bei? Welchen Einfluss hat die Stelle auf den Erfolg des Projekts, der Abteilung oder des Unternehmens?
2. Ermittele dann, welche äußeren Faktoren (etwa Trends in der Branche) Einfluss auf die Gesamtziele bzw. den Erfolg haben.
3. Mit diesem Wissen solltest du dir dann Gedanken darüber machen, wie du persönlich zum Erreichen dieser Ziele beitragen kannst bzw. welche Tätigkeiten dafür erforderlich sind.
4. Jetzt kannst du konkret werden und auf dieser Basis realistische Jahresziele formulieren. Wichtig dabei ist, dass es klar definierte Kriterien gibt, mit Hilfe derer du messen kannst, inwieweit du die Ziele erreicht hast.
5. Im nächsten Schritt geht es darum, die Jahresziele auf die einzelnen Monate herunterzubrechen bzw. die damit verbundenen Tätigkeiten auf das Jahr zu verteilen.
6. Deine Jahres- und Monatsziele solltest du schriftlich festhalten. Sie sind dann Grundlage deiner Tagesplanung (siehe nächster Tipp).

Ich möchte dir dieses Vorgehen an einem Beispiel aus meiner Arbeit als selbstständiger Keynote-Speaker und Trainer verdeutlichen. Der Erfolg meiner Arbeit lässt sich in quantitativer Hinsicht an meinem Umsatz ablesen. Je mehr Vorträge, desto höher der Umsatz. Also benötige ich eine ausreichend hohe Zahl an KundInnen (= übergeordnetes Ziel). KundInnen kommen auf den verschiedensten Wegen zu mir. Einer davon ist über die Social Medias. Dabei hat das Business-Netzwerk LinkedIn eine besondere Bedeutung – dieses wächst seit Jahren kontinuierlich (= äußerer Faktor; Trend). Um auf LinkedIn wahrgenommen zu werden, muss ich dort aktiv sein. So lautet ein Jahresziel von mir, 1000 neue Kontakte zu gewinnen (= eindeutig zu messen). Das bedeutet wiederum, dass mein Monatsziel lautet, mich mit ca. 80 Personen zu vernetzen.

§ 281 Optimiere deine Systeme
Vielleicht sind es gar nicht so sehr die Ziele, die wir benötigen, um effektiver, effizienter oder besser zu werden, sondern es sind die „Systeme", die wir nutzen. James Clear (2020, S. 39) ist folgender Ansicht:

> Wenn Sie bessere Ergebnisse erzielen wollen, sollten Sie sich keine festen Ziele setzen, sondern sich lieber auf Ihr System konzentrieren. Was will ich damit sagen? Sind Ziele etwa völlig nutzlos? Natürlich nicht. Ziele sind gut, um eine

Richtung vorzugeben, aber optimale Fortschritte erzielt man nur mit dem richtigen System. Wenn man zu viel über die Ziele nachgrübelt und nicht genug Zeit in die Entwicklung von Systemen investiert, treten verschiedene Probleme auf.

So lautet konsequenterweise die Empfehlung: Überlege dir, welche „Systeme" du nutzt und wie du sie verbessern kannst. Mit dem abstrakten Begriff „System" ist nichts anderes als die von dir eingesetzte Methode bzw. Herangehensweise gemeint. Dazu ein Beispiel: Wenn du bislang probiert hast, allein auf neue Produktideen zu kommen, dann könnte ein „Systemwechsel" bedeuten, dass du ein paar KollegInnen dazu einlädst, sich Gedanken mit dir zusammen zu machen.

§ 282 Entwickle eine Tagesroutine

Ich bin fest davon überzeugt, dass jeder lernen kann, eigenständig(er) zu arbeiten, wenn man genauso vorgeht, wie bei allem, was wir uns neu aneignen: durch Training. Dafür schlage ich vor, dass du Routinen entwickelst, und zwar auf Tages-, Wochen- und Monatsbasis sowie beim Bearbeiten neuer Aufgaben/Projekte. Helfen können dir dabei die folgenden Checklisten, die ich entwickelt habe (siehe Tab. 3, 4, 5 und 6). Gewöhne dir an, sie in dem entsprechenden Rhythmus durchzugehen. Ich bin mir sicher, dass du sie schon bald verinnerlicht haben und auf diese Weise sukzessive selbstständiger wirst.

§ 283 Entwickle eine Wochenroutine

§ 284 Entwickle eine Monatsroutine

§ 285 Entwickle eine Routine für neue Aufgaben/Projekte

Tab. 3 Checkliste „Tagesroutine". (Eigene Erstellung)

Tägliche Routine (am besten am Ende eines Arbeitstages)
• Welche Aufgaben habe ich heute erledigt?
• Bin ich zufrieden mit den Ergebnissen?
• Habe ich meine Tagesziele erreicht?
• Zu welchen geplanten Aufgaben bin ich nicht gekommen?
• Woran lag das?
• Welche Unterbrechungen und ungeplanten Aufgaben gab es?
• Gab es etwas, das ich gelernt habe, was mir künftig nutzen wird?
• Welche Aufgaben will ich morgen in welcher Reihenfolge erledigen?
• Welche Termine stehen morgen an? Was muss ich dafür vorbereiten?
• An welchen Zielen möchte ich morgen arbeiten?

Tab. 4 Checkliste „Wochenroutine". (Eigene Erstellung)

Wöchentliche Routine (am besten am Ende einer Arbeitswoche)
• Bin ich zufrieden mit den Ergebnissen, die ich diese Woche erzielt habe?
• Wie gut ist es mir gelungen, Wichtiges von Unwichtigem zu trennen?
• Für jedes Projekt/jede größere Aufgabe:
• *Habe ich eventuell wichtige To Dos vergessen?*
• *Bin ich im Zeitplan oder gibt es Verzögerungen?*
• *Deuten sich Risiken an?*
• *Was kann ich dagegen tun?*
• Was habe ich diese Woche getan, um mich weiterzubilden?
• Welche (größeren) Aufgaben will ich nächste Woche in Angriff nehmen?

Tab. 5 Checkliste „Monatsroutine". (Eigene Erstellung)

Monatliche Routine (am besten am Ende eines Monats oder vor einem längeren Urlaub)
• Bin ich zufrieden mit den Ergebnissen, die ich diesen Monat erzielt habe?
• Was waren meine wichtigsten Fortschritte?
• Welchen Zielen bin ich nähergekommen?
• Welche Ziele konnte ich nicht erreichen?
• Woran lag das?
• Was kann ich tun, damit das nicht mehr vorkommt?
• Habe ich Fehler gemacht?
• Was kann ich daraus für die Zukunft lernen?
• Mit welchen Menschen hatte ich diesen Monat zu tun?
• Was kann ich mir von ihnen „abschauen" bzw. lernen?
• Was kann ich tun, um effizienter zu arbeiten?
• Was in meiner Arbeit gibt es, das ich verbessern kann?

Tab. 6 Checkliste „Neue Aufgaben/Projekte". (Eigene Erstellung)

Checkliste für neue Aufgaben/Projekte
• Weiß ich genau, worin die Aufgabe besteht bzw. was das Ziel der Aufgabe ist?
• Welche Interessen/Bedürfnisse werden durch die Zielerreichung erfüllt?
• Welche Faktoren beeinflussen das Ergebnis?
• Wie kann ich den Erfolg (Key-Performance-Indicators) messen?
• Welche Rahmenbedingungen muss ich beachten?
• Wie viel Zeit benötige ich dafür?
• Welche Meilensteine setze ich mir?
• Wer ist daran noch beteiligt (Stakeholder)?
• Inwiefern kann/muss ich die Stakeholder einbeziehen oder informieren?
• Wer kann mich dabei unterstützen?
• Was fehlt mir, um das zu erledigen (Informationen, Ressourcen …)?

Du findest die 4 Checklisten auch als zusammenhängendes pdf hier: www.digi-
tale.fitness

§ 286 Erstelle dir einen realistischen Tagesplan

Um die eben vorgestellten Routinen überhaupt durchführen zu können,
benötigst du ein Instrument, und zwar einen Tagesplan. Das ist nämlich das
A und O des strukturierten, selbst-/eigenständigen Arbeitens: Ein praxis-
tauglicher Tagesplan. Doch: Wie viele Pläne sind das Papier nicht wert, auf
das sie geschrieben wurden? Weil sie so übervoll mit Aufgaben und Terminen sind, dass sie selbst unter besten Bedingungen nie einzuhalten wären.
Deshalb gilt als Grundregel: Verplane nur die Hälfte des Tages und lasse
ausreichend Luft für Unvorhergesehenes. Das kannst du doch sicherlich aus
eigener Erfahrung bestätigen: Jeden Tag passieren Dinge, mit denen wir
nicht gerechnet hatten: Anrufe, Mails, Spontan-Aufträge. Notfalleinsätze,
unangekündigte Besucher …

Bei dem Tipp zur täglichen Routine hatte ich dir ja schon ein paar Hinweise gegeben, wie du vorgehen kannst. Darauf will ich aufbauen und nun
etwas konkreter werden. Lass' mich dir dazu berichten, wie ich es anstelle: Am
Ende meines Arbeitstages reflektiere ich zunächst die vergangenen Stunden
und widme mich dann der Planung des nächsten Tages. Dafür habe ich ein
Formular entwickelt und drucken lassen (siehe Abb. 2). Natürlich musst du
es mir nicht gleichtun. Ein weißes Blatt Papier oder eine beliebige digitale
Lösung funktionieren ebenso gut – entscheidend sind die Komponenten der
Tagesplanung.

1. Als erstes trage ich oben das Datum ein.
2. Die 5 oberen Zeilen sind für feststehende Termine vorgesehen, die ich aus
   meinem elektronischen Kalender übertrage.
3. Das Symbol „Geburtstagstorte" steht für Menschen, denen ich an diesem
   Tag gratulieren möchte (auch zum Firmenjubiläum oder zu anderen
   Anlässen).
4. Der Pokal symbolisiert mein Tagesziel, das ich aus meinem jeweiligen
   Monatsziel ableite (wie etwa eine ¼ h auf LinkedIn aktiv zu sein).
5. Darunter trage ich ein, was ich tun möchte, um mich fortzubilden,
   z. B. einen TED-Talk anzusehen oder einen Blog zu lesen.

PROFDAEFLER

Abb. 2   Checkliste „Tagesplanung". (Eigene Erstellung)

6. Die nächste Rubrik ist für sportliche Aktivitäten vorgesehen: Was möchte ich tun, um fit zu bleiben? Yoga, Joggen, Schwimmen, Rad fahren oder ins Fitnessstudio gehen?
7. Der Sonnenschirm schließlich repräsentiert die wichtige Aufgabe: an mich selbst zu denken. Was plane ich zu tun, um meine persönlichen Bedürfnisse zu erfüllen? (siehe dazu auch das „Kap. 12").
8. Ich kenne einige Menschen, die sehr strukturiert sind und sich jeden Abend hinsetzen, um den nächsten Arbeitstag zu planen. Auf deren To-Do-Liste stehen dann mindestens 17 Punkte. Betrachtet man diese Aufzählung 9 oder 10 h später, dann sieht man jedoch häufig, dass nicht einmal die Hälfte der Aufgaben, die hätten erledigt werden sollen, durchgestrichen ist. Mit anderen Worten: Man hat sich viel zu viel vorgenommen. Deshalb

plädiere ich für eine radikale Beschränkung. Die 3 Zeilen (1 bis 3) bieten Platz für meine 3 wichtigsten To Dos, die ich mir vornehme. „Was, nur 3?" wirst du jetzt vielleicht denken. Ja, nur 3, und zwar aus einem guten Grund: Das zwingt zur Priorisierung. Ich werfe dazu einen Blick auf meine Master-To Do-Liste (du erinnerst dich: Über die MTDL hatten wir bereits gesprochen) und wähle die 3 Aufgaben aus, die zu diesem Zeitpunkt am bedeutendsten sind. Dadurch laufe ich nicht Gefahr, mich zu verzetteln.

»Plan' der Aufgaben nur drei, dann wird dein Tag keine Hetzerei.

---

9. Die leeren Zeilen im unteren Viertel bieten Platz, um Aufgaben einzutragen, die ich ungeplant erledigt habe – dies ist gewissermaßen eine „Done-Liste". Du fragst dich: Warum? Die Erklärung findest du im „Kap. 12".

§ 287 Richte dich bei der Tagesplanung nach deinem Bio-Rhythmus

Sicherlich weißt du: Wir sind – bezogen auf die Tageszeit – nicht immer gleich leistungsfähig. Abhängig von unserem individuellen Biorhythmus unterliegt unsere Leistungsfähigkeit während des Tages recht großen Schwankungen (siehe Abb. 3). Bei Menschen des Chronotyps „Lerche" sieht die Leistungskurve ungefähr so aus: Sie haben ihr Tagesleistungshoch zwischen 09:00 und 11:00 Uhr. Nach dem Mittagessen befinden sie sich im „Schnitzelkoma" – der Körper ist hauptsächlich damit beschäftigt, das Kantinenessen zu verdauen. Am späteren Nachmittag kehren die Lebensgeister zurück, wenngleich die Leistungsfähigkeit nicht mehr das Ausmaß des Vormittags erreicht. Ab etwa 17:00/18:00 Uhr sinkt die Leistungskurve rapide. Bei den „Eulen" ist die Kurve (deutlich) weiter nach rechts verschoben.

Welche Schlussfolgerung lässt sich daraus ziehen? Berücksichtige deine individuelle Leistungskurve bei der Tagesplanung: Während des Leistungshochs solltest du vor allem an Aufgaben arbeiten, die deine volle Konzentration erfordern. Im Leistungstief solltest du Routineaufgaben, wie etwa die Ablage oder die Lektüre von weniger wichtigen Schriftstücken, erledigen.

Selbsttest „Chronotyp" www.ifado.de/fragebogen-zum-chronotyp-d-meq/

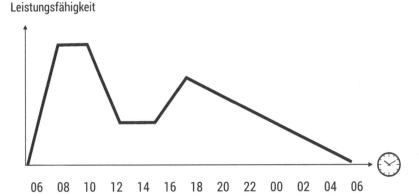

Leistungsfähigkeit

06 08 10 12 14 16 18 20 22 00 02 04 06

Abb. 3 Leistungsfähigkeit in Abhängigkeit von der Tageszeit. (Eigene Erstellung)

§ 288 Gliedere deine Arbeit in Blöcke

Wenn du Geschirr von Hand spülst – wie machst du das? Spülst du eine Gabel, trocknest diese ab und räumst sie dann weg? Nimmst du dir anschließend die nächste Gabel vor und verfährst wieder so? Nein, doch bestimmt nicht. Du spülst erst das gesamte Schmutzgeschirr, trocknest es dann ab und verstaust es nachher in Schubladen und Schränken. Ganz automatisch halten wir uns an ein bewährtes Prinzip – nämlich die Blockbearbeitung. Das sollten wir auch im Büro tun.

Wir sind effizienter, wenn wir bspw. 1 h lang lesen, dann 1 h telefonieren und dann eine ½ h die Ablage machen, statt zwischen einzelnen Aufgaben hin und her zu wechseln. Versuche deshalb bei deiner Tagesplanung, ähnliche Aufgaben zu bündeln, plane also etwa einen Telefonblock, reserviere dir eine ½ h ausschließlich für das Lesen deiner Post und beantworte zwischen 11:00 und 12:00 Uhr nur deine E-Mails.

§ 289 Versuche, pro Tag mindestens 1 h „Deep Work" einzuplanen

Auch wenn dieser Tipp nur sehr kurz ist, so kann er doch an Bedeutung für eigenständiges und erfolgreiches Arbeiten gar nicht hoch genug bewertet werden! Sicherlich kannst du bestätigen, dass du sehr viel produktiver bist, wenn du ungestört an einem Stück arbeiten kannst, als wenn du ständig unterbrochen wirst. Es ist eben nicht das Gleiche, ob du 4 x 15 min. oder 60 min. am Stück arbeitest. Schaue also zu, dass du dir bei deiner Tagesplanung wenigstens 1 h ohne Unterbrechung und Ablenkung reservierst. Besser wäre natürlich noch mehr als 1 h „Deep Work", wie es Carl Newport (2017) nennt. Nichts, absolut nichts und niemand, darf dich in dieser Zeit stören. Ich bin mir sicher, dass deine Produktivität in die Höhe schnellen wird, wenn es dir gelingt, diesen Tipp konsequent umzusetzen.

» Eine Stund' allein geschafft, verleiht dir Superkraft!

Trage dir daher in deinen Kalender „Termine mit mir" ein und behandele sie wie unverschiebbare Kundentermine, sonst läufst du Gefahr, ständig deine „heilige Zeit" für andere Termine zu opfern. Sofern es deine Jobsituation nicht zulassen sollte, dass du dir täglich Termine zur ungestörten Arbeit reservierst, dann wäre es einen Versuch wert, dich mit KollegInnen abzustimmen. Bitte Frau Grün, deine Anrufe zwischen 13:00 und 15:00 Uhr anzunehmen, und biete ihr im Gegenzug an, dafür ihr Telefon zwischen 10:00 und 12:00 Uhr zu beantworten.

§ 290 Plane Aufgaben frühzeitig ein

Ich kann mich leider nur schlecht an Ereignisse aus meiner Kindheit erinnern. Eines weiß ich allerdings noch: Meine Mama deckte bereits am Vorabend den Frühstückstisch, legte für meinen Bruder und mich die Anziehsachen des Folgetags zurecht und sorgte dafür, dass unsere Schulranzen fertig gepackt im Flur standen. Stets meinte sie: „Das Wichtigste für einen guten Start in den Tag ist es, morgens keinen Druck zu haben." Wie recht sie da hatte, und zwar nicht nur hinsichtlich des Stresserlebens. Wie könnten so viel produktiver sein, wenn wir uns angewöhnen würden, ein klein bisschen vorauszuplanen.

Warum erledigen wir so oft Aufgaben auf „den letzten Drücker"? Die Zeit, die wir dafür benötigen, wird ja nicht weniger dadurch, dass wir eine Tätigkeit kurz vor knapp ausführen. Warum fängst du nicht Mitte November (anstatt am 20. Dezember) damit an, deine Weihnachtspost vorzubereiten? Warum besorgst du dir neue Patronen für den Drucker erst dann, wenn die aktuellen leer sind und nicht, wenn sie einen Füllstand von 50 % erreicht haben? Warum erstellst du die Folien für die Kundenpräsentation erst am Vorabend und nicht eine Woche davor? Verschaffe dir etwas mehr Ruhe, indem du vorausplanst bzw. zeitig mit den Vorbereitungen beginnst. Wenn du also deinen Tagesplan erstellst, schaue nicht nur auf die Ereignisse der nächsten 24 h, sondern mindestens auch auf die der nächsten Woche.

§ 291 Verplane nur 50 % deiner Zeit

Wir hatten bereits kurz darüber gesprochen, aber ich möchte den Punkt nochmals aufgreifen, weil er sehr wichtig ist. Erfahrungsgemäß reicht die

Arbeitszeit nie für all das aus, was erledigt werden soll oder muss. Aber, wie sieht die Realität aus? Wir stopfen unsere Terminkalender voll. Jede Minute wird verplant. Ein Termin jagt den nächsten. Ein Kardinalfehler! Im Laufe eines jeden Tages passieren nämlich unvorhergesehene Dinge, die dich dazu zwingen, geplante Vorhaben zu verschieben. Du bleibst hingegen flexibel, wenn du – sofern irgendwie möglich – nur die Hälfte deines Arbeitstages verplanst. Die andere Hälfte bleibt frei für spontane Aufgaben und Termine.

Natürlich kannst du mir jetzt entgegenhalten, dass das wirklichkeitsfern ist, 50 % der Zeit im Kalender blank zu lassen. Das mag durchaus sein, dass du selten mit Überraschendem zu tun hast, dass in deinem Job alles wunderbar planbar ist. Herzlichen Glückwunsch! In diesem Fall kannst du meinen Hinweis ignorieren. Alle anderen, die täglich Unvorhersehbares bewältigen müssen, werden – das gebe ich gern zu – viel Disziplin und Widerstandskraft benötigen. „Warum können wir erst nächste Woche über das Projekt XYZ sprechen, in deinem Kalender sind doch noch viele Lücken?" wird dir da vielleicht ein Kollege vorwerfen, sofern dein elektronischer Kalender von jedem einsehbar ist. Dann solltest du gleichermaßen wertschätzend wie entschlossen antworten: „Ja, das stimmt. Aber in dieser Zeit schaue ich mir auf YouTube weder Katzenbabys, noch sprechende Beos an, sondern bearbeite Aufgaben, die unverhofft anfallen. Und wenn das ausnahmsweise nicht vorkommt, dann nutze ich diese Stunden für ‚Deep Work'. Probiere es einfach mal selbst aus und dann unterhalten wir uns in 2 Wochen wieder."

§ 292 Ermittle den Zeitbedarf für Routinetätigkeiten

Oft ist es so, dass wir die Dauer zum Erledigen von Aufgaben falsch einschätzen – entweder zu lang oder zu kurz. Folglich gerät unser Tagesplan aus den Fugen. Die Abhilfe ist einfach, zumindest für wiederkehrende Aufgaben: Nehme eine Stoppuhr zur Hand – oder die Uhr-App auf deinem Smartphone – und messe, wie lange es dauert, eine Seite zu lesen oder eine kurze E-Mail zu schreiben. Auf diese Weise wirst du wesentlich realistischere Tagespläne erstellen.

Dazu ein Beispiel aus meiner Arbeit. Im Februar und Juli eines jeden Jahres habe ich das überaus große Vergnügen, Klausuren korrigieren zu dürfen (wenn Studierende denken, das Schreiben von Klausuren sei schlimm, dann sage ich: Das Korrigieren ist definitiv 3mal so schmerzhaft). Bei den ersten 5 Klausuren stoppe ich die Zeit, wie lange ich brauche, um den Rotstift zu schwingen. Anschließend ermittle ich den Mittelwert. Nun kann ich bei meiner Tagesplanung ziemlich vernünftig kalkulieren, wie viele Klausuren ich in einem bestimmten Zeitfenster „abarbeiten" kann. Dies wiederum ist hilfreich, um die Korrekturfrist einzuhalten.

§ 293 Erledige deine Top-3-Aufgaben gleich als erstes

Vor kurzem habe ich dir empfohlen, nur 3 Aufgaben auf deinen Tagesplan zu setzen. Ich möchte nochmals darauf zurückkommen. Wenn ich von 3 Aufgaben spreche, heißt das natürlich nicht, dass du dich darauf beschränken solltest. Wenn noch Zeit vorhanden ist, dann kommen weitere To-dos hinzu. Die Logik ist vielmehr, dass diese 3 Punkte auch unter allen Umständen erledigt werden. So beugst du Frustrationen vor, die entstehen, weil du immer wieder feststellen musst, nicht all das geschafft zu haben, was du dir eigentlich vorgenommen hattest.

Versuche, wenn es irgendwie möglich ist, gleich am Anfang des Tages deine 3 Punkte in Angriff zu nehmen. Schaue deshalb nie morgens zuerst in deinen E-Mail-Posteingang, sondern erst nach einer Stunde (oder später), weil du sonst leicht dazu verführt wirst, „mal schnell" ein paar Nachrichten zu beantworten. So lässt du dich schnell ablenken und kommst schon wieder nicht dazu, das umzusetzen, was **du** für wichtig erachtest.

§ 294 Beginne den Arbeitstag mit einer unangenehmen Aufgabe

In einer Variante des Märchens vom Froschkönig wird der Frosch durch einen Kuss der Prinzessin erlöst und verwandelt sich wieder zum Menschen. Sehr frei interpretiere ich das so: Manchmal muss man eine unerfreuliche Sache machen, damit es danach besser wird. Konkret leite ich daraus folgende Empfehlung ab: Starte deinen Arbeitstag mit einer unliebsamen Aufgabe, wie etwa damit, einen verstimmten Kunden anzurufen oder den Monatsreport zu erstellen. Im Englischen sagt man es viel kürzer:

»Worst First!

Du profitierst in mehrerlei Hinsicht davon, wenn du diese Empfehlung beherzigst: Die Aufgabe wird (schnell) erledigt, dein Unterbewusstsein schleppt keinen Ballast („ich muss XY noch erledigen, oh je, wie schlimm") mit sich herum, und du fühlst dich besser, weil du eine Herausforderung bestanden hast. Also, küsse einen Frosch, auch wenn er noch so eklig sein mag.

§ 295 Plane Pufferzeiten ein

Zusätzlicher Zeitaufwand entsteht oft dadurch, dass man einmal angefangene Aufgaben unterbrechen und dann später wieder aufnehmen muss. Die Folge: Man benötigt wieder Zeit, sich in das Thema hineinzudenken. Ein noch häufigeres Ärgernis: Das Meeting war bis 11:00 Uhr angesetzt, dauert aber bis 11:20 Uhr. Wenn du bereits um 11:00 Uhr den nächsten Termin im Kalender stehen hast, kommst du also in die Bredouille.

» Lass' 'nen Puffer zwischen Terminen, dann hast du Zeit für Pralinen.

Gewöhne es dir daher an, Pufferzeiten einzuplanen. Wenn eine Besprechung bis 15:00 Uhr geplant war, dann vereinbare den Folgetermin erst um 15:30 Uhr. So bleibst du entspannt, wenn mal wieder überzogen wird. Und wenn pünktlich geendet wird, kannst du die Zeit nutzen, um das Treffen nachzubereiten und deine aus dem Meeting resultierenden To Dos sofort zu erledigen. Ein anderes Beispiel: Wenn du für die Erstellung einer Präsentation 2 h planst, so reserviere dir im Kalender 3 h dafür – sollte es nämlich doch länger dauern, so kannst du deine Aufgabe in Ruhe zu Ende bringen.

So arbeitest du smart

Abraham Lincoln (1809–1865), 16. Präsident der USA, hat sehr scharfsinnig festgestellt:

> Wenn ich acht Stunden Zeit hätte, um einen Baum zu fällen,
>   würde ich sechs Stunden die Axt schleifen.

So klug sind wir oft nicht, denn häufig erledigen wir unsere Aufgaben in der gleichen Art und Weise, wie wir es immer schon getan haben. Das muss aber nicht der beste und auch nicht der effizienteste Weg sein. Vielleicht scheuen wir schlichtweg den Aufwand, uns mit Selbstorganisationstechniken (= Axt schärfen) zu beschäftigen – das kostet ja Zeit – und werkeln weiter so vor uns hin wie immer. Dabei könnte ein kleiner Impuls, ein Tipp, eine Anregung schon genügen, eine Tätigkeit schneller, fehlerfreier oder in besserer Qualität auszuführen. Es ist also sehr lohnend, sich mit den folgenden Tipps zu beschäftigen.

§ 296 Vermeide Multitasking
Ich habe mich selbst schon oft dabei erwischt: Wenn ich telefoniere, lese ich parallel meine E-Mails, in Besprechungen blättere ich durch das Protokoll der letzten Dozentenkonferenz, beim Zähneputzen räume ich die Schmutzwäsche

weg. Multitasking nennt man das – den Versuch, mehrere Dinge gleichzeitig zu machen. Dabei ist den meisten Menschen völlig klar: Zeit spart man dadurch nicht.

Mittlerweile wissen wir, dass Multitasking definitiv nicht funktioniert – es handelt sich um eine psychologische Täuschung. Wir merken einfach nicht, wie einzelne Sekunden beim Wechseln von einer Aufgabe zur anderen verloren gehen. Weil unser Gehirn durch das gedankliche Hin und Her so beansprucht wird, entsteht für uns der subjektive Eindruck von Produktivität. Doch das stimmt nicht.

Es ist also ein Irrglaube, dass man verschiedene Aufgaben parallel erledigen könne. Das Gegenteil ist der Fall – Effizienz- und Qualitätsverluste sind die unmittelbare Folge von Multitasking. Es zählt eben nicht nur Geschwindigkeit, sondern auch die Güte, in der wir Aufgaben erledigen. Gerade durch das Parallelisieren von Tätigkeiten unterlaufen uns deutlich mehr (Flüchtigkeits-)Fehler, für deren Beseitigung wir dann viel Zeit benötigen. Hätten wir es nur beim ersten Mal richtiggemacht …

» Konzentrier' dich voll und ganz, dann kriegst du 'ne Erfolgsbilanz.

Die offensichtliche Konsequenz: Widme deiner aktuellen Aufgabe deine uneingeschränkte Aufmerksamkeit! Du wirst so schneller zum Ziel kommen und weniger Stress haben. Mein Vater pflegte das so auszudrücken: „Mach' langsam, mach's wie beim Klöße essen: einen nach dem anderen!"

§ 297 Denke nach, bevor du anfängst

Angehende Schreiner bekommen es in ihrer Ausbildung wiederholt gesagt: Bevor man die Säge ansetzt, sollte man sich vergewissern, dass man richtig Maß genommen hat: 2mal messen, einmal schneiden! Ich finde: Dies ist in einem übertragenen Sinn eine hervorragende Empfehlung, an die sich auch Büroarbeiter halten sollten. Wie oft passiert es in der Hektik des Büroalltags, dass man instinktiv handelt, ohne nachzudenken und ohne das Ergebnis seiner Arbeit zu kontrollieren. Später stellt man fest, dass eine Aktion vielleicht gar nicht nötig gewesen wäre oder dass man das Falsche gemacht hat oder dass man vergessen hat, ein Detail zu beachten. Ich bezeichne das als das Erstes-Hemdenknopf-Dilemma – wenn man falsch anfängt, kann man nie richtig enden!

Also: Sei genau beim Planen und nehme dir erst mal ein paar Augenblicke Zeit zum Nachdenken, bevor du mit einer Aufgabe loslegst. Dieser Tipp kann in vielen Situationen hilfreich sein – z. B., ehe man zum Telefonhörer greift, um zu überlegen, was genau man bei dem anstehenden, wichtigen Gespräch erreichen möchte. Oder bevor man auf eine E-Mail antwortet – was genau ist es, was der Empfänger wissen möchte? Oder bei einer Kundenanfrage – was ist das eigentliche Problem des Kunden, das gelöst werden muss? Etwas allgemeiner gehalten, solltest du dir diese Fragen stellen:

- Worum geht es wirklich?
- Habe ich alle Infos, die ich brauche?
- Wer kann mir helfen/mich unterstützen?

§ 298 Frage bei Unklarheiten nach

Oft erhalten wir Arbeitsaufträge, ohne wirklich genau zu wissen, was zu tun ist. Schlecht formulierte, unvollständige oder unstrukturierte Anweisungen führen zu Unklarheiten und Missverständnissen. Häufig ist uns auch gar nicht bewusst, dass etwas von uns erwartet wird, weil bspw. in einer Mail eine klare Handlungsaufforderung fehlt. Also: Wenn du nicht genau weißt, was von dir gefordert wird, dann frage nach. Fange nie mit einer Arbeit an, wenn du dir nicht 100 %ig sicher bist, worin die eigentliche Aufgabe konkret besteht.

§ 299 Vermeide Fehler mit der „Pointing-and-Calling-Technik"

Die japanische Eisenbahn gilt als eine der sichersten der Welt. Dies liegt u. a. auch daran, dass die Zugführer die Technik „Pointing and Calling" einsetzen. In ihrem Führerstand zeigen sie während der Fahrt auf verschiedene Dinge und rufen dazu laut Befehle, obwohl niemand sonst anwesend ist. Kommt etwa ein Signal ins Blickfeld, sagt der Lokführer: „Signal ist grün". Oder wenn der Zug in den Bahnhof einfährt, wird auf den Tacho geschaut und die genaue Uhrzeit ausgerufen. Das mag etwas lächerlich anmuten, doch zeigt erstaunliche Ergebnisse. Durch dieses Zeigen und Benennen gingen die Fehler um 85 % zurück. Du kannst diese Technik bei all jenen Vorgängen bzw. Arbeiten einsetzen, bei denen es wichtig ist, keine Aufgabe zu vergessen oder einen Schritt auszulassen, ob das jetzt das Erstellen eines umfangreichen Kundenangebots oder das Packen der Arbeitstasche für den nächsten Tag ist.

§ 300 Beachte das „Streichholz-Prinzip"

Ein Streichholz brennt nur einmal – in einem übertragenen Sinn solltest du auch nach diesem Prinzip arbeiten. Fasse einen Vorgang nur einmal an und erledige ihn bis zum Schluss. Erliege nicht der Versuchung und sage dir: „Ach, das mache ich dann später." Denn dann musst du dich erneut in den Sachverhalt hineindenken und brauchst viel mehr Zeit, um den Vorgang abzuschließen.

» Pack' die Dinge einmal an, dann kommst du gut voran.

§ 301 Befolge das „Sofort-Prinzip"
Mache es dir zur Regel, alles, was weniger als 2 min. dauert, sofort zu erledigen. Allerdings darf Geplantes dabei nicht in Verzug geraten. Ein Beispiel: Du erhältst in einem Meeting die Aufgabe, eurer Marketingagentur die Bilder des Produktes „Tischkrümelkehrer" für die nächste Kampagne zu schicken, dann notiere das nicht in deiner MTDL, sondern mache es sofort.

§ 302 Nutze Checklisten
Sofern deine Arbeit aus teilweise wiederkehrenden Abläufen besteht, kann es sehr hilfreich sein, dafür Checklisten zu entwickeln. Checklisten sind ein hervorragendes Instrument zur Arbeitserleichterung. Mit ihnen lassen sich Abläufe klar beschreiben und Tätigkeiten dokumentieren. Die Gefahr, dass einzelne Schritte vergessen werden, sinkt drastisch, wenn man Checklisten nutzt. Egal, ob es um die Organisation einer Kundenveranstaltung, die Planung des Weihnachtskartenversands oder den Messeaufbau geht – wer Checklisten schreibt und nutzt, erleichtert sich die Arbeit enorm.

§ 303 Nutze Formulare
Ähnlich wie Checklisten sind auch Formulare ein wirkungsvolles Mittel, um Abläufe zu strukturieren und effizient zu arbeiten. Nein, hier ertönt nicht der Ruf nach mehr Bürokratie. Gemeint sind Formulare mit einem konkreten Nutzen für deine Arbeit, z. B. um Gespräche mit KollegInnen, Lieferanten, KundInnen oder Agenturen festzuhalten oder um einen Artikel, einen Brief oder eine Rede zu verfassen oder um eine Besprechung vorzubereiten.

§ 304 Setze dir Zeitlimits
Dieser Tipp ist auch als „Parkinson'sches Gesetz" bekannt. Der britische Soziologe Cyril Northcote Parkinson hatte es im Jahr 1955 formuliert. Nach Beobachtungen der britischen Kolonialverwaltung in Malaysia stellte er fest, dass sich Arbeit in genau dem Maß ausdehnt, wie Zeit für ihre Erledigung zur Verfügung steht – und nicht in dem Umfang, wie komplex sie tatsächlich ist.

Ein in diesem Kontext häufig angeführtes Beispiel ist die ältere Dame, die mehrere Stunden dafür benötigt, ihrer Freundin einen Geburtstagsgruß zu schreiben. Sie lässt sich Zeit mit der Auswahl der Glückwunschkarte, sucht umständlich ihre Brille und die Adresse, setzt mehrere Textentwürfe auf, schreibt schließlich die Karte und geht zur Post, um eine besonders schöne Briefmarke auszusuchen. Im Gegensatz dazu steht der junge Mann, der die gleiche Aufgabe in wenigen Minuten per WhatsApp erledigt.

Einfach formuliert: Hat man viel Zeit, so braucht man für eine Aufgabe länger; hat man wenig, so wird sie schneller erledigt. Die nahe liegende Schlussfolgerung lautet daher: Setze dir Zeitobergrenzen für einzelne Aufgaben! Nehme dir bspw. vor, maximal 3 h in die Erstellung des Projektberichts zu investieren. Begrenze die Dauer der Abteilungsbesprechung auf 60 min. Widme der Lektüre des Fachmagazins nicht mehr als eine ½ h.

§ 305 Entdecke Seichtigkeit in deinem Arbeitsalltag

Der Informatikprofessor Cal Newport (2017, S. 217) schreibt in seinem sehr lesenswerten Buch „Konzentriert arbeiten":

> Wir verbringen einen Großteil des Tages auf Autopilot – wir verschwenden nicht viele Gedanken daran, was wir mit unserer Zeit anstellen. Das ist ein Problem. Es lässt sich nur schwer vermeiden, dass die Seichtigkeit in jeden Winkel Ihres Zeitplans hineinkriecht, wenn Sie nicht kompromisslos Ihre gegenwärtige Balance zwischen Deep Work und Shallow Work ins Auge fassen und dann die Gewohnheit annehmen, vor dem Handeln innezuhalten und sich zu fragen: „Was ist jetzt am sinnvollsten?"

Natürlich: Ohne unseren „Autopiloten" kämen wir sehr viel langsamer voran. Automatismen haben durchaus ihre Berechtigung und sind effizienzförderlich. Jedoch haben sie auch ihre Schattenseite, nämlich, dass wir nur noch viel zu selten reflektieren und uns die Frage nach der Sinnhaftigkeit unseres Tuns stellen. Doch: Eigenständig zu arbeiten bedeutet in erster Linie, in der Lage zu sein, sich selbst bzw. sein Handeln in Frage zu stellen. Lege also hin und wieder – vielleicht einmal im Quartal – eine längere Pause ein und denke über Folgendes nach:

- Arbeite ich an den „richtigen" Aufgaben, also jenen, die mich, mein (Projekt-)Team, meine Abteilung oder mein Unternehmen voranbringen?
- Verwende ich meine Zeit überwiegend für wertschöpfende Tätigkeiten?
- Arbeite ich auf die effizienteste Art und Weise?
- Hat sich „Seichtigkeit" in meine Arbeit eingeschlichen, also: Verschwende ich zu viel Zeit mit Aufgaben, die keinen Beitrag zum Erfolg haben?
- Haben sich Rahmenbedingungen geändert, sodass manche meiner Ziele nicht mehr sinnvoll sind und modifiziert oder ganz gestrichen werden sollten?

- Bin ich zu sehr damit beschäftigt, das Bestehende zu verwalten und habe mir keine Zeit genommen, um Chancen zu identifizieren?
- Habe ich neue Ideen entwickelt?

§ 306 Befolge das Obstgärtner-Prinzip

Obstbäume müssen regelmäßig beschnitten und ausgelichtet werden, damit sie Früchte in guter Qualität tragen. Ähnlich sollten wir im Berufs- und Privatleben handeln: Prüfe regelmäßig deine Verpflichtungen und überlege dir, von welchen du dich trennen kannst, damit das, was du tust, auch wirklich gut wird.

§ 307 Befolge das Kleiderschrank-Prinzip

Genauso, wie ein Kleiderschrank nur eine beschränkte Aufnahmefähigkeit hat (irgendwann passt halt nichts mehr hinein), genauso haben auch wir nur eine bestimmte Kapazität. Jeder Tag hat nur 24 h. Die Konsequenz daraus: Für jedes neue Hemd (neue Aufgabe), die kommt, muss ein altes Hemd (alte Aufgabe) aussortiert werden. Wenn du dir das zum Grundsatz machst, dann läufst du nie mehr Gefahr, mehr zu tun zu haben, als du bewältigen kannst: „Sehr gern übernehme ich die neue Aufgabe, liebe Chefin, wenn Sie mir dafür sagen, welche (alte) Aufgabe ich im Gegenzug abgeben kann."

» Kommt 'ne neue Aufgabe rein, sag' ich zu 'ner alten: NEIN.

---

§ 308 Mache eine Informationsdiät

Nicht nur, was unsere Aufgaben betrifft, sondern auch hinsichtlich der Informationen, die wir konsumieren, sollten wir uns klar machen, dass wir gar nicht alles auffassen können, was uns angeboten wird. Durch die Vielzahl an Informationsangeboten fällt es uns immer schwerer, das Wesentliche zu erkennen. Wir fühlen uns geradezu verpflichtet, alles aufzunehmen, was on- und offline erscheint. Doch das führt zwangsläufig zu Verstopfung! Frage dich:

- Auf welche Informationsmedien kann ich verzichten?
- Ist es nötig, dass ich jede Stunde Facebook, Instagram, LinkedIn … checke?
- Muss ich wirklich jeden Newsletter abonnieren?
- Welchen Mehrwert bringt mir das Boulevardmagazin, welchen die Trash-Doku?
- Ist es wirklich nötig, dass ich 7 Fachzeitschriften lese?

§ 309 Versuche, jeglicher Ablenkung zu widerstehen

Ich glaube, wir alle wollten schon mal jemanden umbringen. So richtig fies mit Kettensäge und so. Zumindest in Gedanken. Vor allem jene Zeitgenossen, die einen vom (konzentrierten) Arbeiten abhalten. Nur unsere gute Kinderstube und die Furcht vor 25 Jahren im Knast haben uns davon abgehalten, unsere Überlegungen wahr werden zu lassen. Dabei gibt es Methoden, die völlig straffrei eingesetzt werden können, um Ablenkungen wenigstens etwas zu minimieren:

- Deaktiviere in deinem E-Mail-Programm die Funktionen „Beim Eintreffen neuer Elemente Sound wiedergeben", „Desktopbenachrichtigung" und „Briefumschlagsymbol anzeigen".
- Gewöhne dir an, nur 3mal am Tag deine eingehenden E-Mails abzurufen.
- Stelle dein Telefon für 1 oder 2 h auf stumm (denk' aber daran, danach den Ton wieder einzuschalten).
- Wenn du in einem Einzelbüro arbeitest: Schließe deine Bürotür und hänge einen (Post-it-)Zettel deutlich sichtbar daran: „Ich habe mich in ein anderes Universum gebeamt und bin erst wieder ab 15:00 Uhr in dieser Welt." Kommen dennoch KollegInnen herein, stehe sofort vom Schreibtisch auf, gehen deinem Gast entgegen – damit er/sie sich gar nicht erst setzt – und bitten ihn/sie, später wieder zu kommen. Bei dieser Gelegenheit: Wenn du ein Gespräch mit einer/m langatmigen KollegIn führen musst, so wähle stets sein/ihr Büro als Besprechungsort aus. Als Gast kannst du eher das Gespräch beenden.
- Richte feste „Audienzzeiten" ein und teile diese deinen KollegInnen mit. So weiß jeder, wann er/sie (ungefragt) zu dir kommen kann und wann nicht.

»Zügle deinen übermächt'gen Tatendrang, und schau' nur drei Mal am Tag in dein' Posteingang!

Es ist nicht leicht, diese Maßnahmen umzusetzen und dauerhaft anzuwenden. Viel Disziplin ist dazu erforderlich. Außerdem kann dein Verhalten abweisend und schroff wirken. Hast du jedoch einige Wochen durchgehalten, so wirst du selbst und deine KollegInnen sich daran gewöhnt haben.

§ 310 Mache Pausen

Wir können nicht dauerhaft Höchstleistungen erbringen, sondern benötigen immer wieder Erholungsphasen, damit sich Geist und Körper regenerieren können (darüber hatten wir schon beim Thema „Stressresistenz & Gelassenheit" gesprochen). Die Zeit, in der wir nichts tun (zumindest nicht arbeiten), ist ebenso bedeutsam wie die Zeit, die wir am Schreibtisch oder im Besprechungsraum verbringen! Aus diesem Grund ist es so wichtig, Pausen einzulegen und die Arbeitszeit insgesamt zu beschränken.

Doch vielleicht ist es gar nicht die schiere Arbeitsmenge, die uns davon abhält, Pausen zu machen. Eventuell liegt es daran, dass wir uns (insgeheim) „fürchten", mal nichts zu tun und zu reflektieren. Wolf Lotter (2020, S. 39) gibt zu bedenken:

> Viele aber gönnen sich keine Atempause, weil ihnen die Rennerei unangenehmes Nachdenken erspart. Die protestantische Ethik erfordert Eifer und Fleiß, und wer sich bewegt, muss sich nicht entscheiden. Das ist praktisch. Und es ging lange gut. Aber genau das steht jetzt zur Disposition, verstärkt durch die Corona-Krise, aber keineswegs von ihr ausgelöst.

So denkst du kritisch

In einer Welt voller Fake-News ist es wichtiger denn je, klar und kritisch zu denken. Ein unreflektiertes bzw. unkritisches Denken macht einen leicht zum „Opfer" von Menschen und Institutionen, die dir ihre Meinung aufdrängen wollen. Die gute Nachricht: Kritisches Denken lässt sich lernen – die besten Übungen dazu verrate ich dir nun.

> Wer urteilt, ohne sich auf jede ihm mögliche Weise unterrichtet zu haben, kann nicht anders als falsch urteilen.
> John Locke (1632–1704) Englischer Philosoph

§ 311 Glaube nicht alles, was du hörst, liest oder siehst

Kritisches, vernünftiges oder reflektierendes Denken bedeutet im Wesentlichen,

- auf (vor)schnelle Urteile zu verzichten,
- nicht jede erste Meinung/Idee, die du hast, für gut zu befinden,
- Informationen aus den Medien – egal aus welchen Quellen sie stammen – kritisch zu hinterfragen,
- Posts und Meldungen in den Social Medias mit besonderer Vorsicht zu „genießen" und
- nicht alles für wahr zu halten, was dir andere Menschen sagen.

Bitte verstehe mich nicht falsch. Natürlich will ich nicht sagen, dass du alles und jeden unter Generalverdacht stellen solltest. Ich hoffe doch, dass das meiste, was du hörst, siehst und liest, wahr ist. Dennoch kann eine gewisse Portion Skepsis nicht schaden. Insofern solltest du auch vorsichtig sein, wenn du dir eine Meinung bildest – zunächst solltest du dir sicher sein können, dass die zugrunde liegenden Informationen stimmen.

Julia Galef (2021, IX) schreibt in ihrem sehr lesenswerten Buch „The Scout Mindset":

> Most people implicitly assume that their „map" of reality is supposed to be already correct. If they have to make any changes to it, that's a sign that they messed up somewhere along the way. Scouts have the opposite assumption. We all start out with wildly incorrect maps, and over time, as we get more information, we make them somewhat more accurate. Revising your map is a sign you're doing things right.

Ich finde dies eine passende Metapher: Stets davon auszugehen, dass wir – wie Pfadfinder – zunächst nicht mit korrekten Landkarten hantieren, sondern diese erst im Laufe der Zeit vollständig bzw. exakt werden. Also: Sei ein Leben lang ein Pfadfinder!

§ 312 Urteile/entscheide nicht auf Basis der zuerst verfügbaren Informationen

Lange Zeit ging die Betriebswirtschaftslehre von der weltfremden Annahme aus, Menschen würden stets rational und überlegt handeln. Erst im Jahr 1973 öffneten uns die israelisch-US-amerikanischen Wissenschaftler Amos Tversky und Daniel Kahneman (2012) die Augen. Letzterer erhielt für seine Arbeit sogar den Nobelpreis für Wirtschaft. In ihren bahnbrechenden Experimenten und Studien zeigten die beiden Forscher, dass wir zahlreiche Denkfehler begehen und uns vereinfachender Heuristiken bedienen – und damit leider oft ins Klo langen. Insb. der „Verfügbarkeitsfehler (engl. availabilty bias)" führt uns zu unüberlegten Entscheidungen und falschen Urteilen. Das bedeutet, dass wir uns unsere Meinung in aller Regel ausschließlich auf Basis der sofort/leicht verfügbaren Informationen bilden. Doch diese müssen weder korrekt noch vollständig sein.

Was heißt das nun konkret für die Praxis? Verlasse dich nicht auf deine Intuition und dein schnelles Urteil. Je wichtiger eine Entscheidung oder eine Beurteilung ist, desto mehr Mühe solltest du dir mit der Informationssuche machen und desto mehr (unterschiedliche) Quellen solltest du nutzen.

§ 313 Unterscheide zwischen Fakten, Meinungen und Vermutungen

Leider erkennen wir oft nicht, ob das, was wir da – mündlich oder schriftlich – vorgesetzt bekommen, eine Sachinformation, eine persönliche Meinung oder eine unbegründete Annahme ist. Daher solltest du (wenn du die Gelegenheit dazu hast) nachfragen: „Ist das Ihre Ansicht oder ein objektiver Fakt?" Falls du nicht direkt fragen kannst, solltest du gemäß des Vorschriftsprinzips von einer nicht gesicherten Information ausgehen.

§ 314 Frage dich, woher die Information stammt

Informationen können absichtlich oder unwillentlich bewusst verzerrt oder einseitig dargestellt werden. Oft werden Dinge gesagt oder geschrieben, um damit ein bestimmtes Ziel zu erreichen oder andere zu manipulieren. Mit der Wahrheit nimmt man es dann auch mal nicht so genau. 11 von 10 Zahnärzten können sich da nicht täuschen. Frage deshalb bei dem leisesten Zweifel nach:

- Woher wissen Sie das?
- Was ist der Grund dafür?
- Was ist Ihre Informationsquelle?
- Welches wahre Interesse hat der Sender?
- Warum vertritt wohl jemand diesen Standpunkt bzw. warum teilt er/sie diese Information?

§ 315 Versuche, das absolute Gegenteil deiner Meinung zu formulieren

Wenn du in die Champions-League der kritisch-selbstreflektierten Denker aufsteigen willst, dann solltest du es dir zur Angewohnheit machen, deine Meinung bzw. deinen Standpunkt dem Elch-Test zu unterziehen, indem du versuchst, das krasse Gegenteil deiner Positionen zu formulieren und dann nach (plausiblen) Gründen zu suchen, die dafürsprechen. Auf diese Weise erhältst du eine ausgewogene Liste mit Vor-/Nachteilen bzw. siehst alle (!) Argumente. Das bringt dich dann vielleicht dazu, deine ursprüngliche Meinung zu revidieren.

§ 316 Suche nach Argumenten, die deinen Standpunkt nicht bestätigen

Dieser Tipp geht in eine ähnliche Richtung wie der vorherige. Dazu eine kleine Mitmach-Übung: Welche Formel/Regel liegt der Zahlenfolge „2–4–6" zugrunde? Welche Zahl folgt als nächstes? Wenn du wie die meisten Menschen bist, dann wirst du „8" sagen und dann „10" und daraus schlussfolgern, dass die Regel „+2" lautet. Dem ist aber nicht so, denn die Vorschrift lautet schlichtweg „eine höhere Zahl als vorher".

So ist es ganz grundsätzlich im Leben: Wir suchen nach Bestätigung für unsere Theorie oder Annahme. Besser wäre es jedoch, nach Hinweisen zu suchen, die unsere Meinung widerlegen. Das nennt man „confirmation bias" oder Bestätigungsfehler: Wir haben die Tendenz, neue Informationen so zu interpretieren, dass sie mit unseren bestehenden Meinungen, Weltanschauungen und Überzeugungen kompatibel sind. Deshalb: Suche gezielt nach Fakten, die deine Meinung widerlegen (vgl. Dobelli, 2011, S. 29ff.).

So ist von Charles Darwin überliefert, dass er seit seiner Jugend stets ein Notizbuch mit sich führte, in das er Beobachtungen, die seiner Theorie widersprachen, binnen 30 min. notierte. Je stabiler seine Theorien wurden, desto energischer suchte er nach widersprechenden Belegen (vgl. Dobelli, 2011, S. 30).

§ 317 Bilde ein „Team of rivals"

Als Abraham Lincoln die Wahlen zur amerikanischen Präsidentschaft gewonnen hatte, bot er all seinen Rivalen Positionen in seinem Kabinett an (vgl. Galef, 2021, S. 176f.). Lincoln formte sein „Team of rivals" nicht nur wegen des politischen Friedens, sondern auch, um sich vor der „Geschäftsführerkrankheit" („CEO Disease") zu schützen, wonach Führungskräfte häufig von Ja-Sagern umgeben sind und Informationen nur gefiltert bzw. schöngefärbt erhalten. Du musst nun nicht gleich ein eigenes Kabinett bilden, viel ist schon gewonnen, wenn du dich hin und wieder mit Menschen umgibst, die nicht deiner Meinung sind und deren Standpunkte ernsthaft prüfst.

§ 318 Frage dich: Würde ich eine Wette eingehen?

Ein kleines Gedankenexperiment kann dir helfen zu erkennen, ob du von deiner Meinung wirklich überzeugt bist. Dazu musst du dich nur fragen: „Wenn ich 1000 € darauf setzen müsste, ob meine Meinung (oder die Information) richtig ist – würde ich das tun"? (vgl. Galef, 2021, S. 84).

§ 319 Frage dich: Habe ich alle Aspekte des Themas bedacht?

Wir neigen in unserem hektischen Alltag dazu, Informationen nur noch oberflächlich zu konsumieren. Auch wenn wir etwas nicht ganz genau verstanden haben, so machen wir uns kaum noch die Mühe, die Lücke zu schließen. So kommt es dazu, dass wir uns Urteile und Meinungen auf Basis eines eingeschränkten Wissens bilden und dementsprechend Entscheidungen treffen, die nicht wirklich durchdacht sind. Das mag für viele, eher triviale, Situationen absolut okay sein, doch für die wirklich bedeutsamen eben nicht. Hier solltest du dir die Zeit nehmen, bis du die Inhalte wirklich verstanden hast. Vor allem solltest du dir die Mühe machen, das Thema aus verschiedenen Perspektiven zu beleuchten, etwa mit folgenden Fragen:

- Wie wirkt sich das in einer Woche, einem Monat, einem Jahr und 10 Jahren aus?
- Wie würde meine Kollegin Kathrin, mein Vater, Prof. Hohenfels … darüber denken?
- Wer ist davon betroffen?
- Wer profitiert, wer hat Nachteile davon?

§ 320 Bleibe neugierig

Der vielleicht beste Weg, ein Leben lang ein (im besten Sinne) kritisch denkender Mensch zu sein besteht darin, seine Umwelt immer wieder zu untersuchen und verstehen zu wollen. Wie ein Kleinkind sollten wir uns neugierig daran machen, alles um uns herum zu erforschen. Damit meine ich weniger, dass du im Müll deiner Nachbarn schnüffelst, um zu erfahren, was die so essen. Nein, woran ich denke ist eher Wissbegierde.

Der Medizin-Nobelpreisträger und einer der größten Gedächtnisforscher Eric Kandel äußerte sich einmal wie folgt über sein „Erfolgsgeheimnis": „Während die anderen Kinder beim Mittagessen gefragt wurden, was sie denn heute in der Schule gelernt haben, wurde ich gefragt: Was hast du heute in der Schule für eine Frage gestellt?" (zitiert nach Hirschhausen, 2012, S. 308). Tun wir es Kandel gleich und stellen jeden Tag aufs Neue Fragen.

§ 321 Sage/schreibe selbst nur Dinge, die wahr sind

Was du von anderen verlangst, solltest du selbst beherzigen. Diese Erkenntnis ist freilich nicht neu. Bereits Sokrates hat sie vor fast 2500 Jahren in seinen „Drei Sieben" auf den Punkt gebracht:

Aufgeregt kam einst ein Schüler zu Sokrates gelaufen: „Höre Sokrates, das muss ich dir erzählen, wie dein Freund …" „Halt ein!", unterbrach ihn der Weise. „Hast du das, was du mir sagen willst, auch durch die drei Siebe gesiebt?" – „Drei Siebe?", fragte der Schüler verwundert. „Ja, drei Siebe. Das erste Sieb ist die Wahrheit. Hast du alles, was du mir erzählen willst, geprüft, ob es wahr ist?" – „Nein, ich hörte es erzählen und …" – „So, aber sicher hast du es mehr mit dem zweiten Sieb geprüft; es ist die Güte. Ist das, was du mir erzählen willst, wenn schon nicht als wahr erwiesen, so doch wenigstens gut?" – „Nein, das nicht, im Gegenteil." Der Weise unterbrach ihn: „Lass uns auch noch das dritte Sieb anwenden und fragen, ob es notwendig ist, mir das zu erzählen, was dich so aufregt." – „Notwendig nun gerade nicht." – „Also", lächelte der Weise, „wenn das, was du mir erzählen willst, weder wahr noch gut noch notwendig ist, so lass es begraben sein, belaste dich und mich nicht damit." (Hecker, 2019, 147)

Lesetipp: www.criticalthinking.org/files/german_concepts_tools.pdf

L: Lernbereitschaft & Kreativität

Wenn du diese Kompetenz erlangst, dann …

- lernst du systematisch(er).
- vermeidest du Lernfehler.
- kannst du schneller/effektiver lesen.
- wirst du dir Inhalte leichter merken können.
- weißt du, wie du einen Weiterbildungsanbieter auswählst.
- löst du Probleme professionell.
- analysierst du ein Problem strukturiert.
- entscheidest du dich objektiv für eine Lösung.
- kommst du leichter zu guten Ideen.

So lernst du systematisch

Ich weiß nicht, wie es dir geht, wenn du das Wort „Lernen" hörst oder liest. Denkst du mit Schrecken an deine Schulzeit zurück? Glaubst du, dass Lernen nur etwas ist, was man als Kind oder Heranwachsender macht? Oder bist du jemand, dem bewusst ist, dass es in der digitalisierten Arbeitswelt auch für Ältere völlig normal ist, sich weiterzubilden? Wenn Letzteres der Fall ist, dann kannst du diese Einführung überspringen. Für jene, die dem Lernen skeptisch gegenüberstehen, habe ich ein paar ermutigende Argumente zusammengetragen. Zunächst: Es gibt nichts, was besser vor Arbeitslosigkeit schützt und was die Karrierechancen so befördert, wie sein (berufsbezogenes) Wissen stän-

© Der/die Autor(en), exklusiv lizenziert durch Springer Fachmedien Wiesbaden GmbH, ein Teil von Springer Nature 2022
M.-N. Däfler, *Fit für die digitale Arbeitswelt*, https://doi.org/10.1007/978-3-658-36580-6_15

dig zu erweitern. Außerdem steigt mit der Bildung das Einkommen. Im Englischen sagt man so knapp wie treffend:

»Learners are Earners

Und der US-amerikanische Präsident Benjamin Franklin (1706–1790) wusste vor Jahrhunderten schon:

»Eine Investition in Wissen bringt immer noch die besten Zinsen.

Noch nie in der Geschichte war es für ArbeitnehmerInnen so wichtig, sich permanent weiterzubilden. Der Grund ist ein einfacher: Das Wissen wird immer schneller obsolet. Auch wenn die so genannte Halbwertszeit von Wissen (siehe Abb. 1) kritisch diskutiert wird (vgl. Helmrich und Leppelmeier 2020), so steht außer Frage, dass sich die Fertigkeiten, die wir im Beruf brauchen, immer schneller ändern. Dazu musst du nur einmal vergleichen, wie dein Job vor 10 Jahren aussah und heute. Ich bin mir sicher, dass du heute mit anderen Werkzeugen, Methoden und Programmen arbeitest. Oder schickst du immer noch Faxe? Sebastian Thrun (2018, o. S.), Gründer der Weiterbildungsplattform Udacity, bringt es auf den Punkt: „Der Mythos, dass man mit einer einzigen Ausbildung im Leben klarkommt, stellt sich immer mehr als unwahr heraus. Der Durchschnittsamerikaner durchläuft heute schon sie-

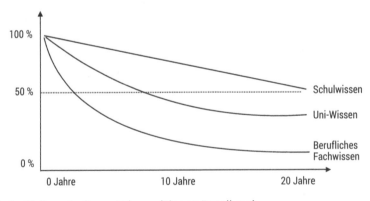

Abb. 1 Halbwertzeit von Wissen. (Eigene Erstellung)

ben verschiedene Karrieren in seinem Leben. Die Zukunft wird ein lebenslanges Lernen bringen."

> Lernen ist wie Rudern gegen den Strom. Sobald man aufhört, treibt man zurück!
> Benjamin Britten (1913–1976) Englischer Komponist

Es dürfte also klar sein: In der Arbeitswelt 4.0 wird ein permanentes Lernen und sich Weiterbilden immer wichtiger. Wenn du bereit bist, dich mit grundlegenden Lernmethoden vertraut zu machen, wirst du in vielfältiger Weise profitieren, denn so kannst du dir neue Inhalte einfacher und schneller erschließen – sei es bei firmeninternen Schulungen, bei externen Seminaren, Lehrgängen, Onlinekursen, Zusatzausbildungen oder gar bei einem (berufsbegleitenden) Studium.

Wollen wir zunächst noch klären, was lernen bedeutet. Etymologisch ist das Wort „lernen" u. a. mit den Wörtern „lehren" sowie „List" verwandt und wurde ursprünglich im Sinne von „einer Spur nachgehen, nachspüren, schnüffeln" verwendet. Heute versteht man unter „lernen" den Erwerb von Fertigkeiten, und zwar in 2 Formen:

- absichtliches Lernen (auch „intentionales Lernen" genannt) und
- beiläufiges, ungeplantes Lernen („inzidentelles und implizites Lernen").

Wir wollen uns hier auf die erste Form, also das absichtliche Lernen, konzentrieren und uns mit den wichtigsten Lehrmethoden sowie -techniken beschäftigen. Beherrschst du diese, wirst du wesentlich effizienter und effektiver lernen.

§ 322 Mache dir klar, was die Grundvoraussetzungen für erfolgreiches Lernen sind

Lernen setzt zunächst einmal voraus, dass die Grundvoraussetzungen (siehe Abb. 2) gegeben sind, nämlich

- die Bereitschaft, auch wirklich lernen zu wollen. Fehlt der Wille, wird das Lernen zur Tortur und es wird nur eine Frage der Zeit sein, bis man das Handtuch schmeißt.
- der Bezug zum Berufsleben. Erkennt man im Lernstoff keinen Sinn oder kann ihn im Job nicht anwenden, dann ist die Motivation, sich damit auseinander zu setzen so hoch wie die Lust darauf, mit deinen Schwiegereltern in den Urlaub zu fahren.

Bereitschaft + **Sinn** + **Einstellung**
(Wille, lernen zu wollen) (Bezug z. realen Leben, „Warum") (Keine Lern-blockaden)

Abb. 2 Grundvoraussetzungen für erfolgreiches Lernen. (Eigene Erstellung)

- die generelle Einstellung zum Lernen. Stehst du grundsätzlich dem Thema Lernen skeptisch gegenüber, vielleicht weil du Lernblockaden hast, dann wird auch der interessanteste Stoff daran nichts ändern.

Stelle also sicher, dass diese Grundvoraussetzungen gegeben sind. Ist das nicht der Fall, dann kannst du dir entweder (professionelle) Hilfe suchen, um Hindernisse aus dem Weg zu räumen. Oder du musst dir eingestehen (und bereit sein, die Konsequenzen zu tragen), dass Lernen nicht dein Ding ist.

Der deutsche Mathematiker und Aphoristiker Georg Christoph Lichtenberg (1742–1799) hat schon vor über 200 Jahren erkannt:

> In älteren Jahren nichts mehr lernen können, hängt mit dem In-älteren-Jahren-sich-nicht-mehr-befehlen-lassen-Wollen zusammen, und zwar sehr genau.

Anders formuliert: Deine Einstellung ist erfolgsentscheidend. Wenn du nur gezwungenermaßen lernst, dann ist die Wahrscheinlichkeit, Lernerfolge zu verzeichnen, eher mäßig. Lerne also nur dann (und nur das), sofern du den eigenen Wunsch dazu hast und bereit dafür bist, dir etwas „befehlen" zu lassen.

§ 323 Schaffe dir eine gute Lernumgebung

Das physische Umfeld hat einen großen Einfluss auf den Lernerfolg. Ein unaufgeräumter Schreibtisch in einem kleinen Zimmer ohne Tageslicht – das ist nicht unbedingt die beste Umgebung zum Lernen. Sorge also dafür, dass du die passende räumliche Umgebung hast. Hilfreich dabei kann dir meine Checkliste sein (siehe Tab. 1).

Tab. 1 Checkliste „Gute Lernumgebung". (Eigene Erstellung)

- Ruhiger, heller Raum
- Möglichst keine Einblicke von außen
- Fenster im Rücken (damit du nicht abgelenkt wirst)
- Bequeme Sitzgelegenheit
- Handy/Telefon ausschalten und Browser sowie E-Mail-Programm schließen
- Möglichst oft lüften (Sauerstoffzufuhr)
- Wechsele gelegentlich den Lernort – das beugt Monotonie vor (gehe z. B. mal in eine Bibliothek)
- Bei passendem Wetter kannst du auch mal ausprobieren, ob du im Freien (Garten, Wald, See …) gut lernen kannst
- Bei unruhiger oder lauter Umgebung: Ziehe Kopfhörer auf oder nutze Ohrstöpsel
- Probiere aus, ob du mit oder ohne Hintergrundmusik besser lernen kannst; experimentiere mit verschiedenen Stilrichtungen
- Schaffe dir eine Wohlfühlatmosphäre: Kerze, Räucherstäbchen, frische Blumen …
- Für intensive Lernphasen: Buche dich in einer abgeschiedenen/ruhigen Pension ein

§ 324 Frage dich, welche Vorteile dir der neue Stoff bietet

Verschiedene Studien belegen: Ältere haben ein niedrigeres Lerntempo als Jüngere. Dafür sind sie effektiver, weil sie verstehen, inwiefern ihnen die neuen Inhalte nützlich sind. Allerdings ist dies bei vielen Lerninhalten nicht immer direkt ersichtlich. Hier heißt es: Suche nach dem persönlichen Bezug zum Thema. Arbeite den Nutzen für dich selbst heraus. Was ist dein persönlicher Vorteil?

§ 325 Ermittle eventuelle „Lernblockaden"

Viele Erwachsene erinnern sich voller Grausen an ihre Schulzeit. Da mag der verhasste Mathelehrer wieder vor deinem geistigen Auge auftauchen oder du denkst mit Widerwillen an stupide auswendig gelernte Geschichtsdaten zurück. Mache dir solche negativen Erfahrungen bewusst und versuche, dir zu verdeutlichen, dass du heute freiwillig lernst und nicht wie früher gezwungenermaßen.

§ 326 Nutze dein Erfahrungswissen

Ältere Lerner haben einen gewichtigen Vorteil gegenüber SchülerInnen – sie haben schon viele Fehler gemacht; sie kennen den Kontext und wissen, was für ihre Arbeit/ihre Situation wichtig ist. Sie können oftmals beurteilen, was funktioniert und was nicht; sie haben bereits ein engmaschiges Wissensnetz geknüpft, in dem neue Informationen leichter hängen bleiben. Man spricht dann von der sogenannten „kristallinen" Intelligenz. Die „fluide Intelligenz", über die vor allem jüngere Menschen verfügen, ist zwar nicht mehr so ausgeprägt, dafür können neue Informationen einfacher an vorhandenen Erfahrungen andocken. Frage dich also stets bei neuen Inhalten, mit welchen bereits existierenden Informationen diese in Verbindung gebracht werden können.

§ 327 Lerne regelmäßig

Regelmäßigkeit führt zum Lernerfolg. Es ist wie beim Sport und Musizieren oder Zähneputzen. Es ist besser, jeden Tag eine ½ h zu lernen als an einem Tag in der Woche mehrere Stunden lang. Lernen sollte daher zu einem festen Bestandteil deines Alltags werden. Reserviere dir jeden Tag ein bestimmtes Zeitfenster – am besten immer zur gleichen Tageszeit –, das du ausschließlich zum Lernen oder Üben verwendest. Idealerweise schaffst du es, diesen „Slot" in eine Tageszeit zu legen, in der du besonders aufnahmefähig bist.

» Lernen ist wie Zähneputzen: Regelmäßig tut dir nutzen!

---

§ 328 Ermittele deinen Lerntyp

Jeder Mensch lernt anders. Einer kann sich etwas gut merken, wenn er es öfters hört, ein anderer prägt sich neue Inhalte besser ein, wenn er sie liest, und ein Dritter muss Dinge tun oder erleben, um sie zu verstehen. Die 4 häufigsten Lerntypen sind:

1. Der **visuelle Lerntyp** lernt am besten über das Sehen. Inhalte nimmt er/sie am besten durch Lesen, Anschauen und Beobachten auf, weshalb bildliche Darstellungen, Schaubilder, Visualisierungen und Grafiken von ihm/ihr besonders geschätzt werden.
2. Beim **auditiven Lerntyp** ist Hören der präferierte Wahrnehmungskanal. Beim Lernen helfen ihm/ihr Vorträge, mündliche Erläuterungen, lautes Vorlesen und eigenes Verbalisieren bzw. Mitsprechen.
3. Der **haptische Lerntyp** fasst Dinge gern an und liebt es, Praktisches zu tun. Wenn er/sie Inhalte mit den Händen begreifen oder selbst aktiv werden kann, lernt er/sie am besten. Ebenfalls vorteilhaft ist es für ihn/sie, wenn er/sie sich beim Lernen bewegen kann.
4. Der **kommunikative Lerntyp** schließlich schätzt den Austausch mit anderen. Lernen fällt ihm/ihr besonders leicht, wenn er/sie Vorträge halten kann oder sich an Diskussionen beteiligt.

Analysiere deshalb, wie es dir am leichtesten fällt, Neues zu behalten. Probiere dazu verschiedene Methoden aus – vielleicht lernst du Vokabeln besser mit klassischen Karteikarten oder aber auch am PC oder eventuell, indem dich der/die PartnerIn oder ein/e FreundIn abfragt? VARK-Lerntypentest: www.vark-learn.com

§ 329   *Trage alle Lernmaterialien zusammen*

Bevor du mit dem Lernen anfängst, solltest du sämtliche Lernmaterialen zusammentragen, damit du alles an einem Ort hast und nicht eventuell wichtige Unterlagen vergisst:

* Bücher/Artikel
* Mitschriften/Notizen
* Skripte
* Übungsaufgaben
* Präsentationsfolien
* …

§ 330   *Fasse Gelerntes zusammen*

Eine seit Jahrhunderten erprobte Lernmethode ist es, Gelerntes immer wieder in eigenen Worten (schriftlich) zusammenzufassen. Auf diese Weise strukturierst und verdichtest du den Stoff. Das hilft dann wiederum beim Wiederholen der Lerninhalte.

§ 331   *Suche dir Mitstreiter*

Als einsamer Wolf macht Lernen erstens keinen Spaß und ist zweitens mühsamer. Andere KursteilnehmerInnen helfen dir über Durststrecken hinweg, schreiben in der Veranstaltung auch mal für dich mit und sind vor allem hervorragende Sparringspartner. Denn auch das ist erwiesen: Wir lernen schneller und behalten Inhalte leichter, wenn wir mit anderen darüber diskutieren.

» Lernen im Duett – das ist richtig nett.

§ 332   *Wiederhole den Stoff oft*

Wiederholung ist das A und O des Lernens. Doch zu wiederholen kostet Zeit und ist anstrengend. Nur logisch, dass manch einer versucht, Abkürzungen zu nehmen und den Lernaufwand zu minimieren. Sorry! Es gibt kein Wundermittel – Lernen ist harte Arbeit. Bulimie-Lernen mag vielleicht kurzfristig funktionieren, wenn du aber wirklich ernsthaft Inhalte behalten möchtest, führt kein Weg daran vorbei, den Stoff (oft) zu wiederholen.

» Den Stoff sollst du oft wiederholen – denn das wird sich richtig lohnen.

§ 333 *Erstelle dir einen Lernplan*

Je komplexer/umfangreicher der zu lernende Stoff ist, desto wichtiger ist es, dass du dir einen Lernplan erstellst, und zwar ausreichend lange vor der Prüfung. Gehe dabei folgendermaßen vor:

1. Verschaffe dir einen Überblick: Mache dir zunächst klar, wieviel Zeit dir überhaupt zur Verfügung steht, ermittle also die Anzahl an Wochen oder Monaten bis zur Prüfung. Berücksichtige dabei, wieviel Nettozeit du tatsächlich hast, schließlich haben wir in der Regel ja eine Menge Verpflichtungen: Arbeit, Haushalt, Kinder, Geflügelzuchtverein … Und darüber hinaus wollen wir ja auch noch ein wenig leben. Sei also realistisch beim Ermitteln der wirklich vorhandenen Zeit.
2. Sichte den Stoff/deine Lernmaterialien: Gehe sämtliche Unterlagen durch und vergewissere dich, ob alles vollständig ist.
3. Erstelle eine Liste aller Themen, die du lernen möchtest/musst: Am besten ist es, du unterteilst den Stoff in etwa gleich große „Portionen".
4. Setze Prioritäten: Finde heraus, welche Themen besonders umfangreich sind und daher vermutlich mehr Zeit in Anspruch nehmen. Eventuell weißt du auch schon, welche Inhalte besonders anspruchsvoll oder schwierig zu lernen sind und dementsprechend mehr Zeit beanspruchen. Schreibe nun alle Themen auf – fange mit den Themen mit höchster Priorität an.
5. Lege fest, wie lange du für jedes Thema lernen willst: Male für jede Stunde, die du vorhast, das Thema zu lernen, ein Kästchen hinter das Thema (siehe Tab. 2).
6. Nun kannst du mit dem Lernen beginnen. Jedes Mal, wenn du eine Stunde ein bestimmtes Thema gelernt hast, kannst du ein Kästchen ausmalen oder abhaken – so siehst du deinen Lernfortschritt, was dich sicherlich motiviert, an deinem Lernplan festzuhalten.

Tab. 2 Musterlernplan. (Eigene Erstellung)

Thema 1	□□□□□□□□□□□□□□□□□□□□
Thema 2	□□□□□□□□□□□□□□□□□□
Thema 3	□□□□□□□□□□□□□□□
Thema 4	□□□□□□□□□□□□□□□
Thema 5	□□□□□□□□□
Thema 6	□□□□□□□
Thema 7	□□□
Thema 8	□□□

§ 334   Baue Erfolgskontrollen ein

Inhalte zu lesen oder zu hören ist nicht gleichzusetzen mit Lernen. Lernen bedeutet vielmehr, sich Notizen zu machen, Mindmaps zu erstellen oder Karteikarten zu schreiben. Wenn du das tust, hast du die Möglichkeit, dich zwischendurch abzufragen und auf diese Weise festzustellen, wie gut es dir bereits gelungen ist, die Inhalte zu verinnerlichen.

§ 335   Gebe dein Wissen weiter

Als Dozent und Trainer weiß ich aus langjähriger eigener Erfahrung: Man lernt am meisten, wenn man lehrt, also einen bestimmten Stoff aufbereitet und ihn vermittelt. Man wird gezwungen, die zentralen Inhalte herauszuarbeiten, eine Struktur zu entwickeln und sich Gedanken darüber zu machen, wie sich (komplexe) Zusammenhänge einfach erklären lassen. Nutze diesen Mechanismus, indem du – wann immer du die Gelegenheit dazu hast – etwa im KollegInnen- oder Bekanntenkreis – dein neu erlangtes Wissen weiterzugeben. Solltest du keine Freiwilligen finden, dann kannst du simulieren, dass du ein Publikum hast und trägst deine Inhalte halt der Yucca-Palme vor.

» Erklär' den and'ren ganz genau, was du hast gelernt, dann bist du von dei'm Lernziel nicht weit entfernt.

---

§ 336   Hole dir Unterstützung von deiner Familie, von FreundInnen oder KollegInnen

Wie bereits gesagt: Parallel zum Beruf zu lernen, ist eine besondere, insb. auch zeitliche, Herausforderung. Da tut es einfach gut, wenn man Verständnis und Entlastung von seinem Umfeld bekommt. Informiere deshalb deine Mitmenschen und sage ihnen, dass du wahrscheinlich demnächst nicht mehr ganz so viel Zeit für sie haben wirst. Bitte deine Lieben auch, dir zu helfen – vielleicht, indem sie dir vorübergehend einzelne Aufgaben im Haushalt oder bei der Kinderbetreuung abnehmen.

§ 337   Bleibe gelassen während des Lernens

Wenn du länger nicht mehr gelernt hast, dann benötigst du wieder Zeit, um in den Lernprozess zu kommen. Das ist völlig normal. Kalkuliere eine mehrwöchige Anlaufzeit ein, bis das Lernen für dich wieder zur Routine geworden ist. Werfe auch nicht gleich das Handtuch, wenn sich Lernerfolge nicht so schnell einstellen, wie du es gerne hättest. Oft braucht es einfach eine gewisse Zeit, bis „der Knoten geplatzt" ist.

§ 338 Belohne dich

Lernen kostet Energie und Zeit. Vieles muss dabei vernachlässigt werden (FreundInnen, Familie, Hobbys …) – das lässt die Laune auf einen Tiefpunkt sinken. Dem kannst du entgegenwirken, indem du dich zwischendurch selbst belohnst. Gönne dir nach einem anstrengenden Lerntag etwas Gutes – einen Abend mit FreundInnen, eine Folge deiner Lieblingsserie oder eine Familienpizza nur für dich allein.

So vermeidest du Lernfehler

§ 339 Springe nicht zu oft zwischen den Themengebieten hin und her

Viele Lernende machen den folgenden Fehler: Sie lernen ein bisschen für das erste Thema, springen dann zum zweiten Bereich. Anschließend geht es wieder zurück, bevor Thema Nummer 3 an der Reihe ist. Dann dauert es nicht lange, bis man komplett den Überblick verloren hat. Um dieses Problem zu vermeiden, solltest du dich immer für einen festgelegten Zeitraum mit nur einem Thema befassen. Wenn du es abgeschlossen hast, kannst du dich einem anderen Gebiet widmen. Das soll natürlich nicht heißen, dass du keine Verknüpfungen zwischen den Themenbereichen ziehen sollst. Im Gegenteil: Diese Verbindungen machen dir sogar das Lernen leichter, weil unser Gehirn gerne in Zusammenhängen denkt.

»Es ist ein altbewährtes Schema: Bleib' bei einem Thema!

---

§ 340 Lerne zur richtigen Uhrzeit

Jeder Mensch hat unterschiedliche Hoch- und Tiefphasen im Verlauf eines Tages (darüber haben wir schon bei der Kompetenz „Stressresistenz & Gelassenheit" sowie „Eigenständigkeit" gesprochen). Einige lernen und arbeiten lieber frühmorgens (Typ „Lerche"), weil ihnen abends die Konzentration fehlt. Andere wiederum blühen erst ab 18:00 Uhr so richtig auf (Typ „Eule"). Beim Lernen solltest du dich an deinem Chronotypen orientieren. Wenn du bspw. immer abends lernst und nie etwas im Kopf hängen bleibt, solltest du deinen Lernrhythmus entsprechend ändern und einiges früher am Tag anfangen.

§ 341   Lasse dich nicht von anderen verunsichern

Kannst du dich noch an deine Schulzeit erinnern, als sich 10 min. vor der Klassenarbeit kleine Grüppchen gebildet haben, um „kurz" die wichtigsten Themen durchzusprechen? Und weißt du noch, wie die Gespräche immer lauter und hektischer wurden, je näher der Beginn der Schulaufgabe rückte? Wenn dir heute Ähnliches passiert, dann lautet die einzig richtige Reaktion darauf: Ignorieren. Denn dieses Beisammensein führen stets dazu, dass alle Beteiligten nervös werden und glauben, nicht genug gelernt zu haben. Nur zu gern lassen wir uns verunsichern, wenn jemand besser vorbereitet ist – oder zumindest so erscheint. Das gilt für die Weiterbildung genauso wie für die Schule oder das Studium.

Sei deshalb vorsichtig beim Austausch mit anderen. Grundsätzlich ist es nützlich, mit anderen zu sprechen, sich gegenseitig Tipps zu geben und auf Fehler aufmerksam gemacht zu werden. Aber denke dran: Es gibt immer jemanden, der zu irgendeinem Gebiet intensiver gelernt hat und mehr weiß. Lasse dich davon nicht verunsichern und konzentriere dich auf deine individuelle Vorbereitung.

§ 342   Mache dir eigene Notizen

Wenn man Zeitdruck beim Lernen hat, begeht man oft einen großen Fehler: Um Zeit zu sparen, überfliegt man die Skripte einmal, markiert die (vermeintlich) wichtigsten Stellen und versucht, die Informationen ins Gehirn zu hämmern. Das ist keine gute Idee! Unser Gehirn lernt nämlich nicht allein durch reines Lesen und Wiederholen. Es möchte das Wissen anwenden, darüber nachdenken und es mit bereits vorliegenden Informationen in Verbindung bringen. Die beste Grundlage dafür sind eigene Notizen. Schreibe also sowohl beim Lesen als auch während des Vortrags, Kurses oder Seminars fleißig mit.

»Wenn du bist im Unterricht, führ' auch immer schön Bericht.

In welcher Form du deine Notizen anfertigst, ist dabei gar nicht so wichtig. Du kannst Listen schreiben, Mindmaps zeichnen oder ABC-Listen nutzen. Wichtig ist, dass du eine Methode verwendest, die dir liegt und dich beim Lernen unterstützt. Allein durch das Erstellen der Mitschrift beschäftigst du dich mit den Inhalten und machst dir Gedanken, wie die Informationsstücke zusammenhängen.

§ 343   Vermeide ein eintöniges Lernverhalten

Wie eben schon angedeutet, steht unser Gehirn auf Abwechslung. Eintöniges Auswendiglernen mag es gar nicht. Hinzu kommt, dass Lernen nach nur einer einzigen Methode auf Dauer ziemlich langweilig ist. Dadurch sinkt deine Motivation, deine Konzentration wird schwächer und der Lerneffekt verschlechtert sich zusehends. Stattdessen solltest du verschiedene Lerntechniken nutzen und möglichst viele Sinne ansprechen. Also lese dir die Informationen durch, schaue dir Videos an, schreibe die wichtigsten Inhalte auf oder zeichne Mindmaps. Diese Abwechslung macht nicht nur mehr Spaß, sondern hilft dir auch beim Merken der Inhalte.

§ 344   Starte frühzeitig mit den Übungsaufgaben

Ein typischer Fehler ist es, lediglich (auswendig) zu lernen, das erlangte Wissen aber viel zu spät oder gar nicht anzuwenden. Wahrscheinlich denkst du dir: „Bevor ich die Aufgaben bearbeite, muss ich erst mal das ganze Wissen verinnerlicht haben." Das ist falsch gedacht! Traue dich rechtzeitig an Übungen und die Aufgaben aus alten Prüfungen heran. Auch wenn du sie noch nicht (komplett) richtig beantworten kannst, beschäftigst du dich intensiv mit den Themen. Außerdem entwickelst du eine der wichtigsten Fähigkeiten für eine erfolgreiche Abschlussprüfung: Du bekommst ein Gespür dafür, welches Wissen in der Prüfung häufig abgefragt wird und welche Informationen nicht so relevant sind.

§ 345   Nutze alte Prüfungen zur Vorbereitung

Verzichte nicht auf alte Prüfungen – sie sollten ein fester Bestandteil deiner Prüfungsvorbereitung sein. Wenn du mit deinen Skripten, Karteikarten und Übungsaufgaben die Basis gelegt hast, helfen dir alte Prüfungen dabei, dich auf die konkrete Prüfungssituation vorzubereiten.

§ 346   Stelle Fragen, wie es der/die DozentIn tun würde

Eine der besten Möglichkeiten, sich auf Prüfungen vorzubereiten, ist es, sich in die Position des/der DozentIn zu versetzen: Wenn du die Prüfung stellen müsstest/dürftest: Welche Fragen würdest du wohl zu Papier bringen, um Studierende bzw. Lernende schön ins Schwitzen zu bringen? Schreibe auf, welche Prüfungsfragen dir einfallen und beantworte sie dann.

§ 347   Mache ausreichend Lernpausen

Unser Gehirn ist täglich nur etwa 6 bis 8 h zu 100 % leistungsfähig. In der restlichen Zeit können wir zwar aktiv sein, richtig aufnahmefähig ist unser Kopf allerdings nicht. Dennoch ist es weit verbreitet, von morgens bis abends durchzubüffeln. Oftmals wird auch in der Nacht weitergelernt. Diesen Fehler solltest du vermeiden, denn durch ein solches Lernverhalten schmälerst du deine Leistung extrem. Lege Pausen in folgendem Rhythmus ein:

- Nach der ersten Stunde Lernen: 5 min. Pause
- Nach der zweiten Stunde Lernen: 10 min. Pause
- Nach der dritten Stunde Lernen: 30 min. Pause

§ 348 Plane Erholungsphasen ein und verzichte nicht auf Freizeitaktivitäten

So wichtig es ist, regelmäßig zu lernen, so bedeutsam ist es auch, sich zu entspannen. Gerade, wenn zur üblichen Belastung durch den Job oder Haushalt noch das Lernen (in welcher Form auch immer) hinzukommt, läuft man Gefahr, sich zu übernehmen. Reserviere dir deshalb ganz bewusst Stunden zur Entspannung in deinem Kalender. Vor allem Sport ist hier zu empfehlen – er steigert die Aufnahmefähigkeit sowie Belastbarkeit und macht den Kopf frei. Es ist also keineswegs „verlorene" Zeit, wenn man abends nicht am Schreibtisch sitzt, sondern im Stadtbad ein paar Runden schwimmt oder im Park joggen geht.

§ 349 Lerne nicht in der Nacht vor der Prüfung

Wie oft sieht man SchülerInnen, Studierende und Menschen, die sich weiterbilden, die mit großem Kaffeebecher und noch größeren Augenringen zur Prüfung kommen, weil sie die ganze Nacht durchgelernt haben? Leider viel zu häufig. Lernen in der Nacht vor der Prüfung bringt absolut gar nichts. Vielleicht fühlt es sich gut an, dass man viel gelernt hat, aber für den Erfolg ist diese Taktik mehr als fraglich. Nicht nur, dass dein Gehirn das Gelernte nicht mehr abspeichert, man ist auch noch extrem müde und unkonzentriert während der Prüfung. Diesem Problem kannst du mit guter Planung begegnen. Fange rechtzeitig mit der Prüfungsvorbereitung an, plane 1 bis 2 Wochen Puffer ein und nehme dir den Tag vor der Prüfung unbedingt frei. Dann kannst du mit klarem Kopf in die Prüfung gehen und dich viel besser konzentrieren.

❱❱Pauken in der Nacht vor'm Test – das ist ganz arg schlecht.

§ 350   Gehe nicht zu einer Lerngruppe, nur weil das alle anderen auch tun
Lerngruppen zählen aus guten Gründen zu den beliebtesten Lernmethoden. Man ist Teil einer Gemeinschaft, kann sich gegenseitig motivieren und jeder kann sein Wissen beisteuern. Das ist toll – solange wirklich alle davon profitieren. Allerdings gibt es auch Menschen, die durch regelmäßige Lerngruppen eher gebremst als beflügelt werden. Manche lernen einfach besser allein und benötigen nur hin und wieder Gespräche oder Diskussionen mit den Mitstreitern. Das ist völlig in Ordnung. Mache auf keinen Fall den Fehler, zu Lerngruppen zu gehen, obwohl du eigentlich weißt, dass es dir nicht hilft. Dafür ist deine Zeit zu schade. Vereinbare lieber, dass du gelegentlich dazu stößt, ohne dich für jeden Termin zu verpflichten.

§ 351   Nehme dir Zeit zum Reflektieren
Lernen bedeutet nicht nur, ständig zu lesen, zu exzerpieren, Karteikarten zu beschriften oder Mindmaps zu zeichnen. Ebenso wichtig ist es, sich Zeit zum Nachdenken zu nehmen und die aufgenommenen Inhalte auf sich wirken zu lassen: Shane Parrish (o. J.b, o. S.) meint dazu: „One major piece of baggage we accrue is the belief that if we're not visibly active, we're not learning. This is incorrect. Learning requires time to reflect. It requires discussing what you've learned and letting your mind wander".

So kannst du schneller/effektiver lesen

In nahezu allen Fachgebieten bilden Texte – ob klassisch auf Papier oder online – die Grundlage der Wissensaufnahme. Daher ist es sehr klug, sich mit Methoden zum schnelleren bzw. effektiverem Lesen zu beschäftigen. Wobei: Ich bin der Ansicht, dass Speedreading-Techniken nicht wirklich zielführend sind, auch wenn einige Anwender solcher Methoden vielleicht über positive Ergebnisse berichten, so meine ich doch, dass ein aufmerksames Lesen (so wie es fürs Lernen erforderlich ist) seine Zeit braucht. Gleichwohl will ich dich natürlich nicht davon abhalten, es mal auszuprobieren, wenn du Interesse daran hast. Nun meine besten Tipps, mit denen du schneller bzw. effektiver lesen kannst.

§ 352   Lasse deine Sehstärke überprüfen
Eine banale und doch gern übersehene Erkenntnis: Wer besser lesen will, muss gut sehen können. Also: Mache einen Termin beim Optiker oder Augenarzt aus und finde heraus, ob du (noch) den Durchblick hast.

§ 353   *Vergrößere nicht den Blickabstand*

Ein gelegentlich empfohlener Tipp lautet, den Abstand vom Auge zum Buch (oder zum Bildschirm, zur Zeitschrift, zum Magazin) zu vergrößern, um mehr Wörter auf einmal zu erfassen. Doch das ist falsch, weil dein Gehirn dann nämlich länger braucht, um den „Wörtersalat" zu entziffern. Der ideale Abstand zwischen Auge und Text beträgt rund 50 cm.

§ 354   *Sorge für ausreichendes und blendfreies Licht*

Bekanntlich ermüdet man (und insb. die Augen) in schlecht beleuchteten Räumen schneller. Verwende keine Spotlights. Besser ist es, den ganzen Raum zu erhellen, damit keine störenden Kontraste entstehen.

§ 355   *Sorge für eine ruhige Atmosphäre*

Bewegung in der Umgebung lenkt ab, denn das Auge sieht zuerst dorthin, wo Bewegung ist (dies ist ein Urreflex). Lese also nicht dort, wo Publikumsverkehr ist oder vor einem Fenster. Beachte zudem Folgendes:

- Verbanne Wand- oder Tischuhren mit Minutenzeigern vom Leseplatz.
- Schalte animierte Bildschirmschoner und dein E-Mail-Programm aus.
- Stelle sämtliche Geräuschquellen (Klimaanlage, Drucker und so weiter) ab.

§ 356   *Gönne deinen Augen gelegentlich eine Verschnaufpause*

Es gibt einige Übungen, die du zwischendurch zur Entspannung durchführen kannst:

- Reibe deine Hände warm und halte sie 2 min. vor deine geschlossenen Augen; stelle dir dabei bunte Gegenstände oder Landschaften vor.
- Setze deinen Daumen und Mittelfinger an die Nasenwurzel und den Zeigefinger zwischen die Augenbrauen; massiere dann 10 sec. lang.
- Mache einen Augenspaziergang: Lasse den Blick von nahen auf entfernte Dinge springen und über Gegenstände gleiten. Denn: Fernsicht ist eine gute Abwechslung zum nahen Bildschirm bzw. Buch. Die 20-20-20-Regel kann dir dabei helfen: Höre alle **20** min. auf, in den Bildschirm zu starren. Blicke **20** sec. lang durch ein Fenster auf ein Objekt, das mindestens **20** Fuß von dir entfernt ist. Da die Regel aus dem englischsprachigen Raum stammt, ist als Einheit „Fuß" angegeben – das sind ungefähr 6 m. Es reicht schon völlig aus, wenn du einen Gegenstand auf der anderen Straßenseite betrachtest.

§ 357 Lese effizienter

- Knicke neue, eigene (!) Bücher vorsichtig nach hinten über den Rücken, um sie „handgerechter" zu machen.
- Befreie Magazine und Zeitschriften von beigelegter Werbung.
- Spreche beim Lesen nicht halblaut mit, denn das irritiert das Gehirn – das Auge ist nämlich schneller als das Ohr.
- In der Regel willst du den Text nicht auswendig lernen, sondern nur Inhalte erfassen; lese deshalb Passagen, die du nicht vollständig verstanden hast, nur in Ausnahmefällen 2-mal. Versuche (noch) nicht, dir Details und Fakten zu merken, sondern den Text erst mal zu verstehen.

§ 358 Verschaffe dir einen Überblick

Bevor du anfängst zu lesen, solltest du dir zunächst einen systematischen Überblick über den Inhalt verschaffen:

- Blättere den Text einmal von vorne nach hinten durch (verweile pro Seite maximal 1 sec.).
- Bei Büchern: Überfliege das Inhaltsverzeichnis.
- Bei Magazinen und Zeitschriften (die dir gehören): Trenne mit einem Cutter nur die Artikel heraus, die du lesen willst und werfe den Rest in den Papierkorb.
- Mache dann einen Inhalts-Check: Suche dir willkürlich eine Textstelle eines Abschnitts oder Kapitels heraus, bei dem du dich auskennst. Wenn der Inhalt korrekt ist, dann ist der Artikel oder das Buch wahrscheinlich fundiert.

» Mach' am Anfang einen schnellen Check, dann erfüllt das Lesen sein Zweck.

---

§ 359 Lese mit einem klaren Ziel

Es ist unproduktiv, einen Text zu lesen, ohne genau zu wissen, warum du das machst. Stelle dir deshalb, bevor du anfängst, einen Text zu lesen, folgende Fragen

- Was will ich erfahren?
- Was weiß ich schon?

- Wie passt dies zu der anstehenden Prüfung bzw. zur Struktur meiner Haus-/Seminararbeit oder Thesis?
- Was würde ich den Autor fragen?

§ 360   Mache dir Notizen beim Lesen und markiere relevante Passagen

Schreibe dir die wichtigsten Informationen eines Textes heraus und fasse diese zusammen. So verarbeitest du sie deutlich besser. Besonders wirksam ist es, dies handschriftlich zu tun und nicht am Computer oder Tablet, weil du dir dabei Gelerntes nachweislich besser merkst. Sofern es sich um Papiertexte handelt und sie dein Eigentum sind (also nicht aus der Bibliothek entliehen sind oder jemand anderem gehören), empfehle ich dir, bedeutsame Sätze, Abschnitte oder Zitate zu unterstreichen oder mit einem Textmarker hervorzuheben.

§ 361   Nutze deinen Zeigefinger als „Führungsinstrument"

Wir lesen schneller, wenn das Auge durch einen optischen „Taktgeber" unterstützt wird – das kann ein Stift oder dein Zeigefinger sein.

>> **Lass' den Zeigefinger über die Seiten führen, so wirst du flott die wichtigsten Stellen aufspüren.**

§ 362   Wende die SQ3R-Methode an

Im Gegensatz zu anderen Lesetechniken (z. B. Speedreading oder Photoreading) zielt die SQ3R-Methode nicht darauf ab, die Lesegeschwindigkeit zu erhöhen. Vielmehr soll sie helfen, den Text besser zu verstehen und sich die Inhalte langfristig merken zu können. Der Name SQ3R stammt von den Anfangsbuchstaben der 5 Phasen dieser Lesetechnik: Survey, Question, Read, Recite, Review. Auf Deutsch: Überblick, Befragen, Lesen, Wiedergeben, Rekapitulieren.

Phase 1: Survey (Überblick)

In der ersten Phase machst du dich mit dem Lesestoff vertraut und verschaffst dir ein Gesamtbild. Lese dazu bei einem Buch den Klappentext, die Biografie des Autors sowie das Inhalts- und Stichwortverzeichnis. So lernst du die Sprache des Autors kennen und wie das Buch aufgebaut ist. Zudem siehst du, welche Themen angesprochen werden.

Blättere dann den Text durch und schau dir die Überschriften an. Falls es zum Schluss der Kapitel Zusammenfassungen gibt, solltest du auch diese überfliegen. Werfe schließlich einen Blick auf die Abbildungen und Tabellen.

Phase 2: Question (Befragen)
Auch wenn es sich komisch anhört: Stelle dem Text oder dem Buch Fragen. Was möchtest du vom Autor wissen? Welche Fragen möchtest du durch die Lektüre klären? Lasse diesen Schritt nicht aus und schreibe deine Fragen auf, denn dadurch fokussierst du dein Gehirn auf die für dich relevanten Themen.

Phase 3: Read (Lesen)
Erst jetzt liest du den Text richtig. Lege dein Augenmerk v. a. auf die zuvor formulierten Fragen.

Phase 4: Recite (Wiedergeben)
Im vierten Schritt solltest du jeden Textabschnitt nochmals durchgehen und deine Antworten auf die Fragen aus Phase 2 aufschreiben. Vielleicht hilft es dir, wenn du dabei eine Mindmap erstellst, welche die Struktur und die Inhalte des Texts wiedergibt? Versuche, für deine Antworten eigene Formulierungen zu finden und nicht 1-zu-1 den Text zu kopieren. Durch den Gebrauch eigener Worte bleibt der Inhalt besser in Erinnerung.

Phase 5: Review (Rekapitulieren)
Die letzte Phase dient dazu, den Text mit deinem vorhandenen Wissen zu verknüpfen. Gehe dazu den Text, deine Fragen und Antworten erneut durch und prüfe, ob alles stimmig ist. Finde Verknüpfungen und Übereinstimmungen mit dir bereits bekannten Inhalten.

§ 363   *Beende die Lektüre eines Buchs/Artikels, wenn es eine Qual ist*
In Weiterbildungen und Vorlesungen gibt es Pflichtlektüren – das sind Artikel oder Bücher, die du gelesen haben musst, um die Prüfung erfolgreich zu bestehen. Darüber hinaus wird den Lernenden weitere Literatur empfohlen, deren Lektüre freiwillig ist. Darunter mögen Texte sein, die leicht zu lesen und gut verständlich sind. Es wird vermutlich jedoch auch Quellen geben, die so zäh sind wie eine gebackene Schuhsohle. Für solche Fälle empfiehlt der kanadischer Blogger Shane Parrish (o. J.a, o. S.):

> Start books quickly but give them up easily. One of the biggest things that holds people back when reading is our desire to finish what we start. Good books finish themselves. You can't put them down. Trying to finish a bad book, on the

other hand, is like walking through the mud with a wheelbarrow full of bricks. Life is too short.

So kannst du dir Inhalte leichter merken

§ 364   Nutze den Autokennzeichen-Trick

Wenn du dir mehrere Punkte merken musst, die zu einem bestimmten Thema gehören, dann kann dir dieser simple Hack helfen, dich besser daran zu erinnern:

* Notiere die zu merkenden Punkte bzw. finde ein Schlagwort, das den Inhalt des Punktes zusammenfasst.
* Schreibe die Anfangsbuchstaben der Schlagwörter auf.
* Bringe die Anfangsbuchstaben in eine Reihenfolge, damit sich daraus eine dir bekannte Autokennzeichen-Kombination ergibt. Angenommen du willst dir merken: Banane, Apfel und Clementine. Daraus kannst du das Kennzeichen „AB" (für Aschaffenburg) und den Buchstaben „C" machen.
* Stelle dir nun bildlich ein Auto mit dem Kennzeichen AB – C und einer beliebigen Zahlenkombination vor. Wichtig ist hier, dass du wirklich ein gedankliches Foto dieses Nummernschilds machst und dir dabei das Thema/den Oberbegriff vorsagst, also in unserem Beispiel „Obstsorten".
* In der Prüfung musst du dann nur noch das gedanklich abfotografierte Nummernschild abrufen und dir fallen automatisch die zugehörigen Punkte ein.

Statt Autokennzeichen kannst du auch folgende Kategorien verwenden:

* Firmennamen (BASF, EON, REWE, ALDI …)
* Produktnamen (UHU, TESA …)
* Kurze Vornamen (KARL, UTE, PAUL …)
* Flughafencodes (FRA, MUC, BER …)

§ 365   Nutze Spickzettel

Spickzettel sind unfair, riskant und werden nur von Schummlern eingesetzt. Natürlich will ich dich nicht ermuntern, solch' eine unlautere Methode einzusetzen. Wohl aber will ich dir empfehlen, solche kleinen Gedächtnisstützen zur Prüfungsvorbereitung zu nutzen. Denn: Durch das Anfertigen von Spickzetteln bist du gezwungen, (komplexe) Inhalte zu reduzieren – schließlich hast du ja ein Platzlimit. Das hilft dir ungemein zu erkennen, was bedeutsam ist und was nicht.

Du schreibst also eine extrem verdichtete Zusammenfassung, die alle wichtigen Inhalte des Stoffs abdeckt. Beachte dabei Folgendes:

- Bitte schreibe mit der Hand und nimm nicht den PC.
- Verwende maximal Blätter in der Größe DIN A5.
- Nutze Farben und Symbole zur Hervorhebung.
- Lies dir deinen Spickzettel immer wieder durch.

§ 366   Nutze die Mindmap-Methode

Mit einer Mindmap lassen sich Informationen auf eine einfache Art darstellen. Statt die Inhalte, Aufgaben oder Ideen in einer Liste untereinander zu notieren, werden die Gedanken grafisch auf dem Papier priorisiert und geordnet. Durch die bildhafte Anordnung können Ideen besser verstanden und Zusammenhänge leichter erkannt werden, da das Gehirn optische Reize schneller verarbeitet als reinen Text. Mindmaps sind eine gute Methode, um übersichtliche Zusammenfassungen zu erstellen, kreative Lösungen zu finden und effizient zu lernen.

Der Begriff Mindmap kommt aus dem Englischen („mind" = Gedanken; „map" = Karte/Plan) und bedeutet in etwa: Gedanken- oder Gedächtnislandkarte. Sie stammt vom britischen Psychologen Tony Buzan (1942–2019), der sie in den 1960er-Jahren entwickelt hat.
Vorgehen (siehe Abb. 3):

- Du brauchst lediglich ein (großes) unliniertes Blatt Papier und Stifte.
- Nehme das Papier im Querformat. Schreibe den zentralen Begriff (wie etwa „Lerntechniken" oder „Grundlagen des Marketings") in die Blattmitte.
- Lege nun deine Unterpunkte („Hauptäste" genannt) an und verbinde sie durch Linien mit dem zentralen Thema.
- Von den Hauptästen wiederum zweigen Unteräste ab, also deine Unter-Unter-Punkte. Nutze dafür (allein aus Platzgründen) nur Schlagworte und keine Sätze.
- Füge schließlich noch Feinheiten und Details ein. Um deine Mindmap ansprechender und übersichtlicher zu machen, kannst du unterschiedliche Farben gebrauchen. Auch Symbole, Strichmännchen und Pfeile helfen, die Inhalte noch besser verständlich und einprägsamer zu machen.

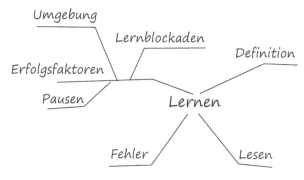

Abb. 3 Beispiel für eine Mindmap. (Eigene Erstellung)

Zum Erstellen von Mindmaps gibt es spezielle Software-Programme (wie etwa „Freemind") und webbasierte Lösungen, die oft als kostenlose Test- oder Basisversion erhältlich sind.

§ 367 Nutze die Loci-Methode

Die Loci-Methode ist eine der ältesten sowie effektivsten Lernmethoden und wird deshalb von vielen GedächtnissportlerInnen eingesetzt. Du kannst sie auf nahezu alles anwenden, was du auswendig lernen musst. Die Loci-Methode macht sich die Assoziationsfähigkeit unseres Gehirns zu Nutze und ersetzt die zu merkenden Texte oder Zahlen durch Bilder, die mit einem physischen Ort in Verbindung gebracht werden.

Bereits die alten Griechen verwendeten diese Methode, um sich ihre Ideen und Reden einzuprägen. Damals existierte der Buchdruck noch nicht und handgeschriebene Bücher waren sehr teuer. So waren die Gelehrten gezwungen, sehr viel mehr auswendig zu lernen als das heute der Fall·ist.

„Loci" ist der Plural des lateinischen Worts „locus" (Ort). Es ist also die „Methode der Orte". Im Deutschen wird sie auch Routenmethode, Römische Räume, Cicero-Methode, Raumliste oder Gedächtnispalast genannt.

Vorgehen:

- Vorbereitung: Im ersten Schritt legst du dir eine „Gedächtnisroute" an – das ist eine Abfolge von bestimmten Stationen an einem Ort, den du gut kennst, wie etwa deine Wohnung. Mögliche Wegpunkte können dann Gegenstände oder einzelne Plätze (z. B. Haustür, Kleiderhaken, Spiegel, Sofa, Fernseher usw.) sein. Entscheidend ist, dass du dir die Plätze, die du dir vorstellst, sehr gut einprägen kannst. Ich rate dir, zuerst die Wegstrecke festzulegen und die einzelnen Stationen aufzuschreiben. Die Route kann bis zu 50 Punkte umfassen. Das klingt sehr viel, ist aber durchaus machbar. Wenn du tatsächlich 40 oder 50 Punkte brauchst, ist es sinnvoll, deine Route in Zehnerblöcke zu unterteilen, etwa 10 Punkte im Schlafzimmer, 10 im Wohnzimmer, 10 im Flur, 10 auf dem Balkon und 10 in der Küche. Du hast den ersten Schritt erfolgreich abgeschlossen, wenn du in der Lage bist, gedanklich deine Gedächtnisroute abzugehen und alle Punkte nacheinander in der richtigen Reihenfolge vor deinem geistigen Auge zu sehen.

• Anwendung: Sobald deine Route steht, kannst du sie für verschiedenste Inhalte nutzen, für eine simple Einkaufsliste ebenso wie für eine umfangreiche Liste zu merkender Inhalte. Für jeden Punkt auf deiner Liste definierst du nun einen Punkt entlang deiner Route.

• Wiederholung: Nun schließt du deine Äuglein und gehst gedanklich immer wieder deine Route durch. An jeder Station nennst du den damit verknüpften Inhalt. Das mag banal klingen, ist aber entscheidend, um die Inhalte wirklich ins Langzeitgedächtnis zu befördern. Du wiederholst deine Gedankenreise so oft, bis du fehlerfrei alle zu merkenden Punkte aufsagen kannst.

» Merk' dir die Bilder und die Route, dann bringst du alles zusamm' in 'ner Minute.

---

§ 368 *Nutze Karteikarten*

Mit Karteikarten zu lernen ist eine der wohl bekanntesten Methoden. Wahrscheinlich kennst du sie noch aus deiner Schulzeit. Je nach Umfang des zu lernenden Stoffes brauchst du dafür Karteikarten im Format DIN A8, A7, A6 und manchmal vielleicht sogar A5.

Vorgehen:

• Schreibe den zu lernenden Begriff oder das zu merkende Thema auf die Vorderseite der Karte.

• Schreibe die Erklärung, Definition bzw. die dazugehörigen Inhalte/Punkte auf die Rückseite der Karte. Versuche, mit wenigen Stichpunkten auszukommen.

• Lies dir die Rückseite so lange durch, bis du glaubst, sie auswendig zu wissen.

• Bitte ein/e FreundIn, KollegIn, Familienmitglied oder dein Haustier, dich abzufragen, indem er/sie dir den Begriff/das Thema der Vorderseite nennt.

Du erzählst nun, was dir dazu einfällt und der „Abfrager" kann anhand der Rückseite kontrollieren, ob du alles Erforderliche genannt hast.

§ 369   *Nutze einen Zettelkasten*

Das Prinzip des Zettelkastens nutzt die eben beschriebenen Karteikarten. Was du dazu noch benötigst, ist ein Kasten bzw. eine Box mit mehreren Fächern bzw. Unterteilungen.

Vorgehen:

- In das erste Fach kommen die Karten mit den noch nicht gelernten Inhalten. Die Karten des ersten Fachs solltest du dir täglich ansehen.
- Sobald du die Karten aus dem ersten Fach gelernt hast, wandern sie ins zweite Fach, andernfalls bleiben sie im ersten Fach. Karten, die sich in der zweiten Abteilung befinden, solltest du dir alle 2 Tage ansehen. Sobald du die Karten des zweiten Fachs auswendig beherrschst, dürfen sie ins dritte Fach aufrücken, wenn nicht, kommen sie zurück an das Ende des ersten Fachs.
- Die Karten, die sich im dritten Fach befinden, solltest du dir einmal pro Woche zu Gemüte führen. Sofern du den Inhalt wirklich draufhast, kann die Karte ins nächste Fach hüpfen. Ist das nicht der Fall, heißt es: ganz nach hinten ins erste Fach.
- Die Karten des vierten Fachs solltest du dir alle 2 Wochen vorknöpfen. Du kannst die Inhalte perfekt wiedergeben? Super, ab Marsch ins nächste Fach. Wenn nicht? Das weißt du nun schon.
- Die Karten aus dem fünften Fach solltest du einmal im Monat überprüfen. Wenn du sie nachts um 03:00 Uhr runterbeten kannst, darfst du sie ganz aus dem Karteikasten herausnehmen
- Um deinen Lernerfolg erneut zu überprüfen, solltest du die Karten nach ca. 2 Monaten zurück ins erste Fach sortieren.

> Zum Lernen mit dem Zettelkasten habe ich ein kurzes Video gedreht, das du dir hier ansehen kannst: www.digitale.fitness

§ 370   *Nutze Hinweisschilder*

Sofern es dich (und deine/n PartnerIn) nicht stört, wenn die Wohnung (vorübergehend) mit Post-Its dekoriert ist, dann kannst du es mal mit dieser Methode probieren: Notiere die zu merkenden Inhalte, Schlagworte, Formeln, Begriffe oder Definitionen auf Zetteln/Post-Its und verteile diese in der

Küche, am Kleiderschrank, im Badezimmer, am Spiegel oder wo auch immer du möchtest. Wenn du an einem der Zettel vorbeikommst, solltest du kurz stehen bleiben und dir den Inhalt ansehen. Auf diese Weise wirst du ständig mit dem zu lernenden Stoff konfrontiert, egal, was du gerade machst.

§ 371   Erstelle einen eigenen Podcast

Wie wäre es, wenn du deinen eigenen Podcast aufnimmst? Dazu musst du gar nicht viel tun. Du musst dir lediglich den zu merkenden Inhalt stichpunktartig aufschreiben. Dann nimmst du dein Smartphone zur Hand, aktivierst die Sprachnotizen (Apple: Sprachmemos) und plauderst munter drauf los. Nun kannst du beim Joggen, Autofahren oder im Zug jederzeit deiner Aufzeichnung lauschen und dich schlau machen.

§ 372   Lerne im Laufen

Das mag vielleicht etwas sonderbar klingen, doch es ist wissenschaftlich erwiesen: Wir lernen leichter, wenn wir uns bewegen.

>> Probier' doch mal zu lernen beim Bewegen, denn das tut das Gehirn anregen.

Am Max-Planck-Institut für Bildungsforschung in Berlin hat die Psychologin Sabine Schaefer (et al., 2010) Probanden einen Gedächtnistest absolvieren lassen. Zunächst mussten die Versuchspersonen während des Lernens auf einem Laufband spazieren; dabei durften sie das Tempo selbst bestimmen. In der nächsten Runde legte Schaefer die Geschwindigkeit fest. In der letzten Versuchsanordnung mussten die Teilnehmer die Aufgaben im Sitzen lernen. Wie ging der Versuch aus? Am besten waren die Ergebnisse, wenn man bei selbst festgelegter Geschwindigkeit auf dem Band lief und am schlechtesten, wenn man saß. Vermutlich liegt es daran, dass körperliche Aktivität zusätzliche Energiereserven freisetzt, was die grauen Zellen anregt. Also kann es nur eine Konsequenz geben: Nimm deine Karteikarten und geh' raus zum Joggen oder strammen Gehen.

§ 373   Wähle Weiterbildungsanbieter systematisch aus

Zum Abschluss des Abschnitts „Lernen" möchte ich dir noch eine Checkliste (siehe Tab. 3) vorstellen, die dir bei der Auswahl eines Weiterbildungsanbieters nützlich sein kann.

Tab. 3 Checkliste „Auswahl eines Weiterbildungsanbieters". (Eigene Erstellung)

- Welche Lernform wird angeboten? (Präsenzunterricht, E-Learning, Fernstudium)
- Wie ist der Kurs zeitlich aufgebaut (Dauer, berufsbegleitend, Teilzeit, Vollzeitmaßnahme)?
- Wie passend sind die Kursinhalte?
- Wer führt die Kurse durch (DozentIn)?
- Wie wird die Qualifikation der DozentInnen nachgewiesen?
- Gibt es Referenzen (Kundenmeinungen)?
- Gibt es Ansprechpartner vor Ort bei Organisations-, Unterrichts- bzw. Lernproblemen?
- Welche Methoden werden eingesetzt?
- Umfasst das Angebot praktische Übungen und/oder gibt es Praxisanteile?
- Finden Übungsprüfungen statt?
- Gibt es das Angebot, als Gasthörer am Unterricht teilzunehmen?
- Welche Begleit-/Unterrichtsmaterialien werden zur Verfügung gestellt?
- Kann der Bildungsanbieter Angaben über die Bestehens-Quote bei (Abschluss-) Prüfungen machen?
- Gibt es Zeugnisse, Qualifikationsnachweise oder Teilnahmebestätigungen?
- Hat der Bildungsanbieter eigene Räumlichkeiten?
- Sind die Räumlichkeiten gut erreichbar?
- Wie ist das Preis-Leistungs-Verhältnis?

So löst du Probleme professionell

Eine der wichtigsten Fertigkeiten der Spezies Mensch ist es, (anspruchsvolle) Probleme systematisch lösen zu können. Diese Fähigkeit ist verantwortlich dafür, dass wir in materieller sowie kultureller Hinsicht so vieles erreicht haben; wobei nicht alles davon ruhmvoll war/ist … aber, lassen wir das Sinnieren und beantworten erst einmal die Frage, was überhaupt ein Problem ist und welche Arten es gibt.

Der Begriff „Problem" stammt aus dem Griechischen (πρόβλημα) und bedeutet ursprünglich „das Vorgeworfene, das Vorgelegte, das, was [zur Lösung] vorgelegt wurde". Eine pragmatische Definition von Problem lautet: Schwierigkeit(en) beim Erreichen von Zielen. Anders ausgedrückt: Ein Hindernis steht dem Ziel im Wege und lässt sich nicht durch Routineaktivitäten oder vorhandenes Wissen beseitigen, sondern erfordert ein (intensiveres) Nachdenken.

D. h.: Wenn du keine Ziele hast (ob selbst gewählt oder von außen vorgegebene), dann hast du auch keine Probleme. Noch 2 Aspekte sind zu beachten: Was für einen Menschen einfach ist, kann für einen anderen schwierig sein. Und: Was für Klaus wichtig ist, kann für Klara belanglos sein. Also ist nicht die Situation an sich das Problem, sondern das Ausmaß, wie unzufrieden wir damit sind bzw. wie groß unser Wunsch ist, sie zu verbessern.

Daraus resultieren auch die beiden grundsätzlich verschiedenen Arten von Problemen: Sofern das Ziel, dessen Erreichung fraglich ist, nur eine geringe Bedeutung für dich hat, ist die Motivation, das Problem zu lösen, wohl eher gering – man spricht dann von so genannten „low-stake problems". Da kann es sogar sein, dass du auf die Problemlösung verzichtest. Anders bei den „high-stake problems" – hier ist dir die Problemlösung (aus welchen Gründen auch immer) wichtig.

Zudem lassen sich Probleme dahingehend unterscheiden, wie gut sie definiert sind:

- Geschlossene Probleme („well-defined problems") sind Probleme, bei denen der Anfangs- und Endzustand bekannt ist, lediglich die Mittel fehlen, um das Hindernis zu überwinden, z. B., wenn ein Messestand gebaut werden soll, der Entwurf dafür schon vorliegt, aber kein Messebauer Kapazitäten frei hat.
- Offene Probleme („ill-defined problems") sind Probleme, bei denen weder Anfangs- noch Endzustand klar ist und daher auch nicht bekannt ist, welche Mittel benötigt werden, wie etwa, wenn ein Unternehmen die Kundenzufriedenheit verbessern möchte.

Damit wollen wir den theoretischen Teil schon beenden und uns mit praktischen Tipps zum professionellen Lösen von Problemen auseinandersetzen.

§ 374 Überlege, ob du das Problem gleich lösen musst
Grundsätzlich unterscheidet man 3 Problemlösungsstrategien:

- Bei der Strategie „Ignoranz" wird nicht gesehen oder es wird geleugnet, dass es ein Problem gibt.
- Bei der Strategie „Verdrängung" wird das Problem zwar erkannt, aber es werden keine Maßnahmen ergriffen, um es zu beseitigen. Statt das Problem anzupacken, wird es kleingeredet oder ignoriert, weil man hofft, dass es schon nicht so schlimm wird oder dass das Problem wieder von selbst verschwindet.
- Die Strategie „Angriff" ist dadurch gekennzeichnet, dass das Problem wahrgenommen wird UND die Einsicht vorhanden ist, dass es sich nicht von allein löst UND, dass man versucht, das Problem aktiv zu lösen.

Allerdings bedeutet „Angriff" nicht automatisch, dass man sofort handelt. Oft wird angenommen, dass unmittelbares Handeln die beste Option ist, um ein Problem zu lösen. Das ist zwar häufig richtig, stimmt jedoch nicht immer. In einigen Fällen können Nicht-Handeln und Abwarten die besseren Alternativen sein. Manchmal ist es angebracht, das „Angela-Merkel-Prinzip" zu befolgen. Unsere ehemalige Bundeskanzlerin konnte in schwierigen Situationen erstaunlich ausdauernd sein. Das Magazin Focus verlieh ihr einst gar den Titel „Meisterin im Aussitzen".

Der positive Aspekt des Aussitzens: Mitunter ist es eine sinnvolle Strategie, in einer problematischen Situation bewusst nicht zu handeln oder eine unliebsame Aufgabe einfach nicht in Angriff zu nehmen. Weil: Vieles erledigt sich von selbst, wenn man nur lange genug die Füße stillhält. Und vor allem: Manchmal ist die Ausgangslage noch viel zu diffus, noch liegen nicht alle Fakten auf dem Tisch. Jetzt nach Lösungen zu suchen, würde bedeuten, „im Nebel zu stochern" und wertvolle Ressourcen zu verschwenden.

Interpretiere das Angela-Merkel-Prinzip bitte nicht falsch. Dieses ist keinesfalls eine Aufforderung zur Arbeitsverweigerung oder zur Schicksalsergebenheit. Vielmehr steht das Angela-Merkel-Prinzip für eine unaufgeregte Geisteshaltung und für die Empfehlung, dem Impuls zum sofortigen Handeln zu widerstehen und erst einmal abzuwarten. Die Kunst liegt darin zu erkennen, wann ein unmittelbares Eingreifen erforderlich ist und wann sich Abwarten lohnt. Nicht immer muss man sofort reagieren und in hektischen Aktionismus ausbrechen – sich zu gedulden, kann eine lohnende Alternative sein. Bedenke jedoch auch: Unbeachtete, kleinere Probleme tendieren dazu, sich zu größeren auszuwachsen. Schiebe also die Problembehandlung daher nicht zu lange hinaus und widme dich frühzeitig entdeckten Schwachstellen.

§ 375 *Erkenne, wenn du sofort handeln musst*

Wie gerade gesagt: Manche Probleme können weitreichende, negative Folgen haben, wenn man nicht unmittelbar nach Bekanntwerden des Problems handelt. In diesem Fall musst du mit Sofortmaßnahmen zunächst das Schlimmste verhindern, bevor du eine systematische Ursachenanalyse durchführst. Wenn der Dachstuhl brennt, solltest du erst die Feuerwehr rufen und erst danach ergründen, wie es zu dem Brand kommen konnte.

§ 376 *Akzeptiere, dass Fehler nicht vorsätzlich gemacht werden und eine Chance bieten*

Mache dir klar: Kein Mensch macht Fehler absichtlich (vielleicht von ganz wenigen Ausnahmen abgesehen). Genau das Gegenteil ist der Fall. Wir streben danach, einen möglichst guten Job zu erledigen. Also: Anstatt dir selbst Vorwürfe zu machen oder eine/n KollegIn für einen Fehler, der zu einem Problem geführt hat, anzuschnauzen, solltest du die Situation als Chance begreifen, um dazu zu lernen und deine Problemlösungskompetenz zu erweitern.

§ 377   Lege einen „Problem-Owner" fest

Was nutzt es, ein Problem zu identifizieren, wenn es niemanden gibt, der sich um die Lösung kümmert? Es muss nicht zwangsläufig die Person sein, die ein Problem zum ersten Mal benennt oder es erkennt, die dann auch der/die Verantwortliche für die Beseitigung ist. Entscheidend ist, dass es einen „Problem-Owner" (also „Problem-Besitzer") gibt, der den Hut aufhat und alle Schritte koordiniert, bis das Problem abschließend gelöst ist.

>> **Willst du deinem Problem nicht nachrennen, musst du 'nen Problem-Owner ernennen.**

§ 378   Beteilige möglichst viele Menschen bei der Problemlösung

Vielleicht bist du Mr./Mrs. Superhirn und du hast für jedes Problem gleich die perfekte Lösung? Wenn nicht, dann gilt der Tipp, andere Menschen (KollegInnen, FreundInnen, BeraterInnen, Bekannte, …) an der Lösungssuche zu beteiligen. Der Grund ist offensichtlich: Mehr Köpfe haben mehr Ideen. Bei der Auswahl deiner „Problem-Solving-Community" solltest du schauen, dass du ein möglichst heterogenes Team auf die Beine stellst – je unterschiedlicher das Geschlecht, Alter, kultureller Hintergrund, Fachbereich usw. ist, desto unterschiedlichere Perspektiven kommen zusammen. Natürlich hat die Anzahl der Problemlöser auch irgendwo eine Obergrenze – zu viele Köche … du weißt schon. Ich denke, 4 bis 6 Personen sind ein vernünftiger Richtwert.

§ 379   Hole Leute in deine „Problem-Solving-Community", die ein hohes Eigeninteresse haben

Der Zusammenhang ist offensichtlich: Je mehr man selbst von der Problemlösung profitiert, desto höher ist das Eigeninteresse und desto besser sind – zumindest meistens – die Leistungen. Deshalb solltest du (sofern möglich) nie jemanden dazu zwingen, Teil deines Lösungsteams zu sein, sondern auf Freiwilligkeit setzen.

§ 380   Fixiere dich nicht auf vergangene Problemlösungen

Für viele Probleme muss man das Rad nicht neu erfinden. Wege, die man früher erfolgreich beschritten hat, können und sollten natürlich aus Effizienzgründen wieder versucht werden. Doch nicht jeder Schlüssel passt in jedes Loch. Deshalb solltest du dir zum Beginn des Problemlösungsprozesses stets die Frage stellen, ob du diesmal nicht einen anderen Ansatz verfolgen willst. Vielleicht erweist sich dieser ja noch viiiiiel besser, als die Methoden, die du bislang ausprobiert hast.

§ 381   *Versuche, das Problem erst (vollkommen) zu verstehen, bevor du es löst*

In meiner Schulzeit ist es mir in Matheproben oft so ergangen: Ich habe eine Aufgabe gelesen, mir gedacht: „Ah, das kennst du aus dem Unterricht" und habe dann am Ende festgestellt: „Ups, die Aufgabe hat sich ja doch in einigen Teilen von der unterschieden, die wir geübt hatten." Nun, für eine gute Note hat's dann nicht mehr gelangt. Daraus kann man fürs Leben lernen: Erst, wenn du wirklich verstanden hast, wo das Problem liegt, kannst du es auch lösen.

> **» Wenn du hast dein Problem komplett verstanden, wirst du mit der Lösung nicht bruchlanden.**

§ 382   *Übe den Einsatz von Problemlösungsmethoden*

Mache es wie die Feuerwehr – übe! Wenn es brennt und die Feuerwehr anrückt, dann weiß jede/r, was zu tun ist, weil man zuvor zigfach die entsprechenden Verfahren und Techniken trainiert hat. Nicht anders ist es bei Problemen, insb. solchen, die ein sofortiges Handeln erfordern. Beginnst du erst dann, dich mit den Methoden vertraut zu machen, verlierst du wertvolle Zeit.

§ 383   *Formuliere mögliche Problemursachen als Hypothese*

Wir neigen dazu, in absoluten Aussagen oder Wahrheiten zu denken und zu sprechen. Das klingt zugegebenermaßen etwas philosophisch. Was meine ich damit? Wir sagen: „Die Ursache für das Problem ist XY". Damit schließen wir jedoch andere Erklärungen aus und verengen unsere Perspektive. Das kannst du umgehen, indem du schlichtweg eine andere Formulierung wählst, nämlich die Hypothesen- oder Vermutungs-Form: „Eine mutmaßliche Ursache für XY könnte sein, dass …"

§ 384   *Informiere Personen, Abteilungen, Kunden usw., die vom Problem betroffen sind*

Vor lauter Fokussierung auf die Lösung des Problems wird oft vergessen, die (un)mittelbar Betroffenen über

- das Auftauchen des Problems,
- die (möglichen) Folgen,
- die eingeleiteten Maßnahmen sowie
- die gefundenen Lösungen

zu unterrichten. Deshalb: Denke stets daran, alle Stakeholder auf dem Laufenden zu halten.

§ 385   Teste Problemlösungen zunächst in einem kleinen Rahmen

Manche Probleme bzw. ihre Lösungen können einen weitreichenden und nachhaltigen Einfluss auf die Betroffenen haben, sodass sichergestellt werden muss, dass die gefundene Lösung auch tatsächlich hilft und nicht wirkungslos ist oder die Lage sogar noch verschlimmert. Solltest du also ein derartiges Problem haben, hüte dich davor, die Lösungsidee gleich in großem Stil auszurollen, sondern teste sie – wie in einem Experiment – erst mal in einem ausgewählten Bereich. Bewährt sich die Lösung, kannst du sie dann überall anwenden. Wenn nicht, solltest du natürlich Korrekturen vornehmen oder musst gar den Problemlösungsprozess noch mal von vorne beginnen.

§ 386   Bedenke, dass nachhaltige (berufliche) Lösungen i. d. R. Systemänderungen erfordern

Berufliche Probleme haben – wenn man bis zur eigentlichen Ursache vordringt – sehr häufig mit Systemfehlern zu tun, etwa, dass keine Verantwortlichkeiten festgelegt waren oder dass die „falschen" Anreize gesetzt wurden. Mache dir also bewusst: Wenn du das künftige Auftreten von Problemen verhindern willst, ist es erforderlich, in das System einzugreifen, wie z. B.:

- Aufbauorganisation (Verantwortlichkeiten)
- Ablauforganisation (Prozesse)
- Arbeitszeitmodelle, Arbeitsort
- Arbeitsplatzgestaltung, Arbeitssicherheit
- IT-Systeme
- Fehlerkultur
- Lohn-/Gehaltsmodelle
- Personalauswahl, Incentivierungs-/Beförderungspolitik
- Generelle Standards, Normen, Regeln, Vereinbarungen …

§ 387   Formuliere dein Problem als Frage

Je besser es dir gelingt, dein Problem so präzise wie möglich zu formulieren, desto eher wirst du gute Lösungen finden.

> Ein Problem ist halb gelöst, wenn es ganz klar formuliert ist.
> John Dewey (1859–1952) US-amerikanischer Philosoph

Versuche, dein Problem möglichst positiv zu formulieren, also nicht: „Wie vermeide ich XY?", sondern: „Wie erziele ich das Gegenteil von XY?". Verwende Formulierungen/Fragen wie …

* „Wie können wir erreichen, dass …?"
* „Was kann ich tun, um …?"
* „Welche Alternativen gibt es, damit …?"

» Formuliere dein Problem als Frage, dann wird die Lösungssuche keine Plage.

---

§ 388   Definiere die Eckdaten

Wenn du das zu lösende Problem klar formuliert hast, geht es darum, die Eckdaten zu definieren. Dazu solltest du Folgendes tun:

* Beschreibe den Soll-Zustand (so wie es nach Umsetzung der Lösung idealerweise sein soll).
* Beschreibe den Ist-Zustand (also so, wie es sich leider derzeit darstellt).
* Identifiziere Soll-Ist-Abweichungen (was/wie groß ist der Unterschied?).
* Wenn es mehrere Soll-Ist-Abweichungen gibt: Priorisiere sie. Welche Abweichungen sind wichtiger/schwerwiegender?
* Lege Kriterien zur Bewertung von Lösungen fest und gewichte sie ggf., wenn sie eine unterschiedliche Bedeutung haben.

So analysierst du ein Problem

§ 389   Wende das „Matroschka-Prinzip" an

Oft ist es gar nicht so offensichtlich, was das tatsächliche Problem ist. Viele Menschen machen den Fehler und reagieren viel zu schnell – „Ah, das ist das Problem, dann machen wir mal XY." Dabei täte zunächst einmal Innehalten gut. Es gilt, das wirkliche Problem zu erkennen. Eine sehr hilfreiche Vorgehensweise zur Identifikation des eigentlichen Problems ist das „Matroschka-Prinzip" – so bezeichne ich ein Vorgehen, das auch als „Fünf-Mal-Warum-Methode" bekannt ist. Wie bei den russischen Holzpuppen eine immer noch kleinere Version in der größeren steckt, so ist es häufig auch im Leben: Hinter einem offensichtlichen Problem steckt verborgen ein anderes und dahinter vielleicht noch ein anderes usw. So geht die japanische Kaizen-Philosophie (vgl. Imai 1994) davon aus, dass sich die Ursache eines Problems nie durch einmaliges Fragen herausfinden lässt. Oft sind es nämlich – wie gerade gesagt – ganz andere Gründe, die zu Problemen führen, als man zunächst vermuten würde. Erfahrungsgemäß muss man etwa 5mal nach dem Warum fragen, bis man zur eigentlichen Problemursache vorgedrungen ist. Und nur dann kann man auch dauerhafte Lösungen finden. Frage also wie ein Kleinkind mehrfach „Warum?" – manchmal langt es, nur 3mal zu fragen, manchmal wird man 6mal fragen müssen. Dazu ein Beispiel in Tab. 4.

> **»Willst du klär'n dein Problem nicht nochmals, dann sollst du fragen – und zwar mehrmals.**

§ 390   Stelle „zirkuläre Fragen"

Eine weitere Möglichkeit, Probleme zu erfassen, ist es, „zirkuläre Fragen" zu stellen. Diese Methode hatte ich dir ja schon beim Thema „Konflikte lösen"

Tab. 4 Beispiel für die „Fünf-Mal-Warum-Methode". (Eigene Erstellung)

Warum-Fragen	Antwort
„Warum werden die Liefertermine nicht eingehalten?"	„Weil die Verkäufer nicht einhaltbare Zusagen machen und sich nicht mit der Produktion abstimmen."
„Warum stimmen sich die Verkäufer nicht mit der Produktion ab?"	„Weil sie sich darauf verlassen, dass die Produktion die termingerechte Lieferung schon irgendwie hinbekommt."
„Warum denken die Verkäufer so?"	„Weil die Verkäufer nicht auf die Terminplanung der Produktion zugreifen und die Produktionszeit nur ungefähr abschätzen können."
„Warum haben die Verkäufer keinen Zugriff auf die Terminplanung?"	„Weil die Anbindung der Verkäufer an das Intranet noch nicht funktioniert."
„Warum funktioniert die Anbindung nicht?"	„Weil die Verkäufer noch nicht in diesem Programm geschult sind."

vorgestellt. Daher nur kurz zur Wiederholung: Du versetzt dich in andere Personen und beleuchtest aus deren fiktiver Sicht das Problem und gewinnst so vielleicht neue Einsichten.

§ 391 Ermittle den Stellenwert des Problems

Bevor du deine kreative Energie zur Analyse (und später zur Lösung) nutzt, solltest du ermitteln, wie das Problem einzuordnen ist. Erst dann nämlich kannst du sinnvoll festlegen, wie viel Zeit und Aufwand du bereit bist, in die nächsten Schritte zu investieren. Um es anders zu sagen: Du solltest nicht mit Kanonen auf Spatzen schießen. Probleme, die einen hohen strategischen Stellenwert haben, verdienen natürlich mehr Aufmerksamkeit als Probleme von eher kurzfristigem oder operativem Charakter.

§ 392 Nutze die Phoenix-Checkliste zur Problemanalyse

Die Agenten des US-amerikanischen Auslandsnachrichtendienstes, der Central Intelligence Agency (CIA), nutzen die folgende Checkliste (siehe Tab. 5), um ein Problem aus verschiedenen Blickwinkeln zu betrachten – vielleicht kann sie dir auch dienlich sein?

> Du kannst dir die Phoenix-Checkliste auch hier herunterladen: www.digitale.fitness

Tab. 5 „Phoenix-Checkliste der CIA". (Eigene Erstellung in Anlehnung an Gausemeier et al. 1995, S. 128)

- Warum ist es notwendig, dass wir das Problem lösen?
- Welchen Nutzen bringt uns die Lösung des Problems?
- Was ist uns bekannt?
- Was verstehen wir bisher nicht?
- Welche Informationen liegen uns vor?
- Was ist nicht das Problem?
- Sind die Informationen ausreichend? Sind sie ungenügend? Sind sie redundant? Sind sie widersprüchlich?
- Können wir das Problem grafisch beschreiben? Lässt es sich quantifizieren?
- Lässt sich das Problem in Teilprobleme zerlegen?
- Wie hängen die Teilprobleme zusammen?
- Welches sind die beeinflussbaren Größen des Problems?
- Haben wir dieses Problem vorher schon einmal gesehen?
- Haben wir ein ähnliches Problem vorher schon einmal gesehen?
- Kennen wir damit zusammenhängende Probleme?
- Gibt es ein bekanntes Problem mit denselben, unbekannten Größen?
- Wenn es ein verwandtes Problem gibt, das wir schon gelöst haben: Können wir die Lösung für unser jetziges Problem verwenden? Können wir die gleiche Methodik anwenden?
- Können wir unser Problem umformulieren? Auf wie viele verschiedene Arten können wir es beschreiben? Lässt es sich generalisieren oder spezifizieren?

Abb. 4   Beispiel für eine Fehlerbaum-Analyse. (Eigene Erstellung)

§ 393 *Nutze die Fehlerbaumanalyse*

Mit Hilfe der Fehlerbaumanalyse (FBA, englisch „Fault Tree Analysis") kannst du mögliche Risiken und Einflussfaktoren auf ein Problem visuell gut darstellen, nämlich in Form eines – wer hätte es gedacht – Baumes. Dazu werden logische Verknüpfungen zwischen den Bestandteilen bzw. Komponenten eines Systems erstellt und auf ihre Fehleranfälligkeit hin untersucht. Bei Maschinen, IT-Systemen oder anderen komplexen Produkten wird die FBA mit Wahrscheinlichkeiten versehen, um auf diese Weise erkennen zu können, welche Unter-Systeme das höchste Gefahrenpotenzial haben. Uns soll hier eine einfache Version ausreichen (siehe Abb. 4).

Vorgehen:

- Nimm ein Blatt Papier im Querformat. Es gibt zwar auch spezielle Software-Produkte dafür, aber für eine einmalige oder sporadische Anwendung reicht die Analog-Variante völlig aus. Alternativ kannst du auch ein Zeichenprogramm oder PowerPoint/Keynote verwenden.
- Definiere nun dein „Top Event" (das wird wirklich so genannt), also dein zentrales Problem und schreibe es ganz oben auf das Blatt – male einen schönen Kasten darum.
- Jetzt überlegst du dir, aus welchen Elementen/Komponenten sich dein Problem zusammensetzt bzw. was es alles beeinflusst. Schreibe diese Punkte schlagwortartig in die nächste Zeile und zeichne ebenfalls jeweils einen Kasten darum.

- Im nächsten Schritt wendest du dich jedem einzelnen Element/jeder Komponente zu und überlegst, ob es dafür Unter-Elemente/-Komponenten gibt. Diesen Schritt wiederholst du so oft, bis dir keine weiteren Unter-Unter-Unter-Elemente/-Komponenten mehr einfallen.
- Nun sollte ein stattlicher Baum, bestehend aus lauter Kästchen, vor dir liegen. Ein letzter Schritt ist erforderlich: Überlege dir, was bei jedem der ganz unten stehenden Kästen schieflaufen könnte und halte deine Überlegungen schriftlich fest. Der besseren Übersichtlichkeit halber empfehle ich dir, diese mit einer anderen Farbe oder in einer anderen Form (z. B. Oval) zu umkreisen. Damit hast du sämtliche Einflussfaktoren auf dein Problem (und folglich auch alle Punkte, an denen du ansetzen könntest) identifiziert, um es zu lösen.

§ 394 Nutze das Ishikawa-Diagramm („Ursache-Wirkungs-Diagramm", „Fishbone-Diagramm")

Häufig scheitert die Suche nach Fehlern bzw. das Lösen von Problemen daran, dass die Ausgangslage unübersichtlich ist. Doch solange man die Situation nicht genau und eindeutig verstanden hat, ist es nahezu unmöglich, das Richtige zu tun. Hierbei hilft das Ishikawa-Diagramm (ID), das auch „Ursache-Wirkungs-Diagramm" bzw. „Fishbone-Diagramm" genannt wird, weil die Form der Darstellung an die Gräten eines Fisches erinnert.

Das ID ist im Prinzip nichts anderes als die Visualisierung eines Problemlösungsprozesses, bei dem systematisch nach den Ursachen eines Problems gesucht wird, indem Hauptursachen solange zerlegt werden, bis man an der Wurzel des Problems angelangt ist.

Diese Technik wurde vom japanischen Chemiker Kaoru Ishikawa (1915–1989) entwickelt und ursprünglich zur Analyse von Qualitätsproblemen und deren Ursachen angewendet.

Vorgehen:

- Nimm ein Blatt Papier im Querformat.
- Zeichne ein Fischgräten-Diagramm wie in Abb. 5.
- Schreibe rechts (neben den dicken horizontalen Pfeil) dein zu lösendes Problem. Wenn du künstlerisch veranlagt bist, kannst du statt der Pfeilspitze auch einen Fischkopf malen.
- Beschrifte nun die einzelnen „Hauptgräten" mit „Mensch, Management … ". Natürlich kannst du auch andere, für dein Problem besser passende, Begriffe verwenden. Entscheidend ist, dass es sich dabei um die Haupteinflussgrößen handelt.

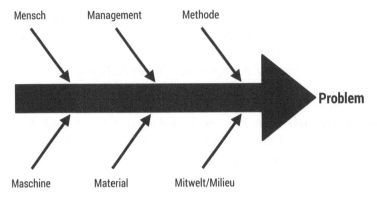

Abb. 5 Ishikawa-Diagramm. (Eigene Erstellung)

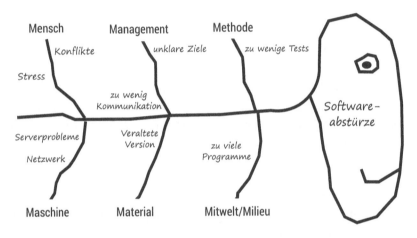

Abb. 6 Beispiel für Ishikawa-Diagramm. (Eigene Erstellung)

- Gehe nun jede der Hauptgräten der Reihe nach durch und überlege dir „Unterursachen" – schreibe diese in Form von kleineren Pfeilen (Nebengräten) auf.
- Liegen diesen Unterursachen wiederum weitere Ursachen zugrunde, so kannst du weiter verzweigen. Wie du inzwischen weißt, sollte eine Ursache mehrmals hinterfragt werden, um an die Wurzel des Problems zu stoßen.
- Prüfe anschließend, ob du tatsächlich alle möglichen Ursachen deines Problems gefunden hast. Die Visualisierung hilft dir bei der Suche.
- Ähnlich wie bei der Fehlerbaumanalyse hast du nun übersichtlich auf einem Blatt Papier alle möglichen Problemursachen dargestellt (Abb. 6).

So entscheidest du dich für eine Lösung

Im Idealfall liegen dir nach erfolgreichem Einsatz von Kreativtechniken verschiedene Ideen zur Auswahl vor. Doch welche ist die beste, um dein spezifisches Problem zu lösen? Es existieren verschiedene Methoden zur Entscheidungsfindung, die ich dir gleich vorstellen werde. Nur Eines noch vorab: Eigentlich gibt es gar keine rationalen Entscheidungen. Neurologische und psychologische Forschungsergebnisse belegen, dass Menschen ihre Entscheidungen zunächst unterbewusst, vor allem emotional geleitet, treffen und erst später rationalisieren. Es hätte also gar keinen Sinn, versuchen zu wollen, sich rein vernunftgemäß zu entscheiden. Auf dieser Erkenntnis fußt die – seriös gemeinte – Empfehlung, zunächst dem eigenen Bauchgefühl zu vertrauen.

Bauchentscheidungen sind nicht per se zu verurteilen. Im Alltag treffen wir sie ständig – ob wir uns in der Kantine für das Stammessen entscheiden oder einen bestimmten Film aus dem Netflix-Angebot auswählen. Intuitive Entscheidungen helfen uns, rasch voranzukommen. Würde man stets alle Vor- und Nachteile sorgsam abwägen, würde man sich mit nichts anderem mehr beschäftigen als damit, Entscheidungen zu treffen. Vor allem für kleinere Probleme ist es daher oft praktikabel, einfach den eigenen Emotionen zu vertrauen.

§ 395 Nutze einen Würfel
Bei wirklich trivialen Entscheidungen kannst du es dir ganz einfach machen: Wenn du nur zwischen 2 Optionen zu wählen hast (ziehe ich heute die blaue oder die grüne Bluse an?), wirf eine Münze. Thorsten Havener (2010, S. 44) hat völlig recht, wenn er sagt: „Sehr oft ist die Tatsache, überhaupt eine Entscheidung zu treffen, wichtiger als das Ergebnis selbst."

Hast du mehr als 2 Auswahlmöglichkeiten, nutze einen Würfel. Du kannst zwischen 5 verschiedenen Pizzen beim Italiener wählen? Ordne jeder Pizza eine Ziffer zu (etwa: 1 = Pizza Mafia; 2 = Pizza Hawaii …) und würfle dann. Fällt die 6, dann würfele einfach nochmals.

§ 396 Prüfe die Fakten
Bevor du eine Entscheidung triffst – egal mit welcher Methode – solltest du sicherstellen, dass die Informationen bzw. die Datengrundlage, auf der du deine Auswahl vornimmst, korrekt ist. Du weißt inzwischen (ich habe ja an

verschiedenen Stellen darauf hingewiesen), dass wir die Welt stets verzerrt wahrnehmen. Zahlreiche Wahrnehmungs- und Denkfehler führen dazu, dass wir nie ein objektives Bild haben (vgl. Dobelli 2011). Entscheidungen auf einer falschen Basis führen jedoch zu falschen Konsequenzen. Je weitreichender deine Entscheidung ist, desto mehr Mühe solltest du dir damit geben zu verifizieren, ob alle Fakten stimmen.

§ 397   Frage dich: Würde ich es bereuen?

Eine vergleichsweise einfache Heuristik für Entscheidungssituationen, bei denen es ausschließlich um die Frage geht, „Soll ich es machen oder nicht?", lautet: „Würde ich auf meinem Sterbebett bereuen, es a) nicht versucht zu haben oder b) es getan zu haben?".

§ 398   Wähle die erstbeste Möglichkeit

Bei Entscheidungen, die keine wirkliche Bedeutung für dich haben, solltest du dein Auswahlverfahren nicht unnötig verkomplizieren. Stelle zunächst Mindestkriterien auf, welche unbedingt erfüllt sein müssen. Schaue dir dann die in Frage kommenden Alternativen an. Sobald du die erste gefunden hast, die deinen Minimalanforderungen erfüllt, hörst du auf.

§ 399   Nutze die CAF-Methode

Einen Schritt weiter geht die CAF-Methode („Consider all facts"); dabei werden möglichst alle Einflussgrößen für die Entscheidung herangezogen. Das Prinzip ist banal: Du listest alle Punkte auf, die etwas mit deinem Problem zu tun haben, wie etwa:

- Kosten bzw. das Preis-Leistungs-Verhältnis,
- Zeit, die benötigt wird,
- Wirkung auf Kunden oder
- Akzeptanz bei MitarbeiterInnen.

Anhand dieser Liste überlegst du dir dann, welche der Lösungsalternativen am besten geeignet ist. Der Vorteil dieser Methode ist, dass man – bedingt durch die Schriftlichkeit – alle Entscheidungsfaktoren auf einen Blick ersehen kann. Bei der Erstellung deiner Kriterienliste sollte ein Faktor nie fehlen: die Realisierbarkeit. Denn was nutzt dir die beste Idee, wenn sie nur schwer oder mit hohem Aufwand umgesetzt werden kann?

§ 400   *Definiere alle relevanten Kriterien*

Im Zusammenhang mit der CAF-Methode steht die grundsätzliche Empfehlung, dir ausreichend Zeit für das Festlegen von Kriterien zu nehmen. Wir wissen meistens ziemlich genau, was wir nicht wollen, doch oft nicht, was wir wollen. Liste daher stets die Kriterien auf, die dir wichtig sind, auch wenn dies ein bisschen Zeit kostet. Mache dir bewusst, was du von einer guten Lösung mindestens erwartest und woran du das messen bzw. erkennen kannst.

§ 401   *Nutze die PMI-Liste (Plus-Minus-Interessant)*

Mit der PMI-Liste erfasst du alle Vor- und Nachteile von Lösungsalternativen. Auf diese Weise siehst du auf einen Blick alle Aspekte und kannst leichter zu einer Entscheidung gelangen.

Vorgehen:

- Nimm ein Blatt Papier im Querformat (siehe Abb. 7). Alternativ kannst du auch Word oder Excel verwenden. Schreibe als Überschrift den Titel der Lösung. Lege 3 Spalten an: Vorteile (Plus), Nachteile (Minus), Interessant.
- Liste alle Vorteile der Lösung auf.
- Liste alle Nachteile der Lösung auf. Hinweis: Springe nicht zwischen den Vor- und Nachteilen hin und her, sondern bearbeite die beiden Kategorien nacheinander.
- Liste dann unter „Interessant" alle Aspekte/Punkte auf, die noch der Klärung bedürfen.

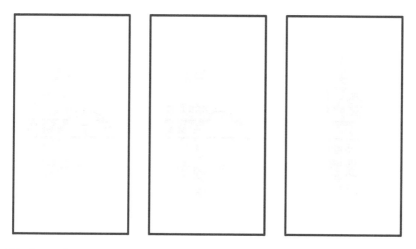

Abb. 7   Vorlage PMI-Liste. (Eigene Erstellung)

- Wende dich nun jedem Punkt auf der „Interessant-Liste" zu und versuche, zu klären, ob sie der Plus- oder Minus-Spalte zugeordnet werden können.

§ 402   Wende die Nutzwertanalyse an

Während die bereits genannten Entscheidungshilfen vergleichsweise schnell anzuwenden sind, erfordert die Nutzwertanalyse (auch Entscheidungsmatrix genannt) etwas mehr Aufwand, dafür ist sie auch genauer.

Vorgehen:

- Sofern noch nicht geschehen: Stelle alle Kriterien zusammen, die für deine Entscheidung relevant sind – wende also die CAF-Methode an. Wichtig dabei ist, dass du die einzelnen Faktoren positiv formulierst, für jedes Kriterium muss also gelten: je mehr davon, desto besser.
- Egal, ob handschriftlich, in Word, Excel oder einem anderen Programm: Lege dir eine Tabelle an:
  – Anzahl Zeilen → Anzahl der Kriterien + 2 weitere Zeilen
  – Anzahl Spalten → Anzahl Lösungsalternativen + 1 weitere Spalte
- Befülle nun die Kopfzeile und erste Spalte wie in Tab. 6.
- Bewerte jetzt jede der Lösungsalternativen anhand der Kriterien. Als Bewertungsskala gibt es mehrere Möglichkeiten, etwa von 1 bis 3 oder von 1 bis 10. Du kannst auch 1 bis 6 (Schulnoten) verwenden; dann gilt allerdings: Je geringerer der Wert, desto besser.
- Addiere die Punktwerte → Die Lösung mit dem höchsten Wert steht auf dem Siegertreppchen.

Beispiel: Auswahl eines Werbeformats für das Produkt ExtraWhite-Zahnpasta

Tab. 6 Beispiel für eine Nutzwertanalyse. (Eigene Erstellung)

	Radiowerbung	TV-Werbung	Social Media
Kriterium 1: Kostengünstig	8	9	5
Kriterium 2: Zielgruppe erreichen	7	5	8
Kriterium 3: Erfahrungen vorhanden	3	3	3
Kriterium 4: Schnell umzusetzen	6	4	9
Summe	24	21	25

§ 403 *Wende die gewichtete Entscheidungsmatrix an*

Um komplexere Probleme zu lösen, reicht eine einfache Entscheidungsmatrix nicht aus, weil hier vorausgesetzt wird, dass alle Kriterien gleich wichtig sind. Bei der gewichteten Entscheidungsmatrix hingegen musst du dir für jedes Kriterium überlegen, welche Bedeutung es hat.

Vorgehen:

* Erstelle zunächst eine Entscheidungsmatrix (wie zuvor erläutert).
* Ergänze für jede Alternative zwei weitere Spalten, in der du die einzelnen Kriterien prozentual gewichtest (siehe Tab. 7).
* Kriterien, die eine höhere Bedeutung haben, erhalten eine höhere Prozentzahl, als die weniger wichtigen. Wie du schon vermutest, müssen alle Gewichtungen zusammen 100 % ergeben.
* Um herauszufinden, wie hoch der Wert für die „normale" Wichtigkeit ist, musst du 100 durch die Anzahl der Kriterien teilen; bei 4 Kriterien wären dies dementsprechend 25. Kriterien, die überdurchschnittlich wichtig sind, erhalten also mehr als 25 % Gewichtung.

Wenn du die Ergebnisse der „normalen" und der gewichteten Entscheidungsmatrix vergleichst, erkennst du, dass nun nicht mehr Radiowerbung, sondern Social Media der Gewinner ist – die unterschiedliche Bedeutung der Kriterien hat also zu einem geänderten Ergebnis geführt.

Wenn du oft mit der Methode der gewichteten Entscheidungsmatrix arbeitest, lohnt es sich, in deinem Tabellenkalkulationsprogramm eine entsprechende Vorlage zu erstellen. So ersparst du dir viel Rechenarbeit und kannst zudem simulieren, wie sich das Ergebnis verändert, wenn du zusätzliche Kriterien aufnimmst oder die Gewichtung einzelner Faktoren änderst.

Eine Randbemerkung noch: Quantitative Methoden – wie die gewichtete Entscheidungsmatrix – erwecken den Eindruck völliger Objektivität. Diese ist aber oft nicht gegeben. Das Ergebnis für oder gegen eine Alternative kann allein von der Auswahl der Kriterien oder der Vergabe der Gewichtungen ab-

Tab. 7 Beispiel für eine gewichtete Entscheidungsmatrix. (Eigene Erstellung)

	Radiowerbung			TV-Werbung			Social Media		
Kriterium 1: Kosten	40 %	8	320	40 %	9	360	40 %	5	200
Kriterium 2: Zielgruppe erreichen	20 %	7	140	20 %	5	100	20 %	8	160
Kriterium 3: Erfahrungen vorhanden	30 %	3	90	30 %	3	90	30 %	3	90
Kriterium 4: Schnell umzusetzen	10 %	6	60	10 %	4	40	10 %	9	90
Summe	100 %		610	100 %		590	100 %		540

hängen. Übertreibe es also nicht, sei nicht zu spitzfindig und wäge das Zahlenergebnis auf jeden Fall nochmals mit deinem Bauchergebnis ab. Eine Lösung umzusetzen, obwohl sie eigentlich völlig deinem Gefühl widerspricht, ist i. d. R. keine gute Idee.

> **» Ja, dies gilt beim Probleme lösen auch: Triff nie 'ne Entscheidung gegen deinen Bauch.**

§ 404 Bedenke Interdependenzen

Wenn du dich – unabhängig von der eingesetzten Methode – für eine Lösung entschieden hast, solltest du noch einen letzten Schritt vor der tatsächlichen Umsetzung einplanen, nämlich zu prüfen, inwieweit sich die Lösung auf andere Bereiche auswirkt. Interdependenzen, also Wechselwirkungen, sind in unserer hochkomplexen (Arbeits-)Welt nicht die Ausnahme, sondern die Regel. Eindrucksvoll aufgezeigt hat dies der Psychologe Dietrich Dörner (2011) in seinen zahlreichen Experimenten. Für dich bedeutet das, dass du – so weit möglich – analysierst, ob und in welchem Ausmaß die Lösung andere Menschen, Abteilungen, Externe, Themengebiete … beeinflusst und ob diese Wechselwirkung(en) vertretbar sind.

§ 405 Lasse den Zufall entscheiden („Monte-Carlo-Verfahren")

Der Wissenschaftsautor Stefan Klein (2004, S. 311) weist in seinem Buch „Alles Zufall" auf Folgendes hin:

> Gerade dort, wo die größte Unsicherheit herrscht, ist es vernünftig, sich dem Zufall anzuvertrauen. Mathematisch lässt sich beweisen, dass darin sogar oft die bestmögliche Strategie besteht. Denn wer Fortuna entscheiden lässt, ist zumindest vor einem Fehler gefeit: Alle Vorurteile sind außer Kraft gesetzt.

Das ist aus meiner Sicht eine höchst interessante Überlegung. Gaukeln wir uns doch oft vor, rationale Entscheidungen zu treffen und über alle Zusammenhänge informiert zu sein, sieht die Realität ganz anders aus. In dem Maße, in dem wir bereit sind, uns einzugestehen, dass wir oftmals viel weniger wissen, als wir vermuten, kann die Anwendung des „Monte-Carlo-Verfahrens" (das wird wirklich so genannt) zu überraschend guten Entscheidungen führen. Habe also den Mut, bei einer hoch komplexen, undurchschaubaren Ausgangslage allein den Zufall sein Spiel machen zu lassen.

§ 406 Löse Entscheidungsblockaden auf

Du musst selbst nicht Fußball spielen, um diese Situation zu kennen: Der Schütze steht am Elfmeterpunkt und als Zuschauer merkt man sofort sein Zaudern. Wankelmütig läuft er an, kann sich nicht festlegen, ob er nach links oder rechts schießen will und haut schließlich die Pille in den Himmel. Nicht nur Fußballspielern geht es so.

Radiowerbung oder TV-Werbung? Eine Niederlassung in Brasilien oder in Argentinien eröffnen? Schnitzel oder Salat in der Kantine? Ja oder Nein? Die Lösungsalternativen sind zwar erarbeitet, doch wir tun uns schwer damit, eine Entscheidung zu treffen. Kennst du das? Die Wahl wird zur Qual – egal ob große Entscheidung oder Kleinigkeit. Wir grübeln, sind hin- und hergerissen zwischen den Optionen und stehen am Ende doch wieder unentschlossen in der Mitte. Du hast eine Entscheidungsblockade! Diese lässt sich vielleicht bereits dadurch überwinden, indem du dir die Nachteile bewusst machst:

- Andere treffen die Entscheidung für dich.
- Du verlierst einen eventuellen Zeitvorteil.
- Chancen verstreichen ungenutzt – oft gibt es ein nur kurz geöffnetes „Window of Opportunity".

§ 407 Ermittle die Gründe für deine Unentschlossenheit

Häufig schrecken wir aus Angst vor Entscheidungen zurück. Vielleicht fürchten wir, die falsche Entscheidung zu treffen. Oder wir machen uns Sorgen darüber, ob wir mit den Konsequenzen der Entscheidung zurechtkommen, insb., wenn sie mit weitreichenden Veränderungen verbunden ist. Eventuell schätzen wir die Risiken auch als zu hoch ein.

Es mag aber gar nicht mal an solchen emotionalen Faktoren liegen. Es kann schlichtweg auch damit zu tun haben, dass du noch nicht alle Informationen vorliegen hast, die du benötigst, um eine solide Entscheidung zu treffen. Auch das Gegenteil kann der Fall sein und du ertrinkst in einer Fülle von Informationen.

Wenn du die Gründe für deine Unentschlossenheit ermittelst, hast du bereits den wichtigsten Schritt getan, um sie zu überwinden, denn dann kannst du aktiv etwas dagegen unternehmen, wie etwa nach weiteren Informationen zu suchen oder eine objektive Risikobewertung durchzuführen.

§ 408   Übertreibe es nicht mit dem Analysieren

Zumindest für kleinere Probleme bzw. solche ohne weitreichende Wirkungen solltest du deinem eventuellen Hang zum Perfektionismus widerstehen. Mache dir klar: Die perfekte Entscheidung gibt es nie. Konzentriere dich auf wenige/die wichtigsten Kriterien!

§ 409   Automatisiere Alltagsentscheidungen

Aus verschiedenen Studien wissen wir, dass wir am Tag nur eine begrenze Anzahl an Entscheidungen treffen können. Unser „Entscheidungsmuskel" im Gehirn ermüdet irgendwann. Dem kannst du vorbeugen, wenn du alltägliche Entscheidungen automatisierst, etwa jeden Montag, Mittwoch und Freitag Sport zu machen, anstatt dir jeden Tag aufs Neue zu überlegen: Mache ich heute Sport oder doch morgen?

§ 410   Wende die 10-10-10-Regel an

Von der US-amerikanischen Wirtschaftsjournalistin Suzy Welch (2012) stammt die 10-10-10-Regel. Demnach sollte man sich vor der Wahl einer bestimmten Lösung fragen:

- Welche Auswirkungen hat meine Entscheidung in **10** Tagen?
- Welche in **10** Monaten?
- Und welche in **10** Jahren?

§ 411   Frage dich, was passiert, wenn du keine Entscheidung triffst

Manchmal hilft es, sich in schlimmsten Farben auszumalen, was eintreten wird, wenn man nicht handelt, also die s. g. „Null-Option" wählt. So macht man sich selbst Druck, dann doch eine Entscheidung zu treffen.

§ 412   Mache den „Gun-Test"

Bernard Roth (2015) ist Professor am Hasso-Plattner-Institute of Design in Stanford. In seinem Buch „The Achievement Habit" schlägt er den „Gun-Tests" vor: Richte deine Finger in Form einer Pistole („Gun") auf dich und sage zu dir: „OK, du hast 15 min., um dich zu entscheiden oder ich drücke ab." Laut Roth weiß daraufhin nahezu jeder die richtige Antwort.

So bekommst du gute Ideen

Erfindungen haben Menschen schon immer geängstigt. Als Johannes Gutenberg im Jahr 1450 den Buchdruck (mit beweglichen Lettern) erfand, befürchtete man einen „Auraverlust" gegenüber den persönlichen Abschriften der Mönche. Als die Eisenbahn zum Beginn des 19. Jahrhunderts aufkam, wurde dies als Bedrohung für die menschliche Seele wahrgenommen und bei den ersten Telefonen um 1880 machte man sich Sorgen, dass die Menschen ihre Häuser nicht mehr verlassen müssten und folglich vereinsamen würden. Ob die damals schon Corona vorausgesehen haben?

Allerdings hatte man nicht nur Angst dem Neuen gegenüber. Gleichzeitig wurden die kreativen Geister hinter den Erfindungen bewundert. Auch heute, zu Beginn des 21. Jahrhunderts, hält sich eine romantisch-verklärte Auffassung davon, wie kreative Leistungen entstehen. Viele Menschen glauben an das hochbegabte Genie, das durch plötzliche Eingebungen oder wundersame Geistesblitze seine bahnbrechenden Ideen entwickelt.

Außerdem nimmt man häufig an, dass kreative Menschen besondere Persönlichkeitsmerkmale besitzen. Doch das ist ein Irrtum! Heute ist erwiesen, dass die geistigen Grundstrukturen der Kreativität bei jedem Menschen vorhanden sind, sie aber unterschiedlich stark genutzt werden. Das ist wie bei unseren Muskeln – wir alle haben sie, doch nicht jeder ist 3mal die Woche im Fitnessstudio und hat einen Körper wie der junge Schwarzenegger. Genau aus diesem Grund lässt sich Kreativität auch trainieren, was wir im Folgenden tun wollen. Doch zunächst wollen wir klären, was Kreativität überhaupt ist und warum ist sie heute so wichtig ist.

Der Begriff Kreativität lässt sich auf das Lateinische „creare" zurückführen. Das heißt so viel wie „etwas neu schöpfen, etwas erfinden, etwas erzeugen, herstellen". Gleichzeitig hat es eine weitere Bedeutung, nämlich „auswählen". Zudem enthält der Begriff eine weitere Wurzel, nämlich das lateinische „crescere" – und das lässt sich ganz gut mit „geschehen und wachsen" übersetzen. Diese Doppeldeutigkeit gefällt mir sehr gut, ist Kreativität doch stets ein Paartanz aus aktivem Tun und passivem Geschehen-Lassen.

Heute wird der Begriff Kreativität vor allem in zweierlei Hinsicht verwendet:

- Zum einen bedeutet Kreativität die Fähigkeit, neue nützliche Ideen zu entwickeln, um Probleme zu lösen oder Bedürfnisse zu befriedigen.
- Zum anderen bedeutet kreatives Denken, dass man aus betonierten Denkstrukturen ausbricht. Dabei ist eine kreative Leistung oft eine Neukombination von bereits bekanntem Wissen.

Einfach formuliert lässt sich Kreativität wie folgt definieren: Kreativität ist die Fähigkeit, etwas zu erschaffen, was neu oder originell und dabei nützlich oder brauchbar ist.

Wissenschaftlich wird zwischen alltäglicher (small c) und außergewöhnlicher (Big C) Kreativität unterschieden. Als außergewöhnliche Kreativität bezeichnet man die herausragende (meist objektiv messbare) Kreativität, die nur selten anzutreffen ist. Die alltägliche Kreativität hingegen ist die (in der Regel subjektive) Kreativität, die oft auftritt, etwa wenn du deinen Garten umgestaltest oder du beim Kochen eines italienischen Rinderbratens improvisierst.

Der Übergang von alltäglicher zu außergewöhnlicher Kreativität ist dabei fließend. Beide entwickeln sich aus einer Kombination unterschiedlichster Faktoren. Eine Rolle spielen u. a. (genetisch bedingte) Begabungen, Wissen, Können, intrinsische Motivation und bestimmte Persönlichkeitseigenschaften. Auch die Umgebungsbedingungen sind von entscheidender Bedeutung. Das können bspw. Menschen in unserem Umfeld sein, die uns fördern und ermutigen. Auch eine außergewöhnliche Atmosphäre ist der Kreativität zuträglich – später mehr dazu.

Zentrales Merkmal unserer Wirtschaft ist ein in nahezu allen Branchen vorhandener, enormer Wettbewerbsdruck. Globalisierung und Digitalisierung haben dazu geführt, dass Märkte außerordentlich transparent sind, Wissen immer schneller wächst und Wettbewerbsvorteile nur noch kurzfristig Bestand haben. In der Konsequenz kam es bei fast allen Produkten zu einer Homogenisierung, d. h., dass die Produkte immer austauschbarer wurden. Wenn du dir heute bspw. die Handys von Apple, Samsung oder Huawei anschaust, dann wirst du nur marginale Unterschiede feststellen können.

Was hat das jetzt alles mit Kreativität zu tun? Sehr viel! Wenn sich Produkte sehr ähnlich sind, also kaum Differenzen festzustellen sind, dann findet der Wettbewerb fast ausschließlich über den Preis statt. Ist ja klar – warum soll ich für das eine Handy 200 € mehr ausgeben, wenn es doch genauso viel kann wie das günstigere Handy? Deshalb sind die Unternehmen gezwungen, sich immer wieder etwas Neues einfallen zu lassen, damit sie wenigstens kurzfristig einen Vorteil gegenüber den Konkurrenten haben. Folglich wird Kreativität (oder Innovationskraft) immer wichtiger, und zwar sowohl, was die Produktentwicklung, als auch das Marketing, die Unternehmenskommunikation und weitere Bereiche betrifft.

Aus einem weiteren Grund ist Kreativität heute einer der wichtigsten Erfolgsfaktoren für Unternehmen. Weil ein immer größerer Teil der Arbeit in Form von Projekten stattfindet, also weniger Routineaufgaben, dafür mehr neuartige Tätigkeiten anfallen, müssen ständig neue Lösungen gefunden werden. Und dafür sind kreative Ansätze erforderlich.

Halten wir fest: Kreativität wird immer wichtiger, weil sich Produkte zunehmend angleichen und weil mehr Arbeit in Projekten erledigt wird. Du erhöhst also deine beruflichen Chancen, wenn du ein kreativer Mensch bist. Das bringt uns zu der Frage, wie man kreativ wird bzw. ob das überhaupt möglich ist? Lassen wir darauf den Kunstpädagogen Rudolf Seitz (1934–2001) antworten:

Alle Menschen sind in der Anlage kreativ und bleiben es auch. Ob sie diese Anlage benutzen […] hängt von der erziehenden Umgebung, von den Lebensumständen, […] [dem] eigenen Selbstverständnis und von der entsprechenden Einstellung ab" (Seitz 2009, S. 12).

Damit unterstreicht Seitz das, was ich schon vorhin behauptet hatte: Kreativität ist erlernbar – dazu nun meine besten Tipps.

§ 413 *Sei systematisch beim kreativ Sein*
Nach Nadja Schnetzler (2006) besteht der kreative Prozess aus 4 Phasen – diese solltest du durchlaufen, wenn du systematisch nach Ideen suchst.

1. Ideen beschaffen
2. Ideen verdichten
3. Sich für eine Idee entscheiden
4. Ausgewählte Idee umsetzen

1. Ideen beschaffen

- Formuliere dein Problem als Frage.
- Zerlege komplexere Probleme in mehrere kleine Fragen.
- Wenn du für einen anderen Ideen suchen sollst, dann lasse dir ein ausführliches Briefing geben, das stets Folgendes umfassen sollte:
  - Wie ist die Ausgangslage? Warum suchen wir überhaupt nach Ideen? Was versprechen wir uns davon?
  - Was genau streben wir an? Was ist unser Ziel?
  - Anhand welcher Kriterien soll gemessen werden, ob die gefundenen Ideen geeignet sind? Können die Kriterien konkret gemessen werden?
- Auf dieser Basis kannst du dann die verschiedenen Kreativitätstechniken anwenden, die ich später ausführlich erläutern werde.

2. Ideen verdichten

- Wenn du ausreichend Ideen gesammelt hast, geht es im nächsten Schritt darum, die Auswahl zu reduzieren.
- Je nach Anzahl der vorliegenden Ideen solltest du in dieser Phase nicht allzu detailliert sein, d. h.: Wenn du sehr viele Ideen hast, dann kannst du rasch entscheiden, welche Ideen rausgeworfen werden und welche im Rennen bleiben. Solltest du nicht allzu viele Ideen haben, dann kannst du dir bei der Vorselektion mehr Zeit lassen.

3. Sich für eine Idee entscheiden

- Nachdem du in Phase (2) eine Schnellauswahl getroffen hast, bleiben nun noch die Ideen übrig, die du für verfolgenswert hältst. Das ist im Prinzip nicht viel anders als bei „Deutschland sucht den Superstar". Aber auch hier musst du dich irgendwann entscheiden, da du ja in Anbetracht beschränkter Ressourcen nicht alle Ideen umsetzen kannst.
- Bilde bei der Ideenauswahl 3 gedankliche Töpfe, in die du deine Ideen sortierst (siehe Abb. 8).
- Wiederhole diese Schritte so lange, bis du schließlich nur noch die Idee hast, die du auch realisieren willst.
- Bei der Entscheidungsfindung kann dir die Methode der (gewichteten) Entscheidungsmatrix helfen, die ich ja bereits vorgestellt habe.

4. Ausgewählte Idee umsetzen

- Der eigentliche kreative Prozess ist nun beendet. Doch was bringt die beste Idee, wenn sie nicht umgesetzt wird?
- Deshalb ist die vierte Phase von ausschlaggebender Bedeutung! Mehr darüber erfährst du im Folgenden, wenn es um die Grundregeln geht, die du während des kreativen Prozesses beachten solltest.

Abb. 8 Gedankliche „Töpfe" zur Ideenauswahl. (Eigene Erstellung in Anlehnung an Schnetzler 2006)

§ 414   Versetze dich in deinen „kreativen Modus"

Grundsätzlich gibt es 2 Kreativitätstypen: Solche, die nur unter Druck gute Ideen entwickeln können und solche, bei denen das Gegenteil der Fall ist. Tatsächlich ist es so, dass wir oft dann die besten Einfälle haben, wenn wir Langweile verspüren und sich unser Gehirn auf zielloser „Wanderschaft" befindet.

Neurologen gehen davon aus, dass wir etwa die Hälfte unserer Wachzeit mit Tagträumen verbringen, bei denen die Gedanken wild umherschweifen. Unser Gehirn aktiviert dabei ein Netzwerk von Hirnregionen, das als „Default Mode Network" (DMN) oder „Ruhemodusnetzwerk" bezeichnet wird (vgl. Raichle 2015). Verschiedenen Studien zufolge führt das Tagträumen häufig zu kreativen Ideen und ermöglicht es uns, mentale Reisen zu unternehmen. Etliche Erfinder berichten, dass ihnen gerade dann erhellende Gedanken kamen, als sie sich gerade nicht mit dem zu lösenden Problem beschäftigt haben. Legendär ist die Anekdote von Isaac Newton, der beim Sitzen unter einem Apfelbaum Zeuge wurde, als ein Apfel zu Boden fiel und daraufhin das Gravitationsgesetz entdeckte.

Mache dir bewusst, zu welcher Sorte Kreativitätstyp du zählst und versetze dich dann in den jeweiligen Modus, lass' also Zeit verstreichen, wenn du der „Druck-Typ" bist oder mache mal bewusst nichts, wenn du der „Langweile-Typ" bist. Zugegebenermaßen ist letztere Empfehlung im Alltag schwer umzusetzen – wann haben wir schon mal so viel Zeit, um einfach nichts zu machen …

§ 415   Führe immer Stift und Zettel mit dir

Gerade weil die besten Ideen oft unverhofft kommen, sollten wir immer etwas zu Schreiben mit uns führen, um unsere Gedanken zu notieren. Denn das kennst du sicherlich aus eigener Erfahrung: Da hatte man einen Geistesblitz, doch Minuten später ist er schon wieder weg, sei es, weil wir abgelenkt werden oder weil ein anderer Gedanken dazwischen kam. Gedanken sind eben wie am Himmel segelnde Wolken – kaum hat man sie gesehen, sind sie schon wieder fortgezogen. Natürlich muss es nicht old school Papier und Bleistift sein, du kannst auch die Diktier- oder Notizenfunktion deines Handys nutzen. Entscheidend ist, dass du deinen Einfall gleich festhältst.

§ 416   Schlafe ausreichend

Das klingt vielleicht zunächst etwas weit hergeholt, wenn ich dir empfehle, ausreichend zu schlafen, doch das hat tatsächlich viel mit unserer Kreativität zu tun. Ein unausgeruhter Geist ist schlichtweg nicht produktiv. Wenn sich unsere grauen Zellen infolge zu geringen Schlafs nicht regenerieren konnten, dann sind sie ähnlich motiviert zu arbeiten wie es einst Donald Trump war, die UN-Klimaziele umzusetzen.

§ 417 Suche dir ein anderes Umfeld als gewohnt

Aus meiner Sicht (und aus der vieler Kreativitätsexperten) ist dies ein entscheidender Erfolgsfaktor: das physische Umfeld, in dem wir uns aufhalten. Ich weiß nicht, ob es dir ähnlich geht wie mir: Ich kehre aus jedem Urlaub – egal, ob ich im Odenwald oder in Saigon war – immer mit einem Haufen Ideen zurück. Allein die Tatsache, dass ich mich nicht im gewohnten Umfeld aufhalte und viel Neues zu entdecken habe, macht mich kreativ. Deshalb lautet die Schlussfolgerung: Wenn du auf neue Gedanken kommen willst, tue dies an einem anderen Ort, als an dem, wo du dich normalerweise aufhältst.

» Willst du haben gute Ideen, solltest du in eine and're Umgebung gehen.

Dies ist übrigens auch Basis des Geschäftsmodells unserer „ABsteige". www.absteige.de.
  Meine Frau und ich leben in der Innenstadt von Aschaffenburg (Autokennzeichen: AB) und haben dort ein Haus aus dem Jahr 1887 umgebaut. In der ehemaligen Schlosserei haben wir einen Schulungsraum eingerichtet, den ich selbst für meine Trainings und Coachings nutze, den wir aber auch vermieten (siehe Abb. 9).

Abb. 9 Tagungsraum „ABsteige" in Aschaffenburg (Foto: Martin-Niels Däfler)

Zu uns kommen Firmen, Agenturen, Kanzleien und Vereine, um Innovations- und Strategieworkshops durchzuführen, wenn es darum geht, gute Ideen zu bekommen. Und dabei lassen sie sich von der Gewölbedecke und den alten Sandsteinmauern inspirieren. Vielleicht treffe ich dich ja irgendwann mal hier?

§ 418   *Werde glücklich*

Ja, du hast richtig gelesen, wenngleich ich gestehen muss, dass das eine schwachsinnige Empfehlung ist, denn meistens klappt das ja mit dem Glücklichwerden nicht auf Knopfdruck. Oder hast du da andere Erfahrungen gemacht? Was ich aber durchaus ernst meine, ist eine wissenschaftlich gesicherte Erkenntnis: Wenn wir deprimäßig drauf sind, haben wir deutlich weniger Ideen. Wessen Kopf mit negativen Gedanken gefüllt ist, hat keine Kapazitäten für anderes, der ist nur mit seinem eigenen Leid beschäftigt. Was bedeutet das jetzt für die Praxis? Sollte es dir (egal aus welchen Gründen) mal nicht gut gehen, dann suche nicht krampfhaft nach neuen Erkenntnissen; lasse diese Phase vorübergehen und mache dich erst dann wieder an die kreative Arbeit, wenn dein Seelenhaushalt im Gleichgewicht ist (vgl. Isen et al. 1987).

§ 419   *Bewege dich viel (an der frischen Luft)*

Auch dieser Erfolgsfaktor scheint auf den ersten Blick wenig mit Kreativität zu tun zu haben, doch es ist tatsächlich so: Wir sind schlichtweg in einer kreativeren Verfassung, wenn wir nicht auf dem Schreibtischstuhl hocken, sondern uns in der Natur bewegen. Schon Friedrich Nietzsche (1844–1900) wusste das:

> **»**(Man soll) so wenig als möglich sitzen; keinem Gedanken Glauben schenken, der nicht im Freien geboren ist und bei freier Bewegung.

Also: Wann immer es dir möglich ist, mache eine Wanderung oder zumindest einen Spaziergang, und wenn es nicht anders geht, dann schlendere wenigstens eine ¼ h im Industriegebiet. Klar, es gibt prickelndere Ausflugsziele, aber allein die Tatsache, dass du deine gewohnte Umgebung verlässt, in Bewegung bist und dich im Freien aufhältst, wird so manche Denkblockade lösen.

§ 420   Sei neugierig und probiere öfters etwas Neues aus

Auch dieser Erfolgsfaktor ist eher eine generelle als eine spezifische Empfehlung. Mein Kollege Carl Naughton (2016) zeigt in seinem wunderbaren und absolut lesenswerten Buch „Neugier" auf, dass neugierige Menschen deutlich innovativer sind als solche, die nicht gern Neues entdecken. Du kannst also deinen Kreativitätsmuskel trainieren, wenn du immer mal wieder Dinge ausprobierst, die du noch nicht getan hast. Dazu ein paar Anregungen:

- Esse eine Stunde früher oder später zu Mittag als üblich.
- Schreibe einen Tag lang keine Mails und rufe stattdessen an.
- Versuche, den ganzen Tag im Stehen zu arbeiten.
- Höre einen anderen Radiosender als üblich.
- Schlafe mit dem Kopf am Fußende.
- Sei mal nett zu deiner Schwiegermutter.
- Mach mal in einem fremden Stadtteil einen Spaziergang.
- Lese in der Zeitung einen Artikel, der dich überhaupt nicht interessiert.
- Stelle dich beim Zähneputzen auf ein Bein.
- Trage deine Uhr (Fitnessarmband) am anderen Arm.

§ 421   Notiere alles Unerledigte

Wir alle haben eine Menge zu tun. Nie ist die Inbox leer, nie sind alle Aufgaben erledigt und ständig kommen neue To-Dos hinzu. Das beschäftigt uns – bewusst und unterbewusst. Auch wenn wir nicht explizit an das denken, was noch zu tun ist, so arbeitet unser Gehirn doch an diesen offenen Punkten. Wir sind also nie zu 100 % konzentriert an einer Sache; zumindest ein Teil unserer Denkkapazität ist mit der Verarbeitung des Unerledigten beschäftigt. In der Psychologie nennt man das den „Aufmerksamkeitsrest". Und dieser beeinträchtigt unsere kreative Kraft.

Studien zeigen: Je höher der Aufmerksamkeitsrest ist, desto schwerer fällt es uns, Ideen zu finden. So müsste die Empfehlung eigentlich lauten: Arbeite erst alle Punkte auf deiner To-Do-Liste ab, bevor du dich an die kreative Arbeit machst. Das ist natürlich realitätsfern. Was jedoch zumindest ein bisschen hilft (und ohnedies eine der wichtigsten Empfehlung für ein professionelles Zeitmanagement ist), ist, dass du dir alle Aufgaben aufschreibst, die noch ihrer Bearbeitung harren. Das entlastet unser Hirn schon erheblich und reduziert den Aufmerksamkeitsrest – so hast du mehr Power fürs innovative Denken.

§ 422 Formuliere dein Problem als Frage

> Das Problem zu erkennen, ist wichtiger, als die Lösung zu erkennen, denn die genaue Darstellung des Problems führt zur Lösung.
>   Albert Einstein (1879–1955)

Es mag sich wie eine Kleinigkeit anhören, ist aber von nicht zu unterschätzender Bedeutung, wie du dein Problem in Worte fasst. Wenn du etwa lediglich sagst: „Prozess-Digitalisierung", dann ist das zum einen ein furchtbar technokratischer Begriff und zum anderen absolut unterschiedlich zu interpretieren. Wie viel besser ist es schon, wenn du stattdessen formulierst: „Wie können wir unsere Prozesse digitalisieren? Durch das Verwenden eines Fragewortes wird unser Gehirn ganz automatisch – ohne dass wir etwas dazutun müssten – angeregt nachzudenken und die Aussage ist viel konkreter. Aber es geht noch besser! Denn: Ein „Wie" suggeriert, dass es nur eine Möglichkeit gibt, das Problem zu lösen und fokussiert sich auf den Lösungsweg. Stattdessen solltest du den Plural verwenden und fragen: „Welche Möglichkeiten haben wir, unsere Prozesse zu digitalisieren?" Merke dir: Je mehr Mühe du dir bei der Formulierung des Problems gibst, desto hochwertiger werden die Antworten ausfallen.

§ 423 Entwickle viele Ideen

Hartnäckig hält sich der Mythos vom „Geistesblitz" – eine unverhoffte Eingebung als Geburtsstunde einer bahnbrechenden Idee. Manchmal ist das tatsächlich so. Doch die Realität sieht in aller Regel anders aus. Menschen, die in der Forschung und Entwicklung tätig sind sowie Kreativitätsexperten wissen, dass es so läuft: Man muss sehr viele Ideen entwickeln und dann wieder verwerfen, bis man diejenige hat, die dann wirklich das Potenzial zur Umsetzung besitzt. Es gilt das Gesetz der großen Zahl, d. h., dass du dich bemühen solltest, zunächst reichlich Ideen zu produzieren und dich nicht zu früh festzulegen.

§ 424 Halte durch und sei diszipliniert

Obwohl Thomas Alva Edison (1847–1931) schon lange verblichen ist, kann man ihn auch heute noch als „König der Tüftler" bezeichnen. Der US-amerikanische Unternehmer gilt als der wohl produktivste Erfinder aller Zeiten (er meldete immerhin mehr als 2000 Patente an), v. a. auch deswegen, weil aus seinen Ideen viele reale Produkte hervorgingen. So verdanken wir ihm nicht nur die Glühbirne und den Vorläufer des Plattenspielers, sondern auch wertvolle Einsichten in den Innovationsprozess. Insb. betonte er, wie wichtig es ist, durchzuhalten und seine Ideen auch konsequent umzusetzen. Deutlich wird dies in einem knackigen Zitat, das ihm zugeschrieben wird:

> Erfinden: 1 Prozent Inspiration – 99 Prozent Transpiration.
> Thomas Alva Edison

Auch recht bekannt ist die Anekdote von Edison, als er gefragt wurde, dass es doch schlimm sei, so häufig Ideen zu haben, die dann nicht geklappt haben. Daraufhin soll Edison nur lapidar geantwortet haben: „Ich bin nicht gescheitert – ich habe 10.000 Wege entdeckt, die nicht funktioniert haben." Also: Trete in Edisons Spuren und lass' dich nicht entmutigen, wenn deine Gedanken nicht auf Anhieb Erfolg haben. Halte durch!

§ 425 Lass' dich von Kritikern nicht abbringen

Kennst du diese Menschen, die immer nur negativ sind und gleich an allem etwas auszusetzen haben. Die finden (und suchen bewusst) das kleinste Haar in der Tomatensuppe. Die sehen zunächst mal 1000 Gründe, warum etwas nicht gehen kann, statt die darin liegenden Chancen zu erkennen. Und du hast das Pech, mit genau solchen Leuten zusammenarbeiten zu müssen. Die schmettern dir dann Killerphrasen entgegen, wie ein paar davon in Abb. 10 dargestellt sind.

Die Frage ist nun, wie du darauf reagierst. Lässt du dich von solchen Kritikern beeinflussen, verwirfst du deine Idee und schließt dich heulend in deinem Zimmer ein? Oder ist dies Ansporn für dich, gerade jetzt bewusst weiterzumachen, um es den Miesmachern zu zeigen? Solltest du eher der Typ sein, der resigniert, so solltest du dir ein dickes Fell zulegen und lernen, die ewigen Nörgler zu ignorieren. Ich weiß: Das ist nicht leicht und funktioniert ebenso wenig per Knopfdruck, wie das Glücklichwerden, aber je öfter du zu dir sagst „Ich lasse mich nicht von meinem Weg abbringen", desto leichter wird es dir fallen, Killerphrasen zu überhören.

D. h. aber nicht, dass du konstruktiv hervorgebrachte Kritikpunkte in den Wind schlagen solltest. Personen, die deine Idee ernst nehmen, sich objektiv mit ihr auseinandersetzen und wertvolle Verbesserungsvorschläge unterbreiten, sind natürlich ein Geschenk. Ihre Äußerungen solltest du selbstver-

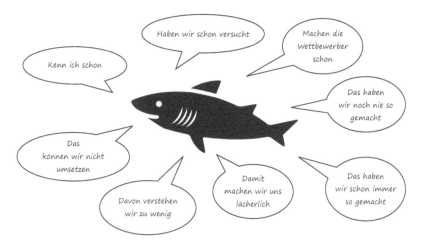

Abb. 10   Killerphrasen im Innovationsprozess. (Eigene Erstellung)

ständlich berücksichtigen und bei der Weiterentwicklung deiner Ideen aufgreifen.

§ 426   Bemühe dich, lateral zu denken

„Laterales Denken" klingt zunächst mal ziemlich kompliziert, ist es aber gar nicht. Was ist damit gemeint? Der Begriff leitet sich ab vom Lateinischen „latus", was so viel wie „Seite" bedeutet. Da kannst du schon ahnen, was sich dahinter verbirgt, nämlich von der Seite her zu denken. Es geht also um das Querdenken (bitte nicht mit den irrigen Coronaleugnern verwechseln) und damit ist nichts anderes gemeint, als scheinbar unzusammenhängende Bereiche miteinander in Verbindung zu bringen.

Eines der wohl bekanntesten Beispiele für laterales Denken stammt vom verstorbenen Apple-Gründer Steve Jobs. Am 12. Juni 2005 hielt er eine Rede vor Absolventen der Stanford-Universität. Damals hatte er gerade eine Krebsbehandlung überstanden. Selten hat Jobs so offen über sein Leben gesprochen. Auf YouTube findest du seine Rede (mit deutschen Untertiteln), wenn du als Suchbegriffe „Steve Jobs Stanford deutsch" eingibst.

Eine der zentralen Botschaften von Jobs lautet: Bei vielem, was wir aktuell tun, erkennen wir jetzt vielleicht nicht den Sinn, aber später wird sich das Gelernte eventuell als nützlich herausstellen. Und je vielfältiger unsere Erfahrungen sind und je wilder wir sie kombinieren, desto kreativer werden unsere Ideen.

§ 427 *Beziehe möglichst viele (andersartige) Menschen ein*

Wer sagt eigentlich, dass nur wir selbst Ideen suchen müssen? Und wer behauptet, dass nur er/sie selbst die göttliche Erleuchtung haben kann? Ich denke, du bist nicht so vermessen und bist dir der Tatsache bewusst, dass dein Denkhorizont begrenzt ist – allein aufgrund der Tatsache, dass unsere Erfahrungen und unser Wissen limitiert ist. Aber: Andere Menschen haben andere Erfahrungen gemacht, andere Sachen in ihrem Leben gelernt und nehmen andere Perspektiven ein – andere Menschen sind also eine Bereicherung bei der Ideengenerierung, weshalb du sie nutzen solltest.

> **» Sollen die Ideen sprudeln, koch' mit vielen Freunden Nudeln.**

Versuche, Personen aus völlig anderen „Lebenswelten" in deinen Ideenfindungsprozess zu involvieren. Lade – je nach Thema – SchülerInnen, Studierende, RentnerInnen, Hausfrauen/-männer, ausländische MitbürgerInnen, Kunden, Lieferanten, Händler … ein, dich beim Brainstorming zu unterstützen. Je heterogener deine „creating community" ist, desto innovativer werden die Ideen sein, die geboren werden.

„Nutze" andere Menschen auch bei der Bewertung und Entscheidung, welche Idee letztlich realisiert werden soll. Das verhindert eine einseitige Betrachtung, sorgt für einen frühzeitigen „Reality-Check" und stellt sicher, dass du vor lauter Begeisterung vielleicht vorhandene Umsetzungshürden übersiehst.

§ 428 *Sei fehlertolerant*

Sicherlich kennst du das Sprichwort „Aus Fehlern wird man klug". Tatsächlich hat der Volksmund recht. Durch kaum etwas anderes lernen wir so gut, wie durch Fehler, die wir machen. Nun gut, manch einer macht den gleichen Fehler immer und immer wieder. Und einige Fehler macht man nur einmal, etwa als Fallschirmspringer vergessen zu haben, die Reißleine auf ihre Tauglichkeit hin zu prüfen. Ansonsten ist es jedoch wirklich so, dass uns Fehler weiterbringen und unseren Erfahrungsschatz vergrößern. Die Schattenseite: Fehler nagen an unserer Persönlichkeit. Nicht jedem fällt es leicht zu akzeptieren, dass etwas schiefgelaufen ist, und dass man selbst dafür verantwortlich ist. Vor allem die Angst, wie andere auf unsere Fehler reagieren, führt dann dazu, dass wir kein Risiko eingehen, nichts ausprobieren und keine „verrückten" Ideen mit einem hohen Fehlerpotenzial zulassen. Gerade im deutschen Kulturkreis ist die Angst vor dem Scheitern besonders stark ausgeprägt – ein echtes Kreativitätshemmnis!

Ähnlich wie bei einigen anderen Empfehlungen, die ich dir bereits gegeben habe, ist es (leider) nicht damit getan, etwas zu verstehen – man muss es auch leben. Es bringt also eigentlich nicht viel, wenn ich dir zurufe „sei fehlertolerant". Jedoch ist es zumindest ein erster Schritt, sich mal mit der Frage zu beschäftigen: Wie viel Angst habe ich eigentlich, Fehler zu machen? Solltest du der eher seltenen Kategorie angehören, die wagemutig ist, dann kannst du dem Schöpfer danken, dass du über ein so positives Selbstbild verfügst. Allen anderen rate ich, mal eine nüchterne Bestandsaufnahme zu machen: Welche Fehler habe ich in der Vergangenheit gemacht? Waren die Konsequenzen wirklich so schlimm, wie zunächst befürchtet? Haben mich die Fehler nicht vielleicht sogar vorangebracht? Die Antworten darauf können dir eventuell helfen, eine etwas unverkrampftere Einstellung zum Thema „Fehler machen" zu erlangen.

§ 429   Sei schnell
Während wir in vielen Lebensbereichen das Motto propagieren „Zeit lassen, sorgfältig sein" (für meine schwäbischen Leser: „no ned hudla"), gilt für den Ideenfindungsprozess genau das Gegenteil. Hier darf es durchaus flott sein; hier kann man gern mal ein wenig hektisch werden. Hört sich das paradox für dich an? Gute Ideen brauchen doch ihre Zeit, denkst du dir vielleicht. Ja und nein. Klar, um Ideen auszuarbeiten, Details zu durchdenken und die Umsetzung vorzubereiten ist meistens einiges an Zeit erforderlich. Für die Brainstormingphase trifft das jedoch nicht zu! Bei allen (später vorgestellten) Kreativitätstechniken gilt der Grundsatz: Gebe dir (und deiner creating community) eher weniger als zu viel Zeit. Warum? Weil ein Zeitlimit anspornt und für eine gewisse Dynamik sorgt.

§ 430   Sei konsequent bei der Umsetzung
Vorhin hatten wir ja schon mal über die hohe Bedeutung von Disziplin – du erinnerst dich: 99 % Transpiration – gesprochen und darüber, wie wichtig es ist, den Gedanken auch Taten folgen zu lassen. Ich möchte dir nochmals deutlich machen: Die eigentliche Arbeit beginnt erst mit der Umsetzung, sonst bleibt deine Idee nur eine Idee! Oder um es mit Max Weber zu sagen:

Der Einfall ersetzt nicht die Arbeit.
Max Weber (1864–1920) Deutscher Wirtschaftstheoretiker und Soziologe

§ 431   Nutze die Technik „Brainstorming"

„Brainstorming" wurde 1939 vom US-amerikanischen Werbefachmann Alex F. Osborn ersonnen und von seinem Landsmann Charles H. Clark (einem Management-Theoretiker) weiterentwickelt. Osborn benannte die Technik nach der zu Grunde liegenden Idee, nämlich „using the brain to storm a problem". Du kannst die Technik allein oder mit anderen anwenden. Ich werde dir im Folgenden den Ablauf für Gruppen erläutern.

Brainstorming ist der Klassiker unter den Kreativitätstechniken. Vermutlich hast du schon öfters in deinem (Berufs-)Leben an Brainstormings teilgenommen und weißt daher, dass diese Methode super Ergebnisse liefern kann. Leider ist aber auch oft das Gegenteil der Fall – meistens dann, wenn sich die Gruppe nicht an die Regeln hält. Oft wird nämlich der Sinn und Zweck eines Brainstormings missverstanden. Es geht dabei nicht ums Nachdenken oder Diskutieren! Vielmehr kommt es darauf an, urteils- und kritikfrei Ideen zu produzieren – und seien sie zunächst noch so unrealistisch. Erst zu einem späteren Zeitpunkt werden die generierten Ideen bewertet.

Wie bei allen Kreativitätstechniken gilt auch beim Brainstorming: Je heterogener die Gruppe zusammengesetzt ist, desto besser. Es sollten möglichst viele unterschiedliche Meinungen, Perspektiven, Persönlichkeiten … vertreten sein. Je mehr TeilnehmerInnen die Gruppe hat, umso mehr Ideen werden in der Regel geboren. Aber passe auf: Wenn die Runde zu groß ist, kann wegen der Gruppendynamik das Brainstorming suboptimal verlaufen. Zudem entstehen häufiger Nebendialoge, Unruhe und Ablenkung. Bewährt haben sich Gruppengrößen von 4 bis 10 Personen. Noch etwas: Achte darauf, dass nur TeilnehmerInnen einer Hierarchieebene vertreten sind. Sobald nämlich Vorgesetzte und Mitarbeitende an einem Tisch sind, inszenieren sich erfahrungsgemäß stets einige Leute und/oder die Chefs ersticken jeglichen kreativen Ansatz im Keim.

Auch was die Zeit und den Ort für das Brainstorming betrifft, lassen sich die folgenden Aussagen verallgemeinern – sie gelten also für alle anderen Techniken gleichermaßen, weshalb ich sie später nicht nochmals explizit erwähnen werde. Also: Suche dir für das Brainstorming eine möglichst störungsfreie, inspirierende Umgebung, idealerweise außerhalb des üblichen Arbeitsumfeldes. Natürlich ist es oftmals Wunschdenken, gesagt sei es dennoch: Es wäre von großem Vorteil, wenn die Teilnehmenden nicht unter zeitlichem Druck stehen würden.

Für ein Brainstorming brauchst du kaum Materialien, außer einem großen Blatt Papier, einem Flipchart oder einem Whiteboard mit den passenden Stiften.

Ablauf/Verhaltensregeln:

- Wählt eine/n TeilnehmerIn zum Brainstorming-Häuptling (BH), der/die die Sitzung leitet (sofern es nicht der-/diejenige ist, der/die zum Brainstorming eingeladen hat). Wichtig ist, dass der/die BH sich nicht am eigentlichen Brainstorming beteiligt. Seine/ihre Hauptaufgabe ist es, den Verlauf zu steuern, für eine angenehme Atmosphäre zu sorgen und alle TeilnehmerInnen einzubinden, also auch jene, die eher zurückhalten sind.
- Der/die BH sollte zunächst das zu lösende Problem erläutern und verdeutlichen, welches Ziel das Brainstorming hat (wie etwa einen neuen Vertriebsweg für das Produkt „Tütensuppen mit Lakritzgeschmack" zu finden).
- Anschließend erklärt der/die BH, welche Regeln (dazu kommen wir gleich) gelten und welche Sanktionen drohen, wenn gegen die Regeln verstoßen wird (etwa 3 h Andrea-Berg-Musik am Stück hören).
- Nun beginnt die Ideenfindung. Jeder darf seine Vorschläge frei äußern. Der/die BH notiert die Gedanken für alle sichtbar auf einer Tafel oder Flipchart.
- Die Brainstorming-Runde sollte nicht länger als 20 min. dauern.
- Jedwede Form der Kritik (übrigens auch Selbstkritik) ist tabu, sonst braucht ihr mit dem Brainstorming gar nicht erst beginnen.
- Im Gegensatz zu Wein, kommt es beim Brainstorming nicht auf Qualität, sondern auf Quantität an. Wobei beim Wein darf's ja gern auch mal ein bisschen mehr sein …
- Brainstorming ist etwas für DDR-Nostalgiker und Kommunenliebhaber, denn hier stellen Ideen kein Eigentum dar – sie gehören jedem. Das heißt, es gibt keine Urheberrechte. Dieser Grundsatz macht auch frei von der Notwendigkeit, (s)eine Idee verteidigen zu müssen. Lange lebe das Kollektiv!
- Wenn ihr eure Ideen äußert, dann solltet ihr das im Besenkammerstil tun: kurz und schmutzig! Keine langatmigen Reden wie im chinesischen Volkskongress, sondern kurze, präzise und konkret formulierte Vorschläge.
- Greift die Ideen anderer auf entwickelt sie weiter.
- Seid ihr am Ende der Findungsphase angelangt, macht ihr am besten erst mal eine kurze Pause, steht auf, bewegt euch oder macht ein paar Lockerungsübungen.
- Ausgeruht geht es nun an die Bewertung der Ideen. Plant dafür etwa eine ½ h Zeit ein. Am besten (auch dies gilt für alle anderen Kreativitätstechniken) legt ihr vorher Kriterien fest, die ihr für die Evaluierung heranziehen wollt. Jetzt dürft und sollt ihr sogar diskutieren und das Für und Wider jeder

einzelnen Idee abwägen. Am Ende steht dann hoffentlich die geniale Idee, die dich über Nacht zum Millionär macht. Wenn das der Fall sein sollte, kannst du mir gern etwas von deinem Reichtum abgeben – schließlich hast du das ja nur meiner Anleitung zu verdanken.

§ 432 Nutze die Technik „Brainwriting"

Nicht ohne Grund folgt die Technik Brainwriting unmittelbar nach dem Brainstorming, weil die Methoden eng miteinander verwandt sind. Anders als beim Brainstorming sprechen die TeilnehmerInnen beim Brainwriting in der Ideenfindungsphase nicht miteinander – die Kommunikation erfolgt ausschließlich schriftlich. Gewisse Lese- und Schreibfertigkeiten sind also durchaus von Vorteil, wenn du diese Methode einsetzen willst.

Brainwriting hat gegenüber seinem bekannteren Bruder Brainstorming mehrere Vorteile: Die Ideen können nicht aus Versehen in der Diskussion untergehen, weil sie ja schriftlich vorliegen. Außerdem können schüchterne Teilnehmer leichter einbezogen werden und es wird garantiert verhindert, dass Kritik geäußert wird, denn es soll ja absolute Ruhe während der Schreibphase herrschen.

Wie geht's? Jedes Gruppenmitglied denkt und schreibt für sich. Die notierten Ideen werden dann an die anderen TeilnehmerInnen weitergereicht, welche die schon vorhandenen Gedanken weiterspinnen können. Das Schöne an dieser Methode ist, dass sich die Teilnehmenden nicht unbedingt in einem Raum aufhalten müssen – es geht auch rein virtuell, was in Anbetracht der durch Corona ausgelösten Homeoffice-Welle von großem Vorteil ist. Dazu braucht es nicht einmal eine spezielle Kollaborations-Software (obwohl es diese gibt); hilfsweise kann man die Ideenformulare auch einfach per E-Mail weiterschicken. Im Folgenden beschreibe ich den konventionellen Präsenz-Ablauf.

Die Dauer eines Brainwritings orientiert sich an der Anzahl der TeilnehmerInnen. Üblicherweise gibt man pro Runde jedem Gruppenmitglied 3 min. Zeit, um seine Ideen zu notieren. Anschließend wird das Blatt weitergereicht. Jetzt hol' mal den Taschenrechner raus: Angenommen deine Gruppe besteht aus 5 TeilnehmerInnen, dann dauert das Brainwriting 3 x 5 min., also insgesamt 15 min.

Ablauf/Verhaltensregeln:

- Bestimmt (wie beim Brainstorming) ein Brainwriting-Häuptling (BWH), der durch die Runde führt.
- Alle Gruppenmitglieder sitzen an einem Tisch und erhalten ein Blatt Papier.

- Ganz oben auf dem Blatt steht die zu beantwortende Frage bzw. das zu lösende Problem.
- Nun hat jede/r TeilnehmerIn exakt 3 min. Zeit, ihre/seine Ideen aufzuschreiben.
- Sobald die Zeit abgelaufen ist, gibt der BWH ein Signal, dass die Blätter zum jeweiligen linken Nachbarn weitergereicht werden.
- Dann startet eine neue Runde und jede/r TeilnehmerIn notiert ihre/seine neuen Ideen unter die bereits vorhandenen. Dabei können die schon existierenden Gedanken aufgegriffen oder aber auch komplett ignoriert werden. Das wird diese Ideen zwar traurig machen, aber das soll nicht dein Problem sein.
- Wenn jede/r TeilnehmerIn wieder ihr/sein Ausgangsblatt hat, ist die Ideenfindungsphase abgeschlossen.
- Gönnt euch nun ein paar Kniebeugen, Handstände, Sit-ups oder andere Übungen, die Körper und Kopf lockern.
- Jetzt liest der BWH alle Ideen vor. Gemeinsam diskutiert und bewertet ihr diese dann und entscheidet euch schließlich für einen Favoriten.

§ 433 Nutze die Technik „Reizwortanalyse"

Erinnerst du dich noch an deine Grundschulzeit? Deutschunterricht, 4. Klasse? Frau Wenke schrieb damals 3 Wörter an die Tafel (etwa „Schneesturm", „Nashorn" und „Wackelpudding") und forderte uns Penäler auf, daraus eine Geschichte zu schreiben – das war die „Reizwortgeschichte". Was damals (hoffentlich) funktionierte, kannst du dir auch heute im Erwachsenenalter zunutze machen, nämlich die phänomenale Eigenschaft unseres Gehirns zu assoziieren, also einen Bezug zu erlebten oder gesehenen Dingen herzustellen und wild zu kombinieren.

» Lass' dich überraschen von möglichst fremden Sachen.

Was die Reizwortanalyse so reizvoll (welch ein Wortspiel) macht, ist die Tatsache, dass man mit ihr relativ leicht aus gewohnten Denkmustern ausbrechen und neue Wege beschreiten kann. Zudem lässt sie sich wirklich leicht umsetzen und ist sowohl für Gruppen als auch für die Einzelarbeit geeignet.

Die Reizwortanalyse wird auch „Zufallswort-Technik" oder (das klingt dann gleich viel wichtiger) „Random-Input-Technik" genannt und basiert darauf, dass wir ein zu lösendes Problem mit einem völlig anderen Thema in

Verbindung setzen und darauf hoffen, dass uns diese abstruse Kombination einen Heureka-Gedanken beschert.

> Alle Erfindungen gehören dem Zufall an, sonst könnten sich vernünftige Leute hinsetzen und Entdeckungen machen, so wie man Briefe schreibt.
> Georg Christoph Lichtenberg (1742–1799)

Von hoher Bedeutung ist, dass du deine Reizwörter nach dem Zufallsprinzip suchst. Oft wird vorgeschlagen, ein Lexikon oder eine Zeitung an einer beliebigen Stelle aufzuschlagen und sich auf der Seite ein Reizwort auszusuchen. Das kann manchmal wunderbar funktionieren. Oft erwischt man aber auch Wörter, mit denen man kaum etwas anfangen kann. Oder wie geht es dir, wenn du „Sechsundachtzigste Bayerische Infektionsschutzmaßnahmendurchführungsverordnung" liest?

Besser ist es, sich eine eigene Liste mit „starken" Wörtern anzulegen, also mit Begriffen, zu denen den meisten Menschen viele Assoziationen kommen, wie etwa Weihnachten, Wald, Werkzeugkiste, Wettervorhersage oder Wein. Warum schreibe ich eigentlich so oft was über Wein?

Ich empfehle dir, eine Liste mit 60 Wörtern aufzuschreiben. Das hört sich viel an, geht aber wirklich ganz schnell. Warum gerade 60? Erstens ist das eine hinreichend große Zahl und zweitens kannst du das Zufallsprinzip ganz leicht anwenden, indem du die Stoppuhr auf deinem Smartphone aktivierst und zu einem beliebigen Zeitpunkt anhältst – die Sekundenanzeige, die dann im Display angezeigt wird, ist die Zahl des Wortes, das du für die Ideensuche verwendest.

Noch ein Tipp: Nutze nicht nur Substantive für deine persönliche Reizwortliste; es sollten auch Adjektive darunter sein, wie jung, bezaubernd, rosa, salzig, gestreift, schnell …

Ablauf/Verhaltensregeln:

- Schreibe die Frage auf, die du beantworten möchtest, z. B.: „Wie können wir den Online-Bestellprozess für unsere Kunden einfacher machen?"
- Suche dir (wie eben beschrieben) ein beliebiges Reizwort aus.
- Notiere dir die 5, 6 ersten Assoziationen, die dir in den Kopf kommen. Bsp.: Zu deinem Reizwort „Spaziergang" fällt dir ein: Wanderstock, Regen, verlaufen, Wegweiser, Wald.
- Jetzt kommt der wirklich kreative Teil: Versuche, zwischen deinem Thema (Online-Bestellprozess) und jeder Assoziation Verknüpfungen herzustellen.

Welche Ideen hast du zu Wanderstock, Regen, verlaufen, Wegweiser, Wald? Mir fällt zu „Wegweiser" etwa ein, dass man im Bestellformular immer einen Wegweiser sieht, der anzeigt, welche Schritte bereits absolviert sind und welche noch kommen.

- Wiederhole die obigen Schritte mit 2 bis 5 weiteren Reizwörtern. Kalkuliere ungefähr 10 min. pro Reizwort.
- Wenn du das Gefühl hast, ausreichend brauchbare Ideen entwickelt zu haben, geht es an die Auswahl, Bewertung und Entscheidung (wie bereits beim Brainstorming und -writing).

§ 434 Nutze die Technik „6-Hüte-Modell"

Die „6 Denkhüte von De Bono" (englisch „Six Thinking Hats") ist eine von Edward de Bono (1933–2021, Maltesisch-britischer Mediziner, Kognitionswissenschaftler und Schriftsteller) im Jahr 1986 vorgestellte Kreativitätstechnik, die sich vor allem für komplexe Fragestellungen eignet. Sie kann für Gruppendiskussionen und bei der Einzelarbeit eingesetzt werden. Ich beschreibe im Folgenden das Vorgehen für Gruppen.

Diese Technik macht sich die menschliche Fähigkeit zunutze, sich leicht verstellen zu können (das kennst du sicherlich von deinen Kindern – die verstellen sich auch immer oscarreif, wenn sie was ausgefressen haben). Jede/r TeilnehmerIn spielt eine zugewiesene Rolle – so wird eine offenere Diskussion möglich. Worum geht es? 6 TeilnehmerInnen diskutieren aus der Perspektive einer zuvor vergebenen Rolle eine Frage. Dabei haben die Gruppenmitglieder nacheinander Hüte in 6 verschiedenen Farben auf.

Was brauchst du? Stelle aus Bastelkarton Malerhüte in den Farben weiß, gelb, rot, grün, blau und schwarz her, und zwar jeweils 6mal. In einer meiner Vorlesungen hatte ich mal eine Studierende, die über das Thema präsentieren musste. Sie brachte echte Hüte und Kappen in den 6 Farben mit – auch eine nette Idee. Alternativ kannst du auch Karten oder Armbänder in diesen Farben herstellen. Weiterhin brauchst du 7 Stühle: 6 für die Teilnehmer und einen für den „Herrscher der Hüte" (HdH), wie ich den Moderator nenne. Zudem benötigst du Stifte, Papier, eine Pinnwand und Pinnnadeln.

Plane für diese Kreativitätstechnik ungefähr 3 bis 4 h Zeit ein. Bevor ich dir den Ablauf erkläre, ist es wichtig, dass du weißt, was die einzelnen Farben bedeuten.

Der weiße Hut: analytisches Denken, Konzentration auf Tatsachen

Wer diesen Hut aufhat, sammelt Informationen, bewertet sie jedoch nicht. Was zählt, sind ausschließlich Fakten und Zahlen. Wenn du diesen Hut trägst, solltest du dich darum bemühen, dich von Emotionen und Vorurteilen freizumachen – dafür sind andere Farben zuständig. Aufgabe des weißen Huts ist es, einen neutralen Überblick zu geben, Anforderungen zu identifizieren und Wege aufzuzeigen, wie diese erreicht werden können.

Der gelbe Hut: optimistisches Denken

Der gelbe Hut repräsentiert das genaue Gegenteil des schwarzen Huts. Wer ihn aufhat, darf ausschließlich positiv formulieren. Der Gelbhutträger hat die Aufgabe, Chancen und Vorteile vorgeschlagener Ideen zu benennen. Zudem soll er/sie Erwartungen und Ziele notieren. Was oftmals schwierig ist, ist die Anforderung, dass die positiven Aspekte objektiv vorhanden sein sollten – eine subjektiv-persönliche Einschätzung ist unerwünscht.

Der rote Hut: emotionales Denken und Empfinden, Fokus auf Gefühle und Meinungen

Anders als der weiße Hut steht der rote für die reine Emotion. Wenn dieser Hut deinen Kopf bedeckt, dann darfst du alle Gefühle – egal ob positive oder negative – rauslassen. Verlasse dich ganz auf deine Intuition. Sag', was du fühlst. Du musst dich nicht einmal darum bemühen, es geschliffen auszudrücken – sprich einfach aus, was dir in den Sinn kommt.

Der grüne Hut: kreatives, assoziatives Denken, neue Ideen

Wessen Haupt mit dem grünen Hut bekleidet ist, darf seine/ihre kreative Ader ausleben. Er/sie hat die Aufgabe, innovativ zu sein, nach vorne zu schauen und neue Ideen zu produzieren. Träger des grünen Huts dürfen und sollen alles mitteilen, was zu neuen Ideen und Ansätzen führt. Das Schöne: Die Ideen können total verrückt oder unrealistisch sein. Nur Eines darf der grüne Hut nicht: Kritik hervorbringen!

Der blaue Hut: ordnendes, moderierendes Denken, Überblick verschaffen

Blau ist die Farbe der Kontrolle und Organisation. Wer sich mit dem blauen Hut schmückt, blickt von einem imaginären Hochsitz auf das Geschehen herab und erhält so einen guten Überblick über die Dinge. Er/sie fasst Ergebnisse zusammen und darf entscheiden, welche Hüte im weiteren Verlauf noch einmal aufgezogen werden müssen. Der blaue Hut wird in der Regel am Ende einer Sitzung getragen.

Der schwarze Hut: kritisches Denken, Risikoanalyse, Probleme, Skepsis, Kritik und Ängste

Jetzt kommt abschließend der Depri-Typ unter den Hüten. Die Farbe ist hier absolut Programm! Wer schwarz trägt, soll objektiv nach negativen Aspekten suchen und sie benennen, wie etwa Bedenken, Zweifel oder Risiken. Er/sie soll alle (begründeten) Argumente aussprechen, die gegen eine Idee, ein Projekt oder eine Entscheidung sprechen. Entscheidend ist, dass der Inhaber des schwarzen Huts sachlich und rational bleibt; persönliche (negative) Gefühle haben hier nichts verloren.
Ablauf/Verhaltensregeln:

- Bestimmt zunächst einen HdH. Er/sie sollte v. a. darauf achten, dass die TeilnehmerInnen ihre Rollen ausfüllen und dabei nicht allzu sehr übertreiben.
- Starte damit, dass der HdH die Frage, Ausgangslage oder Zielsetzung sowie die Regeln erläutert.
- Der HdH oder alle TeilnehmerInnen zusammen legen die Reihenfolge der Hüte fest. Hierbei gibt es keine Empfehlungen, außer, dass der blaue Hut zum Schluss kommen sollte.
- Anschließend ziehen alle Gruppenmitglieder einen Hut einer Farbe auf, z. B. den gelben Hut. Nun sagt jeder, was er/sie aus der Perspektive der jeweiligen Farbe zur Frage mitzuteilen hat. Die Äußerungen werden notiert und an einer Pinnwand aufgehängt. Nochmals, um Missverständnissen vorzubeugen: Alle Gruppenmitglieder tragen pro Runde immer die gleiche Hutfarbe und diskutieren ausschließlich unter den Vorgaben der jeweiligen Rolle/Farbe.
- Wenn der HdH merkt, dass keine neuen Inhalte mehr kommen, wird zur nächsten Farbe gewechselt.

Du findest, dass das recht umständlich klingt? Das glaube ich dir gern, aber in der Praxis ist es gar nicht so kompliziert. Im Gegenteil: Die 6 Denkhüte sorgen meist sehr schnell für eine gute Stimmung und es werden viele Gedanken geboren.

§ 435 Nutze die „Kopfstandtechnik"

Jetzt wird's sportlich! Wir machen einen Kopfstand. Allerdings nur einen gedanklichen. Die Kopfstandtechnik wird auch „Umkehr-Methode" oder „Flip-Flop-Methode" genannt und eignet sich insb. für Menschen, die sich leichter damit tun, das Negative als das Positive zu sehen – und das sind in unserem Kulturkreis ja nicht wenige.

Die Methode ist schnell erklärt: Man formuliert die zentrale Frage nicht positiv, sondern negativ. Du fragst also nicht, „wie können wir unseren Kundenservice verbessern?", sondern du schreibst an die Flipchart: „wie können wir unseren Kundenservice verschlechtern?"

An Material brauchst du außer einem Whiteboard, einer Tafel oder einer Flipchart nur Papier und Stifte. Du kannst die Kopfstandtechnik in der Gruppe oder allein durchführen. Wenn du mit einer Gruppe arbeitest, sollte diese aus maximal 8 Personen und einem Großkopf (GK) bestehen, der das Ganze moderiert.

Ablauf/Verhaltensregeln:

- Formuliere das zu lösende Problem als Frage.
- Kehre die Frage ins Negative um (du stellst sie also in einem übertragenen Sinn auf den Kopf) und notiere die Negativversion für alle sichtbar auf einem Whiteboard, einer Tafel oder einem Flipchart.
- Schreibe ebenfalls auf, welche Ziele mit der Beantwortung der Frage erreicht werden wollen. Diese Ziele multiplizierst du mit „-1", formulierst sie also ebenfalls negativ.
- Nun kommt die kreative Phase und ihr zerbrecht euch den Kopf.
- Idealerweise liegen nach einiger Zeit etliche Antworten/Ideen vor. Diese sind natürlich in keiner Weise brauchbar, weil ihr ja genau das Gegenteil erreichen wollt. Ihr müsst daher die Gedanken umkehren, sie quasi wieder auf die Füße stellen. Am Ende habt ihr hoffentlich viele brauchbare Vorschläge, wie sich das Problem konstruktiv lösen lässt.
- Schließlich folgt der dir bereits bekannte Bewertungs-, Auswahl- und Entscheidungsprozess.

§ 436   *Nutze die Technik „Morphologischer Kasten"*

Wenn du den Begriff „morphologischer Kasten" gerade zum ersten Mal in deinem Leben gelesen hast, was ist dir da in den Sinn gekommen? Ist vor deinem geistigen Auge so ein monströser Holzkasten erschienen? Oder hast du an eine geheimnisvolle Apparatur gedacht? Tatsächlich ist der morphologische Kasten (mK) kein physisches Objekt, sondern eine Kreativitätsmethode, die v. a. dann zum Einsatz kommt, wenn es darum geht, verschiedene Konstruktionen, Kombinationen und Variationen von potenziellen Lösungen zu analysieren. Oft wird der mK bei der Neu- oder Weiterentwicklung von Produkten eingesetzt.

Um den mK anzuwenden, brauchst du nicht viel: Whiteboard, Tafel oder Flipchart sowie Papier und Stifte in verschiedenen Farben. Du kannst den mK ganz für dich allein durchführen oder mit deiner creating community – dann sollten es insgesamt nicht mehr als 8 Personen sein. Wie bei den anderen Techniken auch, empfiehlt es sich, einen Moderator zu benennen.

Ablauf/Verhaltensregeln:

* Formuliere das zu lösende Problem als Frage, z. B. „wie wollen wir unsere Betriebskantine umgestalten?"
* Listet dann alle Merkmale, Attribute, Faktoren, Parameter oder Dimensionen auf, die für die Beantwortung der Frage von Bedeutung sind (siehe Tab. 8, Kap. 12). Achtet darauf, dass es insgesamt nicht mehr als 8 Merkmale sind (sonst wird es unübersichtlich) und dass die Merkmale unabhängig voneinander sind, sie also nicht miteinander korrelieren.
* Anschließend erstellt ihr den mK – das ist nichts anderes als eine Tabelle. In der ersten Spalte stehen die von euch identifizierten Merkmale; in den folgenden Spalten rechts daneben finden sich die möglichen Ausprägungen (siehe Tab. 1, Kap. 13). Das können mal nur 2, mal können es 4 oder mehr sein. Hier ist es wichtig, dass die Ausprägungen realitätsnah sind, also auch umgesetzt werden könnten.
* Jetzt kommt der Fun-Part: Gemeinsam überlegt ihr euch mögliche Kombinationen. Wählt dazu aus jeder Zeile eine Ausprägung und schaut euch dann das entstandene Endprodukt an. Je nach Anzahl der Merkmale und der Ausprägungen, die ihr vorher festgelegt habt, könnte diese Phase länger dauern als das Wimbledon-Finale 2019 zwischen Novak Djokovic gegen Roger Federer (das waren 4 h und 57 min.). Ihr müsst euch hier also beschränken, am besten, indem ihr euch ein Zeitlimit (1 h etwa) vorgebt.

Einrichtungsstil	Bauhaus/schlicht	Alpenländisch	Industrie-Look	Trattoria
Sitzgelegenheiten	Klassische Stühle	Sitzbänke	Sitzsäcke	Hocker
Essensausgabe	Inseln	Bedienung a. Tisch	Buffet	Theke
Themenwochen	Japanisch	Brasilianisch	Asiatisch	Mediterran
Geschirr	Weißes Porzellan	Bio-Einweg	Flohmarktgeschirr	Kunststoff

Abb. 11 Beispiel für den „Morphologischen Kasten". (Eigene Erstellung)

- Üblicherweise werden die vielversprechendsten Kombinationen mit einer Linie markiert (siehe Abb. 11). Oft werden 2 bis 3 Lösungen gefunden, die durch jeweils eine andere Stiftfarbe dargestellt werden.
- Im Beispiel könnten sich etwa folgende Kombinationen ergeben:

  – Kombination #1: Bauhaus | Sitzsäcke | Buffet | Asiatisch | Kunststoff
  – Kombination #2: Alpenländisch | Hocker | Inseln | Japanisch | Weißes Porzellan
  – Kombination #3: Trattoria | Sitzbänke | Inseln | Mediterran | Flohmarktgeschirr

- Nun folgt das übliche Vorgehen, d. h., ihr diskutiert und bewertet, welche der 2, 3 gefundenen Lösungen weiterverfolgt werden soll.

Noch 2 Bonus-Tipps:

- Wenn du zu viele Ausprägungen hast, dann erhöhe den Abstraktionsgrad, indem du zusammenhörige bzw. verwandte Ausprägungen verallgemeinerst. In unserem folgenden Beispiel hatte ich in einer vorherigen Version etwa „italienisch", „griechisch", „französisch" und „spanisch"; diese Ausprägungen habe ich zusammengefasst zu „mediterran".
- Sei ein bisschen albern und nimm vielleicht auch mal ein oder 2 völlig abstruse oder lustige Ausprägungen mit auf – das fördert oft besonders interessante Variationen zu Tage.

§ 437 Nutze die „Kuchen-Methode"

Lass uns einen Kuchen backen. Okay, nicht aus Zucker, Mehl und Eiern. Dafür aus Gedanken, und zwar ausschließlich aus deinen, denn diese Technik ist nur für die Einzelarbeit und nicht für Gruppen gedacht. Ihren Namen trägt die Kuchen-Methode, weil der Ablauf dem Backen eines Kuchens ähnlich ist.

Du kennst das bestimmt: Tage-, wochen- oder gar monatelang beschäftigen wir uns mit einem Problem, doch der zündende Gedanke will sich einfach nicht einstellen. Dabei ist die Lösung meistens gar nicht fern – sie versteckt sich bereits in den Tiefen deines Unterbewusstseins. Das heißt, dass du sie nur finden musst. Und dabei hilft dir die Kuchen-Methode (auch als „Kuchen-backmethode" bezeichnet), die der Südtiroler Trainer Burkhard Heidenberger entwickelt hat und die ich hier modifiziert sowie ergänzt wiedergebe. Außer Karteikarten (oder Notizzetteln) und ein wenig Geduld/Zeit brauchst du nichts, um einen imaginären Kuchen in den Ofen zu schieben.

Ablauf/Verhaltensregeln:

- Inzwischen bist du ja schon Vollprofi und weißt, dass der erste Schritt stets darin besteht, das zu lösende Problem in Form einer Frage zu formulieren.
- Wenn dir klar ist, worauf du Antworten suchst, kommt jetzt schon der aufwendigste Teil: Notiere alles, was dir zu deinem Problem einfällt, und zwar völlig unstrukturiert. Halte alles fest, was dir in den Sinn kommt, auf Karteikarten fest: deine Gedanken, Informationshäppchen, Meinungen von anderen Personen … Achte bitte darauf, dass du pro Gedanken immer eine eigene Karteikarte verwendest.
- Jetzt wirfst du alle Zutaten in die Schüssel und verquirlst sie zu einem Teig. Mische die Karteikarten ordentlich durcheinander (etwa so, wie du Karten beim Uno-Spiel mischst) und breite sie auf einem Tisch aus. Solltest du so viele Karten haben, dass sie nicht auf einen Tisch passen, dann nimm den Boden.
- Lasse deinen Blick über die Karten schweifen. Nimm dir dafür bitte viel Zeit.
- Nachdem du sämtliche Karten gescannt hast, solltest du jede einzelne Karte fotografieren, allerdings nicht mit dem Foto oder Smartphone, sondern nur imaginär. Schaue jede Karte konzentriert an und löse gedanklich den Auslöser aus. Das hat den Sinn, dass du dir den Inhalt einprägst.
- Räume die Karten ordentlich zusammen und lege sie weg. Nun darfst du tun, was immer du willst, denn jetzt ruht der Teig. Die Hefe vollbringt ihr Werk und lässt den Teig treiben. Ui, was ist das metaphorisch, aber genau das passiert tatsächlich jetzt in deinem Unterbewusstsein. All die Gedankenschnipsel und Informationen, die du „fotografiert" hast, werden verarbeitet, miteinander kombiniert und neu sortiert. Und auf einmal ist ein Geistesblitz da. Zumindest ist das die Theorie. Ganz oft funktioniert das tatsächlich auch in der Praxis. Eine Garantie dafür gibt es jedoch nicht. Doch worauf bekommt man heute überhaupt noch eine Garantie?

§ 438   Nutze die Technik „Ideabag"

Diese Technik ist die Schwester der Reizwortanalyse. Statt Wörtern verwendest du jedoch reale Gegenstände, um deine Fantasie anzuregen. Du kannst die Methode auf unterschiedliche Weise nutzen. Egal, welche Variante du wählst: Der erste Schritt (das weißt du längst) besteht darin, dir zu vergegenwärtigen, worin dein Problem besteht bzw. welche Frage du beantworten möchtest.

Variante 1 Wenn du allein nach Ideen suchst, dann missbrauche einfach das, was du schon hast. Gehe in deine Küche, ins Schlafzimmer, Wohnzimmer, in den Keller, die Garage oder auf den Speicher. Nimm dir Zeit, öffne Schranktüren und Schubladen; betrachte das offene Regal, sieh dir die Bilder an der Wand an. Verhalte dich so, als wärest du Hercule Poirot und würdest den Tatort eines Mordes auf Spuren untersuchen. Verweile lange beim Blick auf die einzelnen Objekte und frage dich dabei: Was hat XY mit meinem Problem/mit meiner Frage zu tun? Du wirst überrascht sein, welch verrückten Antworten dir dein Gehirn gibt.

Variante 2 Etwas aufwendiger, aber vielleicht auch etwas spannender ist die zweite Spielart: Besuche ein Museum, eine Ausstellung, ein Kaufhaus, einen Spielwarenladen, einen Baumarkt … Schlendere durch die Gänge, betrachte eingehend, was du siehst und stelle dir die gleiche Frage: Was hat XY mit meinem Problem/mit meiner Frage zu tun?

Variante 3 Solltest du diese Technik mit einer Gruppe anwenden wollen, dann könnt ihr Variante 1 und 2 natürlich auch gemeinsam machen – ihr untersucht allerdings nicht deine Wohnung, sondern dann geht's eben quer durch die Firma oder in den Supermarkt gegenüber.

Variante 4 Der letzten Variante verdankt die Technik ihren Namen. Dazu musst du allerdings im Vorfeld fleißig sein und ein paar Euro sowie ein bisschen Zeit investieren. Gehe auf einen Flohmarkt, in einen 1-Euro-Shop oder in einen dieser Discounter, die bis obenhin mit allem vollgestopft sind, was die Welt eigentlich nicht braucht. Kaufe für 20 bis 30 € Gegenstände ein – das kann von Haushaltsartikeln (Salatsieb), über Dekomaterial (Kunstorchidee) bis hin zu Spielsachen (nicht verschluckbares Feuerwehrauto) alles sein. Entscheidend ist nur, dass der jeweilige Gegenstand die Fantasie anregt. All diese Sachen kommen in deinen „Ideabag", wofür du dir am besten eine schöne (Stoff-)Tasche oder einen Beutel besorgst. Der prall gefüllte Ideabag kommt dann zum Einsatz, wenn deine creating community beieinander ist. Schaut euch gemeinsam (oder in Kleingruppen) in aller Ruhe die einzelnen Objekte an und fragt euch: Was hat XY mit unserem Problem/mit unserer Frage zu tun?

§ 439   Nutze die Technik „Working Backwards"

Bei dieser Technik wird das Pferd von hinten aufgezäumt. Denn bei „Working Backwards" (WB) wird das Problem zunächst ausgeblendet. Man arbeitet sich von der (fiktiven) Lösung rückwärts, bis man beim aktuellen Problem angekommen ist. Auf diese Weise eröffnen sich dir und deiner creating community neue Perspektiven. WB wird z. B. bei Amazon eingesetzt. Entwicklerteams fangen damit an, eine imaginäre Pressemitteilung anlässlich der Markteinführung eines neuen Produkts zu formulieren. Diese Vorgehensweise zwingt dazu, sich von Beginn an darauf zu konzentrieren, was der Kunde wirklich benötigt und nicht, was aus Sicht der Entwickler möglich wäre. In gewisser Hinsicht ist das mehr als eine Kreativitätstechnik, sondern fast eine Art Lebensphilosophie. Bereits der griechische Geschichtsschreiber Herodot (485–425 v. Chr.) mahnte:

» Quidquid agis, prudenter agas et respice finem.
Was immer du tust, handele klug und bedenke
das Ende.

In diesem Sinn gibt es zu dieser „Technik" nicht viel zu erklären. Du kannst WB allein oder mit einer Gruppe praktizieren. Die Schritte sind stets dieselben.

Ablauf/Verhaltensregeln:

- Verfasst zusammen eine möglichst detaillierte Pressemitteilung, eine Festrede oder ein Interview. Darin beschreibt ihr genau, wie eure Lösung aussieht und welche Vorteile sie besitzt.
- Wenn ich in meinen Workshops mit WB arbeite, verwende ich immer viel Zeit dafür, mit den TeilnehmerInnen eine wirklich knackige Überschrift zu finden – diese ist nichts anderes als das „Konzentrat" und kann im folgenden Prozess als Leitstern dienen.
- Sobald die erste Version der Pressemitteilung, Festrede oder des Interviews vorliegt, solltet ihr euch eine Pause können. Vielleicht wollt ihr ein bisschen Schaukeln gehen oder euch ein Eis holen?
- Macht euch dann mit etwas Abstand daran, den erarbeiteten Text zu redigieren. Seht ihn euch genau an: Sind alle Einzelheiten gut und nachvollziehbar beschrieben, sodass sie auch ein Dritter problemlos verstehen könnte? Ist die beschriebene Lösung realistisch?

• Steht die finale Fassung des Textes, beginnt der operativ-technische Part des Prozesses. Nun fragt ihr: Was ist erforderlich, damit das, was wir da so vollmundig beschrieben haben, auch tatsächlich umgesetzt wird.

• Die ersten Antworten, die ihr findet, sind vermutlich auf einem recht hohen Abstraktionsniveau und müssen jetzt weiter heruntergebrochen werden, und zwar so lange, bis ihr eine konkrete Vorstellung davon habt, was dann die nächsten Schritte sein werden, damit eure im Text beschriebene Lösung auch Realität wird.

§ 440   Nutze die „Collective-Notebook-Methode"

Die Collective-Notebook-Methode (CNM) ist mit dem Brainwriting eng verwandt. Der größte Unterschied ist, dass sich CNM über einen längeren Zeitraum erstreckt. Du kannst CNM allein oder in der Gruppe nutzen; sie ist sogar für sehr große Gruppen geeignet.

Du benötigst für jede/n TeilnehmerIn ein Notizbuch. Das war's auch schon. Ich empfehle dir, nicht die billigste Version zu verwenden, sondern ein hochwertiges Büchlein zu wählen. Das mag ziemlich antiquiert klingen in unserer durchdigitalisierten Welt. Aber genau aus diesem Grund ist diese analoge Methode so wirkungsvoll. Weitere bedeutsame Vorteile von CNM sind: Es gibt keinen Zeitdruck bei der Ideenfindung. Außerdem setzt sich jede/r TeilnehmerIn allein mit dem Problem auseinander und wird nicht von anderen beeinflusst
Ablauf/Verhaltensregeln:

• Lege fest, wer alles Teil deiner creating community sein soll und besorge für jede/n TeilnehmerIn ein Notizbuch.

• Schreibe in jedes Notizbuch auf die erste Seite, wie das Problem lautet – selbstredend wieder als Frage formuliert.

• Komme mit deiner creating community zusammen und erläutere den TeilnehmerInnen das Vorgehen.

  – Zunächst schilderst du, worin das Problem besteht bzw. für welche Aufgabenstellung du eine Lösung suchst.

  – Bitte die Gruppenmitglieder dann darum, während der Ideenfindungsphase das Notizbuch stets mit sich zu führen und alle Einfälle/ Vorschläge darin festzuhalten.

  – Gebe den Hinweis, dass jeder Geistesblitz auf einer neuen Seite notiert werden sollte, damit ggf. später genügend Platz vorhanden ist, die Idee zu ergänzen oder weiterzuentwickeln.

– Toll wäre es, wenn die TeilnehmerInnen im Notizbuch auch passende Fotos und Zeitungsartikel einkleben oder Links notieren würden.
– Jetzt musst du nur noch bekannt geben, wie lange die Ideenfindungsphase dauert. Sie sollte nicht zu kurz, aber auch nicht zu lange sein; empfehlenswert sind 1 oder 2 Wochen.

• Wenn die Ideenfindungsphase vorüber ist, solltest du deine creating community erneut zusammentrommeln. Jede/r TeilnehmerIn darf nun die von ihm/ihr gesammelten Ideen vortragen. Gemeinsam diskutiert ihr anschließend, wie die einzelnen Vorschläge zusammenpassen oder kombiniert werden könnten.
• Wie bei den anderen Techniken steht am Ende die Auswahl, Bewertung und Entscheidung, welche Idee schließlich realisiert werden soll.

§ 441 Nutze die „Collective-Flipchart-Methode"

Eine Variante der CNM ist die „Collective-Flipchart-Methode" – dabei stellst du an verschiedenen, häufig frequentierten, Bereichen im Gebäude (Toiletten, Schwarze Bretter, Stechuhren oder Zeiterfassungsgeräte, Kantineneingang, Raucherbereiche, Teeküchen ...) Flipcharts auf und notierst oben das Problem als Frage; lege Stifte parat. Informiere deine KollegInnen, was es mit den Flipcharts auf sich hat und bis wann sie stehen werden. Bitte darum, dass man sich um eine ordentliche Handschrift bemüht, sodass du keinen Grafologen zur Entzifferung hinzuziehen musst. Nun können sämtliche Leute, die an den Flipcharts vorbeikommen, ihre Gedanken festhalten. Diese wiederum werden andere inspirieren. Nach Ablauf der Ideenfindungsphase sollte es sich von selbst verstehen, dass du die TeilnehmerInnen über die Ergebnisse informierst und dich bei ihnen für ihre Mitwirkung bedankst.

§ 442 Nutze die Technik „Disneys Denkstühle"

Er hat Donald Duck und Mickey Mouse ersonnen, er hat die Grundlage für ein heute gigantisches Medienimperium gelegt und er hat eine Kreativitätsmethode in die Welt gebracht, die seinen Namen trägt: Die Walt-Disney-Methode. Im engeren Sinn ist es weniger eine Technik zur Ideenfindung als eine Art Rollenspiel, das die Kreativität fördert. Wenn man die Methode anwendet, nimmt man jeweils eine von 3 Positionen ein, um einen Gedanken aus verschiedenen Blickwinkeln zu betrachten. Die Positionen/Rollen lauten:

• Träumer
• Realist
• Kritiker

Zur Verdeutlichung der unterschiedlichen Perspektiven werden 3 Stühle verwendet, weshalb die Methode auch „Disneys Denkstühle" (DD) genannt wird. Man kann DD allein oder in der Gruppe nutzen – ich beschreibe den Ablauf für Teams. Dazu benötigt man ein bisschen was an Ausstattung, nämlich die 3 erwähnten Stühle, die du (wenn du es besonders liebevoll machen willst) entsprechend „dekorieren" kannst, also etwa den Träumer-Stuhl mit buntem Stoff und Bändern aufpimpen. Sollte dir das zu aufwendig sein, beschrifte einfach 3 Karten mit den Namen der Rollen und klebe sie mit Tesa an die Stühle, sodass klar ist, welche Rolle welchem Stuhl zugeordnet ist. Alternativ kannst du auch in einem Raum 3 Ecken entsprechend herrichten – dies empfiehlt sich v. a. dann, wenn es mehr als 3 TeilnehmerInnen sind.

Ablauf/Verhaltensregeln:

- Bestimmt eine/n ModeratorIn. Er/sie hat die üblichen Aufgaben eines Sitzungsleiters.
- Man kann DD auf 2 unterschiedliche Arten „spielen": 1. alle TeilnehmerInnen schlüpfen gleichzeitig in die gleiche Rolle oder 2. die TeilnehmerInnen haben während der gesamten Dauer die gleiche Rolle inne. Im Folgenden erläutere ich Variante 2.
- Verteile die Gruppe gleichmäßig auf die 3 Rollen. Das kann auf freiwilliger Basis sein (die TeilnehmerInnen sagen, welche Rolle sie gerne hätten) oder man zählt einfach ab. Da nicht jede Teilnehmeranzahl genau durch 3 zu teilen ist, kann es natürlich sein, dass in einer Gruppe 2 und in einer anderen 3 TeilnehmerInnen sind; das ist jedoch nicht weiter tragisch.
- Bevor ihr tatsächlich loslegt, solltet ihr euch in die Rolle hineinfühlen. Konkret bedeutet das, dass

  – in der Träumer-Ecke alle an einen erfüllenden, kreativen, entspannten Moment in ihrem Leben denken sollten.
  – in der Realisierer-Ecke alle an einen Moment denken sollten, in dem sie ein Problem auf praktische und clevere Art gelöst haben.
  – in der Kritiker-Ecke alle an einen Moment denken sollten, in dem sie durch die kritische Analyse eines Problems eine gute Lösung gefunden haben.

- Erst jetzt nennt der/die ModeratorIn das eigentliche Problem (natürlich wieder als Frage formuliert).
- Vorhang auf! Nun beginnt das Rollenspiel, und zwar indem die Träumer ihre Ideen und Visionen schildern. Hierbei darf es keine Denkrestriktionen geben. Auch die unrealistischste Idee sollte hinausposaunt werden.

- Sobald keine Ideen mehr aus der Träumer-Ecke (bzw. vom Träumer-Stuhl) kommen, sind die Realisten am Zug. Auf Basis der vorliegenden Ideen fangen sie an zu fragen: Was müsste getan werden, um die Idee umzusetzen? Was würde dafür wohl benötigt werden (Material, Menschen, Wissen, Techniken …)? Was davon ist bereits vorhanden? Wie könnte die Idee in einem Prototyp realisiert werden? Wie könnten wir sie testen?
- Durch den „Realitycheck" verliert die ein oder andere Idee an Attraktivität und wird ausgemustert. Das ist in etwa das gleiche Erlebnis, das frisch Verliebte haben, wenn sie zusammenziehen und dann nach ein paar Wochen feststellen, dass der/die PartnerIn ungewaschen in Jogginghosen doch nicht die gleiche Anziehungskraft besitzt wie bei den Dates beim Nobelitaliener.
- Jetzt sind die Kritiker an der Reihe. Die hatten genug Zeit, ihre Skalpelle zu schärfen und sezieren nun jede Idee. Auf eine konstruktiv (!) kritische Weise beschäftigen sie sich mit den verbliebenen Ideen: Was lässt sich an den Vorschlägen verbessern? Wo liegen Chancen und Risiken? Wurden eventuell bestimmte Aspekte übersehen?
- Wenn die Kritiker nichts mehr zu sagen haben, ist der Durchlauf beendet.
- Am besten, ihr macht jetzt erst mal Pause, tankt Sauerstoff und Koffein.
- Macht dann weiter mit der Evaluation: Sind wir zufrieden mit dem Ergebnis oder sollen wir noch einen Durchgang absolvieren? Sollen wir vielleicht die Rollen tauschen – die Kritiker werden zu Träumern und die Realisten zu Träumern?
- Sobald alle in der Gruppe das Ergebnis für gut befinden, sollte das Erarbeitete aufgeschrieben und das weitere Vorgehen festgelegt werden.

§ 443   *Nutze die SCAMPER-Technik*

Schlussspurt: Wir sind bei unserer vorletzten Kreativitätstechnik angelangt. „Technik" ist in diesem Fall ein wenig zu hoch gegriffen. Eigentlich handelt es sich eher um eine Checkliste, die ursprünglich 1953 von Alex Osborn ersonnen und 1971 von Bob Eberle weiterentwickelt wurde. „SCAMPER" ist ein Akronym und setzt sich aus den Anfangsbuchstaben der zentralen Begriffe der Methode zusammen. Diese Technik wird häufig bei der Produkt(neu)entwicklung eingesetzt, kann jedoch für viele andere Problemstellungen verwendet werden. Du kannst die SCAMPER-Checkliste heranziehen, wenn du allein in deinem stillen Kämmerlein sitzt oder kannst sie auch gemeinsam mit anderen durchgehen.

Da es sich lediglich um eine Checkliste handelt, können wir uns kurzfassen – einen Ablauf oder Regeln gibt es nicht. Hier also die Liste, die dich zu geistigen Höhenflügen anregen soll: siehe Tab. 8.

Was diese Checkliste so wertvoll macht, sind die überraschenden Fragen. Das, was man bisher als normal oder nicht veränderbar wahr- und hingenommen hat, wird auf einmal infrage gestellt, wodurch völlig neue Lösungen enkbar werden.

§ 444   Nutze die „Ein-Glas-Wein-Technik"

Die wohl wichtigste Technik an letzter Stelle: Gieße dir ein ordentliches Glas Wein ein und entspanne dich! Nein, ich möchte hier nicht zu ungezügeltem Alkoholkonsum aufrufen – vielmehr ist das Glas Wein ein Statthalter für alles, was deine Laune hebt. Wie du weiter oben gelesen hast, ist eine miese Stimmung der Kreativität nicht zuträglich. Wem es hingegen gut geht – aus welchen Gründen auch immer –, der ist deutlich innovativer. Die logische Schlussfolgerung: Sorge dafür, dass du gut drauf bist und beachte dabei die Paragrafen des Strafgesetzbuches und schädige deine Gesundheit nicht allzu sehr!

»Gehe einen saufen, dann wird's mit den Ideen laufen.

Um das Thema „Kreativität" und dieses Buch insgesamt abzurunden, möchte ich Joachim Funke (2020, o. S.), Professor für Psychologie an der

Tab. 8 SCAMPER-Checkliste. (Eigene Erstellung)

- Substitute – Welche Komponenten, Materialien, Personen lassen sich ersetzen?
- Combine – Welche Funktionen, Angebote bzw. Dienstleistungen haben Schnittstellen oder lassen sich kombinieren?
- Adapt – Was kann abgeändert werden? Welche Teile eines anderen Elements, einer Baugruppe, eines Aggregats können genutzt werden?
- Modify – Lassen sich Größe, Maßstab, Gestalt, Farbe, Haptik, Akustik … modifizieren?
- Put to other purposes – Welche weiteren Verwendung(en) oder Anwendungsbereiche gibt es?
- Eliminate – Welche Merkmale, Elemente, Komponenten … lassen sich entfernen, vereinfachen, reduzieren?
- Reverse – Lassen sich Merkmale, Elemente, Komponenten auch entgegengesetzt nutzen oder lässt sich die Reihenfolge ändern?

Universität Heidelberg, Experte für psychologische Kreativitätsforschung, zu Wort kommen lassen. Er ist der Auffassung:

> Die Zukunft unseres Planeten hängt nicht zuletzt davon ab, wie einfallsreich unsere Problemlösungen für die großen gesellschaftlichen Herausforderungen ausfallen.

Ein schöneres Schlusswort hätte ich mir nicht ausdenken können.

Literatur

Ahlers, E., Mierich, S., & Zucco, A. (2021). *Homeoffice: Was wir aus der Zeit der Pandemie für die zukünftige Gestaltung von Homeoffice lernen können* (No. 65). WSI Report.

Bergmann, F. (1990). Neue Arbeit (New Work). Das Konzept und seine Umsetzung in der Praxis. *Jahrbuch Arbeit und Technik*, 71–80.

Bergmann, F. (2019). *New work new culture: Work we want and a culture that strengthens us.* John Hunt Publishing.

Bonanno, G. (2014). Der Mensch ist ein zähes Tier. Interview mit Gielas, A. https://www.brandeins.de/magazine/brand-eins-wirtschaftsmagazin/2014/scheitern/der-mensch-ist-ein-zaehes-tier. Zugegriffen am 15.03.2022.

Brokate, J., & Günther, S. (2017). China: Daten & Analysen zum Hochschul- und Wissenschaftsstandort | 2017. https://www2.daad.de/medien/der-daad/analysen-studien/bildungssystemanalyse/china_daad_bsa.pdf. Zugegriffen am 15.03.2022.

Bundeszentrale für politische Bildung, BPB. (2017). Verstädterung. https://www.bpb.de/nachschlagen/zahlen-und-fakten/globalisierung/52705/verstaedterung. Zugegriffen am 15.03.2022.

Buschmann, R., & Peschke, S. (2014). Das högschde der Gefühle. https://www.spiegel.de/sport/fussball/joachim-loew-so-brachte-er-deutschland-zum-weltmeister-titel-a-980866.html. Zugegriffen am 15.03.2022.

Clear, J. (2020). *Die 1%-Methode-Minimale Veränderung, maximale Wirkung: Mit kleinen Gewohnheiten jedes Ziel erreichenMit Micro Habits zum Erfolg.* Goldmann.

Costa, P. T., & McCrae, R. R. (1992). Normal personality assessment in clinical practice: The NEO personality inventory. *Psychological Assessment, 4*(1), 5–13.

Csikszentmihalyi, M. (2020). *Flow. Das Geheimnis des Glücks.* (7. Aufl.) Klett-Cotta.

Cuddy, A. (2016). *Dein Körper spricht für dich.* Mosaik.

De Botton, A. (2012). *Freuden und Mühen der Arbeit.* S. Fischer.

De Shazer, S., & Dolan, Y. (2020). *Mehr als ein Wunder. Lösungsfokussierte Kurztherapie heute* (7. Aufl.). Carl Auer.

DIN e. V. (2009). DIN 69901-1:2009-01, Projektmanagement – Projektmanagementsysteme, Teil 1: Grundlagen. Beuth.

DISPO. (2021). Das größte Containerschiff der Welt. https://dispo.cc/a/das-groesste-containerschiff-der-welt. Zugegriffen am 15.03.2022.

Dobelli, R. (2011). *Die Kunst des klaren Denkens.* Hanser.

Dörner, D. (2011). *Die Logik des Mißlingens: Strategisches Denken in komplexen Situationen.* Rowohlt.

Dweck, C. (2016). *Selbstbild: wie unser Denken Erfolge oder Niederlagen bewirkt.* Piper.

Eberts, E. (2018). Lerneinheit Innere Antreiber – Von frühen Prägungen. https://krankenhausberater.de/impuls/news/innere-antreiber-innere-erlauber-und-landkarten/. Zugegriffen am 15.03.2022.

Epley, N., & Schroeder, J. (2014). Mistakenly seeking solitude. *Journal of Experimental Psychology: General, 143*(5), 1980–1999.

Europäisches Patentamt, EPO. (2021). Die 50 größten Patentanmeldeländer 2020. https://www.epo.org/news-events/press/releases/archive/2021/20210316/top-50-countries-for-patent-applications_de.jpg. Zugegriffen am 15.03.2022.

Ferris, T. (2017). *Tools der Titanen.* FinanzBuch.

Fisher, R., Ury, W., & Patton, B. (2009). *Das Harvard-Konzept – Der Klassiker der Verhandlungstechnik.* Campus.

Funke, J. (2020). Kann man lernen, kreativ zu sein? Interview mit Bouchannafa, J. https://www.jetzt.de/job/wie-kreativitaet-entsteht. Zugegriffen am 15.03.2022.

Galef, J. (2021). *The Scout mindset: Why some people see things clearly and others don't.* Penguin.

Gausemeier, J., Fink, A., & Schlake, O. (1995). *Szenario-Management: Planen und Führen mit Szenarien.* Hanser.

Gilbert, D. (2008). *Ins Glück stolpern.* Wilhelm Goldmann.

Glasl, F. (2020). *Konfliktmanagement – Ein Handbuch für Führungskräfte, Beraterinnen und Berater* (12. Aufl.). Haupt.

Gollwitzer, P. M. (1999). Implementation intentions: strong effects of simple plans. *American Psychologist, 54*(7), 493–503.

Gordenker, A. (2010). JR-Gestures. https://www.japantimes.co.jp/news/2008/10/21/reference/jr-gestures/#wvig49mvzu1. Zugegriffen am 15.03.2022.

Gordon, T. (1974). *Familienkonferenz* (3. Aufl.). Hoffmann und Campe.

Granovetter, M. S. (1973). The strength of weak ties. *American Journal of Sociology, 78*(6), 1360–1380.

Greenleaf, R. K. (2002). *Servant leadership: A journey into the nature of legitimate power and greatness.* Paulist Press.

Grzeskowitz, I. (2014). *Die Veränderungs-Formel: Aus Problemen Chancen machen.* Gabal.

Hannemann, R. (2012). Warum Britta Steffen so komisch schwafelte. https://www.welt.de/sport/olympia/article108454875/Warum-Britta-Steffen-so-komisch-schwafelte.html. Zugegriffen am 15.03.2022.

Havener, T. (2010). *Denken Sie nicht an einen blauen Elefanten* (8. Aufl.). Rowohlt.

Hecker, F. (2019). *Liebe: Gut, dass es dich gibt! In Crashkurs Service-Exzellenz*. Springer Gabler.

Helmrich, R., & Leppelmeier, I. (2020). *Sinkt die Halbwertszeit von Wissen? Theoretische Annahmen und empirische Befunde*. Bundesinstitut für Berufsbildung.

Heuer, S. (2021). Gut informierte Kreise. *brand eins, 7*(23), 50–51.

Hirschhausen, E. (2012). *Wohin geht die Liebe, wenn sie durch den Magen ist?* Rowohlt.

Hodgkinson, T. (2014). *Anleitung zum Müßiggang*. Insel.

Holt-Lunstad, J., Smith, T. B., Baker, M., Harris, T., & Stephenson, D. (2015). Loneliness and social isolation as risk factors for mortality: A meta-analytic review. *Perspectives on Psychological Science, 10*(2), 227–237.

Imai, M. (1994). *Kaizen: der Schlüssel zum Erfolg der Japaner im Wettbewerb* (4. Aufl.). Ullstein.

Isen, A. M., Daubman, K. A., & Nowicki, G. P. (1987). Positive affect facilitates creative problem solving. *Journal of Personality and Social Psychology, 52*(6), 1122–1131.

Kahler, T., & Capers, H. (1974). The miniscript. *Transactional Analysis Journal, 4*(1), 26–42.

Kahneman, D. (2012). *Schnelles Denken, langsames Denken*. Siedler.

Kaplan Thaler, L., & Koval, R. (2008). *The Power of Nice: Wie Sie die Welt mit Freundlichkeit erobern können*. dtv.

Kay, J. (2011). *Obliquity. Die Kunst des Umwegs – oder wie man am besten sein Ziel erreicht*. dtv Verlagsgesellschaft.

Kemp, S. (2019). Digital 2019: Global Internet Use Accelerates. https://wearesocial.com/blog/2019/01/digital-2019-global-internet-use-accelerates. Zugegriffen am 15.03.2022.

Klein, S. (2001). *Trainingstools: 19 Methoden aus der Psychotherapie für die Anwendung im Training; ein Nachschlagewerk für Trainer und Personalentwickler*. GABAL.

Klein, S. (2004). *Alles Zufall. Die Kraft, die unser Leben bestimmt*. Rowohlt.

Klein, S. (2010). *Der Sinn des Gebens*. Fischer.

Koch, A. (2018). *Change mich am Arsch: Wie Unternehmen ihre Mitarbeiter und sich selbst kaputtverändern*. Ullstein.

Kohlmann, T. (2021). Homeoffice: Das neue Statussymbol? https://www.dw.com/de/homeoffice-das-neue-statussymbol/a-57759715. Zugegriffen am 15.03.2022.

Kühl, E. (2021). Beim Internet+ endet die Vorstellungskraft. https://www.zeit.de/digital/internet/2021-07/metaversum-virtueller-raum-internet-nachfolger-parallelwelt-zukunftsvision-technologie. Zugegriffen am 15.03.2022.

Larcom, S., Rauch, F., & Willems, T. (2017). The benefits of forced experimentation: Striking evidence from the London underground network. *The Quarterly Journal of Economics, 132*(4), 2019–2055.

Leonhardt, R. (2016). Sokrates für Manager: Fragen muss erlaubt sein. In *Philosophie als Inspiration für Manager* (S. 31–35). Springer Gabler.

Lotter, W. (2020). Boxenstopp: Mach mal Pause – das sagt sich leicht. *brand eins, 8*(22), 39.

Low, J. (2017). Why artificial intelligence will be the business technology of the future. http://www.thelowdownblog.com/2017/08/why-artificial-intelligence-will-be.html. Zugegriffen am 15.03.2022.

Lubienetzki, U., & Schüler-Lubienetzki, H. (2020). *Was wir uns wie sagen und zeigen: Psychologie der menschlichen Kommunikation.* Springer.

Mai, J. (2021). Riemann-Thomann-Modell: Team-Persönlichkeit ermitteln. https://karrierebibel.de/riemann-thomann-modell/. Zugegriffen am 15.03.2022.

Mathew, S. (2021). Swimming gives your brain a boost – but scientists don't know yet why it's better than other aerobic activities. https://theconversation.com/swimming-gives-your-brain-a-boost-but-scientists-dont-know-yet-why-its-better-than-other-aerobic-activities-164297. Zugegriffen am 15.03.2022.

Matschnig, M. (2007). *Körpersprache.* Gräfe und Unzer.

Molcho, S. (1983). *Körpersprache.* Mosaik.

Naughton, C. (2016). *Neugier: So schaffen Sie Lust auf Neues und Veränderung.* Ullstein.

Newport, C. (2017). *Konzentriert arbeiten: Regeln für eine Welt voller Ablenkungen.* Redline Wirtschaft.

Niazi-Shahabi, R. (2013). *Ich bleib so scheiße, wie ich bin: Lockerlassen und mehr vom Leben haben* (27. Aufl.). Piper.

Nuhr, D. (2015). *Das Geheimnis des perfekten Tages.* Bastei Lübbe.

Parrish, S. (2017). *Maker vs. Manager: How your schedule can make or break you.* https://fs.blog/2017/12/maker-vs-manager/. Zugegriffen am 15.03.2022.

Parrish, S.. (o. J.a) How to make smart decisions without getting lucky. https://fs.blog/smart-decisions/. Zugegriffen am 15.03.2022.

Parrish, S.. (o. J.b). Accelerated learning: Learn faster and remember more. https://fs.blog/learning/. Zugegriffen am 15.03.2022.

Pfnür, A., Gauger, F., Bachtal, Y., & Wagner, B. (2021). Homeoffice im Interessenkonflikt. Ergebnisbericht einer empirischen Studie. In A. Pfnür (Hrsg.), *Arbeitspapiere zur immobilienwirtschaftlichen Forschung und Praxis, Band Nr. 41, Technische Universität Darmstadt.*

Pinker, S. (2018). *Aufklärung jetzt: Für Vernunft, Wissenschaft, Humanismus und Fortschritt. Eine Verteidigung.* S. Fischer.

Precht, R. D. (2007). *Wer bin ich und wenn ja, wie viele?* (14. Aufl.). Goldmann.

Raichle, M. E. (2015). The brain's default mode network. *Annual Review of Neuroscience, 38,* 433–447.

Riemann, F. (2019). *Grundformen der Angst* (43. Aufl.). Ernst Reinhardt Verlag.

Robertson, B. J. (2015). *Holacracy: The new management system for a rapidly changing world*. Henry Holt and Company.

Roth, B. (2015). *The achievement habit*. HarperCollins.

Rothberg, M. B., Arora, A., Hermann, J., Kleppel, R., St Marie, P., & Visintainer, P. (2010). Phantom vibration syndrome among medical staff: A cross sectional survey. *BMJ, 341*, 1292–1293.

Salden, S., Schaefer, A., & Zand, B. (2017). Wie Amazon & Co. ihren Kunden das Geld aus der Tasche ziehen. https://www.spiegel.de/spiegel/wie-amazon-und-co-unser-leben-revolutionieren-a-1182751.html. Zugegriffen am 15.03.2022.

Schaefer, S., Lovden, M., Wieckhorst, B., & Lindenberger, U. (2010). Cognitive performance is improved while walking: Differences in cognitive-sensorimotor couplings between children and young adults. *European Journal of Developmental Psychology, 7*(3), 371–389.

Schäfer, B. (2014). *Die Gesetze der Gewinner* (11. Aufl.). dtv Verlagsgesellschaft.

Schmid, W. (2012). *Unglücklichsein – Eine Ermutigung*. Insel.

Schnetzler, N. (2006). *Die Ideenmaschine: Methode statt Geistesblitz – wie Ideen industriell produziert werden*. John Wiley & Sons.

Schulz v. Thun, F. (2018). *Miteinander reden*. Reinbek.

Schuy, R. (2018). Systemische Fragen: 6 Varianten & 71 Beispielfragen, die Sie unbedingt in Ihrem Repertoire haben sollten. https://clevermemo.com/blog/systemische-fragen/#4. Zugegriffen am 15.03.2022.

Seitz, R. (2009). *Kreative Kinder*. Kösel.

Sinek, S. (2021). *Frage immer erst: Warum* (9. Aufl.). Redline.

Sloterdijk, P. (2021). Wir sind alle entlaufene Sklaven. Peter Sloterdijk im Interview mit Peter Laudenbach. *brand eins, 8*(23), 50–56.

Snower, D. (2018). Roboter eignen sich nicht gut als Feindbilder. *brand eins, 3*(20), 90.

Sommer, A. U. (2005). *Die Kunst des Zweifelns: Anleitung zum skeptischen Denken*. CH Beck.

Sprenger, R. (2020). *Magie des Konflikts*. DVA.

Steeger, O. (2021). „Upload" für Projekte! *Projektmanagement aktuell, 3*(32), 10–16.

Steffen, A. (2019). *Menschen und Organisationen im Wandel*. Springer.

Steinfeldt, J. (2013). *Die Burn-out-Mode: Mediziner, Manager, Mythen*. BusinessVillage.

Stöcker, C. (2019). Und plötzlich ist da eine andere Welt. https://www.spiegel.de/wissenschaft/mensch/quantencomputer-geleakter-fachartikel-beschreibt-technologie-durchbruch-a-1290065.html. Zugegriffen am 15.03.2022.

Sturmair, M. (o. J.) Ich hab's doch nur gut gemeint: Wenn Kommunikation blockiert, statt hilft. https://www.gordontraining.at/blog/kommunikationssperren. Zugegriffen am 15.03.2022.

Sutton, R. I. (2008). *Der Arschloch-Faktor. Vom geschickten Umgang mit Aufschneidern, Intriganten und Despoten in Unternehmen*. Heyne.

Tharmaratnam, T., Civitarese, R. A., Tabobondung, T., & Tabobondung, T. A. (2017). Exercise becomes brain: Sustained aerobic exercise enhances hippocampal neurogenesis. *The Journal of Physiology, 595*(1), 7.

Thomann, C., & von Thun, F. S. (2013). *Klärungshilfe 1: Handbuch für Therapeuten, Gesprächshelfer und Moderatoren in schwierigen Gesprächen.* Rowohlt.

Thrun, S. (2018). Amerikaner durchlaufen sieben Karrieren im Leben. Interview mit Zacharakis, Z. https://www.zeit.de/wirtschaft/2018-02/sebastian-thrun-digitalisierung-udacity-google-glass-interview. Zugegriffen am 15.03.2022.

United Nations. (2019). World population prospects 2019. https://population.un.org/wpp/Graphs/Probabilistic/POP/TOT/900. Zugegriffen am 15.03.2022.

Väth, M. (2016). *Arbeit – die schönste Nebensache der Welt.* Gabal.

Villiger, K. (2017). *Die Durcheinanderwelt: Irrwege und Lösungsansätze.* Neue Zürcher Zeitung NZZ Libro.

Von Thun, F. S. (2013). *Miteinander reden 1: Störungen und Klärungen: Allgemeine Psychologie der Kommunikation.* Rowohlt.

Wald, A., Spanuth, T., Schneider, C., Futterer, F., Schnellbächer, B., & Schoper, Y. (2015). *Makroökonomische Vermessung der Projekttätigkeit in Deutschland.* GPM Deutsche Gesellschaft für Projektmanagement. https://www.gpm-ipma.de/fileadmin/user_upload/Know-How/studien/GPM_Studie_Vermessung_der_Projektt%C3%A4tigkeit.pdf. Zugegriffen am 15.03.2022.

Welch, S. (2012). *Mein Entscheidungskompass: 10-10-10; Die Zauberformel für intelligente Lebensentscheidungen.* Goldmann.

Wörwag, S., & Cloots, A. (2020). *Human Digital Work – Eine Utopie. Erkenntnisse aus Forschung und Praxis zur digitalen Transformation der Arbeit.* Springer Gabler.

Zhong, C. B., & Leonardelli, G. J. (2008). Cold and lonely: Does social exclusion literally feel cold? *Psychological Science, 19*(9), 838–842.